Edward Grierson

PHILIPP II.

König zweier Welten

Societäts-Verlag

Aus dem Englischen übertragen von Brigitte Weitbrecht
Titel der Originals: *King of Two Worlds (Philipp II of Spain)*
Walter Parrish International Limited, London 1974
The Fatal Inheritance, Doubleday & Company, Garden City, New York 1969

Mit 31 Abbildungen auf Tafeln
und 2 Karten

Alle Rechte vorbehalten · Societäts-Verlag
Frankfurter Societäts-Druckerei GmbH 1978
© 1969 und 1974 by Edward Grierson
Ausstattung von Heinrich Müller
Buchumschlag nach einem Gemälde der Schule Tizians (Palazzo Pitti, Florenz)
Satz und Druck F. L. Wagener, Lemgo
Buchbindearbeiten Klemme & Bleimund, Bielefeld
Printed in Germany 1978
ISBN 3 7973 0323 8

Inhalt

Vorwort

Im allgemeinen zeigen die englischsprechenden Völker eine erstaunliche Bereitschaft, ihren Feinden zu vergeben. Napoleon wurde von den Whigs schon zu Lebzeiten als Held verehrt, lange ehe anderswo ein Kult um ihn entstand. Die Achte Armee brachte Feldmarschall Rommel größte Hochachtung entgegen. Hitler fand Apologeten, und sogar George III. ist heute nicht mehr der Satan, als der er einst in den Vereinigten Staaten galt. Einem Feind jedoch, Philipp II. von Spanien, wird beiderseits des Atlantiks kaum verziehen. Vielleicht war er zu nahe daran, die Engländer zu besiegen und den energischen, freiheitsliebenden Siedlern, die die nördliche Hälfte der Neuen Welt kolonisieren wollten, das Land wegzukaufen. Zweifellos war er von allen Aggressoren, die seit der Eroberung durch die Normannen von einer Invasion auf den Britischen Inseln träumten, der einzige, der den Plan ganz ernst nahm und auszog, ihn zu verwirklichen.

Dieser Groll besteht großenteils zu Unrecht, denn eines der vielen Paradoxe in Philipps Leben ist die stetige Unterstützung, die er in seinen frühen Jahren England zuteil werden ließ. Um die Verbindung zu wahren, heiratete er eine Königin von England und machte einer anderen englischen Königin einen Antrag, wenn auch ohne großen Nachdruck. Er schützte Elisabeth I. in der gefährlichen Zeit vor ihrer Thronbesteigung und setzte diese Protektion später in seiner europäischen Diplomatie trotz ständiger Zurückweisungen und Demütigungen fort. Erst als er übermäßig gereizt wurde durch Englands Verhalten in Westindien, das er als Seeräuberei und Hilfe für seine aufständischen Untertanen in den Niederlanden deuten mußte, entsandte er schließlich seine Armada.

Die Feindseligkeit ist nicht nur ungerecht, sondern vernebelt auch den Blick auf eine der faszinierendsten, rätselhaftesten Persönlichkeiten, die jemals einen Thron innehatten. Philipp II. von Spanien verfocht die Gerechtigkeit und war in mindestens zwei Morde verwickelt; er liebte den Frieden und verbrachte die letzten achtzehn Jahre seines Lebens mit fast ununterbrochenen Angriffskriegen gegen seine Nachbarn; er führte ein halbes Eremitendasein und vermählte sich viermal; er war ein frommer Sammler heiliger Reliquien und zugleich der erste gekrönte Bürokrat der Welt. Wäre er lediglich der blutrünstige Fanatiker gewesen, als den ihn die protestantische Überlieferung sieht, so könnte er längst kein so starkes Interesse mehr wecken. Er war jedoch eine weitaus vielschichtigere und menschlichere, sympathischere Persönlichkeit. Daß er auch fähig war, Verbrechen zu begehen, die uns heute ungeheuerlich erscheinen, gehört zur Faszination seines Lebens und der Gesellschaft, in die er hineingeboren wurde. Denn was er auch war – nur das Spanien des 15. Jahrhunderts konnte ihn hervorbringen.

1. Kapitel: Die frühen Jahre

Im 16. Jahrhundert war Spanien die größte Macht in Europa.
Sein Aufstieg hatte sich sehr rasch vollzogen. Fast acht Jahrhunderte lang standen große Teile der Iberischen Halbinsel unter
der Herrschaft arabischer Eroberer aus Nordafrika. Die christlichen Völkerschaften, die von der islamischen Sturmflut anfänglich fast mitgerissen wurden, traten in den langen Kampf der
Reconquista ein, bis im Jahr 1492 die letzte maurische Enklave,
Granada, den »Katholischen Königen« Ferdinand und Isabella
übergeben wurde.

Spanien zerfiel in mehrere Staaten. Isabellas Königreich Kastilien, das zusammen mit León einen großen Teil der Halbinsel
(außer Portugal) bis Toledo und Andalusien umfaßte, bestand
völlig getrennt von Ferdinands Königreich Aragon an der Mittelmeerküste mit der Hauptstadt Saragossa am Ebro. Dazu kam
die Pyrenäenprovinz Navarra. Die Ehe Ferdinands mit Isabella
war der erste große Schritt zur Einigung, und infolge einer Reihe
teils glücklicher, teils tragischer dynastischer Geschehnisse erbte
ihr Enkel Karl nicht nur die spanischen Lande und die aragonischen Besitzungen in Italien, sondern von seinem österreichischen Vater aus dem Hause Habsburg auch die siebzehn Provinzen der Niederlande mit der Franche Comté (Burgund). Durch
Bestechung in heroischem Maßstab wurde er zudem als Karl V.
zum Kaiser des Heiligen Römischen Reiches Deutscher Nation
gewählt. Als ob dies für einen einzigen Menschen noch nicht
genügt hätte, war inzwischen auch Amerika entdeckt worden.
Wenige Jahre vor Karls Geburt war ein Genueser Seefahrer na-

mens Christoph Kolumbus an Isabellas Hof erschienen und hatte den phantastischen Plan entwickelt, westwärts ins Ungewisse zu segeln und auf diesem Wege Indien und seinen Gewürzhandel zu erreichen. So war Spanien durch Zufall in Amerika auf ein Reich gestoßen, das die wildesten Hoffnungen der Konquistadoren weit überstieg, jener abgerissenen Abenteurer, die von Kolumbus' Hispaniola auszogen auf der Suche nach dem Eldorado, dem sagenhaften »vergoldeten Land«.

Die Siege von Cortez über die Azteken in Mexiko und der Brüder Pizarro mit Almagro über die Inkas in den peruanischen Anden, die eine Handvoll bewaffneter Männer über einen oft vielhundertfach überlegenen Gegner errang, gehören zu den erstaunlichsten Ereignissen der Geschichte. Sie waren Triumphe des Mutes und der Ausdauer, unterstützt von Glück, Grausamkeit und Hinterlist. Im Verlauf weniger Jahrzehnte entstand aus dem Nichts ein Reich, das sich vom Karibischen Meer über Kalifornien, Mexiko und die Meerenge von Panama zur Atlantikküste Kolumbiens und an der Pazifikküste Ecuadors und Perus nach Süden bis Chile erstreckte. In vieler Beziehung brachte es große Schwierigkeiten mit sich – der Erfolg des Unternehmens lockte nicht nur eine Horde spanischer Glücksritter herbei, die von den Vizekönigen in Schach gehalten werden mußten, sondern auch Korsaren aus weniger vom Glück begünstigten, »armen« Ländern wie Frankreich und England, die sich keinen Deut darum scherten, wie der Papst in seiner Willkür die Neue Welt zwischen Spanien und Portugal aufgeteilt hatte. Auch der Reichtum, der in die Alte Welt strömte, war ein fragwürdiger Segen – er überschwemmte das hergebrachte Wirtschaftssystem in Europa mit Münzgeld und ließ die Lebenshaltungskosten steil in die Höhe schnellen.

Auf kurze Sicht ließ jedoch der Reichtum aus Westindien Spanien wieder aufleben. Zuerst handelte es sich nur um Goldstaub, der in Sklavenarbeit aus karibischen Flüssen gewaschen wurde, und um die Beute, die den Azteken- und Inkakönigen abgenommen wurde, aber bald kamen sehr viel größere Schätze ans Licht: Metall aus den mexikanischen Minen und Silber aus dem Berg Potosi im heutigen Bolivien.

Vor diesen Entdeckungen und ehe die Galeonenflotten die

Schätze vom Golf von Mexiko und von der Meerenge von Panama in die heimischen Häfen am Guadalquivir brachten, war Spanien von der Natur keineswegs reich gesegnet. Im gemäßigten Norden, im Küstenstreifen von Valencia und in Andalusien war der Boden fruchtbar, doch ein großer Teil des Landes war unfruchtbar, gebirgig und – in der Mancha – wüstenartig. Das Zentralplateau war extremen Temperaturschwankungen unterworfen. Sein Haupterzeugnis war Wolle von den Schafherden, die auf den kreuz und quer verlaufenden Pfaden umherzogen.

Die Kargheit der Landschaft und des Klimas und die aus dem Kampf gegen die Mauren erwachsene Tradition eines streitbaren christlichen Glaubens hatten einen harten, ausdauernden Menschenschlag hervorgebracht. Die Männer, die Mexiko und Peru eroberten, die den Kern der Truppen bildeten, denen die Einnahme Granadas gelang, und die noch hundert Jahre lang die Schlachtfelder Europas beherrschten, waren entweder verarmte Angehörige des niederen Adels oder ungebildete Abenteurer aus den unteren Schichten. Die großen Landedelleute, deren Rivalitäten einmal die Nation zu zerreißen gedroht hatten, waren gezähmt worden und dienten gern dem König als seine Vizekönige in Italien und Westindien und an militärischen und diplomatischen Posten auf der ganzen Welt. Einige wenige Begünstigte unter ihnen standen im Zentrum der Staatsangelegenheiten als Mitglieder der verschiedenen Räte, die Spanien und sein Weltreich unter der Krone regierten, aber auf den tieferen Stufen wurde der Adel allmählich – wie in Frankreich und England – durch eine neu aufkommende Bürokratie von Beamten verdrängt, die in dem immer größer werdenden Regierungsapparat ihr Schäfchen ins trockene zu bringen verstanden. Aus derselben Schicht stammte das Heer von Klerikern an den Bischofssitzen, in den Gemeinden und in den verschiedenen Orden, die sich im ganzen Land vermehrten, oft in erbitterter Gegnerschaft. Stütze des Ganzen war die dominikanische Hochburg des Heiligen Offiziums, die *Suprema*, die spanische Inquisition, deren Aufgabe es war, jede Menschenseele in ihrer Reichweite zur Orthodoxie zu zwingen.

Das spanische Volk stand zwar unter der strengen Herrschaft von Kirche und Krone, wahrte sich aber einen Anschein von

Freiheit. Kastilien und Aragon hatten eigene Parlamente, die Cortes, in denen die Abgeordneten zusammenkamen, um über Abgaben (*servicios*) an den König abzustimmen als Gegenleistung für das Privileg, ihre Beschwerden zu äußern. Die Cortes in Aragon umfaßten vier Stände: Stadträte, Kleriker, Angehörige des hohen und des niederen Adels. In Kastilien setzten sich die Cortes nur aus den Abgeordneten von achtzehn Städten zusammen. Von den Zünften war die der Schafzüchter (die *mesta*) besonders mächtig. Mit dem Aufblühen des Amerikahandels entstand auch ein ganzer Komplex von Handelshäusern und Gerichtshöfen, deren natürliches Zentrum der große Umschlagplatz Sevilla wurde. Besitzlose Bauern strömten in die Städte, und wenn sie im Handel oder im Heer nicht unterkamen, fanden sie Anwendung für ihre Kräfte in den Reihen der Banditen, die die Straßen unsicher machten. Es war – besonders in Andalusien – eine Hochkonjunktur, aufgepfropft auf eine im wesentlichen einfache Wirtschaft und einen anspruchslosen Lebensstil. Abgesehen von einigen Städten wie Granada, Segovia und Toledo (das wegen seiner Rüstungen und Waffen berühmt war) und den Hafenstädten, in denen der Schiffsbau blühte, war das Gewerbe kaum entwickelt. Um Valencia hatte die Landwirtschaft mit Hilfe maurischer Arbeitskräfte einen hohen Stand erreicht, aber andernorts hatten die Menschen oft Mühe, dem kargen Boden das zum Leben Notwendige abzuringen. Viele Zentren des Wohlstands im Norden des Landes waren im Niedergang begriffen, und ganz allgemein machte sich in den herrschenden Schichten eine Abneigung gegen Arbeit und Handel bemerkbar.

Es war ein Land, in dem der freie Umlauf von Gütern, Geld und Gedanken überall durch Hindernisse erschwert wurde. Man braucht nur einen Blick auf die Landkarte zu werfen, um zu sehen, wie die Natur Spanien von seinem französischen Nachbarn durch die Pyrenäen abgeschnitten und das Land innerlich aufgeteilt hat – durch die Sierra Guadarrama und die Sierra de Gredos zwischen Alt- und Neukastilien, durch die Berge von León im Nordwesten und die Sierra Morena sowie die Sierra Nevada im Süden. So entstanden abgeschlossene Regionen des Provinzialismus, zwischen denen die Kommunikation stets schwierig war. Die Rechte und Gesetze von Aragon waren nicht die gleichen wie in Kastilien. Zwischen den beiden Königreichen verlief noch eine echte Grenze, die sogar von königlichen Beamten anerkannt und beachtet werden mußte. Die Macht der Inquisition überschnitt sich oft mit der Staatsgewalt, besonders in Aragon, das sich an eigene, alte Rechtstraditionen hielt. Die Basken, die Katalanen und die Kastilier der Meseta hatten nicht einmal eine gemeinsame Sprache. Die unterworfenen Mauren *(Moriscos)* in den Bergen südlich von Granada waren dem Namen nach »neue« Christen; in Wirklichkeit waren sie aber so unversöhnliche Mohammedaner wie ihre Vorfahren zu Zeiten der Emire. Das Mittelmeer war zwar im Norden weitgehend von spanischen Besitzungen begrenzt, doch war es keineswegs ein spanisches Binnenmeer, sondern geriet in steigendem Maß unter den Einfluß der Flotten der ottomanischen Türken und ihrer seeräuberischen Verbündeten aus der Berberei. Der triumphale Aufstieg des Landes selbst hatte zu dieser Isolierung und Abgeschlossenheit beigetragen. Den Sieg über den Islam hatte Spanien allein errungen; Westindien war seine Eroberung. Der in die Alte Welt strömende Reichtum stammte aus Spaniens Minen, und sogar die spanische Inquisition war eine eigenständige Einrichtung, völlig getrennt vom Heiligen Offizium in Rom, dem in anderen Ländern die Sorge für das Seelenheil der Menschen oblag.

Welches Bild könnte den Geist dieses vielseitigen Volkes verkörpern? Die von Menschen wimmelnde Stadt Sevilla mit den aus Westindien zurückgekehrten Schiffen an ihren Ankerplätzen stromabwärts bei Sanlucar? Pilger auf der Wallfahrt nach Santiago de Compostela zum Schutzheiligen Spaniens? Stierkämpfe in den Arenen staubiger Provinzstädte? Die Inquisition am Werk bei dem düsteren Schauspiel eines Autodafés? Studenten in der Universität Salamanca? Prozessionen? Maultiergespanne, die in tiefem Schnee oder in glühender Augusthitze auf den steinigen Saumpfaden auf die Sierra hinaufziehen? Das Land war geprägt von unendlicher Verheißung und Vielfältigkeit, und doch war es paradoxerweise, als trage es Scheuklappen und richte den Blick in steigendem Maß nur nach innen. Sein König war ein Kaiser, der die Krone Karls des Großen trug, aber Karls Internationalismus, seine ausländische Geburt in Flandern und seine vielen Aufenthalte im Ausland riefen mehr Tadel als Lob hervor.

Spanien hegte die Überzeugung, nur sehr wenig von außen zu benötigen. Es war einst ein unterdrücktes und besetztes Land gewesen und hatte sich aus eigener Kraft zur Herrschaft über einen großen Teil der bekannten Welt durchgekämpft. Seit fast einem halben Jahrhundert war ihm alles gelungen, was es in Angriff genommen hatte. War es nicht von Gott und seinen Heiligen bevorzugt, war es nicht zur Ausführung des göttlichen Willens bestimmt? Vielleicht ist hier, im Reich des Geistes, der gute und der böse Genius der Nation zu suchen. Die heilige Therese war ein junges Mädchen und lebte in Avila. Der Begründer des Jesuitenordens, Ignatius von Loyola, bereitete sich auf sein Lebenswerk vor. Thomas de Torquemada, der erste Großinquisitor, war noch nicht lange tot. In diesem Land kam am 21. Mai 1527 der zukünftige Philipp II. zur Welt. Er wurde in Valladolid geboren, in der dürren Mondlandschaft der kastilischen Hochebene.

Im Leben dieser vielschichtigen Persönlichkeit waren gewisse Widersprüche von Anfang an vorhanden.

Er war der einzige Sohn Karls V., des Kaisers im Heiligen Römischen Reich, der in Spanien als Karl I. lediglich König von Kastilien, León und Aragon war. Karl war aber nicht Alleinherrscher über diese Länder, denn im Schloß von Tordesillas lebte noch seine Mutter, Johanna die Wahnsinnige. Die Kastilier hatten sich geweigert, sie zu enterben. Philipp, der im Verlauf eines langen Lebens geradezu eine Verkörperung Spaniens wurde, war der Sohn eines aus Flandern stammenden Vaters und einer portugiesischen Mutter und hatte das blonde Haar und die blauen Augen des typischen Flamen. Dazuhin besaß er die vorspringende Unterlippe, die weithin als Erbteil der Habsburger gilt, in Wirklichkeit aber von den Herzögen von Burgund, einer Nebenlinie des französischen Königshauses, stammt.

Die Nachricht von seiner Geburt wurde im Volk mit Jubel aufgenommen. Sein Vater nahm ihn auf die Arme und sprach mit stolzer Freude seine frommen Wünsche aus: »Möge der Herr, unser Gott, einen guten Christen aus dir machen! Ich bitte

Gott um seine Gnade für dich. Möge es ihm gefallen, dich zu
erleuchten, damit du das Reich, das du erben wirst, weise re-
gierst!« Kurz danach drang die Botschaft nach Valladolid, daß
am 6. Mai die kaiserlichen Truppen Karls, des »Allerkatholischsten Königs«, Rom erstürmt und den Papst gefangengesetzt hatten. Diese schlimme Kunde dämpfte die Festlichkeiten. Die Tau-
fe wurde in San Pablo vom Kardinalerzbischof von Toledo, dem
Primas Spaniens, mit feierlichem Prunk vollzogen, der Herold
rief: »Vernehmt! Don Philipp, von Gottes Gnaden Prinz von
Kastilien!« Später galt Philipp in der protestantischen Dämono-
logie als Erzpapist, dabei überwarf er sich zumindest am Anfang
seiner Regierung oft genug mit dem Papst und führte einmal
sogar einen Krieg gegen ihn. Obwohl er der reichste Herrscher
Europas war und über das Gold und Silber Westindiens verfügte, erlebte er dreimal einen Staatsbankrott.

Solche Gegensätze kennzeichneten die Situation, in die Philipp als Erbe so vieler Länder, Ehren und Pflichten hineingeboren
wurde. Das Heilige Römische Reich, dessen Krone sein Vater
trug, war in sich selbst ein Widerspruch, eine verschwommene
Sehnsucht der Deutschen nach jener cäsarischen Weltordnung,
bei deren Zerstörung im 5. Jahrhundert die germanischen Stämme die Hauptrolle gespielt hatten. Es war heilig in dem Sinne,
daß es christlich war, und es war noch ein Reich, wenn sein Herrscher auch gewählt wurde; es war aber noch nie römisch gewesen, auch in den Tagen seines Schöpfers Karls des Großen nicht,
und die Päpste fürchteten und haßten es wegen seiner Einmi-
schungen in Italien. Da es seiner Entwicklung gemäß nicht viel
mehr war als die nominelle Oberherrschaft über die einem Flik-
kenteppich gleichenden deutschen Staaten, hatte es, was die
Macht betrifft, nur geringe Bedeutung; es besaß aber noch großes Ansehen, und nie fehlte es an Anwärtern auf seinen Thron.
Wie die Zeit erwies, vermochte Karl die kaiserliche Nachfolge
nicht auf seinen Sohn zu übertragen; sie ging auf seinen Bruder
und dessen Nachkommen im österreichischen Zweig der Habsburger über. Aber auch ohne das Heilige Römische Reich Deutscher Nation war Philipps Erbe bei seiner Geburt eindrucksvoll
genug, und später vergrößerte es sich noch. Gewisse Formalitäten
der Anerkennung durch die Cortes oder das kastilische Parla-

ment waren notwendig, ehe er offiziell der Erbe dieses spanischen Kernlandes wurde; sie wurden vollzogen, noch ehe er ein Jahr alt war. Die Aragonier zögerten länger, doch es stand außer Zweifel, daß sie einen in Spanien geborenen Prinzen, der der Urenkel Ferdinands des Katholischen war, anerkennen würden. In Italien erbte Philipp Neapel und Sizilien und bekam bald Mailand. Über seine Urgroßmutter Maria, die Tochter Karls des Kühnen, die den späteren habsburgischen Kaiser Maximilian geheiratet hatte, trat er die Erbschaft des alten, zerstückelten »mittleren Reichs« Burgund an, das die Niederlande, die Grafschaft Burgund und die Franche Comté umfaßte, dazu einen etwas unklaren Anspruch auf das Herzogtum Burgund mit der Hauptstadt Dijon, das Karl jahrelang vergebens von Frankreich zurückzufordern versuchte. Zu nennen ist die umstrittene Provinz Navarra an der Pyrenäengrenze, außerdem die spanischen Inseln im Pazifik, die Magellan 1521 entdeckt hatte und die später Philippinen genannt wurden, ebenso weitere Inseln im Karibischen Meer, deren Besitz von Kolumbus' Seefahrten herrührte. Sechs Jahre vor Philipps Geburt hatte Hernando Cortez Mexiko endgültig erobert, und während seiner Kinderjahre vollbrachten die Brüder Pizarro in den Anden die noch unglaublicher erscheinende Unterwerfung des Inkareiches im heutigen Ecuador und Peru.

Die indirekten dynastischen Bande waren ebenfalls eng verschlungen. Der König von England hatte eine spanische Gemahlin; ihre Tochter, Mary Tudor, war als Kind mit Karl verlobt worden und heiratete in späteren Jahren Philipp. Portugal war durch eine Reihe von Ehen fest mit Spanien verbunden. Philipps Mutter, Kaiserin Isabella, war eine portugiesische Prinzessin wie Philipps erste Gemahlin, Maria von Portugal, und schließlich erbte er die Krone Portugals. Eine seiner Schwestern heiratete einen Kaiser. Seine Tante heiratete den König von Frankreich; er selbst vermählte sich in dritter Ehe mit einer Französin und bemühte sich, das Kind aus dieser Verbindung auf den französischen Thron zu bringen.

Nichts war in der damaligen Welt so wichtig wie die Dynastien. Fast ganz Europa – abgesehen vom Balkan, wo die ottomanischen Sultane herrschten – war in ein Geflecht von Familienbeziehungen eingebunden, die in der Zeit, ehe die Parlamente und Völker zu politischer Macht aufstiegen, die Geschicke des Kontinents durch Eheverträge und die Geburten von Prinzen und Prinzessinnen bestimmten, die schon im zartesten Alter miteinander versprochen werden konnten. Es hing daher sehr viel von den Eigenschaften eines Herrschers und seiner Familie ab. Und tief in Philipps Charakter lag als Frucht früher Einübung in die von einem Prinzen verlangten Pflichten und Eigenschaften ein Interesse, das später zu einer fanatischen Hingabe an die Prinzipien des Regierens wurde. Es war ein bemerkenswertes Zusammentreffen, daß Niccolò Machiavelli in Philipps Geburtsjahr starb. Seine Schrift *Il Principe* wurde zwar zu seinen Lebzeiten nicht veröffentlicht und noch weitere zweihundert Jahre lang kaum beachtet, aber trotzdem lag der Keim der politischen Wissenschaft in der Luft, und es besteht ein großer Unterschied zwischen den gelegentlichen Unterweisungen in der Kunst der Staatsführung, die frühere Könige ihren Nachfolgern hatten zuteil werden lassen, und der unendlichen Mühe, die sich Kaiser Karl gab, um seinen Sohn auf den Antritt eines Erbes vorzubereiten, das zugleich ein Beruf war und eine Last, deren er selbst allmählich müde wurde.

An der Oberfläche war Philipps Kindheit glücklich und ungetrübt. Wir haben reizende Schilderungen, wie er als blonder Cherub in einer Art Handwagen herumgefahren wurde oder auf einem Esel ritt und die loyalen, bewundernden Untertanen auf den Straßen spanischer Städte ihm zujubelten. Er hatte das Glück, liebevolle Eltern zu haben, die er wiederliebte – Briefe und Klatsch jener Zeit wie auch Philipps spätere Aussagen zeugen von einer Beziehung voll Vertrauen und Zuneigung, wie man sie in den europäischen Herrscherhäusern selten antraf.

Selbstverständlich wurde er aufs sorgfältigste erzogen. Mit sieben Jahren erhielt er einen eigenen Hofstaat. Juan Martinez Siliceo, ein Professor von der Universität Salamanca, wurde zu seinem Lehrer bestimmt, und ein Grande der alten Schule, Don Juan de Zuñiga, Comendador Mayor von Kastilien, unterrichtete ihn in den ritterlichen Künsten des Fechtens, Jagens und Turnierens.

Es war ein Zeitalter, in dem körperliche Kraft und Gewandtheit von den Herrschern erwartet wurde – hatte der Kaiser nicht die Geburt des Sohnes damit gefeiert, daß er in der Arena eigenhändig einen Stier zur Strecke brachte? Zweimal wöchentlich ging der Prinz auf die Beizjagd oder zum Bogenschießen, und Zuñiga berichtete diplomatisch von seiner Geschicklichkeit bei diesen Sportarten und seinem ausgezeichneten Sitz im Sattel, während der Professor aus Salamanca sich im Schulzimmer eifrig bemühte, mit dem Lob über den Fleiß seines Schülers in Latein und Geographie die Mitra eines Erzbischofs zu erringen.

In Wirklichkeit waren die Reaktionen des Jungen merkwürdig uneinheitlich. Er lernte jede Lektion seines Vaters in Staatsführung und wandte sie sein Leben lang an; es wäre beinahe möglich gewesen, die meisten Ereignisse seiner künftigen Herrschaft aus den Unterweisungen abzuleiten, die Philipp als Jugendlicher vom Kaiser empfangen hatte. Die Empfehlungen anderer Lehrer beachtete er weniger. Auf Befehl des in Flandern weilenden Kaisers mußte Philipp sich bei Turnieren und Lanzenstechen mit den Meistern seiner Zeit messen, fand aber keinen Gefallen an diesen Betätigungen. Ein gewisses Interesse für die Jagd – aber ohne körperliche Anstrengung – wahrte er auch später. Tanzen machte ihm Freude. Er beschäftigte sich gern mit Malerei und Bildhauerei und entwickelte sich zu einem großen Kunstkenner und Mäzen. Geschichte und Mathematik fesselten ihn, aber trotz der ständigen Ermahnungen seines Vaters, er solle Fremdsprachen lernen, brachte er es nie zu mehr als Latein und geringen Kenntnissen in Französisch. Es war, als rebelliere sein Unbewußtes gegen Karls ausdrücklichen Wunsch: »Du sollst vollkommen sein.« Zweifellos war er ganz anders geartet als der gesellige Kaiser, aber er war nicht unempfindlich für die Wirkung des schönen Geschlechts. Ob nun der Klatsch um seine mitternächtlichen Streifzüge und seine amourösen Abenteuer in Brüssel auf Wahrheit beruht oder nicht – es steht fest, daß er von achtzehn an eine Geliebte in Spanien hatte und zur Zeit seiner Heirat mit Mary Tudor genügend Lebemann war, um seiner Gattin Qualen der Eifersucht zu bereiten. Seine Gesundheit war vielleicht infolge der Pocken, die er als Neunjähriger gehabt hatte, nicht ganz zuverlässig. Die im spanischen Königshaus vorhandene Anlage zur geistigen Unausgeglichenheit, die bei Philipps Großmutter väterlicherseits und bei seiner Ururgroßmutter als Wahnsinn zum Ausbruch gekommen war und bei der tragischen Laufbahn seines Sohnes Don Carlos eine Rolle spielte, war vielleicht in abgeschwächter Form die Ursache dafür, daß sein Vater frühzeitig vergreiste und sich nach San Jeronimo de Yuste zurückzog und daß er selbst sich vierzig Jahre später in der klösterlichen Stille des Escorial vergrub. Schon lange vorher hatten aufmerksame venezianische Botschafter immer wieder vermerkt, er habe ein ernstes, nach innen gerichtetes Wesen und liebe die Einsamkeit. Es wäre jedoch falsch, hierin eine Erbanlage zu sehen, denn der Hauptgrund dafür war zweifellos, daß seine fromme, liebevolle Mutter starb, als er erst zwölf Jahre alt war.

Für den Kaiser war dieser Tod ein harter Schlag. Er hatte nicht nur die Gattin verloren, sondern auch eine politische Verbündete und Stellvertreterin, die als Regentin von Spanien während seiner Abwesenheiten praktisch unersetzlich war. Die Kaiserin verstarb zu höchst ungelegener Zeit. Ihre Kinder waren noch klein, und die Mitglieder von Karls Familie, an die er sich hätte wenden können, waren entweder mit ausländischen Königen verheiratet oder wie sein Bruder Ferdinand in Wien und seine herrische Schwester Marie in den Niederlanden mit Aufgaben befaßt, die sie nicht im Stich lassen konnten. Kein europäischer Herrscher jener Zeit (vielleicht mit Ausnahme der ottomanischen Sultane, die auf ihrem Weg zum Thron bedenkenlos Brüder und Halbbrüder umbrachten) hätte daran gedacht, außerhalb der eigenen Familie nach Statthaltern für wirklich wichtige Posten zu suchen. Isabellas Tod bedeutete daher, daß ihr Sohn jetzt nicht nur als Regent von Spanien, sondern auch als Bindeglied zu Portugal eine wichtige Rolle zu spielen hatte. Diese Bindung war in beiden Herrscherhäusern schon Tradition, trotz Abneigung und Mißtrauen zwischen Spaniern und Portugiesen.

Philipp war nun eine bedeutsame Figur auf dem europäischen Schachbrett geworden; mit dreizehn wurde er Herzog von Mailand, mit knapp sechzehn Regent von Spanien, und man nahm Unterhandlungen auf für seine Heirat mit der portugiesischen Infantin, einem etwa gleichaltrigen Mädchen.

Diese Entscheidungen hatte der Kaiser unter dem Zwang

dringender dynastischer und politischer Notwendigkeiten getroffen. Da er im Begriff stand, die Halbinsel zu einer seiner vielen Besuchsreisen in Mitteleuropa zu verlassen, brauchte er einen vertrauenswürdigen Stellvertreter in Spanien und mußte sich durch eine Erneuerung des portugiesischen Bündnisses rückversichern. Es war ihm allerdings bewußt, was er von seinem Sohn verlangte. Betrübt bemerkte er, daß die Verantwortung der Regentschaft und Ehe den Knaben vor der Zeit zum Mann reifen lassen mußte. »Euer Alter ist noch zu schwach für eine so schwere Last«, schrieb er. Den folgenden Rat zu beherzigen, bemühte sich Philipp sein Leben lang: »Mein Sohn, Ihr sollt ein Freund der Gerechtigkeit sein. Befehlt ihren Dienern, sich nicht von Neigung und Leidenschaften bewegen zu lassen, noch weniger durch Geschenke ... Für Eure Person müßt Ihr ruhig und gemessen sein. Führt niemals etwas im Zorne aus. Seid zugänglich und leutselig, höret guten Rat und hütet Euch, wie vor dem Feuer, vor den Schmeichlern.«

Dies ist die Sprache des Polonius. Ergreifend ist, wie der Kaiser fortfährt: »Da es unmöglich ist, an alles zu denken, und da es (wie man sagt) mehr Fälle gibt als Gesetze, so ist es nötig, daß Ihr Euch selbst auf dem rechten Wege haltet aus gesundem Urteil und guten Werken.«[1]

Drei mächtige Ratgeber wurden dem jungen Prinzen zur Seite gestellt: Don Fernando Alvarez de Toledo, Herzog von Alba, dazu Kardinal Tavera und der Staatssekretär Don Francisco de los Cobos, doch in einem nur für den Sohn bestimmten Schreiben sprach der Kaiser sehr ernste Warnungen aus[2]. Los Cobos sei auf Geld versessen; Alba sei ein großer Heerführer, aber ehrgeizig, er werde sich an Philipp heranmachen, und sei es mit Hilfe der Frauen. Philipp solle sich hüten: Er solle sich die Selbständigkeit seiner Entschlüsse wahren, sich seine Berater zunutze machen, aber sich nicht ausschließlich auf einen einzigen verlassen. In Schwierigkeiten solle er sein Vertrauen stets auf seinen Schöpfer setzen und sich nur nach ihm richten. In späteren Jahren erteilte der Kaiser noch viele weitere Ratschläge, aber der Schlüssel zu Philipps Theorie und Praxis des Königtums liegt in diesen Worten, die er sich zu Herzen nahm: »Verlaßt Euch auf niemanden, macht Euch alle zunutze.« Dies setzt voraus, daß der

Herrscher nach Fähigkeiten und Format Machiavellis »Principe«
entspricht. Und wenn es nicht so ist?

Die Richtlinien, die Philipp buchstabengetreu befolgte, erwiesen sich in Wirklichkeit geradezu als Rezept für Unheil sowohl in den Niederlanden als auch in der Planung des »Unternehmens England«, der großen Armada von 1588. Das alles lag
aber 1543 noch in weiter Ferne. Frohe Stimmung herrschte, als
sich der junge Regent auf seine Hochzeit mit der Infantin Maria
von Portugal vorbereitete, die die ungeheure Mitgift von
800 000 Goldkreuzern in die Ehe mitbrachte – einer der wenigen
finanziellen Triumphe in der Regierungszeit des Kaisers. Ein
päpstlicher Dispens war erforderlich, denn die Mutter der Braut
und der Vater des Bräutigams waren Geschwister, und der Vater der Braut, König Johann III., und die Mutter des Bräutigams
waren ebenfalls Geschwister. Selbst bei Pharaonen findet sich
kaum einmal ein solcher Grad der Blutsverwandtschaft, der aber
viele Jahre später noch übertroffen wurde, als Philipp in vierter
Ehe seine Nichte heiratete.

Maria von Portugal war fünf Monate jünger als Philipp. Mit
ihren steil gewölbten Augenbrauen und dem zurückfliehenden
Kinn war sie nicht eben eine Schönheit. Gewisse mißgünstige
Leute, die gegen die Verbindung intrigierten, hatten noch un-
freundlichere Dinge behauptet, so daß der spanische Botschafter
in Lissabon, der die Heirat in die Wege geleitet hatte, gezwungen war, eine Reihe scharfer Dementis über das Aussehen des
Mädchens herauszugeben. Sie sei allerdings »eher untersetzt als
schlank«, schrieb er, aber sie sei größer als ihre Mutter und werde von keiner ihrer Palastdamen übertroffen. Außerdem besitze
sie ein »engelgleiches« Gemüt und Temperament. Sie sei großzügig und anmutig, sie liebe Kleider und Tanz, und sie sei un-
gewöhnlich gesund.

Der Streit um die Reize der Infantin ging bald in der Pracht
der Hochzeitsfeierlichkeiten unter. Die Universitätsstadt Salamanca wurde als Ort der Handlung gewählt. Am 11. November 1543 zog die Braut in die Stadt ein. Sie war in Gold und Silber gekleidet, trug einen purpurnen Samtmantel mit passendem
Federhut und ritt im Damensitz auf einem reich geschmückten
Maulesel an der Spitze ihres prächtigen Gefolges. Ein Bericht

besagt, Philipp habe sich maskiert und mit tief über die Augen gezogenem Hut unter die Menge gemischt, um einen Blick auf seine zukünftige Frau zu werfen, als sie unter Triumphbögen durch die von Fackeln erleuchteten Straßen ritt; einer anderen Erzählung zufolge war er ihr verkleidet den ganzen Weg von Badajoz an der portugiesischen Grenze her nachgeritten und hatte ihren Einzug von den Fenstern eines Hauses aus beobachtet. Am nächsten Abend wurde das junge Paar vom Kardinalerzbischof von Toledo getraut, und mehrere Tage lang fanden in der sonst ziemlich nüchternen Stadt Stierkämpfe, Turniere, Bankette und Bälle statt, bei denen der Regent und die Prinzessin an der Spitze eines glänzenden Hofstaats elegant miteinander tanzten.

Etwas über 18 Monate später starb Maria im Kindbett. Sie kann nicht ganz ohne Einfluß auf einen so jungen Gatten gewesen sein, doch bleibt sie eine Schattengestalt und lebte in der Erinnerung nur als die Mutter von Don Carlos, der Spanien später vor große Probleme stellte. Der erst achtzehnjährige, von seinem Verlust offenbar tief bekümmerte Witwer zog sich in das Kloster Abrojo zurück. Weniger in Einklang mit dem frommen, einzelgängerischen Wesen, das Philipp gewöhnlich zugeschrieben wird, verließ er jedoch das Kloster bald wieder und kehrte in die Arme seiner Mätresse, Doña Ana de Osorio, zurück.

Diese Liaison war in Valladolid offenes Geheimnis. Eine Zeitlang scheint an Karls Hof im fernen Deutschland fast Bestürzung geherrscht zu haben bei dem Gerücht, der verliebte Erbe werde möglicherweise seine Mätresse ehelichen. Einer der drei Ratgeber Philipps, der wendige und verständnisvolle Cobos, beeilte sich, dem Kaiser zu versichern, es handle sich nur um eine Knabenlaune. Wie die ersten Mätressen von Philipps Urenkel, Ludwig XIV., der viele seiner Vorlieben teilte, wurde Doña Ana später in ein Kloster abgeschoben, aber doch erst nach zehn Jahren eheähnlicher Glückseligkeit. Vorläufig übte sie eine wohltuende Wirkung aus, denn sie sorgte für die Zufriedenheit des jungen Witwers, dem eine immer größere Sorgenlast aufgebürdet wurde.

Die Regentschaft in Spanien war kein Ruheposten. Der Kaiser liebte seinen Sohn, verlangte aber Arbeit von ihm. Angesichts der durch die Reformation verursachten Spaltungen zwischen den katholischen und protestantischen Fürsten in Deutschland war er ständig und oft verzweifelt auf der Suche nach Geld. Es war die Zeit, ehe der Ertrag aus den mexikanischen und peruanischen Minen dem Staatsschatz zufloß. Die Cortes von Kastilien und Aragon waren schon völlig ausgepreßt worden. Zögernd wandte sich der Kaiser dem Ausweg von Zwangsanleihen zu, und Cobos war auf den zündenden Einfall gekommen, den Spaniern die Erlaubnis zum Reiten von Maultieren zu verkaufen, das sonst im Interesse der spanischen Pferdezucht verboten war. Es war jedoch kaum ein übriger Dukaten vorhanden, und Philipp hatte schon einmal die dringende Bitte seines Vaters um bare Münze abgeschlagen mit dem Hinweis auf die »Tiefen des Elends«, in die das Volk gestürzt worden sei, und auf den erbarmungswürdigen Zustand des Landes. »Die Gefängnisse sind voll«, schrieb er, »und der drohende Untergang schwebt über allem.«

Abgesehen von Sevilla und den Hafenstädten am Guadalquivir, den Handelszentren für die *Carrera de las Indias*, blieb Spanien während Philipps ganzer Regierungszeit ein armes Land. Seine Armut kam ihm freilich auf anderen Gebieten zustatten. Don Quichotte und Sancho Pansa besitzen keine zwei *reales*, die sie aneinanderklingen lassen könnten, aber sie bestehen größere Abenteuer im Reich des Geistes und der Phantasie als sonstige Romangestalten. So war es auch im wirklichen Leben. Spaniens Armut hinderte es keineswegs daran, die mächtigste europäische Nation zu sein in der Zeit von der Einnahme Granadas 1492 bis zur Niederlage bei Rocroi eineinhalb Jahrhunderte später, als zum Erstaunen der Zeitgenossen seine bislang unbesiegliche Infanterie auf dem Schlachtfeld niedergemäht wurde. Die Spanier waren zäher und ausdauernder als andere Europäer, und zwar gerade wegen ihres rauhen Klimas und ihres ärmlichen Lebens. Dies gilt auch für den Hidalgo, den Landedelmann, die Schicht, der die Konquistadoren entstammten. Von Don Quichotte heißt es, er habe mehr Rindfleisch als Hammelbraten gegessen und mit Gehacktem an den meisten Abenden, Linsen an Freitagen und einem gelegentlichen Täubchen am Sonntag drei Viertel seines Einkommens aufgezehrt.

Den Rest habe er für einen Plüschmantel, Samthosen, Samt-
sandalen für Festtage und einen Anzug aus allerbestem grobem
Tuch für Werktage verbraucht.

Mit solchen Männern unter dem Oberkommando des Herzogs von Alba errang der bedrängte Kaiser im Jahr 1547 den
Sieg bei Mühlberg über seine protestantischen Feinde in Deutschland. Er hatte nun eine Atempause, die er zu nutzen suchte, und
forderte seinen Sohn auf, zu ihm nach Brüssel zu kommen und
soviel Geld mitzubringen, wie er irgend auftreiben konnte. Um
ihn auf die Reise vorzubereiten und ihn in die spanische Politik
einzuweisen, verfaßte der Kaiser im Januar 1548 den längsten
und berühmtesten seiner Instruktionsbriefe[3]. »Angesichts der
Unsicherheit der menschlichen Dinge kann ich Euch keine allgemeine Regel geben, es sei denn das Vertrauen auf die Hilfe des
Allmächtigen. Ihr gewinnt sie in der Verteidigung seines heiligen Glaubens.« Dringlich fährt er fort: »Behütet auch den Frieden und meidet den Krieg«, eine fast ironisch klingende Ermahnung im Lichte von Karls Feldzügen in Deutschland, Italien
und Afrika und angesichts der beinahe ununterbrochenen Kriege
seines Sohnes gegen einen Feind nach dem andern und manchmal gegen mehrere auf einmal – die Türken, die berberischen
Piraten, den Papst, Frankreich, England, die Aufständischen im
alten maurischen Königreich Granada und in den Niederlanden.
Dieser letztere Kampf erstreckte sich noch vierzig Jahre über
Philipps Tod hinaus. Wir dürfen aber sicher sein, daß die Unterweisungen ernst gemeint waren. Karl kannte die ungeheuren
Kosten des Krieges und warnte seinen Nachfolger nachdrück-
lich davor. Und der Ratschlag wurde mit großem Ernst aufgenommen. Die venezianischen Botschafter sahen im allgemeinen
richtig, und eine ganze Reihe dieser aufmerksamen Beobachter
schilderten Philipp als einen im Grunde seines Herzens friedlie-
benden und defensiv eingestellten Herrscher, der nur Krieg
führte, wenn er dazu gezwungen wurde.

Der Kaiser, der oft kränklich war und an Gicht, Magenkrämpfen und vielen anderen Beschwerden litt, war zwar erst
48 Jahre alt, ahnte aber doch schon seinen Tod oder besprach
wenigstens die Möglichkeit seines Ablebens mit seinem Nachfolger. Sein Brief, randvoll mit genauen Informationen und wei-

sen Ratschlägen über das ganze politische Spektrum hin, ist ein erschütternder Beweis dafür, wie selbst der Klügste von den Ereignissen, die außerhalb seiner Reichweite liegen, irregeführt werden kann.

Philipp wird ermahnt, die französischen Korsaren im Karibischen Meer genau im Auge zu behalten, doch kein Wort wird gesagt über britische Freibeuter, denn Hawkins und Drake waren noch unbekannte Namen. Der aus Flandern stammende Kaiser pries die große Zuneigung und Treue der Feudalherren und Adligen, die später die verhängnisvolle Rebellion der Provinzen gegen seinen Sohn anführten. Vierzig Jahre vor der Armada betonte er die Wichtigkeit anhaltend guter Beziehungen zu England.

Dies waren jedoch zweitrangige Anliegen im Vergleich mit der Notwendigkeit, den französischen Bestrebungen in Italien und den Niederlanden sowie der türkischen Bedrohung zu Lande und zur See zu begegnen. Sehr ausführlich behandelte der Kaiser diese Fragen. Wenn irgend möglich solle mit Frankreich Frieden gehalten werden, und selbst der Familienanspruch auf das Herzogtum Burgund solle nicht so stark verfochten werden, daß er einen Krieg auslöse, obwohl er auch niemals aufgegeben werden dürfe. In Mitteleuropa müsse Philipp seinen habsburgischen Onkel und seine Vettern gegen jegliches weitere Vordringen der ottomanischen Macht unterstützen. Als künftiger Herrscher über Neapel, Sizilien und Spanien solle er unter allen Umständen mit Genua, dem Verbündeten zur See, gute Beziehungen unterhalten und sich die Pflege der Flotte angelegen sein lassen, um die Türken und die berberischen Piraten von den Nordküsten des Mittelmeers fernzuhalten. Wäre dieser Rat nicht genau befolgt worden, so hätte Malta an die Türken fallen können; die entscheidende Schlacht von Lepanto hätte verloren werden können, und Spanien hätte möglicherweise eine Invasion aus Nordafrika erlitten, unterstützt von einem Aufstand der maurischen Bevölkerung an seiner Ostküste. Auf diese Weise hätte das Werk der *Reconquista* untergehen und Andalusien wieder dem Islam verfallen können.

Der Brief war ein bemerkenswerter Gesamtüberblick eines Herrschers, der in der Welt erfahren war und zugleich fest an die Überlegenheit des göttlichen Willens glaubte. Der Schluß des Briefes nimmt die Stimmung des Anfangs wieder auf: »Ich bitte Gott, Euch zu behüten und zu seinem Dienst zu lenken, damit er Euch seine ewige Glorie schenken kann.«

Philipp ließ jetzt einen neuen Regenten Spaniens zurück in der Person seines österreichischen Vetters Maximilian*, der kurz zuvor seine Schwester, die Infantin Maria, geheiratet hatte. Widerstrebend löste er sich aus den Armen seiner Geliebten und ritt durch Aragon nach Barcelona, wobei er unterwegs dem Benediktinerheiligtum Montserrat einen kurzen Besuch abstattete, und dann weiter nach Rosas. Dort schiffte er sich im Herbst 1548 nach Genua ein. Seine Flotte umfaßte 50 Schiffe und stand unter dem Befehl des genuesischen Dogen Andrea Doria, Spaniens gefürchtetem Verbündeten. Mailand bereitete ihm als seinem Herzog einen freudigen Empfang, und nachdem er die Alpen überquert hatte, stieß in Bruchsal die Kavallerie-Eskorte zu ihm, die ihn nach Brüssel und zum Wiedersehen mit seinem Vater geleitete.

In einer Zeit, die dem Zeremoniell huldigte, waren Einzüge von Kaisern, Königen und Fürsten in ihre Länder geeignete Anlässe für Propaganda, und dieses erste Auftreten von Karls Erben in den niederländischen Provinzen wurde sorgfältig geplant, um Eindruck zu machen. Philipp ritt im Zug zwischen dem kaiserlichen General, dem Herzog von Savoyen, und dem Kardinal von Trient, die das weltliche und das geistliche Schwert des militanten Katholizismus verkörperten. Hinter ihnen ritten der Herzog von Alba, der Bischof von Arras (der Geschichte besser bekannt als Kardinal Granvelle) und die niederländischen Grafen Egmont und Hoorne.

Hätten die olympischen Götter in einem Augenblick der Inspiration miteinander gewetteifert, ein Meisterstück tragischer Ironie hervorzubringen, so hätten sie diesen Einzug kaum übertreffen können. Granvelle, Philipps zuverlässigster Ratgeber, war später die Ursache für den Aufstand des niederländischen Adels.

---

* Maximilian war der Sohn des jüngeren Bruders des Kaisers, Ferdinand, König von Böhmen und Ungarn, römischer König, Haupt des österreichischen Zweiges der Habsburger. Ferdinand und Maximilian wurden nacheinander Kaiser des Heiligen Römischen Reiches.

Alba richtete in den friedlichen Provinzen ein Blutbad an, und während seiner Statthalterschaft brachte er die Grafen Hoorne und Egmont aufs Schaffott, und zwar auf demselben Hauptplatz in Brüssel, über den sie alle jetzt in so offenkundigem Einvernehmen dahinritten.

Vielleicht stand die Schrift schon an der Wand, seit die Ehe von Karls spanischer Mutter und seinem burgundischen Vater (nachdem die männliche Linie von Kastilien/Aragon ausgestorben war) zur Vereinigung der niederländischen Provinzen mit Spanien in Karls Person geführt hatte. Diese unerwartete, unnatürliche Verbindung erwies sich für alle Beteiligten als verhängnisvoll. Die Lebensweisen unterschieden sich vollständig. Die 17 Provinzen der Niederlande waren der Rest jenes mittleren Reiches zwischen Frankreich und den deutschen Staaten, das entstanden war, als die Söhne Karls des Großen dessen Reich aufteilten. Im 15. Jahrhundert waren die Niederlande unter den Herzögen von Burgund fast ein lebensfähiges Königreich geworden. Nun waren sie wieder zerstückelt, aber immer noch unabhängig von ihren mächtigen Nachbarn zu beiden Seiten – ein Zustand, der sich in Form der Benelux-Staaten bis heute erhalten hat. In den nördlichen Provinzen war im 16. Jahrhundert die Kultur deutsch, in den südlichen oder wallonischen Provinzen war sie französisch. Das einzige Band zu Spanien war der gemeinsame Herrscher. Auf den Ebenen Hollands und Brabants standen Windmühlen in Hülle und Fülle, aber nicht einmal der verrückteste Ritter dieser üppigen Weideländer hätte davon geträumt, gegen Windmühlenflügel zu kämpfen. Die Bewohner der Niederlande waren anspruchsvoll im Essen und Trinken, sie waren aufgeschlossen für weltliche Vergnügungen und Gepränge, sie bildeten die Anfänge einer Bourgeoisie, aber sie hatten nichts gemein mit dem nüchternen, zurückhaltenden und frommen Mann, der durch eine Laune des Schicksals bald zu ihrem Herrscher berufen wurde.

In gewisser Beziehung hatte Philipp mehr Erfolg als sein Vater. Er regierte Spanien besser und war dort beliebter und geachteter. Er und nicht Karl wehrte die vordringenden Türken im Mittelmeer ab. Den Niederlanden gegenüber fehlte es ihm jedoch an jenem instinktiven Verständnis für das Volk, das sein

Vater von seiner flämischen Geburt her besaß. Obwohl Philipp burgundisch aussah, war und blieb er vollkommen spanisch. Er zeichnete sich auch nicht durch jene Bonhomie und persönliche Wärme aus, die den Kaiser – selbst in der Niederlage – zu einer sympathieerweckenden und populären Gestalt werden ließen. Karls Eßlust war in ganz Europa bekannt; sie trug ihm nur Zustimmung ein, während Philipps strenge Einfachheit außerhalb Spaniens verhöhnt wurde. Obwohl er drei Gemahlinnen mehr hatte als sein Vater und mindestens so viele Mätressen wie dieser, hatte er nie so prachtvolle Söhne oder Töchter wie Karls natürliche Kinder Margarete von Parma und Don Juan d'Austria, großartige Späne vom kaiserlichen Stamm, die das Ansehen des Kaisers noch lange nach seinem Tode wachhielten.

Dieser Mangel an Volksverbundenheit und selbst an gewöhnlichen menschlichen Schwächen kam Philipp teuer zu stehen. Als gereifter Mann war er eine viel gütigere, urbanere Persönlichkeit, als sein erstes Auftreten auf der Bühne Europas hatte vermuten lassen, aber in den Augen vieler seiner Untertanen blieb er immer so, wie er damals wirkte: ein steifer, stolzer, mürrischer, hochmütiger Prinz, dem jene Vitalität abging, die so gewalttätige Könige wie Franz I. und Heinrich VIII. zu populären Herrschern, ja zu nationalen Totems gemacht hatte. Selbst seine beiden verwitweten Tanten, Marie, die Regentin der Niederlande, und Eleonore, die Königinwitwe von Frankreich, die am kaiserlichen Hof in Brüssel weilten und von denen zu erwarten war, daß sie sich über ihn entzückten, fanden ihn enttäuschend »klein von Gestalt verglichen mit den Deutschen« und hielten ihn deshalb nicht für einen ganzen Mann.

All diese Urteile waren ungerecht. Auf Wunsch seines Vaters hatte Philipp an Turnieren und Maskeraden teilgenommen, er hatte sich der Bevölkerung der niederländischen Provinzen gezeigt und feierlich beschworen, die Unzahl ihrer herkömmlichen Bräuche und Privilegien zu achten. Bei alledem herrschte größte Pracht und Feierlichkeit. Auf seinem Zug durch die Provinzhauptstädte wurde Philipp von der Regentin und ihrem Hofstaat begleitet, und ein Kanzlist seines Vaters schrieb alle Einzelheiten für die Nachwelt in ein Buch mit dem Titel *El Felicísimo Viaje del Príncipe Don Felipe*. In seiner klassischen Biogra-

phie beschreibt W. H. Prescott die Triumphbögen und Spruch-
bänder, die die Straßen säumten und auch in das Buch »Die
allerglücklichste Reise« eingingen, als Zeichen der Liebe und
Ehrerbietung der Niederländer zu ihrem künftigen Herrscher:
»Sie waren in Latein und in der Landessprache abgefaßt und
kündigten dem Volk die glücklichen Zeiten an, wenn es unter
Philipps mildem Zepter die süßen Güter Ruhe und Freiheit ge-
nießen sollte. Schöne Zukunftsbilder! Sie bewiesen, daß der
Prophet nicht mit dem Geist der Weissagung begabt war.«

Philipp bemühte sich jedoch umsonst, zu gefallen und sich
angenehm zu machen. »Nicht sehr beliebt bei den Italienern,
nicht sehr gut aufgenommen bei den Flamen, verhaßt bei den
Deutschen«, vermerkte der venezianische Botschafter scharf
über diese weite Einführungsreise[4]. Der junge Mann hatte sogar versucht, sich bei den Niederländern dadurch in Gunst zu
setzen, daß er Bier trank, obwohl er es verabscheute, aber es
half alles nichts. Er konnte die Arroganz nicht aus seinen Zügen
verbannen, und man sah ihm an, daß er sich unbehaglich fühlte – ein Mangel an Selbstdisziplin, der dem Kaiser zu schaffen
machte. Er mußte sich eingestehen, daß die propagandistische
Bemühung nicht die gewünschte Wirkung zeitigte. Die Reise
durch die Niederlande war jedoch nur ein Teil des Plans gewesen. Hinter dem Besuch des angehenden Erben Spaniens, Westindiens, halb Italiens, der Franche Comté und der Niederlande
lag die Absicht, Philipp die Kaiserkrone zu sichern.

Der Kaiser des Heiligen Römischen Reiches wurde – in der
Theorie – nach wie vor gewählt. Als schattenhafter Nachfolger
des realen Reiches Karls des Großen kam das Reich der geistigen
Führung Deutschlands gleich – oder hatte sie doch innegehabt,
ehe Martin Luther aufgetreten war. Durch massive Bestechung
der Kurfürsten war es Karl V. ein Vierteljahrhundert zuvor
gelungen, die Ansprüche der Könige von Frankreich und England zu übertrumpfen und die Wahl für sich zu gewinnen. Die
Verbreitung des Protestantismus in Nord- und Mitteldeutsch-
land hatte den Stand des katholischen Kaisers schwer erschüt-
tert, ebenso das Vorrücken der ottomanischen Türken im Herzen Europas, aber die Kaiserkrone war immer noch der verlok-

kendste Preis, und Karl hegte seit langem den Wunsch, sie seinem Sohn zu übertragen. Nun hatte aber sein Bruder Ferdinand emsig einen rivalisierenden Anspruch aufgebaut. Von den zwei Brüdern war Karl eher »germanisch«, da er in Flandern geboren wurde, während Ferdinand in Spanien zur Welt kam und aufwuchs. Der Jüngere wurde als gefährlicher Nebenbuhler aus Spanien entfernt und nach Wien gesandt, wo er sich als Haupt des österreichischen Zweiges der Familie inzwischen fest verwurzelt hatte und wo er zum »römischen König« gewählt worden war; dieser Titel wurde dem offiziellen Anwärter auf die Kaiserkrone verliehen.

Beiden Brüdern schwebte schon eine erbliche Nachfolge der Habsburger in der Kaiserwürde vor. Aber erblich – in welchem Zweig? Ferdinand hatte ebenfalls einen Sohn, Erzherzog Maximilian, der während Philipps Abwesenheit derzeit Regent in Spanien war und Philipps Schwester Maria geheiratet hatte. Sollte Ferdinand die Nachfolge des Kaisers antreten und Maximilian römischer König und Kaiser-Anwärter werden? Dies lief den Gesetzen der Erstgeburt zuwider. Philipp vor Ferdinand zu stellen, war nicht tunlich, da Ferdinand schon das Ansehen des römischen Königs genoß. Philipp den Vorrang vor Ferdinands Sohn Maximilian einzuräumen, schien dagegen – oberflächlich betrachtet – logisch und gerecht. Warum sollte die Krone nicht zwischen dem spanischen und dem österreichischen Zweig der Familie wechseln? Warum sollte Karl, wenn er schon die Nachfolge seines jüngeren Bruders unterstützte, auch noch dessen Sohn Maximilian eine Rangstufe vor seinem eigenen Sohn Philipp zugestehen – wie es wahrscheinlich geschehen würde, wenn alles den Kurfürsten überlassen bliebe?

Im Herbst 1550 wurden in Augsburg alle diese Punkte in einem Familienrat besprochen, zu dem Ferdinand seinen Sohn Maximilian insgeheim aus Spanien herbeigerufen hatte und an dem auch Marie teilnahm, die Regentin der Niederlande und Karls unschätzbare Verbündete und Ratgeberin. Das Ergebnis der Gespräche schlug sich in den eigenhändigen Verbriefungen der Geschwister vom 9. März 1551 nieder.

Ferdinand sollte Karls Nachfolge antreten – dies war nie in Zweifel gezogen worden. Aber Ferdinand verpflichtete sich nun, nach seiner Krönung die Kurfürsten zu veranlassen, daß sie Philipp zum römischen König wählten. Dafür sollte Philipp als seinen eigenen Nachfolger seinen Vetter Maximilian ansehen und nicht seinen Sohn Don Carlos. Auf diese Weise würde die Anwartschaft zwischen den beiden Häusern hin- und hergehen.

Es war reine Phantasie, denn die Kurfürsten, deutsche Bischöfe und Fürsten, würden niemals einen Ausländer wie Philipp einem Mann vorziehen, den sie wie Maximilian zu den Ihren zählten. In ihrem eigenen Interesse war ihnen daran gelegen, die Macht des Kaisers einzugrenzen und nicht zu vergrößern; sie würden daher keinen König wählen, der schon die halbe Welt erbte. Ein echter Familienvertrag kam nicht zustande; Ferdinand gab lediglich mündlich seine Zustimmung zu einem Handel, von dem er wohl wußte, daß er nie Wirklichkeit werden würde. Die militärischen Niederlagen, die der Kaiser im Jahr 1552 durch die protestantischen Fürsten und die Franzosen erlitt, verringerten seine Macht, die Ereignisse zu beeinflussen, und ließen den ganzen Plan zur Absurdität werden. Man kam nie mehr darauf zurück.

In der Zeit dieser familiären Spannungen entstand aber schon ein Bindeglied. Als Philipp im Hochgefühl eines illusionären Triumphes von Genua nach Spanien zurückeilte, war dem Statthalterpaar, seiner Schwester Maria und Maximilian, eine Tochter geboren worden: Anna von Österreich, die Philipps vierte und letzte Gemahlin wurde. Durch diese Königin lebte die spanische männliche Linie noch drei Generationen fort. Sie wurde die Urgroßmutter Karls II. von Spanien und Ludwigs XIV. von Frankreich. Die Heere, die von ihren Nachkommen beiderseits der Pyrenäen aufgestellt wurden, trugen in dem entsetzlichen Gemetzel des Dreißigjährigen Krieges dazu bei, Europa in Stükke zu reißen.

2. Kapitel: Die englische Heirat

In den nun folgenden Jahren nahmen Philipps Angelegenheiten in Spanien einen ganz anderen Verlauf als die Bemühungen seines Vaters in Deutschland. Spanien war gut verwaltet und entwickelte sich dank dem Reichtum aus Westindien zum mächtigsten Staat Europas. Karl dagegen stürzte in Deutschland von den Höhen seines Sieges bei Mühlberg über die protestantischen Fürsten in die Tiefen der Machtlosigkeit; er mußte vor den Truppen des Moritz von Sachsen über die Alpen fliehen, und zu seiner Demütigung gelang es ihm nicht, die Stadt Metz wiederzuerobern, die die Protestanten dem französischen König zum Dank für seine Hilfe abgetreten hatten. Das Gleichgewicht der Mächte in Europa neigte sich den am Meer gelegenen Ländern im Westen zu auf Kosten von Mitteleuropa, das durch die Religionskriege im Gefolge der Reformation und durch das Vorrücken der Türken nach Ungarn geschwächt wurde. Während das Heilige Römische Reich unterging, gründete Spanien eine Neue Welt. Es war das Ende eines Zeitalters und der Beginn eines anderen, in dem der Menn, den die bewundernden Zeitgenossen »Cäsar« genannt hatten, nur noch wenige kurze Abschiedsszenen zu spielen hatte.

Der Kaiser hatte sein Leben nur der Gnade seiner Feinde zu verdanken, die, wie Moritz von Sachsen sagte, keinen Käfig hatten, der groß genug gewesen wäre, um ihn darin einzusperren. Karls Rückzug nach Brüssel in die noch treuen Niederlande war in gewissem Sinn ein Elba, dem zu entfliehen er so glühend wünschte wie später Napoleon Bonaparte. Im Gegensatz zu dem Korsen aber, der nur von neuen Siegen träumte, sank Karl, ein kranker und vorzeitig gealterter Mann, in tiefe Verzweiflung. Fortuna, so bemerkte er, sei eine Dirne, die ihre Gunst nur den Jungen zuwende; tagelang gab er sich einer Apathie hin, aus der ihn selbst seine engsten Vertrauten nicht zu reißen vermochten. Zwei Gedanken drangen jedoch in diese morbide, fast krankhafte Zurückgezogenheit ein: Er brauchte Geld, und er hatte einen Sohn. Seine Schwester, die Regentin, hatte ihn gedrängt, Philipp sofort nach Brüssel zu rufen, wenn die Niederlande unter dem Druck der Ketzerei und der Franzosen nicht den Weg Deutschlands gehen sollten, und im Frühjahr 1553 befolgte Karl diesen guten Rat mit einem Brief, der mit einem Aufruf zur Erfüllung der Sohnespflicht und mit der Bitte um größere Geldsummen begann. Danach wandte er sich dynastischen Fragen zu: »Es ist nun lange Zeit verstrichen seit dem Tode der Prinzessin (die Gott in seiner Herrlichkeit aufnehmen möge), und es erscheint mir angemessen und notwendig, daß Ihr Euch wieder verheiratet, sowohl wegen Eures Alters als auch wegen der Nachkommenschaft, die Gott Euch schenken möge.«[5]

Maria von Portugal war schon fast acht Jahre tot. Und jetzt war es wieder eine Portugiesin, sogar wieder eine Maria, die der Kaiser für seinen Sohn in Betracht zog. Er hatte erfahren, daß Philipp »eine Neigung zu ihr gefaßt hatte«, und tatsächlich war der Prinz schon in Verhandlungen mit Portugal eingetreten, die einen Ehevertrag in Bälde erwarten ließen. Lediglich über die Größe der Mitgift war noch keine Einigung erzielt. Falls die portugiesische Heirat nicht zustande käme, sah Karl keine andere Anwärterin unter den europäischen Prinzessinnen außer vielleicht einer Schwester des Königs von Frankreich.

Offenbar dachte in diesem Stadium niemand daran, daß sich in England eine passende Gemahlin für den Prinzen finden könnte. England lag in der Gewalt einer protestantischen Diktatur, sein König war ein unbedeutender Knabe. Wenn er, wie es den Anschein hatte, bald sterben würde, war es nach Karls Ansicht die beste Diplomatie, die Ansprüche der rechtmäßigen Erbin, Prinzessin Mary, Tochter Heinrichs VIII. und Katharinas von Aragon, zu unterstützen, aber so geheim, daß niemand merkte, wie sich die Spanier in englische Angelegenheiten einmischten. Das Spiel mußte geschickt eingefädelt werden, wie Karl seinen Gesandten in England, Simon Renard, wissen ließ. Die bestmögliche Lösung sei vielleicht, wenn sie irgendeinen Engländer heirate, der nicht aktiv gegen Spanien auftrat, beispielsweise Courtenay, Earl of Devon, einen Abkömmling des alten Königsgeschlechtes.

In kaiserlichen Kreisen war die Hoffnung auf diesen begrenzten Erfolg nur schwach. Die diplomatischen Bemühungen Spaniens in England prallten an einer mächtigen Clique protestantischer Adliger ab, die vor nichts zurückschreckten, um der papistischen Mary den Zugang zum Thron zu versperren. Erst als das Ereignis eintrat, als der junge König starb, die Jane-Grey-Usurpation mißlang und Mary wegen ihres Mutes in der Krise vom Volk als rechtmäßige Königin anerkannt wurde, sahen die vorsichtigen, ängstlichen Diplomaten am Kaiserhof plötzlich die neuen Möglichkeiten. An die Stelle eines französenfreundlichen, protestantischen Königs war in England eine Königin getreten, die eine spanische Mutter hatte und eine Cousine ersten Grades des Kaisers war.

Dieser unerwartete Glücksfall wirkte wie ein Tonikum. Aus der Apathie wechselte der Kaiser in die Aktivität; er wurde wieder der fähige, erfahrene Staatsmann, der er in seinen frühen mittleren Jahren gewesen war, als Könige und Völker vor ihm gezittert hatten. Doch war er jetzt sowenig wie damals Fanatiker; er bezog auch Unwägbares in seine Berechnungen mit ein. Aus eigener Erfahrung mit König Heinrich VIII. wußte er, welch unvorhersehbares Verhalten England als Verbündeter an den Tag legen konnte. Mary war jetzt Königin: Dieses große Plus für seine Politik durfte nicht durch Hast auf irgendeiner Seite gefährdet werden. »Um Gottes willen«, schrieb er an seinen Gesandten in England, »laßt sie die Rachlust dämpfen, die wahrscheinlich in ihren Anhängern brennt!«[6] Was eine Ehe betraf, so würde sie wohl dazu gezwungen sein, da es noch nie eine unverheiratete Königin gegeben hatte. Irgendeine vernünftige Verbindung würde genügen. Als aber England unter dem neuen Regime zur Ruhe kam, blitzte ein weiterer Gedanke im fruchtbaren Geist des Kaisers auf. Es war ihm bewußt, daß die Engländer wahrscheinlich alles daransetzen würden, eine Heirat ihrer Königin mit einem Ausländer zu verhindern. Könnte aber die Königin und ihr Volk nicht »direkt oder indirekt« dazu veranlaßt werden, eine Verbindung zu erwägen, von der schon »vor vielen Jahren« die Rede war?

Durch eine schon fast vergessene Vereinbarung von 1522 war Karl selbst mit Mary Tudor, die damals ein sechsjähriges Kind gewesen war, verlobt worden. Es war nichts daraus geworden; Karl heiratete eine Portugiesin. Jetzt aber als alternder Witwer, erschöpft und gichtig, hatte er nicht mehr das Herz, eine Ehe einzugehen. Wie aber, wenn sein Anteil an der Vereinbarung auf Philipp übertragen würde? Die Vorteile lagen auf der Hand. Die Engländer könnten auf der diplomatischen und militärischen Bühne wiederum als Verbündete gegen Frankreich auftreten. Man könnte ihnen alle möglichen Lockungen anbieten – sogar die Aussicht, französische Gebiete wiederzuerhalten, die sie im Hundertjährigen Krieg zur Zeit von Jeanne d'Arc verloren hatten. Der Kaiser vermochte wirklich nur ein echtes Hindernis zu sehen: daß Philipps Verhandlungen wegen der portugiesischen Braut vielleicht schon zu weit gediehen seien.

Zum Glück für die Planer der neuen Politik war dies nicht geschehen, wie Philipp in seiner Erwiderung klarstellte: »Zuerst küsse ich Eurer Majestät die Hand um des willen, was Ihr mir mitteilt, denn ich erkenne sehr wohl die Vorteile, die aus dem erfolgreichen Abschluß dieser Angelegenheit erwachsen könnten. Euer Brief erreichte mich genau im richtigen Augenblick, denn ich hatte beschlossen, die Verhandlungen mit Portugal abzubrechen ...«[7]

Die Portugiesen waren mit der Mitgift zu geizig gewesen.

Nun folgte Philipps Beitrag zur Debatte. Wenn Königin Mary einen spanischen Gatten wünschte und wenn Karl bereit war, diesem Wunsch zu entsprechen, wäre wohl die Erfüllung des Vertrags von 1522 die bestmögliche Lösung. Wenn aber der Kaiser zögerte, den Bräutigam zu spielen, und wenn Mary mit einem Ersatz zufrieden wäre, würde er, Philipp, als pflichtgetreuer und liebender Sohn dem Ruf an den Altar folgen.

Im Besitz dieser Zustimmung wandte sich Karl nun dem Problem zu, die Königin für den Plan zu gewinnen. In einer Flut von Briefen an seinen Vertrauten, Simon Renard, am englischen Hof entschuldigte er seine Zurückhaltung mit gewundenen, fast komischen Sätzen: »Wir selbst schätzen sie und ihre Tugend und Sanftmut ... Wären Wir in passendem Alter und entsprechender Verfassung, so würden Wir keine andere Verbindung in der Welt derjenigen mit ihr vorziehen ... Doch Unsere Gesundheit und Alter ist dergestalt, daß Wir Uns vorwerfen müßten, sehr wenig für sie zu tun, wenn Wir ihr Unsere Person anbieten würden; Wir sehen auch nicht, daß Wir ihre Interessen in irgendeiner Weise zu fördern vermöchten.«[8]

Daraufhin eröffnet Karl eine glänzende Aussicht: »Aber Wir könnten ihr niemanden vorschlagen, der Uns lieber wäre als Unser Sohn, der Prinz; eine Verbindung mit ihm wäre ihr viel angemessener, sowohl weil sie sicherer hoffen könnte, Kinder zu haben, als auch aus anderen Gründen. Wir wünschen, daß ihr der Antrag unterbreitet werde, wenn sie glaubt, ihn annehmen zu können.«[9]

Mary Tudor verdient eine verständnisvollere Beurteilung als diejenige, die ihr gewöhnlich in den Geschichtsbüchern zuteil wird. Sie war tapfer, sie war bescheiden, sie liebte ihr Land und ihre Religion – vielleicht nur zu sehr. Sie war nicht dumm und ließ sich von dem Antrag nicht blenden. Hätte sie die Wahl gehabt, so hätte sie sicherlich den Kaiser vorgezogen, einen alten Freund, der sanftmütig, rücksichtsvoll und vor allem gereift war. Vor der Alternative, Philipp zu heiraten, schreckte sie in ihrer Schüchternheit zurück. Zu Renard sagte sie, sie habe gehört, daß der Prinz nicht so weise sei wie sein Vater, und zudem sei er doch noch sehr jung. Falls es ihm angelegen sein sollte, intimere Beziehungen zu knüpfen, so sei dies nicht ihr Wunsch; denn sie habe, wie sie in rührender Offenheit hinzufügte, niemals den Gedanken an Liebe gehegt. Renard entgegnete darauf in wahrhaft diplomatischen Worten, der Bräutigam sei in Wirklichkeit so tugendhaft, besonnen und bescheiden, daß er »für einen Menschen fast zu wunderbar« erscheine, und damit seien seine Eigenschaften noch längst nicht voll gewürdigt. Als taktvoller Mann mit großem Einfühlungsvermögen beruhigte er die nicht mehr junge, unverheiratete Königin, Philipp habe mit sechsundzwanzig Jahren ein so gefestigtes, gesetztes Wesen, daß er »nicht mehr jugendlich« sei – die Männer seien mit dreißig schon so alt wie früher mit vierzig[10].

Die Königin war sehr angetan, aber noch nicht völlig überzeugt. Sie fragte, ob das, was sie über Philipp höre, wirklich wahr sei, ob er tatsächlich ein so ausgeglichenes Temperament und ein so abgewogenes Urteil besitze und ob er, wie sie ängstlich wissen wollte, ein gutherziges Gemüt habe. Als der Gesandte ihr versicherte, dies alles treffe zu, drückte sie seine Hand und sagte: »Das ist gut.«[11] Obwohl sie um Gelegenheit bat, dieses Muster eines Bräutigams zu sehen, stand ihr Entschluß fest, und bei einer Sitzung ihres Rates flüsterte sie Renard außer Hörweite der anderen zu, sie werde wohl dem Vorschlag des Kaisers zustimmen.

Inzwischen kamen aus ganz Europa Anträge – fast jedermann wollte sie heiraten. Die Ratgeber, ausländischen Verwicklungen stets abhold, drängten die Königin, einen Engländer zu ehelichen, ihren entfernten Verwandten Courtenay oder Kardinal Reginald Pole, in dessen Adern ebenfalls königliches Blut floß. Pole selbst, ein guter Freund aus der Zeit ihrer Mutter, riet ihr, überhaupt nicht zu heiraten – dies war der einzige gute Rat, den sie je in dieser Frage erhielt. Aber Mary war die Tochter ihres Vaters, eine echte Tudor mit der Eigenwilligkeit ihres Geschlechts, und wenn ihr auch der bloße Gedanke einer Ehe zuwider war, hielt sie es doch für ihre Pflicht gegenüber ihrem Volk. Was den Gatten ihrer Wahl betraf, so wollte sie sich von ihrem Vetter, dem Kaiser, leiten lassen; sie würde sich nicht von intrigierenden, selbstsüchtigen Räten bevormunden oder irreführen lassen. Sie mochte klein und wenig hübsch sein; ihr Geist war aber hochfliegend und in Gefahren unerschrocken, wie der venezianische Botschafter Micheli vermerkte. Ein fanatischer Zug lag tief in ihrem Wesen, teils ererbt, teils infolge der Schwierigkeiten in ihrer Jugend, als sie die Scheidung ihrer Mutter miterlebte, als ihre Religion angegriffen und sie selbst von ihrem Vater verstoßen wurde. Jedenfalls war ihre Entscheidung getroffen, und in Renards Anwesenheit sank sie in ihrer Kapelle auf die Knie und versprach feierlich, sich mit dem Prinzen von Spanien zu vermählen – immer vorausgesetzt, daß Philipp noch frei und nicht mit der portugiesischen Prinzessin verlobt sei.

In den nächsten Monaten arbeiteten Karls Gesandte die Einzelheiten eines Ehevertrags aus, der die englische Empfindlichkeit befriedigen und die englischen Befürchtungen beruhigen sollte. Geheimes Ziel war es, England im Duell mit Frankreich ans spanische Lager zu binden – aber mit seidenen Fäden. Viele Vertragsbestimmungen waren klug und nützlich: Karl hoffte, durch diese Heirat einen Teil der schweren Last abzuwälzen, die er selbst bei der Regierung sowohl Spaniens als auch der durch halb Europa getrennten burgundischen Besitzungen zu tragen hatte. Falls Philipp und Mary ein Sohn geschenkt würde, sollte dieser England, die habsburgischen Gebiete der Niederlande und die Franche Comté erben. Das übrige Erbe Philipps – also Spanien, Neapel, Sizilien, Mailand, Westindien und die Inseln – sollte an Don Carlos, Philipps Sohn aus erster Ehe, fallen. Hätte sich diese Teilung verwirklicht, so wäre die Geschichte möglicherweise ganz anders verlaufen; es wäre vielleicht weder zum Aufstand der Niederlande noch zur Entsendung der Armada gekommen. Selbst die Bestimmungen, die England betrafen, wirkten höchst vernünftig. Philipp versprach, sich nicht in englische Angelegenheiten einzumischen und das Land nicht in Kriege auf dem Festland hineinzuziehen; seine Herrscherrolle sollte mit dem Tode seiner Gemahlin enden. Man erkennt noch heute, wie in Karls Umgebung jedermann bemüht war, die Engländer mit weitreichenden Konzessionen zu besänftigen. Doch Spanien war so verhaßt und die Inselbewohner waren so fremdenfeindlich und argwöhnisch*, daß der Ehevertrag als unmittelbare Folge Wyatts Rebellion nach sich zog, die Mary beinahe den Thron kostete – nur ihr mutiger Appell an die Londoner Bevölkerung rettete sie vor schmachvoller Gefangenschaft und Tod.

Welch ein Land, das Philipp zu regieren hatte! Welch ein Volk, in das er heiratete! Die Königin ließ den Mut nicht sinken. Im Frühjahr 1554 anläßlich einer feierlichen Zeremonie in Anwesenheit ihres Rates kniete sie nieder, um Gottes Segen für ihre bevorstehende Verbindung zu erflehen, die sie auch ihrem Volk zur Unterstützung empfahl. In Brüssel dagegen herrschte

---

* Zu Recht. Bei der allerersten Gelegenheit verwickelte Philipp England in einen Krieg mit Frankreich. England verlor Calais.

keine so feste Entschlossenheit. Der Kaiser, stets ein großer Kriegsmann, hatte schon monatelang seine Gesandten in England bedrängt, ihm mitzuteilen, ob Philipp sich gewiß nicht in Gefahr begebe, wenn er sich dort hinwage. Gleichzeitig empfahl er seinem Sohn, die empfindlichen Inselbewohner weder mit Worten noch mit Taten zu reizen. Fast alle in der Umgebung des Prinzen wurden mit gleichlautenden Ermahnungen überhäuft. »Herzog«, schrieb der Kaiser an den herrischen Alba, »sorgt um Gottes willen dafür, daß sich mein Sohn richtig verhält; denn sonst muß ich Euch sagen, daß ich die Sache lieber gar nicht eingeleitet hätte.« Der Prinz solle sich in England der Königin gegenüber liebevoll zeigen, er müsse herzlich mit allen Engländern umgehen und darauf achten, daß die Spanier in seinem Gefolge sich mäßigten und nicht mit Geld um sich warfen und sich ruinierten[12]. Vom kaiserlichen Gesandten aus dem fernen Rom erhielt Philipp eine Mahnung von seltener Schärfe: »Tut um Gottes willen, als seiet Ihr erfreut!«[13]

Und wie stand es um Philipp selber, dessen Hochzeit mit einer elf Jahre älteren Frau in einem Land, das er noch nie gesehen hatte, auf diese Weise arrangiert wurde? Die Leute beurteilten sein Verhalten damals als kalt und abstoßend. Zweifellos verschwendete er keine Liebesbeweise; erst in einem sehr späten Stadium der Dinge übersandte er seiner künftigen Gemahlin einen Ring als Geschenk. In Wahrheit empfand er trotz seiner Übereinstimmung mit den Wünschen des Kaisers einen tiefen Widerwillen gegen diese Heirat. Anfang des Jahres 1554 hatte er in einem Geheimdokument, das er in Valladolid in Anwesenheit des Herzogs von Alba und seines Günstlings, Ruy Gómez, aufsetzte, ausdrücklich festgehalten, daß er die Ehebestimmungen gegen seinen Willen unterzeichnet habe und weder sich noch seine Erben an sie binde. Im übrigen mied er wahrscheinlich den Gedanken an kommende Ereignisse in einem fremden Land. Der Lawine von Ratschlägen, die der Kaiser auf ihn niederrollen ließ, konnte er jedoch nicht entrinnen: »Mein Sohn, bei allem, was Ihr mittels dieser Heirat zu erringen hofft, bitte ich Euch, meinen Instruktionen gemäß zu handeln ... Mir wird berichtet, daß verheiratete Frauen ihre Männer in Eurem Gefolge begleiten wollen. Ich glaube, sogar Soldaten würden noch eher mit den Engländern zurechtkommen, daher überlegt, ob es angezeigt ist, diesen Frauen zu erlauben, daß sie Euch folgen, ehe die Dinge in diesem Bereich besser geregelt sind.«[14]

Selbstverständlich sparte auch Simon Renard, der Vertraute des Kaisers und Gesandte an Ort und Stelle, nicht mit Ratschlägen:»Item, wenn Seine Königliche Hoheit das Königreich betritt, wird er gut beraten sein, wenn er dem Adel schmeichelt und sich leutselig zeigt ... Item, es wird gut sein, den Leuten eine wohlwollende Miene zuzuwenden und sie dazu anzuleiten, daß sie nach Freundlichkeit, Gerechtigkeit und Freiheit suchen.«[15]

Außerdem würde Philipp gut daran tun, die Adligen zur Jagd einzuladen. Vor allem dürften aber keine Frauen und keine Soldaten mitkommen. Ein Handbuch für richtiges Verhalten in fremdem Land.

Philipp eilte es keineswegs mit der Abreise aus Spanien. Den ganzen Januar und Februar 1554 über hatte ihn der Kaiser gedrängt, sofort aufzubrechen und keinen Augenblick zu säumen. Hätte er hierin seinem Vater gehorcht, so hätte er wahrscheinlich in einem Wintersturm auf dem Ärmelkanal Schiffbruch erlitten oder wäre bei Wyatts Rebellion ermordet worden. Offenbar war es vorteilhaft, nichts zu überstürzen – eine Lektion, die er sein ganzes Leben lang beherzigte. Wenn er dem Kaiser überhaupt antwortete – die Lücken in seiner Korrespondenz waren zur damaligen Zeit Ursache ständiger Besorgnis am Kaiserhof –, so schrieb er kühl und unpersönlich. Sandoval, ein Chronist, bemerkte später, Philipp habe sich auf dem Altar der Sohnespflicht geopfert »wie ein anderer Isaak«, und dies traf weitgehend zu. Sein friedliches, geordnetes Leben wurde grausam gestört, denn die englische Heirat bedeutete Trennung von seiner Mätresse, Doña Ana de Osorio, mit der er zehn Jahre lang zusammengelebt hatte.

In La Coruña hatte sich eine Flotte von über hundert Seglern versammelt, um den Prinzen nach England zu bringen. Er selbst betrachtete die Reise als Kreuzzug und ordnete seine Vorbereitungen entsprechend an. Nachdem er die Regentschaft seiner jüngeren Schwester Juana, der Witwe des Königs von Portugal, übergeben hatte, brach er nach dem Norden auf. In Benavente fand ein feierliches Treffen mit seinem Sohn, Don Carlos, statt, mit dem er auf die Jagd ging und einem Stierkampf beiwohnte. In Santiago de Compostela kniete er in der Kathedrale des spanischen Schutzheiligen St. Jakob barhaupt auf die Fliesen und erflehte Gottes Beistand für die Reise; dann schiffte er sich in La Coruña auf seinem Flaggschiff, der *Espíritu Santo* ein, die seine Standarte, ein großes, zehn Meter langes, hochrotes Banner mit seinem Wappen, an ihrer Mastspitze gehißt hatte. Es war Freitag, der 13. Juni 1554. Die Überfahrt nach Southampton war stürmisch; Philipps lebenslanger Freund, Ruy Gómez, schrieb später, er sei unterwegs fast der Seekrankheit erlegen. Kein Blitzstrahl traf jedoch das Schiff; die Vorzeichen schienen günstig zu sein. Am 19. Juni ankerte die Flotte wohlbehalten an ihrem Bestimmungsort.

Der Prinz speiste an jenem Abend an Bord der *Espíritu Santo* und blieb auch die Nacht über dort. Am nächsten Morgen wurde ihm vom Abgeordneten der Königin, dem Earl of Arundel, der Hosenbandorden angelegt. Er landete unter dem Ehrensalut der Stadt und wurde von einer Abordnung englischer katholischer Adliger begrüßt. Philipps Gefolge bestand aus einer Reihe von Granden (mit ihren Gattinnen, die sie trotz Renards Mahnungen mitgebracht hatten), allen voran die Herzöge von Alba und Medina Celi, der Admiral von Kastilien, die Marqueses von Pescara, de Valle, Aguilar und de las Nevas, die Grafen Feria und Chinchon, der Bischof von Cuenca – ein Aufgebot berühmter Namen, die sich in den künftigen Ereignissen immer wieder hervortaten. Feierlichkeit und Freude prägten diesen Tag, als der Prinz auf einem Schimmel, den die Königin eigens für ihn ausgewählt hatte, in die Church of the Holy Rood zur Messe ritt und als er später in seinem Quartier von einem erhöhten, rotsamtenen Thronsessel aus in lateinischer Sprache seine Gastgeber anredete und ihnen versicherte, er komme nicht als Fremdling, sondern als Engländer zu ihnen. Darin steckte ein Körnchen Wahrheit, denn väterlicher- und mütterlicherseits stammte er entfernt vom alten Königsgeschlecht ab und hatte Plantagenetblut in seinen Adern. Um seine Worte zu beweisen, leerte er einen Krug englisches Bier.

Am Morgen des 23. Juni kam der Earl of Pembroke mit einigen Herren, die in schwarzen Samt gekleidet waren, und mit Bogenschützen in der gelb-roten Tracht von Aragon, um Philipp nach Winchester zu seiner Braut zu geleiten. Es regnete, und lange ehe die Kavalkade die alte normannische Stadt erreichte, waren der Bräutigam und sein Gefolge völlig durchnäßt. Nach einem kurzen Kleiderwechsel begab sich Philipp zur Kathedrale und kniete am Altar, während das Tedeum gesungen wurde. Der Weg zum bischöflichen Palast, wo das Abendessen eingenommen wurde, war mit Fackeln erleuchtet.

Unterdessen hatte sich die Königin auf das Martyrium vorbereitet. Sie hatte die Ehe nicht ersehnt und schreckte davor zurück. Doch jetzt in Winchester, da der Bräutigam so nahe war, überwog ihre weibliche Neugier alles andere – Geduld, Etikette, Äußerlichkeiten. Vielleicht war sie von Renards Beteuerungen doch nicht ganz überzeugt gewesen; jedenfalls übersandte sie um 10 Uhr abends dem Prinzen eine Botschaft, er möge mit kleinem Gefolge durch den Park und über die Hintertreppe ins Schloß kommen.

Im Empfangszimmer der Königin trafen sie sich nun endlich, und Philipp erblickte zum ersten Mal seine Braut, eine verblühte Achtunddreißigjährige, klein, mager, aufrecht, entschlossen, mit rötlichem Haar, kaum sichtbaren Augenbrauen und einer verblüffend tiefen Stimme. Obwohl sie zu diesem Anlaß ein prachtvolles schwarzes Samtgewand mit silbernem Unterrock und diamantenbesetztem Gürtel und Kragen trug und obwohl der venezianische Gesandte meinte, man hätte sie »eher hübsch als das Gegenteil« nennen können, wenn nur ihr Alter nicht »im Abstieg« gewesen wäre, muß sie doch ziemlich enttäuschend gewirkt haben auf den erfahrenen Witwer von 27 Jahren, den gutgewachsenen, bärtigen, blonden, blauäugigen Prinzen, der kaum dem von Renard geschilderten alternden Hypochonder glich. Die Verlegenheit war gegenseitig, doch dann trat der Prinz vor, umarmte sie zuerst nach spanischer Sitte und küßte sie nach englischem Brauch auf den Mund. Es ist fast sicher, daß sie ihn von diesem Augenblick an liebte, und diese Liebe bewahrte sie ihm bis zu ihrem Tod.

Zwei Tage später wurden sie in der Kathedrale von Winchester von Bischof Gardiner unter großem Prunk getraut. Karl V. hatte seinem Sohn den Königsthron von Neapel übertragen, so daß es eine Heirat von Ebenbürtigen war. Es war der Tag des heiligen Jakob, und die Hilfe des spanischen Schutzheiligen war vonnöten, denn die spanischen Herren hatten mancherlei zu erdulden, bis dieser Festtag endete. Zuerst ließ die Königin den Bräutigam eine halbe Stunde an der Kirchentür warten. Als sie endlich erschien, übertraf sie ihn fast mit ihrer äußeren Erscheinung: Weiße Seide mit Perlen und Diamanten, ein schwarzer Übermantel, rote Schuhe. Diese Einzelheiten haben einen weltlichen Anstrich; ein spanischer Beobachter bemerkte jedoch, daß die Königin ihren Blick nicht vom Allerheiligsten wandte, solange sie vor dem Altar kniete. »Sie ist eine heiligmäßige Dame«, setzte er achtungsvoll, wenn auch widerwillig hinzu.

Nach der Trauung fand ein festliches Bankett statt, bei dem jeder Gang mit Fanfarenstößen angekündigt wurde. Der Königin wurde auf goldenen Tellern, dem Prinzen auf silbernen Tellern serviert – die Engländer waren entschlossen, den Spanier von Anfang an seine Unterlegenheit fühlen zu lassen. An dem anschließenden Tanz nahm auch das Brautpaar teil.

Die voreingenommenen Spanier fanden kein gutes Wort zu sagen. Nur wenige Hofdamen erschienen ihnen schön, wenn auch eingestandenermaßen »einige besser waren als die andern«. Sie trugen die französische Haartracht; hätten sie die Frisuren unverheirateter spanischer Damen nachgeahmt, so hätten sie größeren Gefallen gefunden. Die Königin bezeichnete Ruy Gómez als »nettes Wesen«, wenn auch bedeutend älter, als man ihnen in Spanien gesagt hatte. Später vollzogen die Bischöfe das Ritual der Segnung des Brautbetts, ehe sich das königliche Paar zurückzog. »Und hiermit endet, was ich Eurer Majestät von den Ereignissen dieses Tages zu berichten vermag«, vermerkte ein anderer Spion des Kaisers geziert[16].

Am nächsten Morgen war Philipp um sieben Uhr schon auf, die Königin blieb bei ihren Hofdamen. Wenn sie, wie einige Geschichtsschreiber meinen, aus Gewissenhaftigkeit und nicht aus Neigung geheiratet hatte, so hatte sich nun alles geändert. Schon jetzt liebte und bewunderte sie ihren Gatten – man braucht nur ihre Briefe an ihren Schwiegervater, den Kaiser, zu lesen; sie sind voll leidenschaftlicher Dankbarkeit, und fast auf jeder Zeile spielt sie auf ihren »Herrn und Gemahl« an, in ungekünstelter Freude wie irgendein junges Mädchen im ersten Stolz des Verheiratetseins, der Besitzergreifung.

Durch die Augen von Philipps Gefolgsleuten sehen wir die andere Seite des Bildes oft in scharfen, verräterischen Einzelheiten. In einem Brief an einen Freund in Spanien schilderte einer der Herren die Braut völlig illusionslos: »Die Königin ist überhaupt nicht schön; sie ist klein und eher schlaff als dicklich ... Sie ist eine vollkommene Heilige und kleidet sich sehr schlecht.«[17] Ruy Gómez stimmte diesem Urteil zu: »Der König ist wohlauf ... Er behandelt die Königin sehr freundlich und versteht es, darüber hinwegzugehen, daß sie körperlich keineswegs anziehend ist.«[18]

Einheitlich sind jedoch die Stimmen, die Philipps Ritterlichkeit gegenüber der Braut, die er nicht gewünscht hatte, preisen; und wenn auch die meisten Lobesworte von Spaniern stammen, in deren Interesse es lag, seine Güte herauszustellen, so ist doch die Ergebenheit der Königin ein starker Beweis dafür, daß dieser Tribut dem Prinzen zu Recht gezollt wurde. Auf dem Ritt nach London wurde bemerkt, daß er sich stets an ihrer Seite hielt und ihr beim Aufsitzen und Absteigen half. Bei Hof erwies er ihr gewinnende Ehrerbietung. Der venezianische Botschafter bezeichnete ihn als den besten aller Gatten, der mit zärtlicher Liebe an seiner Frau hänge, und wenigstens während der ersten Monate deutet alles auf eine sehr harmonische Ehe zwischen zwei Menschen hin, die gemeinsame politische und religiöse Hoffnungen hegten und im gefährlichen Klima der Zeit voneinander abhingen. Sie hatten eine gemeinsame Sprache; Philipp konnte zwar kein Englisch und nur wenig Französisch, aber die Königin hatte in ihrer Kindheit fließend Kastilisch, die Sprache ihrer Mutter, gesprochen und frischte nun ihre Kenntnisse sehr rasch wieder auf. Beide liebten die Zurückgezogenheit und fanden einen stillen Hafen in den Parks und Räumen von Hampton Court. Gelegentlich sehen wir sie in größerem Rahmen, so in dem Bericht des reisenden Botschafters des Herzogs von Savoyen, der sie auf dem Zug nach Westminster zur Messe beschreibt, die Königin in ihrer Sänfte, Philipp zu Pferde dicht neben ihr, unter dem Jubel der Menge.

Der Herzog von Savoyen und sein Botschafter waren Karl und Philipp verpflichtet; wir können deshalb von dem, was sie sehen und hören wollten, einiges abstreichen. Daß Philipp aber allmählich wenigstens von einigen Engländern anerkannt wurde, ist eine Tatsache. Er hatte allerdings eine erhebliche Summe zur Bestechung der zugänglicheren Adligen mit sogenannten »Pensionen« ausgegeben und auch Leute, die sich verdient gemacht hatten, großzügig belohnt. Dies blieb nicht ohne Wirkung. Philipps Anwesenheit wurde im Kronrat geduldet, sein Ratschlag wurde gehört, und zwei Monate nach der Hochzeit schrieb er an seine Schwester, die Regentin von Spanien, er habe sich in den vergangenen Tagen mit Staatsgeschäften befaßt und einen guten Anfang gemacht. Dies war alles recht und schön; aber was von ihm wirklich erwartet wurde, war nicht sein Wort im Kronrat, sondern daß er für Nachkommen sorgte, und gegen Mitte November schien ihm auch dies gelungen zu sein, denn es verlautete, die Königin sei schwanger.

Schon in den ersten Tagen nach der Hochzeit hatte ein Mitglied von Philipps Gefolge in einem Brief die schamlose Kleidung der englischen Hofdamen kritisiert, von den Unmengen des in England getrunkenen Biers, das das Flußbett bei Valladolid füllen würde, erzählt und boshaft hinzugesetzt: »Diese Ehe wird eine schöne Sache, wenn die Königin kein Kind bekommt, und dessen bin ich sicher.«[19] Viele Hoffnungen wurden jedoch lebendig. Selbst der vorsichtige Renard ließ sich von dem, was er hörte und zu sehen glaubte, täuschen. Im November schrieb er, es gebe *keinen Zweifel*, daß Mary ein Kind erwarte; man sehe es an ihrer Figur, und ihre Kleider paßten ihr nicht mehr. Ende des Monats vermeldete er, das Kind habe sich im Mutterleib bewegt, und er habe untrügliche Anzeichen »an der Brust und anderswo« entdeckt. Ruy Gómez war ebenfalls überzeugt, die Königin sei schwanger, und Philipp war auch sicher, denn im November begann er einen Brief an Eraso, den spanischen Sekretär des Kaisers, mit den zuversichtlichen Worten: »Jetzt, da die Königin ein Kind trägt . . .«[20]

Es war beginnende Wassersucht, vielleicht kompliziert durch

ein Ovarialgeschwür. Das Schicksal hätte niemandem schlimmer mitspielen können als der desillusionierten, aber leidenschaftlichen Frau und Königin von England. Einmal ging sogar das Gerücht um, ein Prinz sei zur Welt gekommen, und im ganzen Land läuteten die Glocken. Ende November schien es tatsächlich, als wirke alles zusammen, um ihr Glück voll zu machen, denn zur persönlichen Freude kam die triumphierende Wiederherstellung ihres Glaubens. Der päpstliche Legat, Kardinal Pole, war angelangt, um England mit Rom zu versöhnen und das Volk in die Arme der Kirche zurückzuführen.

Es war der Höhepunkt ihrer Regierungszeit. Als sie mit ihrem Gatten zur Seite in Anwesenheit der versammelten Lords und Commons und ihrer Kronräte die Verkündigung der päpstlichen Absolution hörte und mit in das jubelnde Tedeum einstimmte, muß sie sich nach den langen Qualen ihres Lebens vom Segen Gottes überschüttet gefühlt haben. Es war eine schlimme Ironie des Schicksals, daß der Sieg des Katholizismus, um den sie und ihr Gemahl gerungen hatten, zur Hauptursache ihres Sturzes wurde. Das Parlament, die Bischöfe – sie alle richteten sich mit dem umschlagenden Wind scharf nach Rom aus, und kaum war die Aussöhnung zwischen England und dem Papst erreicht, als auch schon die Ketzerhinrichtungen einsetzten.

Am 1. Februar 1555 wurde John Rogers auf dem Scheiterhaufen verbrannt. Er war einer der ausgezeichneten Übersetzer der *Matthew's Bible* und eine Zierde des reformierten Glaubens, doch hatte er die Kühnheit besessen, kurz nach Marys Thronbesteigung zu heiraten und in St. Paul's Cross gegen das Papsttum zu wettern. Er war der erste in einer langen Reihe protestantischer Märtyrer, zu denen auch Latimer und Ridley und Erzbischof Cranmer gehörten. Simon Renard erkannte sofort die Gefahren und hielt Philipp vor, solche Grausamkeiten schürten den Unwillen im Volk und müßten aufhören. Philipp war sich wie sein Vater der politischen Nachteile einer zu strengen Anwendung der neuen Ketzergesetze durchaus bewußt und bemühte sich, den Fanatismus der Königin und ihrer blutdürstigen Bischöfe zu dämpfen; er ließ sogar seinen eigenen Kaplan gegen die Exekutionen sprechen. Trotzdem geht aus seiner Korrespondenz hervor, daß er im Grunde nicht viel dagegen hatte, wenn ein oder zwei englische Protestanten zur Abschreckung verbrannt wurden; in den Anfängen der Verfolgung, im März 1555, schrieb er keineswegs unzufrieden: »Die Dinge gehen immer besser. Ein paar Ketzer sind bestraft worden.«²¹ Dies war ein Fehlurteil. In den Flammen der Scheiterhaufen gingen nicht nur die Opfer unter, die wegen ihrer Leiden als Märtyrer verehrt wurden, sondern auch die katholische Vorherrschaft in England und die Bündnispolitik mit Spanien.

Am 27. März schrieb Renard an den Kaiser, in England herrsche große Abneigung, und die Hinrichtungen hätten viele Herzen verhärtet – und dies zu einer Zeit, als das Gerücht, es handle sich bei der Königin um eine Scheinschwangerschaft, auch im Ausland umging. Einen Monat später schlug er eine andere Tonart an, denn er konnte ein Datum nennen: den 9. Mai. Dies war drei Tage, nachdem die Meldung von der Geburt eines Prinzen durchs Land gegangen war. Am 22. Mai äußerte Ruy Gómez, der bestinformierte Mann in Philipps Umgebung, seine Zweifel; er hatte die werdende Mutter beobachtet, wie sie rasch und behend den Park von Hampton Court betrat, und daraus geschlossen, daß alle Hoffnungen auf eine Geburt noch in diesem Monat offenbar aufgegeben worden waren. Am 1. Juni wurde berichtet, Mary habe die ersten Wehen. Die Hofkanzlei ließ sich derart täuschen, daß sie schon die Kurierbriefe vorbereitete, mit denen dem wartenden Europa die Ankunft des Kindes mitgeteilt werden sollte (nur für das Geburtsdatum und das Geschlecht war noch Platz freigelassen). Am 8. Juni ließ Ruy Gómez wissen, die Berechnungen der Ärzte und Hofdamen seien anscheinend durcheinandergeraten, und setzte scharfsichtig hinzu: »Das alles läßt mich daran zweifeln, ob sie überhaupt guter Hoffnung ist...«²²

Es war eine groteske, mitleiderregende Episode in einer unglücklichen Regierung. Nur die Königin hielt noch einige Wochen an ihrem Glauben fest; der weltbewanderte Philipp kann solche Hoffnungen nicht mehr lange gehegt haben. Im August vermeldete der venezianische Botschafter, die Komödie sei vorüber, und niemand rede mehr von Schwangerschaft; am 18. jenes Monats glaubte er zu wissen, daß der Gatte im Begriff stehe, die Flucht zu ergreifen.

Es bedurfte nur eines Vorwands. Philipp steckte in einer Zwangslage; er hatte nicht nur den Hohn und Spott englischer Feinde mit ihren Anspielungen auf seine Männlichkeit zu erdulden – zwei der bösartigsten von ihnen wurden wegen Verleumdung in den Turm geworfen –, sondern auch die feierlichen Glückwünsche des Botschafters einer fremden Macht – Polens – zur Geburt eines Erben.

Diese Situation konnte nicht von Dauer sein, besonders da das Opfer ein Mann von fanatischem Stolz war. Im Lauf der Monate hatte Philipp immer klarer erkannt, wie gering seine Macht war, die Engländer zu regieren oder auch nur zu beeinflussen. Die Spanier seines Gefolges waren der Meuterei nahe. Sie beklagten sich über das Wetter, über die englischen Frauen, die englischen Tänze, die Beleidigungen, die Rechtlosigkeit vor Gericht, die Betrügereien, Raubüberfälle und Gewalttaten. Es nimmt nicht wunder, daß er nach einem Ausweg suchte, nachdem sich die Schwangerschaft der Königin als Irrtum erwiesen hatte. Der Entschluß des Kaisers, in jenem Herbst seinen Thronen – angefangen mit den Niederlanden – zu entsagen, war eine glaubwürdige Entschuldigung für Philipp. Er wurde in Brüssel gebraucht.

Ende August schrieb er eigenhändig: »Ich beabsichtige, dieses Land in vier oder fünf Tagen zu verlassen. Es ist nicht die Zeit, länger zu zögern.«[23] Das englische Abenteuer war beinahe vorüber. Es hatte nur wenige Ergebnisse gezeigt. Nach langer Unentschlossenheit hatte er sich entschieden. Am 29. August verabschiedete er sich förmlich von den versammelten Hofdamen und umarmte seine Gemahlin, ehe er sich in Greenwich nach Flandern einschiffte. Die Königin hielt sich tapfer. Sie blickte ihm von einem Fenster aus nach, und erst als er themseabwärts außer Sicht war, ließ sie ihren Tränen freien Lauf.

3. Kapitel: Philipps Kronantritt und Krieg mit Frankreich

Am 8. September 1555 ritt Philipp in Brüssel ein und begab sich zu seinem Vater, den er vier Jahre lang nicht gesehen hatte. Der Kaiser war erst 55 Jahre alt, aber durch Krankheit sehr entkräftet. Unter Tränen umarmte er seinen Sohn, und seine Bewegung war sicherlich nicht vorgespiegelt, denn der Nachfolger sollte ihm die niederdrückenden Lasten abnehmen: Ketzerei, Krieg mit Frankreich, Unruhe in den Niederlanden, Streit mit dem Papst, drohender Bankrott, eine Schuldenlast von 20 Millionen Dukaten.

Im Hinblick auf diese Zustände und seine zerrüttete Gesundheit erscheint uns die Abdankung Karls V. nicht überraschend. Die Zeitgenossen sahen sie jedoch anders. Kaiser starben wie andere Menschen: auf dem Schlachtfeld, im Bett, durch Gift, an Krankheiten, durch Mord oder Versäumnisse ihrer Ärzte; manchmal wurden sie auch abgesetzt. Doch seit Diokletian zur Kaiserzeit Roms hatte kein Kaiser abgedankt. Ein solcher Schritt mußte der verwirrten, skeptischen Öffentlichkeit erläutert und mit entsprechendem Gepränge vollzogen werden.

So wurde die Abdankungszeremonie am 25. Oktober 1555 im Brüsseler Schloß der Herzöge von Brabant als umwälzendes Ereignis veranstaltet und von jedermann so aufgefaßt. Im Rückblick gesehen war sie es auch. An jenem Herbsttag entsagte der Kaiser seinen Rechten als Herzog, Graf oder Herr von 17 niederländischen Provinzen und der Franche Comté, die größenmäßig, wenn auch nicht nach Reichtum und Macht, nur einen kleinen Teil seines Erbes bildeten. Kastilien, Aragon und die Inseln übergab er Philipp einige Tage später in kleinerem Kreis. Sein Bruder Ferdinand hatte ihn gebeten, ihm aus politischen Gründen die Kaiserkrone erst etwas später zu übertragen. Doch dies waren Formalitäten; schon in Brüssel war klar, daß mit Karls Abtreten etwas äußerst Wichtiges geschehen war: Der Traum des Mittelalters von einer einzigen christlichen Welt unter Papst und Kaiser war zerronnen, und die Vereinigung Deutschlands und Spaniens in einer Hand, wie sie sich durch die dynastischen Zufälle von Karls Geburt und Thronbesteigung ergeben hatte, war auseinandergebrochen. Mit der Spaltung des Hauses Habsburg in seinen österreichischen und spanischen Zweig kehrte Normalität ein; nur mit der fortdauernden spanischen Herrschaft in den Niederlanden am nördlichen Rand des deutschen Reiches wurde die unnatürliche Verbindung aufrechterhalten – mit unglückseligen Folgen für alle – bis zu der endgültigen Trennung nach achtzig Jahren fast ununterbrochener Kriege.

Aus der Wahl Brüssels als Schauplatz für die große Zeremonie geht Karls Einschätzung der Ereignisse hervor. Da er Deutschland als Flüchtender verlassen hatte, hätte er den Staatsakt kaum in seiner alten Kaiserstadt Augsburg abhalten können; wahrscheinlich hätte er aber in jedem Fall einen Ort in seinem Geburtsland, den Niederlanden, bestimmt. Die formelle Übergabe der Erbländer an seinen Sohn war eine Demonstration gegenüber den Franzosen, aber auch gegenüber seinem Bruder in Wien und den norddeutschen Fürsten, die hie und da die Überzeugung vertreten – oder vorgetäuscht – hatten, die Niederlande seien Teil des Heiligen Römischen Reiches. Durch die feierliche Übertragung der Provinzen für sich allein, getrennt vom Reich, ließ Karl unzweideutig erkennen, daß die Niederlande nicht zu Deutschland, sondern zu Spanien gehörten. Unter den vielen gescheiterten Hoffnungen lag sein früherer Plan begraben, die Provinzen und England unter einer mit Spanien verbündeten, aber selbständigen Krone zu vereinigen – eine Lösung, die die kommenden Kriege wahrscheinlich verhindert hätte, die aber in sich zusammenfiel, als sich herausstellte, daß Mary Tudor unfruchtbar war. In diesem Licht gesehen lag über dem Staatsakt in Brüssel ein gewisser Trotz und Mut der Verzweiflung, der nur zu leicht verkannt wird.

In seiner Heimat fühlte sich der Kaiser stets unbeschwerter als an fremdem Ort. Er wirkte wie eine gütige Vaterfigur, als er nun, in einfaches Schwarz gekleidet, auf dem nur die Kette des Goldenen Vlieses schimmerte, und gestützt auf die Schulter des achtzehnjährigen Prinzen Wilhelm von Oranien, den großen Sitzungssaal betrat.

Karl war unzweifelhaft ein Künstler der Effekte. Nachdem ein Mitglied des Staatsrats die Gründe für den Rücktritt dargelegt hatte, richtete er selbst das Wort an die Anwesenden. Er sprach von seinen endlosen Reisen durch ganz Europa und über das Meer nach Afrika zur Verteidigung seiner Völker und des christlichen Glaubens und bat um Verzeihung für alle Fehler, die er unabsichtlich begangen habe. Die ganze Versammlung begann »über die Schmerzlichkeit der Sache« zu weinen, wie es ein englischer Beobachter ausdrückte. Die meisten Anwesenden waren Höflinge, denen Tränen – oder andere passende Emotionen – so natürlich waren wie das Atmen; es gibt aber keinen Anlaß zu bezweifeln, daß Karl sie ebenso tief bewegte, wie er selbst gerührt war. »Gott segne euch! Gott segne euch!« rief er ihnen zu, als er erschöpft zurücksank, nachdem er zum Schluß seinen Erben ermahnt hatte: »Fürchtet Gott, lebt in Gerechtigkeit, achtet die Gesetze, schützt vor allem den Glauben, und der Allmächtige möge Euch mit einem Sohn segnen, dem Ihr dereinst Euer Herrschertum mit demselben Wohlwollen übertragen könnt, mit dem ich Euch heute meines überlasse.«

Nun war es an Philipp, in den Mittelpunkt zu treten. Er wußte zwar nicht, daß der junge Mann, auf dessen Schulter der Kaiser sich gestützt hatte, später die spanische Herrschaft in den Niederlanden bis in ihre Grundlagen erschüttern und sieben Provinzen seinem Zugriff entreißen würde, doch war seine Aufgabe ohnehin undankbar genug. Der Kaiser hatte Französisch gesprochen, die Sprache des burgundischen Hofes. Philipp konnte nur Spanisch. Die wenigen, stockenden französischen Worte, die er zu äußern vermochte, waren größtenteils Entschuldigungen und leiteten die Thronrede ein, die der gewandte, beredte Bischof von Arras, der künftige Kardinal Granvelle, in seinem Namen hielt.

Im Rückblick erkennen wir, daß die Wahl Wilhelms von

Oranien und des Bischofs von Arras (von Geburt Burgunder, aber aus der Franche Comté) wie auch Philipps eigener Auftritt prophetisch war. Sogar der von ihm bestimmte Sprecher war Ausländer. Es war dafür gesorgt, daß der neue Herrscher in den Niederlanden als Fremdling dastand – und ein Fremdling sollte er immer bleiben.

Die aufeinanderfolgenden venezianischen Botschafter hielten während der Anfangszeit, in der sich Philipps Regierungsweise ausprägte, ein wachsames Auge auf ihn gerichtet. Federigo Badovaro zeichnete 1557 ein Porträt: »Er ist klein von Gestalt, und seine Glieder sind schlank. Er hat eine schöne, große Stirn, seine Augen sind groß und blau, seine dichten Augenbrauen stehen nahe beisammen, die Nase ist gut geformt; sein Mund ist breit, und die Unterlippe ragt vor; das letztere ist ziemlich unschön. Sein Bart ist kurz und spitz. Seine Haut ist weiß und sein Haar ist blond, so daß er wie ein Flame aussieht; aber seine Miene ist hochmütig, denn er hat das Auftreten eines Spaniers. Sein Temperament ist phlegmatisch und melancholisch; er leidet an Magen- und Darmkrämpfen ... Soweit man es beurteilen kann, ist er religiös ... Von Natur aus scheint er dem Guten zuzuneigen ... So wie seine Konstitution schwach ist, ist er auch etwas schüchtern im Geist ... Er neigt eher zur Milde als zum Zorn ...«[24]

Badovaro betonte im weiteren, Philipp höre zwar alles, was man ihm sage, aufmerksam an, blicke aber selten jemandem direkt ins Gesicht, sondern halte die Augen niedergeschlagen und hebe den Blick nur, um »dahin und dorthin zu schauen«. Diese Beschreibung weckt Erstaunen, denn aus späterer Zeit ist bekannt, daß sich die heilige Therese, eine furchtlose Frau, von seinem »stechenden Blick« eingeschüchtert fühlte, während Antonio Pérez, sein Sekretär, der ihn im Lauf der Zeit vielleicht am besten kennenlernte, von seinem Lächeln sagte, es »schneide wie ein Schwert«. Badovaro schrieb allerdings über den jungen König, nicht über den erfahrenen Herrscher, den die heilige Therese und Pérez kannten. Er fuhr in derselben ausführlichen Weise fort, Philipp besitze unbestritten einen »guten Kopf« und die Fähigkeit, große Angelegenheiten abzuwickeln, aber es fehle ihm an der Energie, die die Zeitläufe verlangten. »Alles in allem ist er ein Prinz, der viele lobenswerte Eigenschaften aufweist« – ein ziemlich laues zusammenfassendes Urteil, das pflichtgemäß nach Venedig gemeldet wurde.

Michele Suriano, der bei Hof auf Badovaro folgte, scheint nicht für Philipp eingenommen gewesen zu sein; von ihm stammen die Bemerkungen über den schlechten Eindruck, den der junge Mann bei seiner ersten Reise durch Mitteleuropa während der Herrschaft des Kaisers gemacht hatte, und über seine strenge, intolerante Erziehung. Suriano stellte jedoch eine Änderung des Lebensstils, ein gemildertes Temperament und Urteil fest. Er schrieb, Philipp sei körperlich klein, aber wohlgestaltet, und er kleide sich mit viel Geschmack. Mit seiner Nahrung sei er eigen bis zur Übertriebenheit, er schlafe viel und mache sich wenig Bewegung. »Seine Politik«, setzte der Botschafter hinzu, »zielt darauf hin, den Frieden zu wahren«[25] – eine Beruhigungsformel, die die venezianischen Botschafter auch in den folgenden Kriegsjahren unablässig nach Hause meldeten. Waren sie einem ungeheuren Irrtum verfallen? War insbesondere Suriano einfach naiv, wenn er bemerkte, daß dort, wo der Kaiser große Unternehmungen gesucht habe, der Sohn sie vermeide? Dem äußeren Anschein nach klingt es wie ein Fehlurteil über den König, dessen Heere Saint-Quentin eroberten und auf den der Sieg von Lepanto, die Einnahme Portugals und die Armada von 1588 zurückzuführen ist; aber vielleicht blickte Suriano tiefer als andere vor ihm und nach ihm in das Herz des Menschen Philipp, des Knaben, der so früh die Mutter verloren hatte, des Witwers, des unglücklichen Vaters von Don Carlos. Wer vermag es zu sagen?

Den zynischsten, vielleicht aber aufschlußreichsten Bericht verfaßte in der langen Reihe der von der *Serenissima* entsandten Diplomaten Marc Antonio da Mula; er schrieb 1559, es sei schwierig, Philipps Charakter zu beurteilen, denn Könige hätten tausend unzugängliche Nischen und Höhlen in ihren Herzen, zu denen nur Gott allein Zutritt habe. Alles in allem genommen zeigt sich das Bild aber deutlich genug: ein schüchterner, zurückhaltender, langsamer Mann, mittelgroß, wie ein Fisch auf dem Trockenen in der fremden Umwelt der Niederlande; der Mann in der Rüstung, die wir auf Tizians berühmten Gemälde aus jener Zeit sehen, die er aber nie auf dem Schlachtfeld trug.

Ein weiterer Vorwurf wird laut; denn fast im gleichen Atemzug, in dem Badovaro den neuen Herrscher der Schwäche und Ängstlichkeit beschuldigte, erhob er eine andere Anklage: er sei ein Weiberheld, der »sogar mitten in den wichtigsten Angelegenheiten« nachts maskiert umherstreife und »gewöhnliche Lasterhöhlen aufsuche«, wie der kritische Historiker Motley in seinem Werk *Rise of the Dutch Republic* präzisierte. Dort wird Philipp auch als »in vulgärer Weise unzüchtig« geschildert.

Ausschweifend – dies mag zutreffen. Zu jener Zeit dachte niemand schlecht von einem Herrscher, wenn er illegitime Kinder hatte. Der Ausdruck »vulgär« paßt jedoch nicht zu Philipp. Die nächtlichen Eskapaden fanden statt; doch ehe ein zu hartes Urteil gefällt wird, sei um der Gerechtigkeit willen daran erinnert, daß er zwar König von Kastilien, Aragon, Sizilien, Neapel und Westindien, Herzog von Burgund und Mailand, Herrscher in Asien und Afrika, Titularkönig von England und Jerusalem war, dazuhin aber auch ein junger Mann von 28 Jahren, seit kurzem befreit aus den Fesseln eines tadelsüchtigen englischen Kronrats, einer kränklichen Gattin und eines dominierenden Vaters. Nach einem Leben der Selbstbeherrschung hätte so plötzlich empfangene Macht und Handlungsfreiheit auch viel älteren und weiseren Männern zu Kopf steigen können. Er war von Schmeichlern umgeben; ein Volk, das für seine Zügellosigkeit und seinen Leichtsinn bekannt war, veranstaltete für ihn Turniere und Festivitäten in bunter Folge – bei einem einzigen solchen Anlaß starben in Antwerpen ein Dutzend Menschen bei Unfällen mit Feuerwerkskörpern, und der Himmel mag wissen, wie viele mehr dem Trunk und Ansteckungen erlagen.

Gerüchte von diesen Vorgängen drangen bald nach England und erreichten das Ohr der Königin. Sie war zutiefst getroffen, doch war sie klug genug, sich nicht unmittelbar bei ihrem abirrenden Gatten zu beklagen. Karl, der vom Reich noch nicht abgedankt hatte, war in den Niederlanden; ihm, dem alten Freund und Freier, schrieb sie im Frühjahr 1556 und flehte ihn »demütigst und um der Liebe Gottes willen« an, alles zu tun, um Philipps Rückkehr nach England zu beschleunigen, jetzt, da die Abdankungsfeierlichkeiten vorüber waren. »Ich bitte Eure Majestät, meine Kühnheit zu verzeihen«, setzte sie rührend hinzu, »und der unaussprechlichen Traurigkeit zu gedenken, die ich wegen der Abwesenheit des Königs empfinde.«[26] Bei der Übernahme der Throne, Herzogtümer und Grafenwürden hatte Philipp seiner Gemahlin schriftlich versichert, sie sei jetzt über alle diese Länder ebenso Herrin wie über England; doch dies war fast die einzige Befriedigung, die ihr zuteil wurde. Im Mai 1556 wandte sie sich wieder an den Kaiser: »Ich kann nicht umhin, die Einsamkeit, in die ich durch die Abwesenheit des Königs geraten bin, schmerzlich zu empfinden. Wie Eure Majestät weiß, ist er meine größte Freude und Trost in dieser Welt.«[27] Karl war mit Familienangelegenheiten und mit den Vorbereitungen für seine Reise nach Spanien beschäftigt und leistete keine Hilfe. Im Juli ließ sie zum ersten Mal ihre Verbitterung durchklingen und beschwerte sich, er habe sein feierliches Wort gebrochen, Philipp nach den Formalitäten der Machtübergabe nach England zurückzuschicken. »Ich muß unbedingt zufriedengestellt werden«, schrieb sie, »wenn auch zu meinem unaussprechlichen Bedauern.«[28]

Dies blieb nicht ganz ohne Wirkung – in jenem Sommer erhielt Mary aus Gent eine Botschaft ihres Gatten, gerichtet an »die Durchlauchtigste Königin, Unsere Geliebteste Gemahlin«. Es ging um die Bezahlung einer Schuld.

Das Ende der Beziehung war jedoch noch nicht eingetreten, denn Philipp brauchte Mary, so wie Karl sie zur Zeit der Heiratsunterhandlungen gebraucht hatte.

Grund dafür waren politisch-militärische Erwägungen, die nichts mit den Interessen der Königin oder der Engländer zu tun hatten, sondern mit der Quelle allen Übels jener Zeit zusammenhingen: der Rivalität zwischen Frankreich und Spanien, bei der es um Flandern und Italien ging. Sie hatte 1495 mit dem französischen Eindringen in Neapel begonnen und einen neuen Ton dynastischer Rivalität zwischen Habsburg und Valois angenommen, als Franz I. nach dem Kaiserthron trachtete und als er zu Karls Zeit in Mailänder Gebiet einbrach.

Kurz nach seiner Thronbesteigung hatte Philipp mit seinem

französischen Gegenspieler, Heinrich II., einen fünfjährigen Waffenstillstand abgeschlossen, der notwendig war, weil beide Seiten am Rande des Bankrotts standen. Er wäre vielleicht auch eingehalten worden, wenn in Rom ein anderer Papst geherrscht hätte als der Neapolitaner Paul IV., der die Spanier »von Gott verfluchte Schismatiker, Brut der Mauren und Juden« nannte.

Pauls Haß auf Philipp und den Kaiser hatte teils persönliche Gründe – Kränkungen und Ungerechtigkeiten, die er in seiner Laufbahn erfahren hatte –, rührte aber auch von seiner Liebe zu Italien her, das nach seiner Meinung durch die Anwesenheit der Spanier in Neapel, Sizilien und Mailand verseucht war. Als Herrscher des Kirchenstaats hatte er gute Gründe, die Spanier aus dem Land zu wünschen. Daß die Franzosen in diesem Fall einziehen und das Vakuum ausfüllen würden, störte ihn keineswegs; er hätte sogar einen französischen Prinzen auf dem neapolitanischen Thron, ein Bündnis mit Frankreich und die Hilfe des ottomanischen Sultans, des »Großtürken«, begrüßt, um sich der verhaßten Spanier zu entledigen. Heinrich II. war natürlich versucht, wie sein Vater vor ihm hier im trüben zu fischen.

Eine ähnliche Konstellation – ein habgieriger Abenteurer in Paris, ehrgeizige und rücksichtslose Kräfte in Italien – hatte die Grundlagen der spanischen Herrschaft in Italien schon früh in Karls Regierungszeit bedroht, nämlich mit der Invasion Franz' I., die bei Pavia so ruhmlos für die Franzosen geendet hatte. Während aber der Kaiser von einer Seite angegriffen worden war, mußte Philipp mit zwei Fronten rechnen: Ein französisches Heer unter dem Herzog von Guise, der laut verkündete, er sei unschuldig am Bruch des Waffenstillstands, marschierte nach Süden, um den päpstlichen Truppen Hilfe zu leisten, und eine andere französische Streitmacht wurde unter dem Connétable Montmorency in der Picardie gegenüber den niederländischen Grenzen zusammengezogen.

Es war eine schwere Prüfung für einen Mann, dessen Begabungen nicht auf kriegerischem Gebiet lagen und dessen lebenslanger Mentor gerade von seiner Seite gewichen war. Glücklicherweise fand er gute Unterstützung bei seinem Vizekönig in Neapel, dem Herzog von Alba, der mit Leichtigkeit die Bewegungen des Feindes durchkreuzte, bis sich Guises Franzosen über die Alpen zurückgezogen hatten und der von seinen Verbündeten im Stich gelassene Papst mürrisch gestattet hatte, daß der noch verdrießlichere Sieger für seinen Sieg um Verzeihung bat und zum Fußkuß niederkniete. In diesem nicht von ihm angezettelten Krieg hatte Philipp nichts gewonnen außer dem Frieden in Italien und der Bestätigung seines Titels als Allerkatholischster König. Mit Albas Hilfe hatte er allerdings den Papst gezähmt. Und was die Front in der Picardie betraf, so spielte er bei den Vorarbeiten für den schließlich errungenen Sieg die Hauptrolle, selbst wenn er nicht persönlich an den zwei großen Schlachten teilnahm, die in den Augen der Engländer eine ewige Schmach sind, weil ihnen dabei Calais verlorenging.

Von den gegebenen Möglichkeiten hätte er naturgemäß wohl die eines Defensivkriegs im Schutz der Städte entlang der niederländischen Grenze zu Frankreich ergriffen. Aber sein Oberbefehlshaber, Freund und Kumpan Philibert Emanuel von Savoyen war von den Franzosen aus seinem Herzogtum vertrieben worden und hatte seine spanischen Verbündeten unablässig bedrängt, sie sollten ihm eine Chance geben, durch einen überwältigenden Sieg wieder in Turin an die Macht zu kommen. Frankreich in der Picardie an die Kehle zu springen, war deshalb von Anfang an die wahrscheinlichere Möglichkeit.

Defensiv oder offensiv – in beiden Fällen brauchte Philipp Soldaten und Geld, ehe er es mit dem Feind aufnehmen konnte, der den Kaiser bei Metz gedemütigt hatte. Die nächstliegenden Verbündeten waren die Engländer, und im März 1557 kümmerte er sich persönlich um diese Sache: Er begab sich nach London und zu seiner Königin, die ihn immer noch liebte.

Dies ist ein etwas düsteres Kapitel in Philipps Leben. Er hatte kein anderes Ziel, als sich Marys und der zugänglicheren Mitglieder ihres Kronrats zu bedienen, um England in einen Krieg mit Frankreich zu verwickeln und ein englisches Truppenkontingent für Flandern auszuheben.

Ein englischer Verräter in französischem Sold wählte, als wolle er Philipps Absichten unterstützen, eben diesen Zeitpunkt, um Scarborough Castle anzugreifen. Damit entfachte er den latenten Haß der meisten Engländer auf den alten Feind von Crécy und Agincourt. Die Kriegserklärung folgte, und nach zehn

Wochen kehrte Philipp zufrieden nach Brüssel zurück. Wieder verbreitete sich das Gerücht von einer Schwangerschaft seiner Gemahlin.

Das Geldproblem ging er ebenso zielsicher an. Mit der nur widerwillig gewährten Hilfe des Kaisers, der sich jetzt weit weg in den Hügeln der Estremadura im Kloster San Yuste befand, wandte er sich an die sagenhaft reiche spanische Kirche, die eine offene Hand zeigte. Der Erzbischof von Toledo, Primas von Spanien, stellte eine halbe Million Dukaten zur Verfügung; selbst der Großinquisitor, ein notorischer Geizhals, trennte sich von 40 000 Dukaten. Endlich einmal war Bargeld in der spanischen Staatskasse – wenn man die Schuldenlast außer acht ließ.

Berufsheere waren damals die einzige Möglichkeit. Städter konnten gelegentlich dazu gebracht werden, daß sie ihre Mauern verteidigten, aber für die offene Feldschlacht mit ihrer Lebensgefahr taugten sie nicht. Kein Herrscher konnte ohne Söldner Krieg führen. Gewisse Völker und Gruppen galten als hervorragende Soldaten: die türkischen Janitscharen, die Schweizer, die deutschen Landsknechte und Reiter, die leichte Kavallerie der Franzosen und die spanische Infanterie, die berühmten *tercios**, die das Schlachtfeld auch während des größten Teils des folgenden Jahrhunderts beherrschten. Wenn der Zahlmeister Geld hatte oder wenn Aussicht bestand, ein paar reiche Städte zu plündern, konnte er für sich selbst etwas beiseite schaffen, aber eines stand fest: Sobald keine Mittel mehr vorhanden waren, meuterten die Leute oder liefen davon.

Für sein Heer in Flandern hatte Philipp etwa 35 000 Mann Infanterie, 12 000 Mann Kavallerie und einen Artillerie-Train rekrutiert, meist aus Deutschland und Spanien, aber auch mit niederländischen Reitern und einem englischen Kontingent von 8 000 Mann unter dem Earl of Pembroke. Die Schwierigkeiten, eine so zusammengewürfelte Streitmacht zu befehligen und zu

---

* Ein *tercio* in voller Stärke war eine Infanterie-Einheit von 3 000 Mann (alles Spanier mit langer Dienstzeit), unterteilt in zwölf Kompanien, die mit Piken, Wurfspießen und Arkebusen (später Musketen) bewaffnet waren. Wie die römischen Legionen waren die *tercios* im Ausland stationiert und wurden nach dem Ort, an dem ihre Garnison lag, benannt.

versorgen, brauchen nicht betont zu werden; allein schon das Problem der verschiedenen Sprachen war groß, und jede Kränkung des Nationalstolzes mußte sorgfältig vermieden werden. Bei regelmäßiger Löhnung konnte aber ein Oberbefehlshaber, der sein Handwerk verstand und die Stärken und Schwächen seiner Männer kannte, eine erstaunliche Loyalität hervorrufen. Der Herzog von Savoyen war das Muster eines solchen Heerführers. Im Sommer 1557 setzte er seine gesamte Streitmacht in Bewegung, und nach einer Reihe von Ablenkungsmanövern, die den Feind verwirren sollten, marschierte er auf die Stadt Saint-Quentin im Tal der Somme.

Niemand, am allerwenigsten die Franzosen, hätte überrascht sein dürfen; denn dies war die einzige einigermaßen befestigte Stadt zwischen den Niederlanden und Paris. Ihre Verschanzungen waren allerdings sehr verfallen, was dem französischen Oberkommando zweifellos bekannt war. Doch erst in letzter Minute eilte Admiral Coligny in die Stadt und ließ seine Leute fieberhaft schanzen.

Trotzdem blieb die Stadt ernstlich bedroht und Montmorency, der Connétable von Frankreich, beschloß, mit seiner Fronttruppe die Verstärkungen zu decken, die in voller Sicht der spanischen Belagerungsarmee über den Fluß gesetzt werden mußten. Wenige von ihnen erreichten die Stadt; viele ertranken, andere verirrten sich in den Sümpfen. Als der Connétable mit der Haupttruppe den Rückzug antreten wollte, stellte er fest, daß die niederländische Kavallerie unter Graf Egmont das höhergelegene Gelände über dem Hohlweg besetzt hatte, durch den er ziehen mußte, um zu seiner Basis in La Fère zu kommen. In seiner Verzweiflung soll der Connétable einen seiner Kommandeure gefragt haben, was zu tun sei. »Hättet Ihr mich vor zwei Stunden gefragt, so hätte ich es Euch sagen können«, war die Antwort. Tatsächlich war es schon zu spät. Unter Egmonts Reiterangriff zerstob die französische Vorhut in wenigen Minuten wie Spreu im Wind, und die anrückende Infanterie Savoyens rieb die übrigen Truppenteile auf dem Schlachtfeld auf. Man nimmt an, daß 10 000 Mann des geschlagenen Heeres getötet oder verwundet wurden. Die meisten Befehlshaber, auch Montmorency, wurden gefangengenommen. Für Frankreich war es eine größere Katastrophe als die bei Pavia, die wenigstens auf fremdem Boden geschehen war; die Niederlage war vielleicht so schlimm wie die bei Agincourt. Nur Coligny mit seiner Resttruppe in der Festung und die Geflohenen, die La Fère erreichten, blieben als Kämpfer übrig.

Die Schlacht von Saint-Quentin, die am 10. August 1557, dem Tag des heiligen Laurentius, ausgefochten wurde, war einer der Höhepunkte in Philipps Regierungszeit. Einem Bericht zufolge erwartete Karl, als er in San Yuste die Nachricht erhielt, den Fall von Paris binnen weniger Tage und konnte kaum seine Wut und Enttäuschung verbergen, als die Wochen ohne diesen höchsten Triumph verstrichen. Er mußte vergessen haben, daß ihm selbst nach seiner Niederlage in Deutschland von den protestantischen Siegern gestattet worden war, über die Alpen zu entweichen, weil selbst sein schlimmster Feind einen so endgültigen Schritt wie die Gefangennahme eines Kaisers nicht ins Auge fassen konnte. Die Einnahme von Paris hätte auch keine Lösung gebracht, wie sich später in den 1590er Jahren erwies, als spanische Truppen eine Zeitlang in der Stadt waren. Philipps Generale mochten bei dem Kriegsrat nach dem Sieg vom 10. August prahlen und argumentieren – im Grunde wußten sie genau, daß es unklug gewesen wäre, ohne Unterstützung irgendeiner Partei oder Gruppe im Innern noch tiefer in ein Land von der Größe und Macht Frankreichs einzudringen. Es gab englische und sogar burgundische Vorgänge aus der Zeit Heinrichs V. und Heinrichs VI., die sie an die Gefährlichkeit eines solchen Vorhabens erinnerten. In jedem Fall fehlte es an Geld, um eine Invasionstruppe so weit von ihrer Basis entfernt zu unterhalten. Sie konnten höchstens versuchen, Saint-Quentin selbst einzunehmen. Es fiel 17 Tage nach der Schlacht; selbst die harten Engländer bedauerten die Schreckensszenen, die sich dabei abspielten. Im Brand der Stadt ging der Truppe ein Teil der Beute verloren.

Philipp hatte an der Schlacht nicht teilgenommen. Erst am nächsten Tag kam er von Kopf bis Fuß gepanzert in einer Rüstung mit Silberintarsien ins Lager, um die Gefangenen und die erbeuteten Fahnen zu besichtigen. Beim Sturm auf die Stadt war er aber bei der Truppe – es war sein erstes Kriegserlebnis abgesehen von einer nominellen Führung einer Expedition gegen eindringende Franzosen im Roussillon im Alter von 16 Jahren. Die Hölle von Blut, Schändung und Feuer erschütterte ihn. Selbstverständlich konnte er nicht viel dagegen tun; kaum ein Befehlshaber konnte sich im 16. Jahrhundert zutrauen, den Soldatenpöbel bei der Plünderung einer Stadt in Schach zu halten. Es gelang ihm aber doch, einige Frauen und Kinder zu retten und die Gebeine des heiligen Quentin in seinem Zelt zu bergen. Der Historiker Motley beschrieb diese Szene 300 Jahre später mit Geringschätzung. Zweifellos sollte aber dem König seine Menschlichkeit als Verdienst angerechnet werden.

Daß die Engländer sich bei der Belagerung ausgezeichnet hatten und als erste über die Stadtmauern gestiegen waren, wurde in London mit Stolz berichtet. Königin Mary war deshalb sehr empört, als einige Wochen später Philipps taktloser Gesandter, Graf Feria, diese Tatsachen ableugnete. Allerdings hatten sich zum Entsetzen der Engländer noch schlimmere Dinge ereignet. Mehr als 200 Jahre, als letztes Überbleibsel der Eroberungen Edwards III. zu Beginn des Hundertjährigen Krieges, hatte die Stadt Calais zu England gehört und sich als vorteilhaftes Eingangstor nach Frankreich für die englischen Truppen und den englischen Handel bewährt. Als der Herzog von Guise von der Niederlage, die ihm Alba in Italien zugefügt hatte, zurückgekehrt war, zog er Ende Dezember 1557 in Artois eine Streitmacht zusammen und rückte in überwältigender Stärke auf die Festung Calais vor.

Am letzten Tag des Jahres, als die Franzosen nahten, schickte der Festungskommandant, der Earl of Wentworth, einen verzweifelten Hilferuf an den König. Am 2. Januar sandte ihm Philipp eine Warnung vor den Absichten der Franzosen, doch an diesem Tag begann schon die Belagerung. Bei seinem zweiten Englandbesuch im vorhergehenden Jahr war Philipp durch Calais gekommen und hatte die Räte seiner Gemahlin auf den schlechten Zustand der Verteidigungsanlagen aufmerksam gemacht. Er hatte sogar eine Verstärkung durch spanische Truppen angeboten, die jedoch abgelehnt worden war; die Engländer mißtrauten seinen Absichten zu sehr, als daß sie seine Soldaten in die Stadt eingelassen hätten. Sie hatten aber nichts unternommen, um die Stadt zu befestigen, und am 3. Januar schrieb Wentworth, es bestehe wenig Hoffnung, wenn nicht sofort Entsatz käme. Es war die letzte Nachricht aus der Stadt, die vier Tage später fiel.

Wut und Aufruhr in London waren ungeheuer. Das kostbarste Besitztum des Landes war weggeschnappt worden! Das kam von dem verhaßten, unnatürlichen Bündnis mit Ausländern! Philipp, der selten Erläuterungen oder Entschuldigungen abgab, empfand die Notwendigkeit, sich von jeder Schuld zu reinigen, und versicherte in einem Schreiben an den Kronrat, seine Hilfe hätte genügt, wenn die Befehlshaber in Calais auch nur das geringste getan hätten, um sich selbst zu helfen.

Dieses Unglück, dem bald weitere Rückschläge für die englischen Waffen bei Guisnes und Hammes folgten, beschleunigte wahrscheinlich den Verlauf der tödlichen Krankheit der Königin, die allein und von fast jedermann verlassen war. Sie fühlte sich vor ihrem eigenen Volk entehrt und auf allen Seiten von Unheil umgeben. Selbst Feria, der sich sonst nicht durch Feingefühl auszeichnete, riet seinem Herrn, wenn er schon nicht nach London kommen könne, möge er doch wenigstens seiner Gattin schreiben. Die arme Frau glaubte immer noch verzweifelt, sie sei schwanger – ihr einziger Trost in den schlaflosen Nächten, die, wie Feria dem König berichtete, erfüllt waren mit der Befürchtung, ihre Regierung habe zu nichts geführt.

Beschäftigt mit den Problemen von Krieg und Frieden in Flandern und mit der Ausbreitung der Ketzerei, die sogar in Spanien selbst Fuß gefaßt hatte, hatte Philipp weder Zeit noch Lust, sich um seine dahinsiechende Gemahlin zu kümmern. Sein Schweigen läßt sich wohlwollend nur damit erklären, daß er nicht erkannte, daß sie im Sterben lag. Am 22. Oktober schrieb er an den englischen Kronrat, er habe von ihrer Krankheit gehört und entsende »eine Person« – wieder den Grafen Feria –, um gewisse Angelegenheiten mit ihr zu erledigen und sein Fernbleiben zu »entschuldigen«.

Als Feria nach London kam, fand er die Königin schwerkrank vor. Er berichtete, sie sei meist nicht bei Bewußtsein, doch in ihren wachen Augenblicken stehe sie in Gottesfurcht und Glaubenstreue. Die wichtige Angelegenheit, um die es ging, war die

Thronfolge. In den Wirren, die sich aus den vielen Ehen Heinrichs VIII. ergeben hatten, war Prinzessin Elisabeth, seine Tochter aus der Ehe mit Anne Boleyn, zwar einmal als Bastard gebrandmarkt worden. Lange beobachtete man sie am Hof ihrer Halbschwester mit Argwohn, aber wenige Engländer und auch wenige Spanier zweifelten daran, daß sie als die rechtmäßige Erbin Marys Nachfolge antreten sollte. Feria hatte den Auftrag, der Königin dies nahezulegen, und erschöpft gab sie ihre Einwilligung.

Feria reiste weiter nach Hatfield, um dem aufsteigenden Gestirn die Versicherung des Wohlwollens seines Herrn zu überbringen. Allseits kündigten sich große Ereignisse an; eine Friedenskonferenz in der Nähe von Cambrai war vereinbart worden, um der langen Fehde zwischen Frankreich und Spanien ein Ende zu setzen, und es war Marys Schicksal, daß sie im Tode ebenso übergangen wurde wie in ihrem tragischen Leben. Selbst die Nachricht von ihrem Hinscheiden wurde überholt von Depeschen aus San Yuste, die den Tod Kaiser Karls V. meldeten. Unter diesem größeren Verlust trat Philipps Trauer um seine Gemahlin zurück. Im Dezember bedauerte er in einem Brief an seine Schwester Juana, die Regentin von Spanien, daß die Frage der friedlichen Rückgabe von Calais nicht so leicht zu regeln sei, da jetzt die Königin von England, die doch einigen Nutzen gebracht habe, nicht mehr lebe. »Gott schenke ihr die ewige Seligkeit«, setzte er in den bei solchen Anlässen üblichen Worten hinzu. »Ich empfand angemessenen Schmerz um ihren Tod. Ich werde sie auch deswegen vermissen.«[29]

4. Kapitel: Nach Marys Tod.
Philipp und die Niederlande

Die Friedensverhandlungen scheiterten tatsächlich an dem Problem Calais, das nach Marys Tod den König von Spanien nicht mehr unmittelbar anging. Die Franzosen waren bereit, ihre ziemlich umfangreichen Eroberungen aus der Zeit des Kaisers abzugeben gegen die bescheideneren spanischen Gewinne des letzten Krieges, aber was Calais betraf, waren sie eisern: Sie weigerten sich, es abzutreten. Die Engländer beharrten ebenso eisern darauf, es wiederzuerlangen. Sollte die Friedenschance versäumt werden, um die Illusion der Größe in einem kleinen Land, das durch eigene Schuld eine Stadt verloren hatte, aufrechtzuerhalten?

In England wurde die ehrenhafte Position, die Philipp bezog, weder damals noch seither richtig gewürdigt. Angesichts der Möglichkeit eines militärischen und diplomatischen Triumphes, der den Großtaten seines Vaters gleichgekommen wäre, lehnte er es ab, den Frieden auf Kosten seiner Verbündeten zu erkaufen. Wenn er auch unrecht gehandelt hatte, als er England in einen Krieg hineinzog, der es nichts anging, so stand er doch wenigstens zu den Konsequenzen. Mit Marys Tod war aber ein neuer Faktor in der Politik aufgetreten: Prinzessin – jetzt Königin – Elisabeth.

Wie sollte er mit ihr verfahren? Wie sollte er mit ihrem Land umgehen, das sich nur zu gefährlich am Rand der Ketzerei bewegte?

In diesem Dilemma hatte Philipp eine Richtlinie, das letzte politische Testament seines Vaters: »Wahrt den Frieden mit Frankreich, so gut Ihr könnt, aber verliert niemals Englands Freundschaft.«

Erinnerte er sich an diesen Ratschlag in den Jahren der Mißverständnisse und Rivalitäten bis hin zu dem Tag, als die Armada in Lissabon die Anker lichtete? 1558, unmittelbar nach Karls Tod, bot sich eine Lösung, die völlig mit den Worten des Kaisers übereinstimmte: die Ehe mit der Halbschwester seiner verstorbenen Gemahlin. Dann könnte er weiterhin Titularkönig von England sein und erhielte vielleicht die Krone des Prinzgemahls, die ihm die Engländer bisher verweigert hatten. Er könnte die Franzosen, wenn sie Calais nicht zurückgaben, mit einem neugestärkten englisch-spanischen Bündnis und einem gemeinsamen Marsch auf Paris bedrohen.

In London bemühte sich Graf Feria, der selbst eine Engländerin geheiratet hatte, die Aussichten für Elisabeths Regierung zu beurteilen. Als offener, ehrlicher Mensch fand er Entschuldigungen, Schmeicheleien und doppelzüngige Worte widerwärtig. »Dieses Land sollte wirklich lieber mit dem Schwert in der Faust als mit gutem Zureden behandelt werden«, schrieb er seinem Herrn kurz nach Marys Tod. Die junge Königin beeindruckte ihn jedoch trotz allem. »Mir scheint«, schrieb er im Dezember, »daß sie weitaus mehr gefürchtet ist als ihre Schwester und daß sie ihre Befehle so herrisch gibt und ihren Willen so eigensinnig durchsetzt wie ihr Vater.« Niemand blickte so tief wie Feria in Elisabeths sonderbares, ungewöhnliches, schillerndes Wesen. »Sie hat es sehr gern, wenn sie Geschenke erhält, und ihr einziges Gesprächsthema ist, wie arm sie sei«[30], vermerkte er über ihren Geiz, der in der ganzen Welt bekannt wurde. Weniger zutreffend erzählte er seinem Herrn von einer Prophezeiung, sie werde nur kurz regieren, und danach werde Philipp zurückkehren und in England herrschen. Zweifellos glaubte er selbst kaum daran.

Anfang 1559 wies Philipp den Grafen an, welche Linie er gegenüber der Königin und ihrem Rat verfolgen solle. Er, der König, hätte bereits mit Frankreich Frieden schließen und die Engländer im Stich lassen können. Der Ausgang der Unterhandlungen hänge weitgehend davon ab, wie England sich verhalten wolle. Würde es den französischen Vertragsentwurf und den

Verlust von Calais hinnehmen? Oder würde es ablehnen? In diesem Fall müsse es an der Seite Spaniens bei dem dann zwangsläufig wieder aufflackernden Krieg in vollem Umfang teilnehmen. »Wenn sie sich in London nicht bald entscheiden«, schrieb er an Feria, »bin ich nicht sicher, ob ich nicht den Entschluß fassen muß, der mir paßt, da es für meine Angelegenheiten notwendig ist.« Dies war eine seiner versteckten diplomatischen Drohungen.

Parallel dazu bot er eine Heirat an – unter gewissen Voraussetzungen. In seinen Instruktionen an Feria vermerkte Philipp, es stehe ihm nicht wohl an, sich mit Elisabeth zu vereinigen, da sie in Glaubensdingen unzuverlässig sei, doch im Interesse der Christenheit sei er bereit, diesen »Nachteil« zu übersehen und sich um ihre Hand zu bewerben unter der Bedingung, daß sie sich Rom unterwerfe und gelobe, den Katholizismus in England aufrechtzuerhalten. Außerdem sollte ein Kind aus dieser Verbindung nicht (wie nach dem Ehevertrag mit Mary) die spanischen Niederlande erben, die an Don Carlos fallen sollten. Dies war Philipps erster Bruch mit der Politik Karls V., die darauf abgezielt hatte, die Niederlande von Spanien zu lösen; erst gegen Ende seines Lebens kam er auf sie zurück.

Wie ernst war das alles gemeint? Wohl wenige Anträge wurden jemals mit so großem Vorbehalt und mit so wenig Interesse gemacht; es war, als fordere er eine Ablehnung heraus oder sondiere eine Richtung, die kaum zu einem Ziel führen würde. Andererseits hatte er mit seinen Aufmerksamkeiten für Elisabeth einst Marys Eifersucht geweckt. Feria, der teilweise Augenzeuge gewesen war, schlug nun vor, die Wärme dieser Aufmerksamkeiten als Beweis für die Stärke der *jetzigen* Gefühle des Königs zu verwenden, doch Philipp erhob aus kastilischer Aufrichtigkeit heraus sofort Einspruch gegen ein solches Vorgehen. Die Heirat wäre ihm als Fortsetzung der Englandpolitik seines Vaters gelegen gewesen, und die fünfundzwanzigjährige Elisabeth mit ihrem hochfliegenden Geist, ihrer Leidenschaft und ihren Reizen muß sich in den Augen eines Witwers von 32 Jahren sehr vorteilhaft von Mary Tudor abgehoben haben. So gesehen betraf der einzige echte Zweifel die Frage der Religion, und diese griff er auf, als er im Februar seinen Gesandten an-

wies, die Königin eindringlich zu ermahnen, sie solle die Papst-
treue ihres Landes nicht antasten – Gerüchte von einem Bruch
mit dem Papst schwirrten schon durch Europa. Wenn sie aber
bei derart ketzerischen Maßnahmen beharre, solle Feria entscheiden, ob der Antrag zurückzuziehen sei oder nicht – eine
erstaunliche Anweisung eines Bräutigams an seinen Vermittler
und ein früher Beweis dafür, daß es Philipp schwerfiel, eigene
Entscheidungen zu treffen.

In London geriet Feria wie so viele Botschafter nach ihm in
die Fänge der elisabethanischen Diplomatie. Bei einer Audienz
im Februar hatte die Königin ihm mitgeteilt, sie habe nicht den
Wunsch, irgend jemanden zu heiraten. Ob sie hoffte, den ver-
heirateten Robert Dudley zum Gemahl zu nehmen, bleibt ein
Geheimnis, aber da sie das Schicksal ihrer Halbschwester vor
Augen hatte, ist es sicher, daß sie niemals eine Ehe mit dem
König von Spanien ernstlich erwog. Er mußte aber bei Laune
gehalten werden, weil er zu den Schiedsrichtern über die Zukunft von Calais gehörte und weil er ein mächtiger Nachbar war,
den sie in diesem frühen Stadium ihrer Regierung aus Klugheit
nicht beleidigen durfte. Selbstverständlich gebe es niemanden,
den sie als Freier und Gatten vorziehen würde, sagte sie geziert,
als sie um eine Antwort gebeten wurde, aber die Ehe an sich sei
nicht nach ihrem Geschmack. Außerdem sei der König von Spanien ihr Schwager, und eine Verbindung mit ihm verstoße gegen
Gottes Gesetz. Etwas später fügte sie hinzu, sie könne Philipp
ohnehin nicht heiraten, weil sie anderen Glaubens sei.

Graf Feria wurde bei dieser Behandlung zuerst verlegen,
dann zornig. Er war geneigt, einen guten Teil der Schuld bei den
Ratgebern der Königin zu suchen, besonders bei Cecil, »dem
teuflischen Schurken«[31]. Die Königin selbst sei aber auch nicht
viel besser, sie sei die Tochter des Satans. Zum Ausgleich für die
schlechte Nachricht an seinen Herrn hatte er schon richtig erraten, daß sie keine Kinder bekommen würde.

Philipp nahm die Abfuhr gelassen auf. Er empörte sich auch
nicht übermäßig wegen des Gerüchts von Elisabeths Liaison mit
Dudley, den sie zum Earl von Leicester erhoben hatte. Beim
Papst unternahm er Schritte, um zu verhindern, daß sie öffentlich zum Bastard erklärt wurde, denn sein Ziel war es jetzt, sie

mit Erzherzog Karl, einem seiner österreichischen Verwandten, zu verheiraten und damit im katholischen Lager zu halten. Schon in diesem Stadium des Duells, das die beiden ihr Leben lang ausfochten, empfand er Achtung vor dieser ränkereichen, wandelhaften Frau und war sich dessen nicht sicher, wie weit er sie beugen und zügeln konnte. Wie die Zukunft erwies, war er zaghafter als sie; fast immer bemühte er sich stärker um Entschuldigung und Aussöhnung. Bei diesem ersten Kräftemessen errang er jedoch den diplomatischen Sieg, wenn auch nicht im Schlafzimmer, so doch im Konferenzsaal in Cateau-Cambrésis, wo von den drei vertragschließenden Mächten England der Verlierer war. Spanien erhielt für sich und seine Verbündeten einige Gebiete, Frankreich wenige Städte zurück. Elisabeth war gezwungen, sich mit einer wenigstens das Gesicht wahrenden Formel abzufinden, nach der Calais im Lauf der Zeit wieder an England fallen sollte. Alle Beteiligten wußten, daß es nie soweit kommen würde. Im Rahmen des Friedensvertrages verpflichtete sich Philipp, Isabella von Valois zu heiraten, die Tochter des französischen Königs. Elisabeth machte Feria deswegen eine fürchterliche Szene.

»Wie ich höre, ist der König von Frankreich nicht weniger in Geldbedrängnis als ich«, hatte Philipp kurz nach dem Fall von Calais an seine Schwester Juana geschrieben. Dies war noch beschönigend ausgedrückt, denn die beiden gekrönten Gefährten im Unglück waren praktisch bankrott. Philipp wünschte den Frieden so sehnlich, daß er ihn selbst gesucht hätte, wenn sein Gegner nicht darum gebeten hätte – so stellte er es wenigstens später dem venezianischen Gesandten Suriano gegenüber dar. Einer der Hauptgründe für den Frieden von Cateau-Cambrésis war also der Geldmangel; ein weiterer Grund war die Erkenntnis auf beiden Seiten, daß sie von Feinden im Innern ebensoviel zu fürchten hatten wie voneinander. Die Ketzerei hatte sich bei Teilen des französischen Adels sehr rasch ausgebreitet und war auch in die Niederlande eingedrungen, sowohl in lutherischer als auch in calvinistischer Form.

Nach dem Friedensschluß lag eine kurze Zeit lang die Möglichkeit eines gemeinsamen Vorgehens des »allerchristlichsten«

und des »allerkatholischsten« Königs zur Verteidigung der alten Religion in der Luft, und ein Unterpfand dafür war Philipps Heirat per procurationem mit der Prinzessin, die ursprünglich für seinen Sohn, Don Carlos, bestimmt gewesen war. Doch während der anschließenden Hoffeste erlitt Heinrich II., der Brautvater, einen tödlichen Turnierunfall. Unter der Regierung seiner Witwe und drei degenerierter Söhne wurde Frankreich zum Schauplatz dreißigjähriger Glaubenskriege zwischen den Katholiken und den Hugenotten, den französischen Calvinisten.

Diese Heirat und dieser Todesfall befreiten Philipp zeitweilig von einem der größten Probleme, die seinen Vater zeit seines Lebens bedrängt und schließlich niedergedrückt hatten. So calvinistenfeindlich ein französischer König – Heinrich II. oder ein anderer – auch gewesen wäre, so wäre ein starker französischer Herrscher doch in Versuchung geraten, sich einen protestantischen Aufstand in den Niederlanden zunutze zu machen. Früher oder später wäre es zu einem Eingreifen der Franzosen gekommen ähnlich wie zu Karls Zeit, als sie die Lutherischen in Deutschland untersützten. Eine Wiederholung wurde Philipp vorläufig erspart. Die französische Monarchie wurde jedoch nach Heinrichs Tod auch mit ihrer Machtlosigkeit gefährlich, denn dadurch wurden die Streitbarkeit der Hugenotten und der Bürgerkrieg angefacht – ein Buschfeuer zu nahe an der niederländischen Grenze, als daß es Spanien unberührt gelassen hätte.

In Frankreich war stets der Katholizismus die vorherrschende Religion gewesen außer in Teilen von Südfrankreich und in den Seehäfen des Nordwestens. Ungefähr dasselbe gilt für die Niederlande, wo die Katholiken lange Zeit in der Mehrheit blieben, selbst in den Provinzen, deren Führer calvinistisch geworden waren. Bei Philipps Antritt wurde seine Herrschaft zweifellos überall von der Mehrheit anerkannt. Die Niederlande waren jedoch kein Königreich; die einzelnen Provinzen huldigten ihm als erbberechtigtem Herzog, Grafen oder Herrn, nicht als ihrem König aus Spanien. Und sie alle haßten die in ihrem Land stationierten spanischen Truppen und Philipps spanische Günstlinge und Ratgeber.

Dies waren fast die einzigen Punkte, in denen sie übereinstimmten, denn die siebzehn Provinzen der Niederlande unterschieden sich in ethnischer Hinsicht wie in ihrer Gesellschaftsstruktur erheblich voneinander. Einige – zum Beispiel Artois, Hennegau, Holland, Flandern und Brabant – zählten zu den wohlhabendsten Gebieten Europas; Antwerpen war nach Sevilla der größte Hafen und Handelsplatz der Christenheit. Andere aber waren arm mit elenden Siedlungen in trostloser Geest- und Moorlandschaft. In einigen wieder blühte das Gewerbe, andere waren rein landwirtschaftlich orientiert. Es gab keine gemeinsame Sprache. Nördlich einer Linie von Lüttich über Tournai in die Nähe von Dünkirchen sprachen die Leute die niederdeutsche Mundart; südlich davon und in der Sprachinsel Brüssel herrschte das Französische vor. Diese Aufteilung hat sich bis in unsere Zeit erhalten. Das heutige Königreich der Niederlande, auch Holland genannt, fällt ganz in den nördlichen Bereich, wobei wir uns darüber im klaren sein müssen, daß zu Philipps Zeit der Begriff »Niederlande« alle siebzehn Provinzen umfaßte, während »Holland« nur eine dieser Provinzen war. Im modernen Belgien liegen die alten Provinzen Flandern und Brabant und die wallonischen Gebiete Namur, Tournai und Hennegau, getrennt durch die Sprachgrenze. Das alte Erzbistum Lüttich wurde in das jetzige Königreich einbezogen, aber der größte Teil von Artois gehört zu Frankreich. Luxemburg ist fast so geblieben, wie es einst war. Die heutigen Unterschiede sind allerdings merklich geringer als zu Karls und Philipps Zeiten, als zwischen den siebzehn Provinzen keine Einheit bestand. Jede Provinz hatte eigene Gesetze und eigene Sitten. Die Generalstände waren als übergeordnete Vertretung des Ganzen gedacht; sie hatten aber weit weniger Tradition als das englische Parlament und waren noch kaum so weit, daß sie eine gewichtige Stimme erheben konnten. Selbst die Organisation der katholischen Kirche war zurückgeblieben. Es gab nur drei residierende Bischöfe: in Tournai, Arras und Utrecht. Dem Bistum Utrecht unterstanden über tausend Kirchspiele und zweihundert Städte. Luxemburg war zwischen drei Bischöfen und ebensovielen Erzbischöfen aufgeteilt, von denen jedoch keiner innerhalb seiner Grenzen residierte. Die obere Hierarchie, die über das geistliche Wohl der Niederländer wachte, hatte ihren Sitz im Ausland; die Menschen blickten nach Reims und nach Köln.

Weit mehr als hundert Jahre lang hatten sich Philipps burgundische Vorfahren bemüht, die von Eifersucht zerrissenen Provinzen zu einer regierbaren und logischeren Einheit zusammenzuschmieden. Karls Ziel war es gewesen, sie in ein zentralisiertes Verwaltungs- und Rechtssystem einzubringen, und bis zu einem gewissen Grad hatte er damit Erfolg. Die Generalstände selbst gingen auf eine herrscherliche Initiative zurück, die nicht ganz uneigennützig war, erleichterten sie doch das Eintreiben der Steuern. Philipp hatte die Absicht, für die niederländische Kirche dasselbe zu tun; er wollte ihre schmählich geringe Vertretung durch ein Großgefüge von drei Erzbistümern und 14 Bistümern ersetzen, wie es dem Reichtum und der Würde des Landes entsprach.

Irgendeine derartige Reform war – auf dem Papier – zweifellos vonnöten, und zu Karls Zeit hätte sie wahrscheinlich ohne große Schwierigkeiten verwirklicht werden können. Der Kaiser hatte einen solchen Schritt erwogen, ihn aber bezeichnenderweise nicht ausgeführt, denn er hatte ein sehr feines Gespür für das, was in seinem Geburtsland getan oder nicht getan werden konnte. Philipps Vorhaben war nichts anderes als eine Erweiterung der Pläne seines Vaters. Er war mehr Erbe als Initiator. Die meisten drakonischen Edikte gegen die Ketzerei, die jedermann mit dem Tode bestraften, der ketzerische Bücher kaufte oder verkaufte, der Spottbilder auf die Jungfrau Maria und die Heiligen zeichnete oder vertrieb, der Statuen und Gemälde schändete oder illegalen Predigten zuhörte, waren von seinem Vater lange vor seinem Regierungsantritt erlassen worden, ebenso die grausamen Gesetze gegen die Wiedertäufer, die um ihres Glaubens willen hingerichtet werden mußten, selbst wenn sie bereut hatten, und die sogar lebendig verbrannt wurden, wenn sie nicht widerriefen. Auch die Aktivierung der päpstlichen Inquisition in den Niederlanden war Karls Werk gewesen. Das alles hatte Philipp nicht ersonnen. Zu seinem Unglück wollte er es aber zu einer Zeit durchsetzen, da sich gesellschaftliche wie religiöse Unruhe erhob, und dann blieb er blind für die Gefahr, bis es zu spät war.

Es gab auch Argumente für eine energische Politik. Hätte er müßig zugeschaut, wie die nicht reformierte niederländische Kirche immer tiefer in Apathie und Ohnmacht versank, so wäre dadurch der Ketzerei wohl ebenso rasch der Weg geebnet worden. Beide Möglichkeiten bargen Risiken, und als Philipp seine Wahl traf, handelte er nicht ohne Überlegung. Wenn ihm auch die Meisterschaft seines Vaters im Umgang mit niederländischen Angelegenheiten fehlte, so hatte er doch Schritte unternommen, um die öffentliche Meinung zu beschwichtigen. Die Generalregentschaft übertrug er seiner Halbschwester Margarete von Parma, der illegitimen Tochter des Kaisers, die jedoch in hohem Ansehen stand. Um die Adligen zu befriedigen, verlieh er ihnen die Provinzstatthalterschaften; Graf Egmont und der Prinz von Oranien, die einflußreichsten und gefährlichsten von ihnen, erhielten ein ganzes Bündel dieser wichtigen Ämter. Er hatte eine gewisse Widerspenstigkeit hingenommen in einem Land, das selbst sein Vater nicht immer friedlich regieren konnte. Als aber seine geplanten Kirchenreformen gerüchtweise bekannt wurden, regte sich tief verwurzelter Widerstand, und er empfand es als höchst unliebsame Überraschung, daß ihm bei einer Versammlung der Generalstände in Gent im Spätsommer 1559 allgemeine Feindseligkeit entgegenschlug.

Alles, was er von den Generalständen wollte, war eine Geldbewilligung, die ihm sicherlich zustand angesichts dessen, was er getan hatte, um dem Volk nach Jahren des mörderischen Krieges den Frieden zu bringen. Sie wurde ihm gewährt, jedoch nicht ohne säuerliche, spitzgeschliffene Erinnerung daran, daß nach niederländischem Gesetz kein Ausländer für ein inländisches Amt ernannt werden dürfe – ein scharfer Seitenhieb auf den Mann, der sein wichtigster Ratgeber in niederländischen Dingen geworden war, der Bischof von Arras Nicolaus Perrenot, bald besser bekannt als Kardinal Granvelle, Erzbischof von Mecheln. Einen Augenblick lang brach Philipps höfliche Fassade zusammen. Wütend platzte er heraus, ob er als Spanier ebenfalls jegliche Autorität abtreten müsse. Es war nicht die einzige Kränkung. Die Stände verlangten dazuhin, daß die 4 000 Mann starke spanische Truppe des bei Saint-Quentin siegreichen Heeres aus dem Land geschafft werde. Der König, der seine Fassung wiedergewonnen hatte, stimmte dieser Forderung zu – offenbar in der Hoffnung, daß die Regentin Mittel und Wege finden würde, sie zu umgehen, sobald er die Niederlande verlassen hatte.

Mit diesem versöhnlichen Ton endete Philipps letzter Besuch in dem vielversprechenden Land, das Suriano »die Schatzkammer des Königs von Spanien ... sein Indien« genannt hatte. Monatelang hatte er sich danach gesehnt, von dort wegzukommen – »um sein Heimweh zu kurieren«, wie Feria verächtlich bemerkte. Am 20. August begab er sich in Vlissingen an Bord seines Schiffes, geleitet von den Großen des Landes, den niederländischen Rittern des Goldenen Vlieses, von denen so viele schon bald darauf sterben sollten. Ein Bericht vermeldet, auf dem Kai habe er dem Prinzen von Oranien vorgeworfen, er sei der Anstifter des in Gent zutage getretenen Widerstandes, und als der Fürst entgegnete, alles sei in Übereinstimmung mit den Rechten der Stände geschehen, habe er ihn gepackt und ihn zornig angeschrien: »Nicht die Stände, sondern *Ihr, Ihr, Ihr!*«[32] Die Geschichte ist wahrscheinlich erfunden; sie kennzeichnet aber den Beginn eines persönlichen Duells, das fast 80 Kriegsjahre nach sich zog.

5. Kapitel: Spanien

Es gibt wohl kaum einen größeren Gegensatz als den zwischen den Provinzen, die Philipp verließ, und dem Land, dem er entgegensegelte. Hinter ihm lagen die Felder und Tümpel der wasserreichen Landschaft, die von Generationen holländischer Maler verewigt wurden; vor ihm, jenseits der begrünten Küstenstreifen Asturiens und Galiciens, lagen die baumlosen, windgepeitschten Ebenen Kastiliens und die öden Berge der Sierra.

Doch wenn auch die Bodengestaltung verschieden war, so gab es politische Ähnlichkeiten, da Spanien ebensowenig wie die Niederlande ein geeinter, monolithischer Staat war. Wie schon erwähnt, war Philipp durch seine Urgroßmutter Isabella König von León und Kastilien und durch seinen Urgroßvater Ferdinand König von Aragon. Die Königreiche waren keine Einheit, sondern drei in einem, mit besonderen Parlamenten für Valencia, Katalonien und Aragon selbst. Philipp bemerkte einmal einem französischen Botschafter gegenüber, ihre Rechte und Gesetze schränkten seine königliche Gewalt erheblich ein. In Kastilien war er weitaus absoluter, aber auch dort mußte die *Casa de la Contratación* in Sevilla, die das Monopol des Indienhandels innehatte, als mächtige Körperschaft ebenso vorsichtig behandelt werden wie die *Mesta*, die Zunft der Schafzüchter, und die Großgrundbesitzer, deren Ländereien und Einkünfte so groß waren wie anderswo Königreiche.

Hätte Spanien so viele Sekten und Ketzerbewegungen gehabt wie Parlamente und Granden, so hätte man es nicht regieren können. Von den Moriscos abgesehen war es jedoch mit Inbrunst und vollständig katholisch. Die wenigen lutherischen Zellen, die sich in den großen Städten, vor allem in Sevilla und Valladolid, gebildet hatten, waren im Jahr vor Philipps Rückkehr überfallen und ausgemerzt worden, und es fehlte nicht an Anzeichen dafür, daß auch die Moriscos bald unterworfen würden. Der Preis für den glühenden Katholizismus war das Heilige Offizium, die berüchtigte spanische Inquisition, die Ferdinand und Isabella im Jahr 1480 auf Grund einer päpstlichen Bulle von 1478 eingeführt hatten. Kein Mensch entging ihrem Zugriff. Als Philipp in die Heimat kam, lag in einem ihrer Kerker der Mann, den er selbst zum Erzbischof von Toledo und Primas von Spanien erhoben hatte, der Freund, der dem sterbenden Kaiser in San Yuste das Kruzifix vor Augen gehalten hatte. Er war der Ketzerei angeklagt auf Anstiften eines nominell Untergebenen, des Erzbischofs von Sevilla, der zugleich Großinquisitor war.

Eine Biographie Philipps II. ist nicht der Ort, die Geschichte einer Institution darzustellen, über die Bände, ja Bibliotheken geschrieben wurden; doch einiges muß gesagt werden. Die Inquisition befaßte sich mit jedem Aspekt des Lebens in Spanien, von der Durchsetzung der katholischen Lehre bis zur Zensur von Büchern und der Ausgabe von Zeugnissen über eine reine, von maurischem oder jüdischem Blut nicht befleckte Abstammung. Einige ihrer Aktivitäten waren auf kurze Sicht wohltätig für Spanien; ihre unbarmherzige Strenge beim Aufspüren der Ketzerei ersparte dem spanischen Volk viele Leiden, die anderswo durch Religionskriege verursacht wurden. Die Inquisition war nicht so grausam, nicht so parteiisch und nicht so ungerecht, wie manche Kritiker sie schildern, und in ihren Verfolgungen war sie nicht viel schlimmer als die katholischen Bischöfe unter Mary und die protestantischen Jesuitenfeinde unter Elisabeth in England.

Sie war aber weitaus systematischer, und darin lag der besondere Schrecken. Unter ihrer Herrschaft entwickelte sich die Bigotterie zu einer hohen Kunst, eingepaßt in einen Kodex, der ein Zerrbild der Justiz war. Wer von der Inquisition der Ketzerei oder religiösen Lauheit in irgendeiner Form angeklagt wurde, wurde niemals seinen Anklägern gegenübergestellt. Er erfuhr nicht einmal, wer sie waren. Der Prozeß, das Verhör in den Ker-

kern der *Suprema*, die Folter, die Verhandlung – alles war geheim. Nur die Bestrafung war öffentlich. Sie wurde auf verschiedene Weise vollzogen. Lediglich ein kleiner Teil der Verurteilten machte den Gang zum Scheiterhaufen, und von diesen wiederum wurden nur sehr wenige lebendig verbrannt, denn der Widerruf, selbst im letzten Augenblick, genügte im allgemeinen für den gnädigeren Tod des Garrotierens, also des Erdrosselns mit der Würgschraube, ehe die Leiche den Flammen übergeben wurde. Die meisten Strafen waren weniger schlimm. Manchmal bestanden sie nur aus Bußleistungen an einer Reihe von Sonntagen vor einem Priester. Mit zunehmender Schwere wurden Strafen wie Bußgeld, Gefängnis, Verlust von Besitz oder bürgerlichen Rechten verhängt, die damit oft nicht nur den Delinquenten, sondern Generationen seiner Nachkommen trafen.

Die verruchtesten Verbrechen und Verbrecher wurden bei einem *Autodafé*, dem Ketzergericht der Inquisition, auf dem Hauptplatz der Städte abgeurteilt. Nicht nur der Wunsch, sich selbst Ungelegenheiten zu ersparen, sondern auch die Schaulust lockte die Leute an, denn die religiöse Inbrunst, die sich in Gebeten, Predigten und Glaubensaufrufen äußerte, war geschickt verwoben mit dem Anreiz für die niedrige menschliche Neigung, sich am Unglück anderer zu weiden.

In der Mitte der Versammlung standen die Opfer. Bußfertige wurden freigesprochen, wenn sie auch nicht unbedingt dem Gefängnis oder Besitzverlust entgingen. Die Verstockten und diejenigen, die so ungeheuerliche Verbrechen begangen hatten, daß sie nach Ansicht der Inquisition Gottes Gnade nicht verdienten, wurden in ihren gelben Gewändern und hohen Spitzhüten zur Schau gestellt, um dann der bürgerlichen Gewalt zur Hinrichtung auf dem außerhalb der Stadtmauern errichteten Scheiterhaufen übergeben zu werden. Das Heilige Offizium selbst hütete sich offiziell, sich mit Blut zu beflecken.

Bei einer dieser widerwärtigen Ketzerverbrennungen, die in seiner Geburtsstadt Valladolid stattfand, trat Philipp erstmals nach seiner Rückkehr wieder öffentlich auf. Er war von Natur aus nicht grausam, aber für das Bigotte in seinem Wesen war Grausamkeit zweifellos eine Waffe im Dienste Gottes, und seine völlige Identifizierung mit dem Heiligen Offizium und dessen

Taten kann nicht bezweifelt werden. Er bemühte sich, es außerhalb der Gewalt des Papstes zu halten; es war ein rein spanisches Instrument. Wie weit er aber die Inquisition beherrschte und wie weit sie sich beherrschen ließ, ist eine andere Frage. Sie lebte aus eigenen Triebkräften. Es wäre denkbar gewesen, daß die Macht, die einen Primas von Spanien zu Fall gebracht hatte, auch den spanischen König gestürzt hätte. Philipp war sicherlich nie versucht, sich ihr entgegenzustellen; denn in seinem Eifer für den katholischen Glauben und die Unterdrückung der Ketzerei fühlte er sich eins mit der Inquisition.

In Valladolid saß er nun hoch oben auf den Rängen der Tribüne in Begleitung seines Sohnes Don Carlos, seiner Schwester Juana und des jungen Alexander Farnese, der als Herzog von Parma eine der Schlüsselgestalten seiner Regierung werden sollte. Das Autodafé begann mit einer Predigt des Bischofs von Zamora. Dann vereidigte der Großinquisitor Don Fernando Valdes das kniende Volk und seinen König auf das Heilige Offizium; Philipp zog symbolisch das Schwert zur Zustimmung. Aus ganz Spanien waren die Leute herbeigeströmt. Dreißig Gefangene wurden angeklagt; vierzehn wurden zum Tod verurteilt, darunter sechs Nonnen, von denen eine schon tot war; ihre Gebeine und ihr Bildnis wurden den Flammen übergeben. Einer der Gefangenen war Don Carlos de Seso, ein florentinischer Hauptmann, der lange in Spanien gelebt und die Gunst des Kaisers besessen hatte. Als er auf seinem Leidensweg an Philipp vorüberschritt, machte er ihm Vorwürfe, daß er die Mönchsbande nicht gehindert hatte, ihm so übel mitzuspielen. Der König soll entgegnet haben: »Wenn mein eigener Sohn so böse gewesen wäre wie Ihr, hätte ich selbst das Holz zu seiner Verbrennung gesammelt.« Die Geschichte könnte erfunden sein, trägt aber die Züge der Wahrheit. In diesem Fall waren Philipps Worte schicksalhafter, als er selbst wußte.

Isabel de Valois war kaum dem Kindesalter entwachsen, als Philipp sie 1559 in Paris durch seinen Stellvertreter, den Herzog von Alba, zur Gemahlin nahm. Ein Bericht erzählt, sie habe noch mit Puppen gespielt – selbst wenn dies zutrifft, dauerte es doch nicht mehr lange an. Bei der Hochzeit per procurationem wurde auf beiden Seiten viel Pracht und Feierlichkeit entfaltet. Die Franzosen wollten die Spanier mit dem Reichtum und der Schönheit der Braut beeindrucken, die Spanier wollten die Franzosen mit der Macht und dem Vermögen des Bräutigams übertrumpfen. Beide Höfe waren bankrott. Zu allem hin kostete die Hochzeitsfeier die Gastgeber ihren König; er empfing beim Turnier eine tödliche Verletzung.

Die Dinge durften aber selbst durch einen solchen Trauerfall nicht endlos verzögert werden. Philipp verlangte nach seiner Braut, und im Spätherbst jenes Jahres machte sie sich auf dem Landweg nach Süden auf mit einem Gefolge, das Scharen von Kammerzofen, drei Kapläne, zwei Sekretäre, zwölf Kammerdiener, viele Köche, Küchenjungen und Ärzte, eine Kapelle von sechs Musikern und einen Zwerg namens Montaigne umfaßte. Diese vielköpfige Begleitung entsetzte den spanischen Gesandten Chantonnay, der dafür verantwortlich war, daß alle wohlbehalten ans Ziel kamen. Er schrieb, die Königin sei in Sorge, wie ihre Garderobe und ihre sonstige Habe über die Pyrenäen befördert werden solle. Viele Gepäckstücke waren für Maulesel zu groß, und ganze Kistenladungen erreichten ihren Bestimmungsort erst nach monatelangen Irrwegen im Gebirge.

Schneestürme wüteten, als die Gesellschaft über den Paß von Roncesvalles ins spanische Navarra zog, wo große Anstrengungen unternommen worden waren, der Dame einen angemessenen Empfang zu bereiten. Philipp selbst hatte das ganze Programm bis in die kleinsten Einzelheiten geplant. Zum Führer seines Ehrengeleits hatte er den Herzog von Infantado ernannt, das Oberhaupt des großen Hauses Mendoza, dessen jährliche Einkünfte etwa denen Englands gleich waren. Die zweite Hochzeitsfeier sollte im Herzogspalast zu Guadalajara stattfinden, und der Bruder des Herzogs, der Kardinal-Erzbischof von Burgos, gehörte ebenfalls zur Eskorte. Die beiden Brüder wetteiferten miteinander. Bei der großen Übergabezeremonie in Roncesvalles führte der Herzog eine Truppe von vierzig Mann in golddurchwirkter Kleidung vor, während sein Bruder vierzig in roten Samt gekleidete Pagen mitbrachte. Der Kardinal trug die meisten Ehren davon, mußte sich jedoch sehr anstrengen, um die Franzosen zu übertreffen, deren Ehrengeleit von keinem Geringeren als dem Titularkönig von Navarra angeführt wurde, dem obersten Prinzen aus königlichem Geblüt und Prätendenten auf das ganze Gebiet zwischen den Pyrenäen und Pamplona. Navarras königliche Herablassung überschritt alle Grenzen. Als er die Prinzessin aus der Familie des größten Königs der Christenheit den Abgesandten des erlauchtesten Herrschers der Welt übergab, sagte er, noch nie zuvor habe Spanien ein so vollkommenes Vorbild an Liebreiz und Tugend erhalten, und damit sprach der schwache, unfähige Mann die Wahrheit.

Am 4. Februar 1560, einem Sonntag, ritt Isabel in Guadalajara ein. Unter einem Traghimmel in einem Eichenwald nahm sie den Willkomm entgegen. Hänflinge und Nachtigallen flatterten in den Bäumen, Hasen, Rehe und andere Tiere belebten den Wald. Im Innenhof des Palastes der Mendoza wurde sie von ihrer Schwägerin Juana und den Hofdamen empfangen. Die Augenzeugen hoben ihre Anmut hervor; sie war ein schlankes, dunkelhaariges Mädchen mit glänzenden Augen und königlicher Haltung, weit über ihre Jahre gereift. Der König erwartete sie im Festsaal. Er scheint unter der Bewegung des Augenblicks das Zeremoniell vergessen zu haben, denn ehe sie vor ihm in die Knie sinken konnte, schloß er sie in die Arme. Im Anschluß an die Begrüßung fand sogleich die Trauung in der Palastkapelle statt.

Nur drei Tage dauerte der Aufenthalt in Guadalajara, dann reiste der ganze Hofstaat über Madrid nach Toledo. In ein blaues Damastgewand mit Spitzenkrause gekleidet, zog die Königin feierlich in die Stadt ein. Der Festzug umfaßte achtzig Kanoniker und Priester der Kathedrale, siebzig Ritter der Orden von Santiago, Alcantara und Calatrava, Vertreter der Räte, der Universität und der königlichen Münze und eine Gruppe Inquisitoren der *Suprema*.

Kurz danach traf Fourquevaulx, der neue französische Gesandte, die Königin einmal in ihren Gemächern beim fröhlichen Tanz mit ihren Hofdamen an. Es muß für ein so junges Mädchen eine fast zu aufregende Zeit gewesen sein, und die Freude wurde bald getrübt durch die erste der vielen Krankheiten, an denen sie in den ihr noch verbleibenden acht Lebensjahren litt. Im Sommer war sie wieder wohlauf, und wir sehen sie in einem goldbesetzten Silbergewand mit einem glitzernden Diadem bei einem Ball in Toledo in Begleitung ihres Gemahls. Sie trug kein Kleid öfters als einmal, wie der französische Gesandte bewundernd berichtete, denn der König sah sie gern auf der Höhe der Mode. Im Herbst 1560 erkrankte sie an Pocken und schwebte eine Zeitlang in Lebensgefahr. Der König stellte seine Gefühle nicht zur Schau, aber er saß nächtelang an ihrem Bett, und später schrieb Isabel in einem Brief an ihre Mutter, er habe sich als liebender Gatte erwiesen, und sie sei »die glücklichste Frau der Welt«.

Schon bald zeigte sich, daß die Königin nicht nur die Liebe ihres Gemahls, sondern auch sein Vertrauen gewonnen hatte, das er nur wenigen schenkte. Als guter Beobachter schlummernder Talente – auch wenn er diese oft mißbrauchte – hatte er in seiner Frau einen verwandten Geist und eine weit über ihr Alter hinausgehende Klugheit erkannt. Er vertraute ihr. War sie nicht – wie ihre Mutter, die Regentin von Frankreich, bemerkte – schon mehr spanisch als französisch? Auf welcher Seite auch ihre wahre Loyalität lag, sie trug jedenfalls nach spanischer Sitte ihr Haar in strengen Zöpfen um den Kopf gelegt. Ihr Ausdruck war, wie Brantôme sagte, ein Mittelding zwischen Ernst und Sanftheit. Im Lauf der Zeit verließ sich der König so sehr auf sie, daß er sie 1565 an seiner Statt nach Bayonne zu jenem berühmten Treffen mit dem französischen Hof entsandte, in dem die protestantische Propaganda später den Keim der Bartholomäusnacht von 1572 sah. Wenn auch bei dieser Zusammenkunft keine gemeinsame Front der beiden katholischen Königreiche gegen die Ketzerei zustande kam, ergibt sich aus den Berichten des Herzogs von Alba, der die Königin begleitete, daß sie sich bei allen Berührungen mit ihrer schlauen Mutter durch ihre Würde, Vorsicht und »Diskretion« auszeichnete.

Eine solche Gemahlin war ein wichtiger politischer Trumpf für einen König, der nach langer Familientradition die Frauen des Königshauses vielfach als Werkzeuge der Politik einsetzte. Er hatte sie jedoch auch in der Hoffnung auf Kinder geheiratet, und dieser Wunsch blieb lange unerfüllt. Erst im August 1566, sechseinhalb Jahre nach der Hochzeit in Guadalajara, kam ein lebensfähiges Kind zur Welt, eine Tochter, und 15 Monate später wurde das zweite Mädchen geboren. Es war in dynastischer Hinsicht eine Enttäuschung, aber die beiden Infantinnen Isabel Clara Eugenia und Catalina Micaela wurden in Philipps späteren Jahren seine größte Freude im Leben. Schon Wochen vor Isabellas Geburt im Schloß von Balsain hatte er es sich zur Regel gemacht, seine Mußestunden bei der Königin zu verbringen und ihr täglich zu schreiben, wenn er in Madrid weilte, und Fourquevaulx beschrieb, wie er am Tag nach der Tauffeier auf einem roten Stuhl an ihrem Bett in einem mit rotem Samt ausgeschlagenen Raum saß. Als dann im Oktober 1567 Katharina geboren wurde, schrieb er an seinen Gesandten in Frankreich, er empfinde eine »Befriedigung«, die kaum größer sein könnte, und hinter den diplomatischen, schmeichelhaften Worten, die für die französische Großmutter des Kindes gedacht waren, lag eine tiefe Liebe, die sich später in seinen berühmten Briefen aus Portugal an die Infantinnen zeigte. Ein vorbildlicher Gatte und Familienvater.

Der Umgang mit den Mätressen, die Abwechslung in den Ehealltag des Königs brachten, wurde streng geheimgehalten; er stellte sie nicht zur Schau, wie es Isabels vernarrter Vater, Heinrich II., mit seiner Seelenfreundin Diane de Poitiers getan hatte.

Die Jahre von Philipps dritter Ehe gehörten zu den glücklichsten seines Lebens. Sie waren auch für Spanien und Europa sehr bedeutsam, denn in ihnen entwickelte sich jene königliche Bürokratie, die unter seinem großen Nachkommen Ludwig XIV. ihren Höhepunkt erreichte.

Ein großer Teil dieser Maschinerie war in Gestalt der verschiedenen Räte schon vorhanden. Neben dem Staatsrat und den Räten von Kastilien und Aragon gab es Räte für die überseeischen Besitzungen, für Italien, für Krieg, Finanzen und Inquisition. Ein Netz von Gesandten und Spionen diente dem eng verflochtenen Sekretariat um den König, und sie alle brauchten einen Herrn, der so pedantisch und genau war wie sie selbst. In Philipp fanden sie ihn; er fühlte sich im Dienst Gottes (und Spaniens) verpflichtet, die täglichen Vorgänge in einem großen Teil der Welt und bei den meisten Menschen darin zu überwachen.

Das System war eine Mischung aus Räte- und Personenregierung. Seine Verantwortung gegenüber den damaligen Ansätzen von Parlamenten war klein, wenn auch die Cortes von Aragon als ein gewisser Störfaktor auftraten und mit eifersüchtigem Beharren auf ihren Rechten verhinderten, daß die öffentliche Ordnung in jenem nordöstlichen Teil Spaniens ebenso wirkungsvoll wie im übrigen Land durchgesetzt wurde – so wimmelten die Straßen dort von Bettlern und Räubern, während man in Kastilien selbst bei Nacht in völliger Sicherheit reisen konnte.

Der König nahm normalerweise nicht an den Ratssitzungen teil, aber ihre Debatten oder Empfehlungen führten zu nichts, wenn er sie nicht persönlich billigte. Entscheidungen selbst über die banalsten Dinge mußten von ihm gegengezeichnet werden, ehe etwas unternommen werden konnte. Manche Nachteile dieses Systems wurden kaum fühlbar, denn nach dem Bericht des venezianischen Gesandten Tiepolo stimmte der König gewöhnlich mit dem Ratschlag seines Staatsrats überein und beschränkte sich auf geringfügige Änderungen und Zusätze im Text von Protokollen und Depeschen. In kirchlichen Dingen ließ er sich von seinem Beichtvater und dem Heiligen Offizium beraten, und in Angelegenheiten der Außenpolitik und des Krieges hörte er auf den Rat der zwei Granden, denen er am meisten vertraute: Es waren der Herzog von Alba und sein portugiesischer Jugendfreund Ruy Gómez de Silva, Herzog von Eboli. Nach den Worten eines anderen Venezianers waren sie »die Doppelsäulen, auf denen die Regierung der halben Welt ruhte«[33]. Alba und Eboli waren meist entgegengesetzter Ansicht; der König wahrte das Gleichgewicht zwischen ihnen. In militärischen Dingen wandte er sich an Alba, in anderem verließ er sich auf Eboli, »Roi Gómez«, wie der Volksmund ihn nannte, einen wendigen, schmeichlerischen Mann, den Philipp aus alter Freundschaft zu Reichtum gebracht und dem er sogar für eine Gattin aus dem großen Hause Mendoza gesorgt hatte.

Auch andere standen dem König nahe: Graf Feria, der mit ihm in London gewesen war; der Bischof von Cuenca; Don Diego Espinosa, Vorsitzender des Staatsrats von Kastilien und später Großinquisitor; sein Sekretär Gonzalo Pérez, den er vom Kaiser übernommen hatte. In Spanien war es wie in England das

Zeitalter der neuen Leute; unter ihnen tat sich später Pérez' natürlicher Sohn Antonio besonders hervor. Die wichtigsten Staatsämter wurden Adligen übertragen – den Medina Sidonia, den Mendoza und anderen –, doch je näher man dem inneren Kreis um den König kommt, um so niedriger von Geburt sind die Männer, die man dort antrifft. Mit Granden in der Art Albas fühlte sich Philipp immer unbehaglich; vielleicht erinnerte er sich der Gefahren, die dem Thron und der zerbrechlichen Einheit des Staates zur Zeit seiner Vorfahren aus den Rebellionen übermächtiger Untertanen erwachsen waren. Er verstand es, sie zu seinem Nutzen zu verwenden – gewöhnlich als Vizekönige weit weg von Spanien. In seiner engeren Umgebung zog er Männer vor, deren Laufbahn und Vermögen er bestimmt hatte und deren natürliche Neigung der seinen entgegenkam; es war in Wirklichkeit die eines chinesischen Mandarins.

Ein kurzer Vorgriff sei erlaubt: In den 1570er Jahren war die Form erstarrt und bestand jene ungeheuer detaillierte, schwerfällige, zentralisierte Regierung, die die spanischen Diplomaten auf der ganzen Welt zur Verzweiflung brachte. »Wenn der Tod aus Spanien käme«, bemerkte einer von ihnen, »würden wir alle sehr lange leben.« Ein anderer schrieb, nichts sei schlimmer, als mit Madrid verhandeln zu müssen. In den frühen 1560er Jahren lebte der König aber noch mit dem Volk und hatte ein Privatleben neben seiner Arbeit. Er hatte eine junge Frau, der er zu gefallen suchte. In Madrid spielte er die Rolle eines populären Herrschers im Stil seines Vaters: Er nahm Petitionen persönlich entgegen, gewährte Gesandten Audienzen, speiste in der Öffentlichkeit, fuhr in seiner Kutsche durch die Straßen, ging zur Jagd und wohnte gelegentlich auch Maskeraden und Bällen bei. Seine Reisen durch das Land lassen sich mit Elisabeths Reisen in England vergleichen; sein Sohn Don Carlos soll die folgende satirische Liste der »Großen Reise des Königs Don Philipp« aufgestellt haben: »Die Reise von Madrid zum Pardo, vom Pardo zum Escorial, vom Escorial nach Aranjuez, von Aranjuez nach Toledo, von Toledo nach Valladolid, von Valladolid nach Burgos, von Burgos nach Madrid, vom Pardo nach Aranjuez, von Aranjuez zum Escorial, vom Escorial nach Madrid usw. usw.«

Die Geschichte stammt aus französischer Quelle, von jenem

König aller Schwätzer, Brantôme, und kann wahr sein oder auch nicht. Sie zeigt aber einen Wesenszug des Königs. Valladolid, Toledo und Burgos waren Städte, weit größer als Madrid, ehe Philipp es zur Residenz erhob. Der Pardo dagegen war ein Jagdschlößchen; der Palast in Aranjuez lag am Ufer des Tajo, in seinem Park dufteten Blumen und schlugen die Nachtigallen; der Escorial, halb Kloster, halb Palast, wurde fernab jeglicher Ansiedlung zu Ehren des heiligen Laurentius erbaut, an dessen Tag die Schlacht von Saint-Quentin gewonnen worden war. Ein weiterer Lieblingsort ist in den »Großen Reisen« nicht erwähnt: das Schloß Balsain, das Philipp den »Wald von Segovia« nannte und wo seine älteste Tochter zur Welt kam. Schon damals fühlte sich der König offenbar auf dem Land am wohlsten; es war eine andere Form der »Einkehr«, zu der er und sein Vater sich bei Schicksalsschlägen zurückzogen. In Aranjuez, im Pardo mußte er keine lästigen Gesandten oder Granden empfangen; dort befanden sich nur Sekretäre, Diener, Freunde und Familienangehörige. Die Einsamkeit kam seinem Temperament entgegen, und die Landluft war gut für seine Gesundheit, wie er selbst feststellte. Fern vom Hof konnte er sich in Arbeit und Muße weitaus besser entfalten. So wurden in Balsain einige der wichtigsten Entscheidungen seiner Regierungszeit getroffen, und auf einem Hügel in der Sierra westlich von Madrid verbrachte er seine erholsamsten Stunden, wenn er zusah, wie die Mauern des Escorial in den Himmel wuchsen.

In vieler Beziehung war dieser vielschichtige Mann – »ein Prinz voller Verschlagenheit, der Vater der Verstellung«, wie ein Feind ihn beschrieb – erstaunlich offen und einfach. Der Venezianer Antonio Tiepolo mochte von ihm sagen, alles an ihm sei das Gegenteil dessen, was es zu sein scheine, doch abgesehen von diesem Wortspiel (einer Routinebemerkung eines Gesandten über den Herrscher, bei dem er akkreditiert war) stimmen seine Schilderungen von Philipps Aussehen und Charakter mit den günstigen Beurteilungen, die seine Vorgänger und Nachfolger im Verlauf von vierzig Jahren abgaben, sehr genau überein: »[Er ist] hellhäutig und blond, sehr angenehm gebaut, mit einer Lippe, die etwas herabhängt ... Er ist sehr langsam von Natur, aber sehr würdig. Er hört die Leute geduldig an ... und begleitet seine Antworten mit einem freundlichen Lächeln. Er hat ein gutes Gedächtnis und ist sehr fromm. ... Er liebt Ruhe und Einsamkeit, besonders im Sommer ... Er geht nie vertraulich mit seinen Dienern um, auch nicht mit den ältesten und engsten, sondern wahrt stets den Ernst, der seiner königlichen Würde ansteht. Er versteht es, so zu tun, als ignoriere er Beleidigungen, und wartet den richtigen Augenblick ab, um sich zu rächen ... Er ist mehr als irgend jemand sonst darauf versessen, Geld anzuhäufen – und dafür hat er zweifellos gute Gründe, denn seine Einkünfte sind auf 35 Millionen in Gold verpfändet. Er sollte deshalb von der Anklage, er sei seinen Dienern gegenüber knauserig, freigesprochen werden. Falls man ihn zum Krieg treibt, wird er einen kriegerischen Geist zeigen.«[34]

Weitere Einzelheiten stammen aus vielfältigen Quellen. Philipp war klein, aber »majestätisch«, er kleidete sich einfach und doch elegant in Schwarz. Er war ein ruhiger, urbaner Mann, der leise sprach – manchmal so leise, daß der französische Gesandte Fourquevaulx ein Wort, das bei seiner ersten Audienz gesagt wurde, nicht verstand. Der König hatte einen guten Schlaf. Er war mäßig im Essen und Trinken und beschränkte sich auf zwei Gläser Wein zu den Mahlzeiten – darin stand er in Gegensatz zu seinem Vater, der ein Bonvivant war. Eine merkwürdige Eßgewohnheit ist überliefert: Er mied Fisch und Obst und hatte eine so große Vorliebe für Fleisch, daß er einen Sonderdispens des Papstes erbat, um es auch an Fasttagen – mit Ausnahme des Karfreitags – essen zu dürfen. Er blieb gelassen an guten und bösen Tagen. An Gefühlen des Mitleids und der Zuneigung fehlte es ihm nicht; dies hatte er bei Saint-Quentin bewiesen, und er zeigte es wieder in der fürsorglichen Pflege seiner Gemahlin Isabel bei ihren Krankheiten und in der Anhänglichkeit an die zwei Töchter aus dieser Ehe, die Menschen, die ihm auf der Welt die liebsten wurden. Doch unter der Höflichkeit, dem Wohlwollen, der etwas trägen Art lag in seinem Wesen ein Zug des reinen Fanatismus. Niemand hatte ihn bis dahin erkannt, aber er war vorhanden. Er trat erstmals in Verbindung mit den Niederlanden zutage.

6. Kapitel: Aufstand in den Niederlanden

In Spanien hatte Philipp erlebt, wie die Ketzerei durch die Wachsamkeit von Kirche und Inquisition im Keim erstickt wurde. Mit diesem Beispiel vor Augen kam er zu der Auffassung, ein ähnliches Vorgehen müsse auch in den Niederlanden Erfolg haben bei einem Volk, das angeblich viel fügsamer und schüchterner war als die Spanier. Weit entfernt von Brüssel verkannte er damit eine revolutionäre Situation, denn er verließ sich (wie in englischen Dingen) zu sehr auf seine persönliche Kenntnis des Landes und auf die Berichte von Fremden über dieses Land. Über die Ursachen der Auseinandersetzung wurde schon sehr viel geschrieben. Religiöse Differenzen und die Ausbreitung des Protestantismus standen zweifellos im Zentrum der Ereignisse. Doch auch ohne Luther und Calvin lag politischer und sozialer Zündstoff in den reichen, stolzen Provinzen, die von Ausländern im Namen eines abwesenden Herrschers nur ungenügend regiert wurden.

Einige Provinzen waren arm, aber ein gutes halbes Dutzend von ihnen waren nach damaligen Maßstäben sagenhaft wohlhabend. In fast allen gab es eine lange Tradition eifersüchtig gehüteter Rechte, die von den aufeinanderfolgenden Herrschern garantiert werden mußten. Der Parochialismus von den Bauern über die Kaufleute und Handwerker in den Städten bis hin zum Adel war einer der Faktoren, die es praktisch unmöglich machten, die Niederlande als Einheit zu regieren. Auch in Spanien bestand das Parochialsystem, aber der König von Spanien war Spanier. Der wirkliche Herrscher der Niederlande war – unter nomineller Oberherrschaft der Regentin – der neuernannte Kardinal Granvelle, ein Eindringling aus der Franche Comté, dessen Anwesenheit die Adligen im Staatsrat und die Kleriker der niederländischen Kirche in die Gegnerschaft getrieben hätte, auch wenn sein Name nicht mit den verhaßten neuen Bistümern und mit der allgemeinen Befürchtung, er werde die spanische Inquisition im Land aufrichten, verbunden gewesen wäre.

In Wirklichkeit gab es, wie Philipp selbst bemerkte, seit Jahren in vielen Provinzen eine »päpstliche« Inquisition, die erbarmungsloser vorging als die *Suprema*. Die meisten ihrer Opfer waren allerdings Wiedertäufer, deren gleichmacherische Tendenzen überall abgelehnt wurden, und es war etwas ganz anderes, wenn eine solche Waffe gegen die lutherischen und calvinistischen Auserwählten angewandt wurde. Die Repression war in Kastilien gelungen, wo sie vom sozialen Klima begünstigt wurde und wo die Macht von Kirche und Staat sichtbar war; sie mußte aber Verdacht und Widerstand hervorrufen in den Provinzen, die überall von protestantischen oder tief vom Protestantismus durchdrungenen Ländern wie Frankreich umgeben waren. Ein solches Volk mußte vorsichtig behandelt werden.

Philipp kannte diese Gefahren und die Menschen, mit denen er es zu tun hatte. Deshalb setzte er seine aus den Niederlanden stammende Halbschwester, Herzogin Margarete von Parma, als Generalstatthalterin ein. Die Herzogin war eine eher männlich wirkende, herrische, aber beliebte Persönlichkeit.

Die drei Rätekammern – Staatsrat, Justizrat, Finanzrat – bestanden aus Niederländern mit einer Ausnahme: Den Vorsitz über den Staatsrat führte Granvelle. Dies wurde von den einheimischen Magnaten um so mehr mißbilligt, als Granvelles Vater einer der Minister gewesen war, denen Karl am meisten vertraut hatte. Somit mußte eine starke Loyalität zur kaiserlichen Familie vorausgesetzt werden. Dies war aber noch nicht alles. In einer geheimen Instruktion an seine Halbschwester hatte Philipp bestimmt, sie solle sich in allen wichtigen Dingen – und damit war die Religion gemeint – nicht an ihre Berater insgesamt, sondern nur an den neugeschaffenen Geheimen Kabinettsrat wenden. Dieser Kabinettsrat, die sogenannte *Consulta*, bestand aus den Vorsitzenden der drei Rätekammern. Viglius van Aytta war ein tüchtiger Jurist, aber keine politische Größe, Graf Berlaymont war ein ganz nach Spanien orientierter Opportunist; Granvelle mit seiner Energie und seinem scharfen Verstand hatte eine direkte Nachrichtenverbindung zum König und führte de facto die Regierung in den Niederlanden.

In den siebzehn Provinzen herrschte Unzufriedenheit und Abneigung gegen alles Spanische, besonders gegen die Religionsedikte, auf die der König so großen Wert legte. Das Ausmaß der religiösen Verfolgung darf jedoch nicht übertrieben werden. Das Bild einer protestantischen Nation, die sich in den Fängen religiöser Tyrannei windet, ist propagandistisch und entspricht den Tatsachen nicht. Das Land war keineswegs protestantisch. Die Massen waren in allen Provinzen katholisch und konformistisch. Die Edikte, denen die Wiedertäufer zum Opfer fielen, riefen bei ihnen nur geringen Abscheu hervor, denn sie waren wie die meisten Mehrheiten lethargisch. Ihre Sorge für die Mitmenschen war ebenso lau wie ihr Katholizismus. Die starke Strömung der Gegenreformation hatte sie noch nicht erreicht. Sie waren nicht aus dem Stoff, aus dem Revolutionäre gemacht sind. Die Gefahr drohte von den wenigen, den protestantischen Aktivisten, die das Wort Gottes wie einen Brand vor sich hertrugen.

Wenn wir das Volk mit seinen natürlichen Führern, dem niederländischen Adel, vergleichen, erblicken wir dieselbe Situation. Die meisten waren katholisch. Sie waren gegen die religiöse Verfolgung, deren Schauspiel nicht in ihre Auffassung vom leichten Leben paßte, aber sie fühlten sich nicht persönlich betroffen. Als großen Herren und fast unabhängigen Fürsten auf ihren ausgedehnten Besitzungen war ihnen eine despotische, modernistische Regierung zuwider, auch wenn sie selbst daraus noch Profit zu schlagen gedachten. Sie waren ungeheuer reich und selbstbewußt und von Natur aus jedem Wandel abgeneigt; man konnte kaum von ihnen erwarten, daß sie sich verbunden fühlten mit kleinen Leuten und deren ketzerischen Ansichten, die stark mit demokratischen Gedanken durchsetzt waren. In Krisen neigten sie zum Opportunismus. Der Wohlstand hatte sie träge gemacht – aber nicht alle. Unter ihnen fanden sich auch Protestanten, die teilweise die Wallfahrt zur Quelle des Calvinismus in Genf gemacht hatten. Sie waren von zäherer Art: Soldaten und Denker wie die beiden Marnix und Graf Louis von Nassau. Auch selbstsüchtige Abenteurer und wilde Gesellen gehörten dazu, so Brederode, der geborene Extremist auf der Suche nach einem auslösenden Element.

Zwei Männer ragten nach Charakter und Ansehen weit über die anderen heraus: Egmont und Oranien.

Graf Lamoral Egmont, Fürst von Gavre, war für das Schlachtfeld, nicht für das gefährliche Spiel der Politik geschaffen. Er stammte aus dem Hennegau und hatte große Besitzungen im Süden. Er war Statthalter von Flandern und Artois, Ritter des Goldenen Vlieses und als Sieger von Gravelingen und Saint-Quentin eine berühmte Persönlichkeit in den Provinzen, ein Held, vielleicht aber ein Theaterheld mit gewissen archaischen Zügen, ein Mensch eines weniger komplizierten Zeitalters.

Dagegen war Wilhelm von Nassau, Fürst von Oranien, ganz und gar ein Kind seiner Zeit. Der irreführende Beiname »Taciturnus« war eine falsche Übersetzung des holländischen Wortes *schluwe* – schlau oder verschlagen –, das ihm ursprünglich von seinen Feinden angehängt wurde. Wilhelm der Schweigsame war er nicht; er war vielmehr zuvorkommend und charmant, deutsch von Geburt, aber französisch erzogen. Den Titel hatte er von seinem kleinen Fürstentum Orange an der Rhône, einem Lehen des französischen Königs. Wilhelm der Schlaue ist besser; es deutet auf die ränkesüchtige, kluge, diplomatische Seite seines Wesens hin, die ihm ermöglichte, die Gedanken seiner Gegner zu lesen und seinen Weg im politischen Dschungel seiner Epoche zu finden. Verschlagenheit wurde ihm aufgezwungen; sie war der Preis für das Überleben, nicht sein wirkliches Wesen, das im Grunde einheitlich und geradlinig war. Trotzdem war er eine schillernde Persönlichkeit.

Bei kaum einem anderen hätte man so wenig vorhersehen können, daß er sich zum Anführer eines protestantischen Aufstands gegen das Haus Habsburg aufschwingen würde. Er hatte lutherische Eltern und war am Hof Karls V. katholisch erzogen worden von einem Perrenot, einem Bruder seines künftigen Gegners Granvelle. Der Kaiser faßte eine große Zuneigung zu ihm; er betraute ihn schon in jungen Jahren mit wichtigen Befehlsposten im Heer und sorgte ihm für eine reiche Frau, Anna von Buren. Auf Wilhelms Schulter stützte sich der Kaiser, als er den Saal der Abdankungsszene betrat, Wilhelm brachte Karls Bruder und Nachfolger die Kaiserkrone, er war es auch, der in Sankt Gudula in Brüssel den Tod seines Wohltäters bekanntgab. Philipp war gern bereit, sich der Dienste des wohlhabenden, begabten jungen Mannes zu versichern. Als Wilhelms erster Sohn, der Graf von Buren, geboren wurde, übernahm der König die Patenschaft und gestattete, daß sein Name dem Kind gegeben wurde; es wurde Philipp Wilhelm getauft.

Wilhelm von Oranien war sagenhaft reich. Außer seinem Fürstentum Orange besaß er ein Viertel der Provinz Brabant, Teile von Luxemburg, Flandern und der Franche Comté, Baronien in Italien und 300 kleinere Güter. Außerdem hatte er eine Menge Schulden, aber das war damals Mode. Seine Tafel war in ganz Europa berühmt. Aus seiner Familie war einmal ein Kaiser hervorgegangen; eine höhere Stellung war nicht zu erreichen. Dieser Mann sollte in einem einfachen Haus in der kleinen Stadt Delft fast mittellos sterben und nur von einem aufständischen Volk betrauert werden; mit 26 Jahren aber, als der König nach Spanien abreiste, war sein Name eher ein anderer Ausdruck für Prachtentfaltung als für die Tugenden, die im allgemeinen einen Volksführer auszeichnen. Den Protestanten war er so wenig wohlgesonnen, daß er in seinem Fürstentum Orange die Ketzerei niederschlug und dem Papst gegenüber seine orthodoxen Absichten beteuerte. In spanischen Kreisen hatte er allerdings schon Zweifel erregt. Er war ein Mann, der beobachtet werden mußte.

Schon sehr bald, im Jahr der Abreise des Königs, erbrachte er den ersten Beweis seiner Unzuverlässigkeit und auch seiner Machtstellung. Es ging um die in den Niederlanden stationierten spanischen Truppen, ein ständiges Ärgernis. Der König hatte zwar versprochen, sie abzuberufen, schien aber damit keine Eile zu haben. Nun schrieben Oranien und Egmont gemeinsam an Philipp und drohten mit ihrem Austritt aus dem Staatsrat, falls die Zusagen nicht eingehalten und die Truppen nicht abgezogen würden. Unter dem Druck der öffentlichen Meinung drängte sogar Granvelle darauf, in diesem Punkt nachzugeben, und als die Truppen schließlich im Januar 1561 von Seeland aus Segel setzten, herrschte allgemeiner Jubel.

Der Triumph war von kurzer Dauer. Die spanischen Truppen waren erst zwei Monate weg, als die genauen Pläne für die neuen Bistümer in einer päpstlichen Bulle bekanntgegeben wurden. Sofort wurde Empörung laut. Dieser Schritt beleidigte jedermann; er berührte die Interessen des Adels wie des Volks, der Laien wie der Kleriker und galt als Bruch der alten, verbrieften Rechte der Provinzen, die besonders in Brabant ausdrücklich bestimmt hatten, daß der religiöse Status quo nicht ohne Beratung mit allen Beteiligten verändert werden dürfe.

Schon deshalb wurde die Maßnahme als despotisch empfunden. Dazu kam, daß für jede neue Diözese Präbendaren, darunter zwei Inquisitoren, ernannt wurden. Weder die Regentin noch Granvelle oder der König hatte die Absicht, zu der bereits bestehenden päpstlichen Inquisition eine neue Inquisition nach spanischem Vorbild einzuführen, aber das Volk sah die Sache anders. Es erblickte in den Bischöfen, die sich großenteils durch Gelehrsamkeit und Menschlichkeit auszeichneten, blutdürstige Tyrannen und lehnte sie ab. Einige Provinzen weigerten sich rundweg, sie einzulassen. Die Stadt Antwerpen bat den König dringlichst, er möge die Ehre, die er ihr zugedacht habe, widerrufen. Sie beherbergte große Ausländerkolonien, darunter auch viele Protestanten, und brachte nicht ohne Grund vor, ein Bischof mit Inquisitionsvollmachten bedeute den Untergang ihres Handels. Erstaunlicherweise hatte dieses Argument Erfolg.

Antwerpen, die große Handelsstadt, war ein Sonderfall. Die meisten Provinzen fügten sich dem Befehl des Königs – wenn auch mit einem Widerwillen, der nichts Gutes verhieß. Granvelle, der durch Vermittlung der Regentin beim Papst zum Kardinal erhoben worden war, zog unter mürrischem Schweigen in sein Erzbistum Mecheln ein. Niemand jubelte ihm zu. Das Odium der neuen Maßnahmen war auf ihn gefallen – zu Unrecht, denn er war nicht ihr Urheber, wie der König selbst bezeugte. Doch niemand glaubte ihm, und unaufhörlich beklagte der Kardinal den unglückseligen Plan, der ihm weder Ehre noch Gewinn eingetragen habe. »Wollte Gott, daß die Sache mit diesen neuen Bistümern niemals ersonnen worden wäre! Amen! Amen!«

In einem großen Teil seiner Korrespondenz klingt dieses Selbstmitleid durch. Immer wieder berichtete er dem König von den Beleidigungen, die wegen seiner Sorge um das Wohl der Provinzen und des wahren Glaubens auf sein unschuldiges Haupt fielen. Niemals habe jemand seinen Verfolgern und Verächtern so geduldig die andere Wange dargeboten. Unterdessen richtete er sich in seinem Brüsseler Palais und seinem hübschen Landsitz vor den Toren der Stadt ein und übte seine Macht über die Regentin und die Provinzen aus mit dem Geschick und der natürlichen Freude am Regieren, die den geborenen Herrscher kennzeichnen. Über seine Schwierigkeiten war er sich völlig im klaren. Weder bei »dem bösen Tier, dem Volk«, wie er sagte, noch bei den mächtigen Adligen konnte ein Ausländer in den Niederlanden (und dazu ein Emporkömmling) populär werden. Er wußte genau, daß die Unruhe dicht unter der Oberfläche schwelte und daß bei der kleinsten Provokation der Bürgerkrieg im Land ausbrechen konnte. Trotz allem hatte er Anhänger bei den opportunistischen Herren und Adligen. Als Primas der niederländischen Kirche, als Präsident der *Consulta* und als Vertrauensmann des Königs, der nur auf ihn hörte, hielt er alle Zügel der Macht in seiner Hand. Die Regentin war gefügig. Und durch einen einzigartigen Glücksfall war der Mann, den er am meisten fürchtete und der in der Aufmerksamkeit des Königs sein Nebenbuhler hätte werden können, in jenem Sommer außer Landes und kompromittierte sich unwiderruflich durch seine Heirat mit einer deutschen Prinzessin.

Die sächsische Ehe Wilhelms von Oranien ist eines der Rätsel jener Zeit. Wilhelm war früh verwitwet und schaute sich nach einer annehmbaren, möglichst reichen Frau um. In seinen hochfliegenden Plänen dachte er sogar an die schottische Königin Mary, die ihn aber abwies, ebenso wie die Tochter der Herzogin von Lothringen – die Mutter hatte sich allerdings bedeutend bereitwilliger gezeigt. Seine endgültige Wahl fiel dann auf die lutherische Prinzessin Anna von Sachsen. Alle ihre Verwandten waren Lutheraner, und die meisten von ihnen lehnten den Bräutigam als nicht ebenbürtig und papistisch ab. Anna selbst war ein sechzehnjähriger Wildfang; sie hinkte und war leicht verkrümmt, und später zeigte sich, daß sie leichtfertig und

widerspenstig war. Das schlimmste war, daß sie die Tochter des
Kurfürsten Moritz von Sachsen war, der im Jahr 1552 Karl V.
über die Alpen gejagt und seine Hoffnungen auf eine erzwun-
gene religiöse Regelung in Deutschland zunichte gemacht hatte.
Für einen Mann, der so von Sohnesliebe geprägt war wie Philipp, war dies unverzeihlich. Pathetisch schrieb er an Granvelle:
»Ich weiß nicht, wie der Prinz daran denken konnte, die Tochter
eines Mannes zu heiraten, der Seine verstorbene Majestät so
behandelt hat wie Herzog Moritz.«[35]

Was Wilhelm mit dieser Verbindung zu gewinnen trachtete,
ist nicht unmittelbar einsichtig. Es werden kaum Annas Reize
gewesen sein, obgleich die Lockung einer sehr jungen, sehr ver-
liebten Frau nicht zu gering veranschlagt werden sollte. Irgend-
wo steckte auch der Wunsch nach Geld dahinter, denn die Prinzessin galt als eine der reichsten Erbinnen Europas. Zweifellos
war aber das Hauptziel eine diplomatische und militärische Rückversicherung für den Fall eines Bürgerkriegs in den Niederlanden durch protestantische Verbündete in Deutschland – ein sehr
typisches Manöver für einen Mann, von dem Granvelle schrieb,
er sei je nach dem augenblicklichen Nutzen katholisch, calvinistisch oder lutherisch. Ebenso typisch war die Vorsicht, die Wilhelm damit bewies, daß er Philipp versicherte, seine Gemahlin
werde »katholisch« anbeten müssen, und es sei ihr nicht gestattet, ihre Religion frei und offen auszuüben – also eine doppelte
Sicherung.

Die Hochzeit wurde mit großer Pracht in Leipzig gefeiert. Es
war der St. Bartholomäustag, an dem elf Jahre später die Glok-
ken in der ganzen katholischen Welt zu einer völlig anderen
Feier läuteten. Schon jetzt verbreitete sich das Ferment des
Kampfes, der die hugenottischen Adligen und viele andere ins
Verderben stürzte, in ganz Nordeuropa durch Bücher, durch
Wanderprediger und calvinistische Zellen, die erstaunlich rasch
zunahmen, bis sie zu Synoden und Konsistorien mit festgeleg-
ten Gottesdienstformen und wildem Proselyteneifer wurden. Im
gleichen Jahr schrieb Guy de Bray ein »Glaubensbekenntnis«
einer »reformierten« niederländischen Kirche und warf einen
offenen Brief an König Philipp über die Mauern des Schlosses
von Tournai im Wallonischen, knapp südlich der Sprachgrenze.

Der Ort ist bedeutsam. Das Pamphlet wurde ins Flämische übersetzt und rasch über die großen Flüsse hinweg nach Norden verbreitet, in das Gebiet hinein, das sich als der fruchtbarste Boden erwies. Der Ausgangspunkt war aber wallonisches Land.
Die neuen Lehren wurden hauptsächlich in französischer Sprache
bekanntgemacht, und in Frankreich forderte der Calvinismus zum ersten Mal die Autorität einer europäischen Macht heraus.

Im Frühjahr 1562, kurz nachdem Oranien mit seiner Gattin
in seine brabantischen Besitzungen zurückgekehrt war, brach in
Frankreich der Glaubenskrieg aus. Das Merkwürdigste an diesem Ereignis ist vielleicht, daß es sich so lange verzögert hatte;
denn Calvin hatte sich schon zwanzig Jahre zuvor in Genf nie-
dergelassen, und seine Lehren waren von dort aus mit großer
Durchschlagskraft in die Provence und die Gascogne eingedrungen.

Granvelle, der ein sehr scharfblickender Staatsmann war,
hatte die Gefahr der protestantischen Ansteckung von Anfang
an erkannt. Prophetisch schrieb er an Philipp: »Keine unserer
gleichgesinnten Edlen haben sich bis jetzt erklärt, aber nur Gott
vermag uns zu schützen, wenn sie es tun.«[36] Schon längst sah
er Oranien als seinen (und des Königs) gefährlichsten Feind,
dessen Wohlwollensbeteuerungen er mit äußerstem Mißtrauen
aufnahm.

Der Ausbruch des Religionskrieges in Frankreich, dem Land
des »allerchristlichsten« Königs unter der Regentschaft einer
Königinmutter, die die Nichte eines Papstes war, verursachte
großen Schrecken in Europa. Die Engländer wurden aktiv und
griffen auf französischem Boden militärisch ein, vielleicht in der
Hoffnung, Calais wiederzugewinnen. Der König von Spanien
wollte die niederländische Grenzschutztruppe zur Rettung des
Katholizismus nach Frankreich schicken, obwohl er wissen mußte, daß ihr Einsatz außerhalb des Landes auf Widerstand stoßen
würde. Die Regentin Margarete verstand als Niederländerin die
Stimmung im Land und suchte verzweifelt nach einem mittleren
Weg zwischen den unmöglichen Forderungen des Königs und
der zunehmenden Verstörung des Volks und der Adligen, die
eine Einberufung der Generalstände verlangten, während sie

von Philipp angewiesen war, dies unter allen Umständen zu vermeiden.

Auf Oraniens Rat hin berief sie ein Kapitel des Ordens vom Goldenen Vlies ein, das dann im Mai 1562 in Brüssel zusammentrat. Da irgendein Ventil für die allgemeine Unzufriedenheit notwendig geworden war, konnte die Herzogin keine klügere Maßnahme treffen, und der aristokratische Orden fand auch tatsächlich bald einen das Gesicht wahrenden Ausweg aus der Sache mit der Grenzschutzreiterei: Als Gegenleistung für ihre Dienste wurde eine Zahlung verlangt, die Philipp widerstrebend leistete. Den größten Nutzen aus der Versammlung der Ritter vom Goldenen Vlies zog allerdings Oranien, der bei einer Reihe privater Treffen in Abwesenheit der Regentin und Granvelles den anderen Rittern dringlich vor Augen hielt, daß der verhaßte Minister abgesetzt und die Religionspolitik des Königs völlig verändert werden müsse, da sie zur Massenflucht führe und das wirtschaftliche Leben der Provinzen bedrohe. Bei einer zweiten offiziellen Sitzung wurde mit der Regentin vereinbart, daß ein Beauftragter nach Spanien entsandt werden solle, um dem König die Tatsachen der Situation vorzutragen. Graf Montigny, ein katholischer Gemäßigter, der wohl kaum Philipps Abneigung hervorrufen würde, wurde trotz seiner Einwände für diese Aufgabe ausersehen.

Die Fronten waren nun klar: Auf der einen Seite standen die adligen Dissidenten unter Führung Wilhelms von Oranien, auf der anderen Seite stand Granvelle, unterstützt von der Regentin. Es war keineswegs eine einseitige Kräfteverteilung. Der Kardinal war ein sehr fähiger, mutiger Mann, ein würdiger Gegner für Oranien, mit dem ihn einst große Vertrautheit, wenn nicht echte Zuneigung verbunden hatte. »Obwohl Oranien freundschaftliche Gefühle vortäuscht«, schrieb er an Philipp, »zeigt er sich voller Abneigung, wenn er nicht in meiner Nähe ist.« Der Kardinal war jedoch ein zu schlauer Diplomat, um den König mit direkten Angriffen auf seinen Feind zu überhäufen; er zog verborgenere Methoden vor – eine Anspielung hier, eine Halbwahrheit dort, und viele Beteuerungen, wie heiligmäßig er selbst Beleidigungen und Schmähungen hinnehme. »Gott wird diejenigen belohnen, die um des Glaubens und der Gerechtigkeit willen leiden«, schrieb er[37]. Er sorgte sich wegen des damals umlaufenden Gerüchts, er habe veranlaßt, daß einige adlige Verräter geköpft wurden, und gemeinsam mit der Regentin ersuchte er den König, er möge diese Verleumdung unverzüglich widerlegen. Der König entsprach seiner Bitte: »Es ist nicht wahr, daß Granvelle mich jemals drängte, ein halbes Dutzend Köpfe abzuschneiden. Vielleicht wäre es aber ein ganz guter Gedanke.«[38]

Wenn dieser halb scherzhafte Satz vielleicht schon die Herrschaft des Herzogs von Alba ankündigte, so war Philipps Politik doch immer noch vorsichtig und friedlich. Aus Granvelles genauen Informationen erkannte er, daß seine königliche Autorität von den führenden Adligen offen in Frage gestellt wurde, aber er hoffte, die gefährlicheren von ihnen mit guten Worten und einigen kleinen Konzessionen zu neutralisieren und die schwächeren Brüder durch gewisse Belohnungen aus dem Staatsschatz, die keine eigentlichen Bestechungen waren, auf seine Seite zu ziehen. Egmont, der bei der Regentin und bei Granvelle als der zugänglichste Adlige galt, erhielt den Löwenanteil dieser Zuwendungen (mercedes), während der Herzog von Aerschot mit seinem krankhaften Geltungsbedürfnis statt des Fürsten von Oranien ausersehen wurde, die Provinzen beim Frankfurter Reichstag zu vertreten, bei dem Philipps Vetter, Erzherzog Maximilian, zum König der Römer gewählt wurde. Wie die meisten halbherzigen Maßnahmen hatten auch diese nur begrenzten Erfolg, und als Montigny im Dezember mit wenig mehr als der Zusicherung des Königs, daß die Inquisition in ihrer spanischen Form nicht in den Niederlanden eingeführt werde, aus Spanien zurückkehrte, entlud sich die Volkswut erneut in Unruhen und wilden Schmähungen des Kardinals, der jetzt überall als Quelle allen Übels galt.

Obwohl er verhaßt, verspottet, verachtet und gefährdet war, vergab Granvelle weiterhin seinen Feinden mit wahrhaft christlicher, aufreizender Demut. Philipp gegenüber äußerte er, er werde ihnen dienen, ob sie es wollten oder nicht, und er fürchte sie nicht. »Wenn sie mich töten«, soll er gesagt haben, »in Gottes Namen! Dann bin ich das Leben los und sie einen sehr guten Freund, den sie eines Tages betrauern werden.«[39] Ein solcher Mann konnte nicht leicht aus seiner Stellung gedrängt werden.

Als er bis zum Frühjahr 1563, drei Monate nach Montignys Rückkehr aus Spanien, noch nicht gewichen war, unterschrieben Oranien, Egmont und Graf Hoorne namens des Hochadels einen Protestbrief an den König, verbunden mit dem Gesuch um Erlaubnis, aus dem Staatsrat auszutreten.

Wiederum verstrichen drei Monate – eine normale Spanne für jegliches Unterhandeln mit dem unglaublich langsamen spanischen Hof –, bis die Antwort des Königs die Grandseigneurs erreichte. Sie ging nicht auf ihre Beschwerden ein – ganz im Stil des Kardinals, der tatsächlich Wind von der Sache bekommen und das Schreiben im voraus mehr oder weniger diktiert hatte. Vielleicht unterschätzte er die Entschlossenheit und Beharrlichkeit seiner Feinde, die mit detaillierten Anklagen gegen ihn und mit unverblümten Worten reagierten. »Es geht nicht mehr darum«, schrieben die Grandseigneurs, »den besagten Kardinal zu rügen, sondern ihn aus einem Amt zu entlassen, für das er nicht nur schlecht geeignet ist, sondern das er nicht länger innehaben kann, ohne daß die Gefahr schwerer Verwirrung und Auseinandersetzung entsteht.«[40]

Dieser zweite Brief vom 29. Juli 1563, wie der erste von Oranien, Egmont und Hoorne unterzeichnet, war Granvelles selbst würdig. Die Schreibenden erklärten ihre Aufrichtigkeit und ihre Vorliebe für Taten, nicht Worte. Und das von Oranien, dem gerissensten Diplomaten seiner Zeit! Der Sinn des Schreibens war unmißverständlich: Als Sprecher des weithin übereinstimmenden Adels gaben sie bekannt, daß der Kardinal gehen müsse und daß sie nicht mehr für die öffentliche Ordnung bürgen könnten, falls er bliebe. Um ihren Worten Nachdruck zu verleihen, verfaßten sie eine »Remonstranz« für die Regentin und zogen sich vom Staatsrat zurück, in dem sie, wie sie sagten, zu »bloßen Schatten« geworden waren.

Margarete von Parma war mit der Herrschaft des Kardinals einverstanden gewesen und hatte sie sogar gefördert. Sie war jedoch keine Ziffer, sondern eine Frau, deren Gefügigkeit Granvelle in seinem Privatdialog mit dem König als zu selbstverständlich vorausgesetzt hatte. Als sie nun mit dem Kardinal und seinen Marionetten in der *Consulta* allein dastand und sich nicht mehr auf die Adligen und das Volk, die traditionellen

Stützen der Regentschaft, verlassen konnte, wurde sie von Zweifeln befallen und entwickelte einen geheimen Widerstand gegen die herrische Hand. Im August war sie schon kühner geworden und sandte ihren Sekretär Armenteros nach Spanien mit einem persönlichen Brief an den König; darin sprach sie in diplomatischen Wendungen sowohl von den glänzenden Eigenschaften des Kardinals als auch von dem Ergebnis, zu dem seine Politik zu führen schien: »große Unruhen und sogar ein Volksaufstand im Land«. Der Wortlaut mag teilweise von Armenteros stammen – »Argenteros«, wie dieser geldgierige, verschlagene und skrupellose Mann, der Granvelle haßte, genannt wurde –, aber die aus dem Schreiben sprechenden Gefühle waren achtenswert und äußerten eine grundlegende Wahrheit, die der König zu seinem Schaden mißachtete.

In Spanien löste Armenteros mit dem Brief und seinen Kommentaren dazu Entrüstung und Empörung aus, doch selbst der Herzog von Alba, der aufrichtig und uneingeschränkt an den Nutzen der Hinrichtung von Ketzern glaubte, riet in diesem Fall zu zeitgewinnenden Maßnahmen, zu einer Politik des divide et impera, zur Unterstützung Egmonts und der Gemäßigten gegen die Anhänger Oraniens, bis die ganze Opposition auf den Block gebracht werden könnte. Diese Stimmung, die den Kompromiß auf Kosten des Kardinals begünstigte, wurde zweifellos in den Niederlanden erraten, denn Granvelle, der die Billigung der Regentin verloren hatte, mußte bald feststellen, daß ihn seine opportunistischen Freunde verließen und daß nur noch ein kleiner Rest von Getreuen zu ihm hielt.

In dieser Krise, in der sein Haar so weiß geworden war, daß man ihn kaum wiedererkannte, wie er dem königlichen Sekretär Pérez mitteilte, bewies Granvelle eine Würde und einen Mut, die Respekt verdienen. Auf allen Seiten von Gefahr umgeben wollte er leben, solange es Gott gefiele, und hoffte, daß seine Mörder keinen Nutzen aus ihrer Tat zögen. Inzwischen versäumte er nicht, den König mit Tatsachen und Gerüchten über seine Feinde zu versorgen, besonders über den Fürsten von Oranien, den er in lebhaften Farben als gefährlichen Menschen schilderte, »verschlagen, raffiniert, mit tiefgründigen Ansichten, sehr schwierig zu behandeln und unbeirrbar in seinen Meinungen«[41].

Damit hatte Granvelle recht. Seine Politik lautete: Der König mußte persönlich in die Niederlande kommen. Wochen und Monate verstrichen ohne Antwort. Der Kardinal beschwerte sich, wenn er im Neuen Indien lebte, könnte er über die Absichten des Königs nicht schlechter unterrichtet sein. Und die ganze Zeit über mußte er die zunehmende Frechheit seiner Feinde erdulden: Flugschriften, Karikaturen, Schmähungen, schließlich ein Spottkostüm aus grobem, grauem Tuch mit aufgestickten Narrenkappen und Narrenglöckchen – ausgerechnet der angeblich loyale Egmont sollte es ersonnen haben! –, das so beliebt wurde, daß jeder Edelmann in Brüssel seinen Stolz darein setzte, sich und seine Gefolgsleute in diese Parodie auf den aufwendigen Lebensstil des Kardinals zu kleiden.

Der Kardinal hätte zweifellos den Schimpf ertragen, solange der König fest hinter ihm stand. Der König war jedoch in Kompromißlaune, und deshalb war Granvelle entbehrlich. Die Regentin hatte es mit vielen Worten gesagt, und der Kardinal selbst hatte den Wunsch geäußert, zu gehen, wenn damit dem Allgemeinwohl und dem Willen seines Herrn gedient sei. Im Januar 1564, nach viermonatigem Zögern, kam der König zu einem Entschluß und sandte Armenteros mit Geheiminstruktionen für Granvelle nach Brüssel zurück.

»Ich habe viel über all das nachgedacht, was Ihr mir während der jüngstvergangenen Monate hinsichtlich der Böswilligkeit, die Euch von gewissen Personen entgegengebracht wird, geschrieben habt. Ich nehme auch Euren Verdacht zur Kenntnis, daß, wenn ein Aufstand ausbricht, sie bei Eurer Person beginnen werden und so Gelegenheit nehmen, von diesem Punkt aus zur Verwirklichung ihrer weiteren Absichten fortzuschreiten ... Das alles verursacht mir große Sorge, ebenso wegen meines Wunsches nach Bewahrung Eures Lebens, das mir sehr am Herzen liegt, wie auch wegen der möglichen Folgen, falls Euch etwas zustoßen sollte, was Gott verhüten möge. Ich habe deshalb gedacht, daß es gut wäre, um dem Haß und Grimm, den jene Personen gegen Euch hegen, Zeit zum Abflauen zu geben und um zu sehen, welchen Kurs sie zur Vorbereitung der notwendigen Maßnahmen für die Provinzen einschlagen werden, wenn Ihr das Land einige Tage verließet, um Eure Mutter zu besuchen, und dies mit Wissen meiner Schwester, der Herzogin, und mit ihrer Erlaubnis, die Ihr einholen möget und die sie Euch erteilen muß, wie ich ihr geschrieben habe, ohne den Anschein zu erwecken, daß Ihr diesbezügliche Weisungen von mir empfangen habt. Ihr mögt sie auch bitten, mir zu schreiben und mich um meine Zustimmung zu dem, was sie tut, zu ersuchen. Bei diesem Vorgehen erleidet weder meine Autorität noch die Eure Schaden, und je nach dem Verlauf der Dinge können Schritte zu Eurer Rückkehr unternommen werden, sobald es günstig ist, und Maßnahmen getroffen werden für alles sonstige, das der Regelung bedürfen mag.«[42]

Wenn dies die Entlassung bedeutete, war sie sehr kunstvoll in der Weitschweifigkeit der königlichen Prosa versteckt. Der Kardinal sollte den plötzlichen Wunsch äußern, seine alte Mutter nach einer Trennung von vierzehn Jahren wiederzusehen, und man sollte dafür sorgen, der Öffentlichkeit gegenüber auszuweisen, daß der Kardinal und die Regentin den König um etwas baten, was er doch schon befohlen hatte. In einem Brief an Oranien, Hoorne und Egmont, der zur gleichen Zeit aufgesetzt, aber absichtlich zurückgehalten und erst ausgehändigt wurde, nachdem Granvelle sein Schreiben erhalten hatte, tadelte der König die Adligen, befahl ihnen, auf ihre Sitze im Staatsrat zurückzukehren und gab vor, bezüglich des Kardinals sei es noch zu keiner Entscheidung gekommen. Er schrieb, er werde weiterhin überlegen, was am besten zu tun sei.

Ein so kompliziertes Vorgehen, um die Welt zu täuschen, läßt zweifellos darauf schließen, daß der König einen Nebelvorhang zuzog, hinter dem er in jeder Richtung manövrieren konnte, und daß er vielleicht beabsichtigte, Granvelle zurückzurufen, sobald die ganze Aufregung sich gelegt hätte. Denkbar ist aber ebenso, daß er Granvelle täuschte und daß die Entfernung des unbeliebten Ministers von Anfang an so endgültig sein sollte, wie sie es dann tatsächlich war. Bei Philipp kann man nie sicher sein. Er war Meister in der Kunst des Ausweichens, und sein Sekretär Antonio Pérez, der die Briefe vielleicht aufgesetzt hat, übertraf ihn darin, wie er später zu seinem Schaden feststellen mußte.

Für Granvelle war der Pfad der Pflicht klar, was er auch darüber dachte – und er kannte die königlichen Methoden genau. Nach kurzem Abwarten, in welche Richtung die Kugel rollen würde, machte er sich im März auf den Weg, begleitet von einer stolzen Reiterschar. Das Maultiergespann für seine Kutsche hatte die Regentin gestellt, die über seinen Aufbruch hoch erfreut war. Aus Besançon in der heimischen Franche Comté unterrichtete er pflichtgemäß den König von seinem Sohneswunsch, seine Mutter nach so langer Abwesenheit zu besuchen, und bat demütig um die Genehmigung des Königs. Philipps Instruktionen wurden buchstabengetreu ausgeführt. Auch die Regentin spielte ihre kleine Rolle in der Komödie und bat den König für den Kardinal um Urlaub, den zu gestatten sie sich die Freiheit genommen habe. Der König antwortete feierlich, er habe gegen ein so frommes, würdiges Vorhaben nichts einzuwenden.

Das alles war für die Akten bestimmt. Die Niederländer blickten hinter die Dinge. Bald klebte an der Tür des Kardinalspalastes in Brüssel ein Schild:»Sofort zu verkaufen.«

Wilder Jubel brach aus. Zwei der unzufriedenen Adligen, die Grafen Brederode und Hochstraate, hatten den Kardinal kaum durch das Brüsseler Stadttor fahren sehen, als sie – wie bei einem Zirkusakt – zu zweit auf einem Pferd davongaloppierten, um sich auf der Straße nach Namur und der Franche Comté höhnisch von ihm zu verabschieden. Brederode und Hochstraate waren die anerkannten Narren der Zeit. Aber selbst Oranien sprach Philipp trotz seiner Zweifel hinsichtlich der königlichen Absichten seinen Dank aus und kehrte mit Egmont und Hoorne in den Staatsrat zurück, wo sie herzlich begrüßt wurden von der Regentin, die jetzt ebenso eine überzeugte Kardinalsgegnerin war. Die Aussöhnung lag in der Luft, und auf Oraniens Beteuerung der höchsten, dankbaren Ergebenheit gegenüber seinem Souverän ging aus Madrid ein Schreiben ein, in dem die Dienste seines Oberkochs angefordert wurden. Noch Monate später feierten die schlichteren Gemüter unter den Adligen den Sturz Granvelles mit Possenspielen, bei denen ein Reiter im Kardinalskostüm von einem Teufel verfolgt und mit einer Peitsche aus Fuchsschwänzen gezüchtigt wurde.

Dieser Hohn war ebenso fehl am Platz wie die allgemeine Freude. Der Kardinal war gegangen – die Politik blieb. Vier Monate vor seinem Scheiden hatte das Konzil in Trient das Siegel unter die katholische Reaktion auf den Protestantismus gesetzt, die wir heute Gegenreformation nennen. Fünf Monate nach der Entlassung des Kardinals, der immer noch in Besançon weilte und auf seine Rückberufung an die Macht hoffte, sandte der König Instruktionen an die Regentin, um die Trienter Beschlüsse in allen Provinzen durchzusetzen, und in darauffolgenden Briefen bestand er darauf, daß keine Änderung an der Form, in der sie in Spanien verbreitet worden waren, vorgenommen werden dürfe.

Die Beschlüsse des Konzils von Trient stärkten dem Katholizismus das Rückgrat und verliehen ihm eine feste doktrinäre Grundlage zum Gegenangriff auf die Ketzerei. Viele Bestimmungen zur Verbesserung der Zucht und Frömmigkeit der Priester waren in jeder Beziehung begrüßenswert und erfüllten Luthers Forderungen, wenn auch vierzig Jahre zu spät. Insgesamt waren die Beschlüsse aber gegen die protestantischen Sekten gerichtet, die in Acht und Bann getan wurden, und in den Händen der Inquisitoren kam dies dem Bemühen gleich, die Ketzerei mit Feuer und Schwert auszurotten.

Eine solche Politik unter den damaligen Umständen in den Niederlanden durchzusetzen, erscheint heute als Wahnsinnstat, besonders wenn man bedenkt, daß der Staatsmann, der dazu fähig gewesen wäre oder im Falle eines Fehlschlags als Sündenbock hätte dienen können, in Besançon seinen Garten bepflanzte. Die Regentin war nicht fanatisch; sie hätte gern Zeit gewonnen und wäre am liebsten dem Beispiel Frankreichs gefolgt, wo die Trienter Beschlüsse unterdrückt worden waren. Aus Spanien kam aber der unbedingte Befehl, sie zu veröffentlichen. In der katholischen Stadt Brügge wurde Empörung laut wegen der Aktivitäten des Inquisitors Peter Titelman, vor dem sogar die Regentin zitterte. Die Stände der Provinz Flandern reichten eine Beschwerde gegen Titelman beim König ein und beschworen ihn, die Schandtaten, die von dessen Untergebenen begangen wurden, zu verhindern. Um ein Beispiel anzuführen: Ein gewisser Le Blas, der auf eine geweihte Hostie getreten war, wurde damit bestraft, daß ihm die rechte Hand und der rechte Fuß mit glühenden Zangen abgeschnitten und die Zunge herausgerissen wurde; danach mußte er in Ketten über der Glut baumeln, bis er tot war.

Die Zeit war zwar an Greuel gewohnt, aber schon in Granvelles Tagen hatte das Volk bei solchen Vorkommnissen Abscheu bezeigt. So waren einmal zwei Ketzer in Valenciennes mit Gewalt vom Scheiterhaufen gerissen worden, ohne daß die Behörden eingegriffen hätten. Dieser Tag stand noch lange in Erinnerung als der der »Mals Brûlés«, der »Unverbrannten«. Die Katholiken, die immer noch in allen Provinzen die überwiegende Mehrheit ausmachten, empfanden bei den Hinrichtungen, deren Zeugen sie sein mußten, immer größeren Widerwillen. Nicht anders erging es den Richtern und Stadträten, die allesamt Katholiken waren. Als im Oktober 1564 in Antwerpen dem Christopher de Smet (dessen latinisierter Name Fabrizius besser bekannt ist), einem einstigen Karmelitermönch, der Ketzer und Prediger geworden war, der Prozeß gemacht wurde, wies der Stadtrichter eindringlich darauf hin, daß nicht der Gerichtshof, sondern der Erlaß des Königs für den Tod des Opfers verantwortlich sei. »Dann wollen wir hoffen«, entgegnete Fabrizius, »daß dieser Erlaß Euch am großen Tag des Jüngsten Gerichts freisprechen und schützen möge!« Er wurde verurteilt, aber die Augenzeugen bemerkten die bleichen Gesichter seiner Richter, und als man ihn auf dem Marktplatz an den Holzstoß band und das Feuer entzündete, brach sich die gefürchtete Leidenschaft des Volkes Bahn; die Menge stürzte nach vorn und vertrieb die Beamten und Wachen um den Scheiterhaufen. Der Henker erdolchte das unglückliche Opfer, die Leiche ging in Flammen auf, und die Asche wurde später in die Schelde geworfen. Der Tod des Fabrizius war aber wie sein Leben ein Zeichen der Zeit. Überall wurden die Brände für eine größere Feuersbrunst angezündet.

Im Staatsrat waren sich die Regentin und die Adligen der täglich steigenden Gefahr völlig bewußt. Keine dieser gutsituierten Persönlichkeiten wollte einen Aufstand – zu jener Zeit nicht einmal Oranien. Sie waren zu wohlhabend und wußten, welch überwältigende Macht der König gegen sie aufführen konnte. Aber sie mußten auch mit einem Volk leben, das durch die Verfolgung aufgebracht war und zudem wegen der Abwanderung von Handelsleuten und Kapital ins Ausland wirtschaftliche Nachteile erlitt. Irgendeine Lösung mußte gefunden werden, und typischerweise bestand sie darin, daß man wiederum einen Abgesandten nach Spanien schickte, dieses Mal den grundkatholischen Grafen Egmont. Er sollte nicht nur gegen die Trienter Beschlüsse protestieren, sondern den König auch dazu veranlassen, daß er den aristokratischen Staatsrat auf Kosten des Finanz- und Justizrats erweiterte.

Egmont wurde bei Hofe mit allen Ehren empfangen; der König, der sich sehr bemüht hatte, den Besuch zu verhindern, soll seinen Gast sogar umarmt haben, wie ihn Alba später bei einem anderen denkwürdigen Anlaß umarmte. Der Held von Gravelingen und Saint-Quentin wurde gefeiert und umschmeichelt; man fragte ihn um Rat und fuhr ihn in der Königskutsche in die Sierra hinter Madrid, damit er die Fortschritte im Bau des Escorial bewundern konnte. Die zahlreichen Geldverlegenheiten des Grafen wurden zu seinem Vorteil geregelt, und zu dem Thema der Ehemänner und Mitgiften für die Töchter des Grafen, die dem heiratsfähigen Alter näherrückten, äußerte sich der König in vielversprechenden Worten. Auch im Hauptanliegen des Besuches zeigte sich der König zugänglich und verständnisvoll, so daß der leicht zu beeindruckende Egmont äußerst zufrieden die Rückreise antrat.

Ende April 1565 war er wieder in Brüssel und pries die königliche Milde. Eine Woche später wurde es auch für ihn offenkundig, daß seine Mission so erfolglos verlaufen war wie Montignys Reise zweieinhalb Jahre zuvor. In Depeschen, die nur drei Tage nach der Abreise des Grafen vom spanischen Hof geschrieben wurden, tat der König seinen Willen kund, die Ketzerei um jeden Preis zu unterdrücken. Er wolle lieber tausendmal sterben, als eine einzige Veränderung in Glaubensdingen zuzulassen. Den Staatsrat werde er nicht vergrößern, nur um den Grandseigneurs gefällig zu sein. Als einzige Konzession ließ er einen Rat von Bischöfen und Rechtsgelehrten einberufen, der darüber befinden sollte, ob es ratsam sei, die Trienter Beschlüsse zu veröffentlichen und neue Hinrichtungsmethoden für Ketzer einzuführen, denn es sei vielleicht klüger, sie insgeheim zu ertränken, als sie öffentlich zu verbrennen.

Da von vornherein fast sicher war, daß sich das Gremium der Bischöfe und Rechtsgelehrten zugunsten der Veröffentlichung der Trienter Beschlüsse aussprechen würde, erscheint die Politik des Königs – besonders im Rückblick – so unwandelbar wie die Gesetze der Meder und Perser. Seinen Räten und Untergebenen stellte sie sich jedoch damals nicht in diesem Lichte dar. Seine schmeichelhafte Aufmerksamkeit gegenüber Egmont und danach seine Depeschen, die den Grafen in Zorn versetzen mußten, seine hinhaltenden Vorschläge, die ungeheuren Verzögerungen und Lücken in seiner Korrespondenz – das alles schuf den Eindruck der Wankelmütigkeit. Jedermann war verzweifelt wegen seiner Unentschlossenheit, nicht zuletzt die Regentin, wartete sie doch ständig auf Instruktionen, die niemals einzutreffen schienen. Granvelles Bruder, der Diplomat Chantonney, schrieb einmal: »Alles geht von morgen auf morgen weiter, und der Hauptentschluß in diesen Dingen ist es, stets unentschlossen zu bleiben.« Nach Ansicht solcher Männer sollte sich Philipp persönlich in die Niederlande begeben, aber sie zweifelten zu Recht an seinen diesbezüglichen Absichten. »Dem König würde es schwerfallen, wie ein Mann zu handeln«, schrieb Chantonney[43] wahrscheinlich im Gedanken an Kaiser Karl, den Freund und Herrn seines Vaters, der kaum so weit vom Brandherd entfernt geblieben wäre.

Die Zeiten hatten sich jedoch geändert. Die Methoden des Königs – Verzögerungstaktik und eine Betrachtung der Dinge aus göttergleicher Höhe – waren nicht unbedingt falsch. Wenn er entschlossen war, eine unpopuläre Politik durchzusetzen, war es klug, schrittweise vorzugehen, besonders bei den Niederländern mit ihren aufbrausenden Leidenschaften. Es war eine Sache der richtigen Zeitplanung, und im Herbst 1565 stieg der König aus den Wolken herunter und zerschlug mit seinem berühmten Schreiben »aus dem Wald von Segovia« jegliche Hoffnung auf einen religiösen Kompromiß. Die Ketzerei solle ausgemerzt werden, notfalls auf dem Scheiterhaufen, und die Inquisition werde weiterhin von den nach göttlichem und menschlichem Gesetz berufenen Inquisitoren ausgeübt.

Diese Politik hatte sich schon lange zuvor angekündigt; sie war fünfzehn Jahre früher durch die kaiserlichen Edikte festgelegt worden. Es zeugt von der unbegrenzten Fähigkeit der Niederländer zur Selbsttäuschung, daß die Verordnung jetzt von der Regentin und den Staatsräten fast mit Verblüffung aufgenommen wurde. »Das ist der Beginn einer schönen Tragödie!« soll der Fürst von Oranien bei der Verlesung des königlichen Briefes ausgerufen haben.

Als die Einzelheiten im Dezember 1565 bekannt wurden, riefen sie in den Provinzen Bestürzung hervor. Viele Menschen flohen; Flugblätter wurden in den Städten verteilt; Gefangene der Inquisition wurden mit Gewalt befreit; in Petitionen, die der Regentin überbracht und an die Türen der Paläste von Egmont und Oranien genagelt wurden, stand der Appell, sich für die nationale Sache einzusetzen; man hörte sogar Gerüchte, der König komme mit einem Heer in die Niederlande und bei dem Treffen in Bayonne zwischen der französischen Königinmutter und ihrer Tochter, der Königin von Spanien, sei auf Anregung des Herzogs von Alba der Plan gefaßt worden, die Protestanten in Frankreich und den siebzehn Provinzen auszurotten.

Von diesem Ausbruch der Volkshysterie ließen sich im Staatsrat nur die Angehörigen des Hochadels nicht erfassen. Sie konnten es sich leisten. Vielleicht errieten sie richtig, daß bei der Konferenz in Bayonne nichts beschlossen worden war und daß der König – mit oder ohne Heer – kaum nach Brüssel kommen würde; jedenfalls weigerten sie sich, die Führung zu ergreifen, die ihnen aufgedrängt wurde. Egmont war wie üblich unentschlossen und schwankte zwischen seiner Treue zum König und seinem Ansehen als Verteidiger der Freiheiten seines Landes. Selbst Wilhelm von Oranien schien sich aus der Sache heraushalten zu wollen. Er hatte im Sommer jenes Jahres wichtige wirtschaftliche Fragen in seinen Statthalterschaften Holland und Seeland zu klären, und zweifellos war für einen Staatsmann von seiner skeptischen Einstellung der Eifer der protestantischen Extremisten, die sich bei seiner Rückkehr nach Brüssel um ihn scharten und in seine nächste Umgebung drängten, ebenso abstoßend wie der fanatische Katholizismus des Königs. Was er empfand, geht wohl am besten aus einem Brief vom Frühjahr

1566 an die Regentin hervor, in dem er gegen die Mißstände einer seiner eigenen Toleranz so fremden Politik protestiert, aber in gedämpften, fast resignierenden Worten, deren Ton vielleicht auf seine unglückliche Ehe zurückgeht: »Wenn Seine Majestät nicht zu einer anderen Entscheidung kommt, sondern auf dieser Inquisition und dieser Politik beharrt, wäre es mir lieber, ein anderer würde meinen Platz einnehmen, der die Stimmung im Volk besser versteht und fähiger ist als ich, Frieden und Ordnung zu wahren...«[44]

Die Natur läßt kein Vakuum zu. Da der Hochadel die Führung nicht ergriff, sprangen entschlossenere Männer, die mehr zu gewinnen und weniger zu verlieren hatten, in die Bresche, Angehörige des niederen Adels, meist Calvinisten, dabei aber auch einige Katholiken und Spaniengegner: Graf Brederode, Graf Louis von Nassau (Oraniens jüngerer Bruder, ein geselliger, umgänglicher Mann), die beiden Marnix (Jean von Tholouse und Philips von St. Aldegonde), Graf Culemburg, Nicolas de Hames (Wappenherold des Goldenen Vlieses) und Graf Karl Mansfeld, der Sohn von Graf Peter Ernst Mansfeld, einem der zuverlässigsten katholischen Ratgeber der Regentin. Der niedere Adel traf sich im Herbst 1565 im Hause Culemburg in Brüssel zur Hochzeitsfeier des Sohnes der Regentin, Alexander Farnese (später Herzog von Parma). Nachdem der Versuch, den Hochadel zu gewinnen, gescheitert war, schlossen sich die Verschwörer zum sogenannten »Compromis des Nobles« zusammen. Ihre Aufforderungen zum Beitritt stießen in den Provinzen auf lebhaften Widerhall.

Oranien hatte dieses Vorgehen nicht gebilligt, denn es erschien ihm übereilt und innerhalb wie außerhalb des Landes zu wenig gesichert. Trotzdem galt er als Anstifter der Verschwörung. Angesichts der drohenden Gefahren bemühte er sich zuerst, Egmont mit der Sache in Verbindung zu bringen, und als dieser Versuch mißlang, tat er sein Bestes, den Eifer der Verschwörer zu dämpfen. Damit hatte er jedoch keinen Erfolg. Die Woge des Aufstands schwoll zu rasch an, als daß man sie hätte eindämmen können.

Bald hörte die Regentin von den Geschehnissen und von dem noch erschreckenderen Plan der Verschwörer – in großer Zahl nach Brüssel zu ziehen und ihre Beschwerden persönlich zu über-bringen. In ihrer Verzweiflung wandte sie sich an Wilhelm von Oranien, obwohl sie ihn erst kurz zuvor gedemütigt hatte, als sie im komplizierten Spiel der höfischen Etikette die Gräfin Egmont gegenüber Prinzessin Anna bevorzugte. Oranien trug es ihr nicht nach. Bei einem Kapitel des Ordens vom Goldenen Vlies, das die Regentin im März 1566 einberief, und später im Staatsrat gehörte er zu den wenigen, die ihr Zuversicht zuspra-chen, obgleich sein Rat klar und deutlich war: Die Erlasse des Königs mußten modifiziert werden, und eine Abordnung der Verbündeten mußte so empfangen werden, wie es loyalen Un-tertanen zustand.

Am 3. April 1566 ritten etwa zweihundert Vertreter des nie-deren Adels unter großem Gepränge in Brüssel ein. Ihre An-führer, Brederode und Graf Louis, stiegen zur großen Verlegen-heit des Fürsten in seinem Stadthaus, dem Palais Nassau, ab. Am nächsten Tag trafen sich die Abgeordneten im Hause Cu-lemburg, um einen feierlichen Schwur auf ihr Bündnis zu leisten und ihr Programm in diplomatische Worte zu kleiden, die viel-leicht von Oranien selbst stammten. Am 5. April zogen sie zu Fuß ins Schloß, und in demselben Saal, in dem neun Jahre zuvor die Abdankung Kaiser Karls V. Tränen und Klagen hervorgeru-fen hatte, trugen sie jetzt ihre Beschwerden gegen den Nach-folger vor.

Die Regentin, eine Frau mit starken Gemütsbewegungen, konnte kaum an sich halten, als diese schrecklichen Wahrheiten über ihre Regierung in Anwesenheit zahlloser Landsleute von Brederode laut vorgelesen wurden. Aus der Form der Erklärung konnte man noch auf Loyalität gegenüber dem König schließen, aber sie wußte es besser. Es war ein Programm für die Rebellion. Sie zog sich mit ihren Staatsräten in die inneren Gemächer zu-rück und weinte. »Quoi, Madame!« rief Berlaymont im Zorn über die Tat niedriger Adliger und verarmter Edelleute, »peur de ces gueux!« (»Wie, Madame, Angst vor diesen Bettlern!«)*

* Diese Episode wird von der Regentin nicht erwähnt. In einem Brief an Philipp berichtete sie, die Verschwörer hätten sich den Namen »Les Gueux« beigelegt, und sie wisse nicht, warum sie auf diese Benennung verfallen seien.

Bei einem Gelage im Hause Culemburg wiederholte Brederode diesen Ausspruch und wies zugleich einen Bettelsack und
eine hölzerne Bettelschale vor. Als vorbereitete Posse war dies
ziemlich kindisch. Es war aber zugleich ein politischer Streich,
gemünzt auf die Stimmung der Zechgenossen. Die ganze Versammlung brach in den Schrei »Vivent lex Gueux!« aus. Die
Verschwörer hatten damit eine Losung, die bald zu Lande und
zur See auf allen Schlachtfeldern laut wurde und die zur Entstehung eines nationalen Bewußtseins beitrug. Brederode war
zweifellos ein guter Possenreißer. Größeres Gewicht erhielt diese geschickte Propaganda aber dadurch, daß Wilhelm von Oranien, Egmont und Hoorne zufällig oder absichtlich zu der Versammlung stießen und sich damit kompromittierten. Sie mußten
es mit ihrem Leben bezahlen.

Inzwischen sann die Regentin auf Auswege. Als Defensiv-
maßnahme mobilisierte sie die Reiterei. Auf Königstreue konnte
sie sich bei den Adligen und bei den aufrührerischen Edelleuten,
die Brederode in die Stadt gebracht hatte, nicht mehr verlassen.
Es war Zeit für Konzessionen. Sie entschloß sich, wiederum eine
Abordnung nach Spanien zu entsenden, um dem König die Tatsachen vorzutragen. Für diese undankbare Aufgabe, der kein
Erfolg beschieden war, wurde noch einmal Graf Montigny und
mit ihm der Marquis von Berghen bestimmt. Die *Consulta* unter
ihrem Präsidenten Viglius wurde mit zugewählten Rittern vom
Goldenen Vlies beauftragt, eine »Mäßigung« der Ketzeredikte
auszuarbeiten.

Das Volk war jedoch nicht gesonnen, sich mit den Edikten in
irgendeiner Form abzufinden. Die neuen Lehren verbreiteten
sich wie Buschfeuer in den Provinzen, nördlich und südlich der
großen Flüsse. Wanderprediger zogen durchs Land und lockten
mit ihren »Heckenpredigten« Scharen von Menschen an. Im Juli
1566 versammelte sich in Tournai eine Menge von zwanzigtau-
send, um den Calvinisten Ambrose Wille zu hören und Psalmen
in französischer Übersetzung zu singen. Am Ende desselben
Monats strömte die ganze Einwohnerschaft Haarlems vor die
Stadttore, um an ähnlichen Gottesdiensten unter freiem Himmel
teilzunehmen. Diese Zahlen dürfen nicht als Anzahl der Protestanten gedeutet werden, denn die neuen Sekten waren im

Vergleich zur katholischen Masse verschwindend klein. Sie waren wahrscheinlich auch dreißig Jahre später in keiner Provinz in der Mehrheit, nicht einmal im Norden, der sich inzwischen von Spanien getrennt hatte. Zu den Gottesdiensten in der Muttersprache kamen zweifellos auch viele Neugierige, Informanten und Vagabunden, glichen diese Veranstaltungen doch einem Jahrmarkt oder einer Kirmes, wie sie in den Niederlanden so beliebt waren. Alles gab es dort umsonst: religiöse Begeisterung, gemeinsames Singen, das Prickeln des Verbotenen und sogar Handgreiflichkeiten wie in Antwerpen, wo ein gebildeter katholischer Zaungast einmal den Prediger an der Front der Heiligen Schrift so entscheidend schlug, daß es notwendig wurde, ihn zu verprügeln.

Diesen Gottesdiensten unter freiem Himmel haftete etwas Ländliches, Sommerliches an, der Aufschwung eines lebendigeren Glaubens und einer frischeren, unschuldigeren Welt, die ein John Wesley verstanden hätte. Es war aber auch eine gefährliche Welt. Man mochte sich dem Anschein nach über die Edikte hinwegsetzen – nach dem Buchstaben des Gesetzes waren jedoch all diese Männer und Frauen Ketzer. Die Regentin war in großer Sorge. In Antwerpen versammelten sich nach ihrer eigenen Schätzung vierzehntausend Menschen vor den Mauern; dreißigtausend jubelten Wilhelm von Oranien zu, der als Burggraf auf dringendes Ersuchen der Behörden einritt, um die fast rebellierende Stadt zu beruhigen. Margarete mußte »mit Trauer und Seelenqual« dem König gestehen, sie sei unfähig, diese Vorgänge zu verhindern. Selbst Oranien, der die »Mäßigung« loyal – wenn auch ohne großen Optimismus – unterstützte, konnte in Antwerpen nicht mehr für sie tun, als Brederode und seine Extremisten zu tadeln und einen Kompromiß auszuhandeln, nach dem die Heckenpredigten außerhalb der Stadtmauern geduldet wurden, falls sie geordnet verliefen. Die Gefahr bedrohte sogar Brüssel; hier jedoch erwies sich die Regentin als Tochter des Kaisers. Sie erklärte, sie werde selbst mit ihren Wachen zu jeglicher Heckenpredigt eilen und nicht versäumen, die Prediger an Ort und Stelle aufzuknüpfen.

Es war schon fast zu spät, um auf diese Weise daran zu erinnern, daß es noch eine Regierung in den Niederlanden gab.

Brederodes Edelleute spürten, daß sie von der Flut getragen wurden, und erhoben von Tag zu Tag größere Ansprüche. Bei einer Zusammenkunft in Sint-Truiden, an der etwa zweitausend Verbündete teilnahmen, war zum erstenmal davon die Rede, bewaffnete Hilfe aus Deutschland herbeizuziehen, um eine Politik zu erzwingen, die nicht mehr auf »Mäßigung« zielte, sondern auf die Einberufung der Generalstände und sogar auf die Aufhebung der Edikte. »Ich verstehe vollkommen«, erwiderte die Regentin einem der Abgeordneten, die ihr diese unverschämten Forderungen überbrachten, »Ihr wollt das Recht in Eure Hand nehmen und selbst König sein!«[45] Wie sie Philipp zu jener Zeit schrieb, war tatsächlich alles so in Unordnung geraten, daß in großen Teilen des Landes kein Gesetz, kein Glaube, kein König mehr galt. Sie bat ihn mit großem Ernst, nach Brüssel zu kommen oder wenigstens die Einberufung der Generalstände zu gestatten – als Sicherheitsventil für die Leidenschaften des Volkes, die sonst wie eine Springflut über die Niederlande hereinbrechen könnten.

Der Sommer ist eine Jahreszeit, die revolutionäre Gefühle begünstigt. Das Ferment der Predigten hatte in den Niederlanden die Menschen erhitzt. Plötzlich entdeckte Freiheiten haben diese Wirkung, ebenso Worte und Sätze, die immer wieder mit Inbrunst wiederholt und von Sprechchören aufgenommen werden. Die Wanderprediger waren größtenteils Calvinisten – Auserwählte des Herrn, die keinen Kompromiß kannten. Und der Herr hatte unter anderem das Verbot von Bildnissen ausgesprochen, auch von Gemälden und Vergoldungen und Altären und Glasfenstern und all den anderen Greueln, die in den Kirchen aller niederländischen Dörfer und Städte zu finden waren. Ein unbeugsamer Puritanismus und Haß auf den Götzendienst erfüllte viele dieser tapferen, oft bewundernswerten Männer. Sie verachteten die alte Religion wegen der Aufwendigkeit und Prachtentfaltung ihres Rituals und wegen der Trägheit und des geistigen Tiefstands ihrer Priester. Es war eine moralische Verurteilung.

Darein mischte sich aber auch der Neid der Habenichtse auf die Besitzenden. Die Prediger und ihre Anhänger waren meist arm; die Kirche war sagenhaft reich. Den Eiferern fiel es nicht schwer, die unschätzbaren Kunstwerke der Kirche als Beute der babylonischen Hure zu bezeichnen. Daß der soziale Protest zu den Hauptursachen der nun folgenden Ereignisse gehörte, geht daraus hervor, daß die erste Welle der Zerstörung im Wallonischen auftrat, wo die Industrialisierung ein Proletariat hervorgebracht hatte, wie es Marx selbst als Träger der Revolution hätte erdenken können.

Am 14. August 1566 brach der Bildersturm in den Kirchen von Poperinge, Oudenaarde und St. Omer los. Am 18. August wurde in Antwerpen die berühmte schwarze Madonna in feierlicher Prozession durch die Straßen getragen, und in die Begleitmusik mischte sich die Drohung, »Marykin« lasse sich zum letzten Mal sehen. Am nächsten Tag sammelte sich eine erregte Menge in der Kathedrale, wo die Statue zur Sicherheit hinter Gitter gebracht worden war. Laut erschallte der Ruf »Vivent les Gueux!«

Das alles deutete auf einen Plan hin. Der Klerus und der Magistrat befürchtete Ausschreitungen, ebenso Wilhelm von Oranien, der unglücklicherweise an eben diesem Tag zu einer Zusammenkunft des Ordens vom Goldenen Vlies nach Brüssel berufen wurde.

Am nächsten Tag, dem 20. August, fiel der Schlag. Schon frühmorgens drängte die Menge in die Kathedrale und wurde im Lauf des Tages immer zahlreicher und kühner. Die Stadtväter zogen in die Kirche ein und vermochten einen großen Teil des Pöbels zum Verlassen des Raumes zu bewegen. Daraufhin zogen sie sich zurück, weil sie wohl meinten, genug zu ihrer Ehrenrettung getan zu haben. Die großen Portale wurden hinter ihnen geschlossen, aber eine Seitentür blieb offen. Das Element der Farce, das niederländischen Angelegenheiten fast immer anhaftete, spielte an jenem Tag eine Rolle.

Durch die Seitenpforte drangen nun die Bilderstürmer in die Kathedrale ein und begannen systematisch mit dem Werk der Zerstörung. Die Statuen, Bilder, Altäre, Kruzifixe wurden in Stücke geschlagen, die Glasfenster wurden zertrümmert, die Schatztruhen wurden erbrochen, die kirchlichen Gewänder wurden in den Schmutz gezogen. Keine Seitenkapelle, keine Nische entging den Rasenden.

Nicht nur die Kathedrale, auch die dreißig weiteren Kirchen in Antwerpen erlitten dasselbe Schicksal. Der Pöbel trieb die Mönche und Nonnen aus ihren Klöstern und verbrannte Bücher und kostbare Reliquien. Wenn wir den Chronisten glauben können, wurde jedoch niemand getötet oder geschändet, und es wurde sehr wenig gestohlen. Wie ein Wirbelwind fegte die Zerstörung über Antwerpen. Der Stadt Gent in Flandern erging es ebenso. In Valenciennes setzten sich die Calvinisten an die Spitze der Stadtverwaltung. Am 22. August kamen Tournai und Amsterdam an die Reihe, am 25. August Utrecht und wenig später Leyden und Delft. Alle diese Städte waren katholisch. Fast alle Stadträte, Richter, Statthalter und Offiziere waren katholisch.

Niemand gebot dem Sturm Einhalt. Er zog weiter nach Norden, bis er Friesland und Groningen an der deutschen Grenze erreichte. Zwei Wochen nach seinem Ausbruch war er in sich zusammengefallen; zahllose Kirchen waren im Namen Gottes ihrer Schätze und ihres Schmucks beraubt worden.

Die Regierung in Brüssel geriet durch die Ereignisse in einen Zustand der Erstarrung. Der Regentin war, als wankten die Grundlagen ihrer Welt, und im ersten Impuls wollte sie nach Mons flüchten, das wie durch ein Wunder unbehelligt geblieben war.

Dieser Versuch scheiterte am Einspruch der Brüsseler Stadträte, die um Antwerpens Schicksal bangten, und am Widerstand der Grandseigneurs, die sie nicht aus ihrem direkten Einfluß entlassen wollten. So gab sie an allen Fronten nach und unterzeichnete am 23. August 1566 ein »Abkommen«, mit dem »reformierte« Predigten an den Orten, wo sie schon eingeführt waren, gestattet wurden unter der Bedingung, daß die Waffen niedergelegt und die katholischen Riten nicht gestört würden.

Oberflächlich gesehen hatten die Protestanten einen großen Sieg errungen. Die Forderungen der Adelsverschwörung waren erfüllt. Die Regierung hatte eine demütigende Lektion erhalten, und sie hatte ohne Willen oder Kraft zum Kampf beim ersten Anzeichen von Gewalt eingelenkt. Den Calvinisten waren nicht nur ihre Treffpunkte in den Vorstädten zugesichert worden, sondern auf Vermittlung von Oranien und ähnlich Gesinnten durften sie sogar in Antwerpen und anderswo einige der geplünderten katholischen Kirchen behalten. Überall jubelten die Radikalen. Es schien, als könne ihr Triumph kaum weiter reichen oder vollständiger sein.

In Wirklichkeit war er schon zu weit gegangen. Im wallonischen Süden (mit Ausnahme von Valenciennes und Tournai, den Brutstätten der Ketzerei) regte sich eine starke katholische Reaktion. Die Gemäßigten waren fast überall über die Exzesse empört. Die wohlhabenden Bürger, die zuerst den Adelsbund und die Geusen unterstützt hatten, erkannten jetzt, daß sie durch den Aufruhr selbst bedroht waren.

Nicht nur die Katholiken neigten wieder der Regentin und der öffentlichen Ordnung zu, sondern auch die Lutheraner, die wie jedermann darüber erschraken, daß ihre ungestümen calvinistischen Rivalen den größten Nutzen aus dem Abkommen zogen. Oranien selbst stand im Begriff, lutherisch zu werden, und da er die Unterstützung seiner lutherischen Verwandten unter den norddeutschen Fürsten suchte, betrachtete er die Calvinisten als Extremisten, die mit ihrer politischen Inkompetenz und mit ihren Provokationen gegenüber dem König alles verderben konnten. Die meisten anderen Grandseigneurs fühlten sich durch die Ereignisse abgestoßen. Aerschot, Berlaymont, der ältere Mansfeld, Arembergh und Meghe sprachen sich offen für Spanien aus. Egmont, der im Grunde seines Herzens stets königstreu war, neigte in dieselbe Richtung. Der niedere Adel stand nicht mehr geschlossen in der Vorhut der Rebellion. Der Adelsbund löste sich auf gemäß dem Abkommen, das für vergangene Treulosigkeiten offizielle Vergebung gewährt hatte. Viele Edelleute waren enttäuscht von den unerwünschten Verbündeten aus dem Volk und gingen auf die royalistische Seite oder zu einer verstimmten Neutralität über. Übrig blieben der Rest der Extremisten unter Brederode und Graf Louis von Nassau, die calvinistischen Prediger und der harte Kern der Getreuen. Selbst der Pöbel ging nach Hause.

Die Situation war günstig für den Gegenangriff einer entschlossenen Regierung, und die Regentin hatte zu diesem Zeitpunkt in Graf Peter Ernst Mansfeld den richtigen Berater gefunden. Auf sein Drängen nahm sie die Gelegenheit wahr. Sie habe nie im Sinn gehabt, die Zusagen des Abkommens, die sie unter Zwang gegeben habe, einzuhalten, erklärte sie Philipp in einem aufschlußreichen Brief, in dem sich ihr Doppelspiel zeigt, aber auch die Qual, die ihr die Beleidigung ihrer Religion verursacht hatte. Die Demütigungen, die sie erdulden mußte, verhärteten ihr Wesen, das von Natur aus nicht grausam war, sondern politisch und listig, und das jetzt von einem Groll angestachelt wurde. Eine Zeitlang ereignete sich nichts Dramatisches. Oberstes Gebot war es, Ordnung zu schaffen. Die Statthalter begaben sich deshalb in ihre Provinzen, um das Abkommen auf ihre Weise auszulegen: Egmont verfolgte in Flandern und Artois die Ketzer, Oranien errichtete die Grundlagen für einen Religionsfrieden, der möglicherweise angedauert hätte, wenn andere so vorsichtig und leidenschaftslos gewesen wären wie er.

Bald aber zeigte sich, daß die Regentin ihre neuen religiösen Bestimmungen in engster Form interpretierte. Das Abkommen hatte den calvinistischen Predigern zugestanden, daß sie dort, wo sie vorher schon gepredigt hatten, auch weiterhin predigen und daß die Menschen ihnen zuhören durften. Bedeutete dies gottesdienstliche Freiheit? Durften calvinistische Gottesdienste nach Genfer Vorbild abgehalten werden? Die Regentin entsetzte sich bei der bloßen Vorstellung. Das Predigen war gestattet worden, aber nicht die Veranstaltung von Gottesdiensten. Das war etwas ganz anderes, das den Katholiken vorbehalten blieb. Als sie wieder Mut und Selbstvertrauen gewann und aus Deutschland Verstärkung von Söldnertruppen erhielt, deren Löhnung der König erstaunlicherweise auftreiben konnte, nahm ihre Kompromißlosigkeit zu. Oranien gegenüber drückte sie in scharfen Worten ihre Mißbilligung aus, weil er den Calvinisten in Antwerpen die volle Ausübung ihres Glaubens gestattet hatte. Im Februar 1567, als das Gerücht von einem bevorstehenden Schlag Spaniens gegen die Niederlande im ganzen Land umging, verlangte sie von den Grandseigneurs im Staatsrat einen neuerlichen Treueid auf die Regierung – ein Zeichen dafür, wie sehr sich die Dinge gewandelt hatten, seit sie während des Bildersturms im August des vorhergehenden Jahres völlig von ihnen abhängig gewesen war.

Die Royalisten Aerschot und Berlaymont willigten sofort ein, Egmont folgte etwas später. Oranien und Hochstraate lehnten ab. So bildeten sich die Fronten für einen Krieg, der sämtliche Beteiligten und ihre Kinder überdauerte.

Die Calvinisten, die Philipps unversöhnliche Feindseligkeit richtig einschätzten, hatten in Antwerpen eine Synode zusammengerufen und das Recht der Untertanen auf Widerstand gegen despotische Könige verkündet. Im Pantheon der Demokratie gebührt diesen mutigen, aufrechten Männern ein Ehrenplatz neben Hus und Wyclif, aber ihre Feinde und viele ihrer Freunde sahen sie damals in einem anderen Licht. Die Regentin nannte sie Irrgläubige, die kein Erbarmen verdienten. Oranien war politisch klüger und weigerte sich lediglich, sich offen an ihre Spitze zu stellen und sie in ein Unglück zu führen, das er klar vorhersah. Er war bereit, für sie zu arbeiten und zu intrigieren, sie zu begünstigen und die Maschen des Gesetzes für sie zu weiten, aber noch nicht, für sie zu sterben.

Bediente er sich ihrer als Prellböcke in seiner Politik des Widerstands gegen Spanien? Eine gewisse Zweideutigkeit liegt in seinem Verhalten, nicht nur gegenüber der Regentin, sondern auch gegenüber den reformierten Hitzköpfen, die unter seinen Augen in Antwerpen eine Schar Bewaffneter versammelten, um die Insel Walcheren und deren Hafen Vlissingen zu besetzen, weil sie annahmen, daß spanische Truppen dort landen würden. In jenem Stadium hielt er sich jedenfalls von der Führung der Rebellion fern, die überstürzt losbrach. Der Hauptkampf entwickelte sich im Süden, wo die Stadt Valenciennes eine royalistische Garnison nicht einließ und wo auf dem Land eine bewaffnete Heerschar zusammengezogen wurde, deren Anführer so wenig ausgebildet und so wenig kriegerisch waren wie die Männer selbst. Über diese Rekruten fielen nun die Berufssoldaten der Regentin her und rieben sie in zwei Handgemengen, die kaum den Namen Schlacht verdienten, mit brutaler Gründlichkeit auf. Eine dritte rebellische Heerschar unter dem jungen Jean de Marnix, die in Antwerpen mit oder ohne Einverständnis des Fürsten ausgehoben worden war, hatte ebensowenig Glück mit ihrem Sturm auf Walcheren. Sie wurde von den königstreuen Bürgern von Vlissingen vertrieben, zog die Schelde herauf und wurde bei Oosterweel, in der Nähe von Antwerpen, von einem royalistischen Heer unter Lord Beauvoir in Sicht und Hörweite ihrer Glaubensgenossen innerhalb der Stadtmauern überrascht und vernichtet. Marnix selbst wurde buchstäblich in Stücke gerissen, obwohl man ein hohes Lösegeld angeboten hatte – ein Vorgeschmack künftiger Greuel.

Oranien, Burggraf von Antwerpen, befand sich zu jener Zeit in der Stadt. Auf seinen Befehl wurden die Stadttore geschlossen. Dies wurde als Maßnahme erklärt, um die Truppen der Regentin daran zu hindern, daß sie im Siegestaumel in die Stadt eindrangen und jeden Ketzer umbrachten, aber für die Calvinisten und für Marnix' verzweifelte Gattin sah es eher so aus, als wolle er es ihnen unmöglich machen, ihren Brüdern, deren Leichen jetzt in der Schelde trieben, zu Hilfe zu eilen.

Als sich die zornerfüllte, fast rasende Menge auf den Mauern sammelte, wurde Wilhelm heftig bedroht und Verräter genannt. War die Anklage ungerecht? Antwerpen hatte er wohl kaum verraten, denn er schützte die Stadt vor Blutvergießen und Plünderung. Die nationale Sache, die er sein ganzes Leben lang verfocht, hatte er ebensowenig verraten. Aber die Verantwortung gegenüber den Extremisten, die er nicht entmutigt hatte, läßt sich nicht leicht abweisen. Zweifellos mußte er in diesen Augenblicken drängender Gefahr, in denen die Feinheiten von Treue und Verrat wenig Bedeutung hatten, zwischen den wenigen und den vielen wählen.

Zur Überlegung blieb keine Zeit. Die Stadt wimmelte von Bewaffneten: in einer Gruppe die Calvinisten mit Geschützen, die sie aus dem Arsenal geholt hatten, in einer anderen Lutheraner und Katholiken, die sich widerwillig zusammengetan hatten, in einer dritten die aufrührerischen Ausländer. Die Krise dauerte vom 12. März, dem Tag des Kampfes bei Oosterweel, bis zum 15. März, und jeden Augenblick konnte ein einziger Funke die Stadt in Brand setzen. Nichts geschah. Diejenigen, die dies als wunderbare Tat des Prinzen von Oranien ansahen, vergaßen vielleicht die abschreckende Wirkung von Lord Beauvoirs Sieg und dem Massaker, das er unter den Gefangenen veranstaltet hatte. In den Niederlanden blieb niemals etwas konstant, weder das Heldentum noch die Feigheit, weder die Apathie noch das zornige Aufbegehren. Selbst der Haß auf die Regierung war wandelbar. So ist es durchaus angemessen, daß diese blutigen Auseinandersetzungen, die Hunderte von Menschenleben kosteten, wiederum mit einem Kompromiß endeten, der von Oranien durchgesetzt und von den calvinistischen Eiferern mit dem Ruf »Vive le Roi!« aufgenommen wurde.

Der ganze schlecht geplante, verfrühte Aufstand fand ein ruhmloses Ende. Ohne Antwerpen, die wichtigste Stadt, war er von vornherein zum Scheitern verurteilt. Drei Wochen später kapitulierte Valenciennes, seine calvinistischen Führer wurden gehängt. Wie Kegel fielen auch die anderen aufständischen Städte. Gent, Ypern, Maastricht, Turnhout, Oudenaarde wurden mit Garnisonen der Regentin belegt. In Holland öffnete Amsterdam seine Tore, und im ganzen Norden und Nordosten gewannen die Royalisten die Oberhand. Brederode floh nach Deutschland und starb; seine Genossen zerstreuten sich oder gingen außer Landes.

Für Wilhelm von Oranien ging ein Kapitel zu Ende. Die Befriedung Antwerpens war sein letzter Dienst für die Regentin. Es war zugleich sein letzter Dienst für eine Idee: die Errichtung einer neuen politischen Ordnung im Gefüge der alten Ordnung. Die Vorstellung von einer Revolution mit Zustimmung des Herrschers wich zwar nie ganz aus seinen Gedanken – so führte er später seine verräterischsten Taten ostentativ im Namen des Königs aus –, aber nach Antwerpen hatte er den Glauben daran verloren. Selbst in der Niederlage hatten ihm die Calvinisten eine Lehre erteilt: es gab keinen Mittelweg in der Art, wie er ihn mit seinem Werben um die Gemäßigten beschreiten wollte, denn deren Tendenz würde sich am Ende stets Spanien zuwenden.

Am 10. April 1567 reichte der Fürst bei der Regentin seinen Rücktritt ein, und am 11. April schied er aus Antwerpen. Auf dem Weg zu seinen Besitzungen in Breda traf er am 28. April in Willebroek mit Egmont zusammen, dessen Selbsttäuschung und Treue zu der Hand, die ihn mit Gütern segnete, für die nationale Sache fast so schädlich gewesen war wie der Bildersturm und der Extremismus der Calvinisten. So soll Wilhelm zu ihm gesagt haben, seine Verbohrtheit sei die Brücke, über die die Spanier in die Niederlande einziehen würden.

In Breda schloß der Fürst sein Haus und zog mit Frau und Kindern ins Exil nach Deutschland. Es war typisch für seine vielschichtige Natur und Politik, daß er seinen Erben, den sechzehnjährigen Grafen von Buren, zurückließ, damit er seine Studien an der katholischen Universität von Löwen fortsetzte. Vater und Sohn sahen sich nie wieder.

Einer der Gründe für die Tragödie, die den Niederlanden drohte, war die langsame Nachrichtenverbindung zwischen Brüssel und Madrid. Für den König und seine Ratgeber war es unmöglich, auf die Stimmung und die Bedürfnisse der Stunde einzugehen. Der tatsächliche Zustand in den Niederlanden war dem Bild, das man in Spanien hatte, stets wenigstens einen Monat, wenn nicht noch mehr, voraus. Daher rührte eine gewisse Starrheit. Sicher erkannte man irgendwann in Madrid, daß die schlimmste Gefahr vorüber war und daß Herzogin Margarete die Rebellion überwunden hatte. Inzwischen war aber eine neue Politik der Rache und Repression beschlossen worden, und niemand scheint daran gedacht zu haben, sie zu mildern oder umzustürzen.

Die Welt hatte volles Verständnis. Überall war man überzeugt, daß Philipp angesichts solcher Ausschreitungen persönlich in die Niederlande ziehen werde, was sein Vater zweifellos getan hätte. Kardinal Granvelle hatte es unermüdlich als die einzige Möglichkeit zur Rettung der Provinzen empfohlen. Fast alle führenden Gestalten um Philipp – Espinosa, der Graf von Chinchon, der Herzog von Eboli – waren derselben Ansicht und drängten ihn, sofort aufzubrechen, »um die Ketzerei in ihrem eigenen Blut zu ertränken«, wie Alba es ausdrückte. Oft hatte der König beteuert, er sei entschlossen, dem Ruf zu gehorchen. In dem Brief, in dem er der Regentin mitteilte, Alba sei zum Generalkapitän des Heeres berufen worden, versicherte er ihr, er werde bald folgen, und in einem Schreiben an seinen Botschafter in Rom findet sich der Satz: »Diejenigen, die gesagt haben, ich hätte nicht die Absicht, Spanien zu verlassen, werden bald ihren Irrtum einsehen.«[46]

Die Monate verstrichen, der König machte keine Anstalten, auf die Reise zu gehen. Statt dessen erfuhr die Welt Albas Ernennung und daß er mit seinen Truppen auf der »spanischen

Straße« durch Savoyen, Lothringen und die Franche Comté zur luxemburgischen Grenze zog. Die Statthalterin geriet in größte Sorge. Sie konnte die Geheiminstruktionen, die der König seinem Generalkapitän in Aranjuez erteilt hatte – gegen alle Aufrührer vorzugehen – nicht kennen, aber mit ihrem weiblichen Instinkt erriet sie, daß sie abgelöst werden sollte. Im April 1567 schrieb sie einen leidenschaftlichen Protestbrief an ihren Halbbruder und beklagte sich, daß man ihr die Macht und die Mittel vorenthalte, die Dinge in den Niederlanden wieder ganz in Ordnung zu bringen: »Es scheint, als sollten andere die Ehre einheimsen, während ich allein Mühe und Gefahren zu ertragen hatte.« Sie bat um die Erlaubnis, sich von der Regentschaft zurückzuziehen, und erinnerte den König daran, daß sie für zwei Jahre ernannt worden war, aber nun schon seit acht Jahren das Amt führte[47].

Auf diesen Brief erwiderte Philipp sechs Wochen später beruhigend, er sei weit davon entfernt, ihre Macht zu schmälern, sondern beabsichtige, sie auszuweiten. Die Statthalterin war inzwischen im Triumph nach Antwerpen zurückgekehrt und hatte eine Reihe von Edikten gegen Ketzerei und Rebellion erlassen, die so streng waren, daß sie selbst Torquemadas Billigung gefunden hätten. Der König geriet in Zorn, als er davon erfuhr, nicht, weil er sie für zu milde gehalten hätte, sondern weil er befürchtete, sie seien zu einem ungünstigen Zeitpunkt ergangen und könnten die Schuldigen in die Flucht oder sogar zur Neubelebung der Rebellion treiben, ehe Alba an Ort und Stelle wäre.

Am 24. Mai 1567, als die Antwerpener Edikte veröffentlicht wurden, hatte sich Alba in Genua gemeldet. Die Regentin war natürlich über all seine Bewegungen gut unterrichtet. Am 12. Juli schrieb sie noch einmal an Philipp und schilderte ausführlich die schlimmen Folgen, die die Ankunft eines Mannes zeitigen mußte, der in den Niederlanden verhaßt war. Niemals hätte sie geglaubt, daß er einen solchen Mann ernennen würde, ohne ihren Rat einzuholen, und wenn sie nicht sein königliches Versprechen hätte, daß er selbst bald nachfolgen werde, würde sie keinen Augenblick länger in Brüssel bleiben.

Aus diesem Brief geht hervor, daß die Regentin immer noch

glaubte, Philipp werde kommen, wann es ihm richtig erschiene. Sie täuschte sich. Die Sache ist aber noch komplizierter, muß man doch weiter fragen, ob der König die Regentin hinters Licht führte oder Opfer einer Selbsttäuschung wurde. Hatte er Alba lediglich als Ersatz für seine Halbschwester ausgeschickt und rechnete er damit, daß sie indigniert ihr Amt niederlegen würde? Oder hatte er in diesem oder jenem Stadium wirklich die Absicht, sich persönlich in die Niederlande zu begeben, sobald die Truppen dort angelangt waren?

Diese Fragen können nicht beantwortet werden. Monatelang hatte Philipp seine Entschlossenheit, nach Brüssel zu reisen, wiederholt: am 22. September 1566 in einem Brief an die Regentin, am 27. November 1566 in einem Schreiben an Granvelle in Rom und am 31. Dezember 1566 wiederum in einer Depesche an die Regentin. Inzwischen beschloß er aber, Alba zum Generalkapitän zu erheben. Welche letzten Instruktionen erteilte er ihm im Frühjahr des folgenden Jahres in Aranjuez? Aufschlußreich ist vielleicht, daß die Regentin drei Wochen vor diesem Treffen empört geschrieben hatte, sie habe seit siebenundfünfzig Tagen keine Instruktionen mehr erhalten. Wozu hatte sich der König entschlossen? Die Komödie ging jedenfalls weiter; denn Monate später, nachdem er die Nachricht von Albas Ankunft in den Niederlanden empfangen hatte, beauftragte er seinen Botschafter in Rom, dem Papst mitzuteilen, daß die Mission des Herzogs von Alba lediglich ein Vorspiel für seine eigene Anwesenheit sei, die er nicht aufgehoben, sondern nur aufgeschoben habe.

Dieser Brief des Königs ist äußerst bedeutsam, nicht nur wegen seines Inhalts, sondern auch weil er Philipps verschlungene Methoden und seinen weitschweifigen Stil erweist. Das lange, detaillierte Schreiben steckt voller Wiederholungen. Im Grunde enthält es eine Reihe von Entschuldigungsgründen für das Ohr des Papstes, der offenbar erwartet hatte, bald die Nachricht von der Ankunft des Königs in Brüssel zu bekommen.

Der König beginnt mit der Bemerkung, er wisse wohl, wie notwendig, ja »unerläßlich« seine Anwesenheit in den Niederlanden geworden sei, und deswegen sei er entschlossen, die Reise trotz aller Unbequemlichkeiten und Schwierigkeiten zu unternehmen. Der Botschafter müsse aber betonen, daß der Schutz für die Person des Königs vor Übergriffen zuerst gewährleistet sein müsse, ehe er irgend etwas Nützliches leisten könne. Aus diesem Grunde habe er ein Heer vorausgeschickt, unter »einer Person von Autorität«. Alba sei jedoch unterwegs aufgehalten worden. Selbstverständlich müsse er in den Niederlanden eine Basis errichten und auch »gewisse Taten« ausführen – ein hübscher Euphemismus für die bald darauf einsetzende Verfolgung und Schreckensherrschaft –, ehe der König in Brüssel vor seinen treuen Untertanen erscheinen könne. Der Botschafter solle weiterhin darauf hinweisen, daß das niederländische Problem in zwei Stufen gelöst werden müsse. Bedauerlich, aber notwendig sei es, zuerst »strenge Gerechtigkeit« walten zu lassen, da die Zeit dafür gekommen sei. Später werde eine mildere Zeit folgen, in der das Volk nach der Bestrafung ausgesöhnt und seine Liebe durch Güte gewonnen werde. Diese zweite Phase sei dem König vorbehalten. Eine passende, »geeignete« Zeit, diese goldenen Früchte zu pflücken, sei das nächste Frühjahr, also 1568. Der Brief endet mit einer weiteren Beteuerung seiner unbeugsamen Entschlossenheit, seine Pflicht zu erfüllen und in den kommenden Monaten keine Mühe oder Gefahr zu scheuen, sondern sich gegebenenfalls »unbeirrbar« für die Sache des katholischen Glaubens jeglicher Bedrohung auszusetzen[48]. Ähnliche Briefe gingen an andere spanische Botschafter in Europa, und man kann sie nur bemitleiden.

War das alles nur Verstellung? Der König verfügte zweifellos über das Reisegeld, denn die Schatzflotte aus dem Neuen Indien hatte den Guadalquivir erreicht und fünfeinhalb Millionen Dukaten in klingender Münze mitgebracht. Ein Fünftel davon floß in die königliche Schatzkammer, und den Rest konnte man leihen. Hatte er aber den Willen und die Absicht?

Die Dokumente sind zwar nicht eindeutig, zeugen aber eher dagegen. Fourquevaulx, der französische Botschafter in Madrid, soll erfahren haben, daß Philipp im Gespräch mit seiner französischen Gemahlin verächtlich bemerkte, die Leute hätten seine Absicht, nicht nach Brüssel zu gehen, aus seinen auffälligen Reisevorbereitungen erkennen müssen. Seine Beziehungen zu Don Carlos, seinem Erben, hatten zu jener Zeit eine Krise erreicht, und dies behinderte seine Pläne. Wenn er allein reiste, mußte er den jungen Mann, mit dem er unzufrieden war, als Regent in Spanien zurücklassen. Wenn er ihn nach Brüssel mitnahm, mußte er ihn möglicherweise zum Regenten der Niederlande ernennen. War es unter diesen Umständen nicht klüger, die Reise zu vermeiden und die Befriedung dem Herzog anzuvertrauen? Vielleicht wollte Philipp auch in jenem Herbst 1567 in Madrid bleiben, um seiner Gemahlin bei ihrer bevorstehenden Entbindung nicht fern zu sein; seine zweite Tochter, Katharina, wurde im Oktober geboren. Womöglich trifft auch zu, was Chantonney, Granvelles Bruder, von Anfang an versichert hatte, daß er nämlich vor dem Gedanken, in Brüssel aufzutreten, zurückschreckte, weil er wußte, wie verhaßt er war, und weil die Unentschlossenheit ihm zur zweiten Natur geworden war.

Wir wissen, daß er nicht in die Niederlande reiste. Die zweite Stufe, die Phase der Aussöhnung, wurde niemals eingeleitet. Der Herzog von Alba führte jedoch den ersten Teil des Plans, »strenge Gerechtigkeit«, mit größter Perfektion aus. Wenige Wochen nach seiner Ankunft lagen die Niederlande unterworfen und passiv in seiner Gewalt.

7. Kapitel: Don Carlos

Der Sohn und Thronerbe, Don Carlos, stellte den König vor Probleme, die nicht nur den Fortbestand der Dynastie, sondern auch das Wohl Spaniens berührten. Die Mutter war kurz nach der Geburt des Kindes gestorben; ein solches Unglück erschwert den Beginn einer Vater-Sohn-Beziehung, besonders wenn der Vater selbst noch im Jünglingsalter steht. Eine Zeitlang ging jedoch alles besser als erwartet. Philipp war, wie seine Fürsorge für seine jüngeren Kinder beweist, ein liebevoller Vater, und es gibt keine Anzeichen dafür, daß Don Carlos als Kind nicht anhänglich gewesen wäre. Schon früh berichteten allerdings die venezianischen Botschafter Ungünstiges über den Knaben. Im Jahr 1557, als der Prinz zwölf Jahre alt war, schrieb Badovaro, Don Carlos sei »schwach« und neige zur Grausamkeit; es verlaute, er habe Hasen lebendig braten lassen und einer Schildkröte, die nach seinem Finger schnappte, den Kopf abgebissen; er sei »sehr stolz, aufbrausend und eigensinnig«[49]. Badovaro kannte Don Carlos nicht persönlich, und seine Beurteilung sagt mehr über ihn selbst als über den Prinzen aus, aber sein Nachfolger Michele Suriano stimmte weitgehend mit ihm überein, als er schrieb, der Knabe habe ganz andere Neigungen als der König: er sei tollkühn, verschlagen, grausam und ehrgeizig. Nicht nur die Venezianer äußerten sich kritisch; auch der deutsche Botschafter des Kaisers, Baron Dietrichstein, schloß sich der allgemeinen Mißbilligung gegenüber dem »schwachen, kränklichen Prinzen« an[50]. Don Carlos war damals achtzehn. Über den Einundzwanzigjährigen schrieb der Venezianer Antonio Tiepolo, er sei »sehr unreif für sein Alter«, er halte sich schlecht und habe schwache Beine, er sei kein ausdauernder Reiter, er werde leicht zornig und könne gewalttätig bis zur Grausamkeit sein. Außerdem sei er ausschweifend. »So groß wie die Freude der Spanier über den einheimischen Erbprinzen sind ihre Befürchtungen hinsichtlich seiner künftigen Herrschaft.«[51] An diese negative Beurteilung schloß Tiepolo jedoch die Bemerkung an, Don Carlos sei wahrheitsliebend, mitleidig und barmherzig, es sei ihm sehr daran gelegen, eine Rolle in Staatsdingen zu spielen, und er ärgere sich über die Berater, mit denen sein Vater ihn umgeben hatte.

Aus diesem Bild eines ziemlich einsamen, impulsiven und unausgereiften jungen Mannes läßt sich ein gewisses Verständnis für Don Carlos gewinnen. Auf Porträts sehen wir ihn als schmales, blasses, kränkliches Ebenbild seines Vaters. Mit seinem etwas krummen Rücken und der hochgezogenen Schulter machte er keine gute Figur. Er war stets von zarter Gesundheit gewesen. Als Jüngling fiel er einmal bei einem Liebesabenteuer (Badovaro hatte schon von dem Zwölfjährigen geschrieben, er laufe den Frauen nach) eine Treppe hinunter, schlug mit dem Kopf auf und zog sich eine Hirnverletzung zu. Man hatte ihn schon aufgegeben, doch nach einer Trepanation und nachdem man die Leiche eines Franziskaners in sein Zimmer verbracht hatte, erholte er sich wieder. Allerdings blieb er anfällig, was für seinen Hofstaat wie für den König ein Grund ständiger Sorge war.

Eine politische Tätigkeit wurde ihm vorenthalten. Philipp war mit sechzehn Regent von Spanien und mit siebzehn ein verheirateter Mann gewesen. Den einundzwanzigjährigen Don Carlos hielt man für unfähig, ein Amt zu übernehmen oder die österreichische Erzherzogin zu heiraten, wie es Kaiser Maximilian in zahlreichen Briefen nach Madrid vorschlug.

Es gab noch andere Kandidatinnen für die Ehe mit einem jungen Mann, der trotz aller Nachteile der bei weitem begehrenswerteste Thronerbe in Europa war. So war die Rede von der englischen Königin, der schottischen Königin, der französischen Prinzessin Margarete von Valois und seiner Tante Juana, die zwar achtzehn Jahre älter war, deren Sache jedoch von den kastilischen Cortes befürwortet wurde – in der Hoffnung, dieses »Ungeschick« werde durch ihre Tugenden aufgewogen, wie ein französischer Botschafter schrieb.

Es war nicht unnatürlich, daß Don Carlos die Vorstellung von einer solchen Verbindung haßte. Er hatte schon ein emotionelles Trauma erlitten, als sein Vater Isabella von Valois heiratete, die ursprünglich für ihn bestimmt gewesen war, und obgleich er glücklicherweise nicht wissen konnte, daß er bald sterben würde und daß sein Vater, zum drittenmal Witwer geworden, kurz darauf die für ihn vorgesehene österreichische Erzherzogin Anna heiraten würde, hatten doch die Aufregungen und Verzögerungen der Eheunterhandlungen schon ihren Tribut von seinem wenig widerstandsfähigen Körper und Geist gefordert.

Unter diesen Belastungen verschlechterte sich sein Verhalten. Man hörte Gerüchte von Gewalttätigkeiten gegenüber Mitgliedern seiner Umgebung; so hieß es, er habe einen Mann mit einem Messer bedroht und einem anderen eine Ohrfeige gegeben. Brantôme sagte, er sei voller »bizarreries«, doch dies gilt auch für viele von Brantômes Geschichten selbst. Was jedermann beobachten konnte, war die zunehmende Antipathie des Prinzen gegen seinen Vater und dessen Vertraute; so besaß er die Kühnheit, den Herzog von Alba zu beleidigen. Im September schrieb der französische Botschafter Fourquevaulx an seinen Hof, Don Carlos sei unfähig, seinen Haß und Groll auf den König zu verbergen, und man vermute, er stehe im Begriff, außer Landes zu gehen – nach Italien, in die Niederlande, nach Wien, an irgendeinen Ort, um sich der väterlichen Überwachung zu entziehen wie auch den Spionen, zu denen er auch Eboli zähle. Fourquevaulx schloß mit den Worten: »Wenn Gott nicht eingreift, muß das alles eines Tages mit einer großen Katastrophe enden.«[52]

Etwa um diese Zeit – im Sommer und Herbst 1567 – verfiel der Prinz dem Verfolgungswahn, allerdings nicht ganz grundlos, denn er wurde streng überwacht. Nachts hatte er eine Pistole und eine geladene Arkebuse in Griffweite; von einem französischen Schlosser ließ er sich einen sinnreichen Mechanismus konstruieren, mit dessen Hilfe er vom Bett aus seine Tür auf-

und zuschließen konnte. In seiner Einsamkeit und Angst wandte er sich an seinen Onkel, Don Juan d'Austria, den berühmten natürlichen Sohn des Kaisers, der nicht viel älter war und mit dem er aufgewachsen war. Die nun folgenden »Tatsachen« sind weitgehend Gerüchte und Vermutungen, doch wahrscheinlich bemühte sich Don Carlos, sich der Hilfe seines Onkels zur Flucht aus Spanien zu versichern, während der sehr ehrgeizige und dem König verpflichtete Don Juan schließlich die Pläne seines Neffen verriet.

Dies geschah Ende Dezember 1567, und bald darauf erhielt Philipp eine weitere, noch bestürzendere Nachricht: Don Carlos habe einem Priester gestanden, es gebe einen Mann, dem sein tödlicher Haß gelte; und einem anderen Priester habe er gebeichtet, dieser »Mann« sei sein Vater.

Daß Philipp dieser Meldung nicht uneingeschränkt glaubte, geht aus einem drei Wochen später verfaßten Brief hervor, in dem er ausdrücklich bemerkte, Don Carlos habe ihm nie nach dem Leben getrachtet. Andererseits stimmt die Geschichte mit vielen anderen Beweisen für den Haß des Prinzen auf den König überein. Erstaunlich war Philipps Reaktion, wie sie sich in seinen Bewegungen zeigte. Im Dezember 1567 war er im Escorial. Erst am 17. Januar 1568 kehrte er nach Madrid zurück. Im politischen Klima der Zeit – Ketzerei und Aufstand in den Niederlanden – wäre aber die Flucht des Thronerben eine sehr ernste Sache gewesen, selbst wenn der Flüchtling nicht weiter als Wien gekommen wäre bis zum Kaiser, der bei vielen als heimlicher Protestantenfreund galt. Noch gefährlicher wäre es gewesen, wenn Don Carlos Beziehungen zu den niederländischen Aufständischen gepflegt oder sonstige Untergrundkontakte gehabt hätte. War die Tatenlosigkeit des Königs angesichts von drohendem Unheil ein Beweis für sein berüchtigtes Phlegma oder ging es vielleicht um den richtigen Zeitpunkt und darum, den Feind einzulullen, um ihn unvorbereitet zu treffen? Manches deutet auf das letztere hin, denn seit Monaten liefen Gerüchte um, der König und der Staatsrat hätten einen Entschluß gefaßt, wie der Prinz zu behandeln sei. Möglicherweise warteten sie auf eine offene, unwiderrufliche Tat des Gegenspielers. Diese erfolgte am Morgen des 16. Januar: Der Prinz befahl dem obersten Postmeister, am Abend ein Gespann von acht Pferden zum Palast in Madrid zu bringen. Der vorsichtige Beamte schickte keine Pferde, aber sein Bericht über diesen Vorfall genügte, den endgültigen Schlag des Königs auszulösen. Am 17. Januar kam Philipp in die Hauptstadt. Zuerst stattete er seiner Gemahlin einen Besuch ab, dann ließ er seinen Halbbruder Don Juan kommen, der eine Zeitlang der engsten Umgebung des Prinzen zugeteilt gewesen war, und von da an beschleunigte sich das Tempo.

Man schickte nach den Staatsräten. Alba befand sich in den fernen Niederlanden, aber die meisten anderen waren verfügbar. Der 18. Januar war ein Sonntag. Der König empfing den französischen Botschafter, dem er den üblichen unerschütterlichen Eindruck machte. Dann ging Philipp in der Schloßkapelle zur Messe in Begleitung von Don Carlos – bei dieser Gelegenheit zeigte sich der junge Mann zum letztenmal in der Öffentlichkeit. Später ließ der König seinen Sohn rufen, der aber Unpäßlichkeit vorschützte und sich in seine Gemächer zurückzog, wo er zu Abend speiste und dann zu Bett ging.

Um elf Uhr nachts ließ Philipp seine Vertrauten holen, darunter den Herzog von Eboli, den Grafen (bald Herzog) Feria und Kardinal Espinosa. Mindestens zwei von ihnen waren persönliche Feinde des Prinzen, der Espinosa einmal einen »engstirnigen Priester« genannt hatte. In Begleitung von zwei mit Hammer und Nägeln versehenen Dienern und einem Offizier mit zwölf Wachen gingen der König und sein Gefolge an die Tür des Prinzen. Der französische Schlosser hatte seinen Türmechanismus auf Befehl außer Gang gesetzt, so daß das Eindringen keine Schwierigkeiten verursachte. Die Staatsräte traten zuerst ein und nahmen die Pistole und die Arkebuse an sich. Don Carlos erwachte mit einem Aufschrei; als er die verhüllten Gestalten sah, fragte er, wer sie seien. »Der Staatsrat«, war die Antwort. Nun erschien Philipp selbst; er trug eine Rüstung unter dem Mantel und einen stählernen Helm auf dem Kopf. Der junge Mann fragte, ob sie gekommen seien, ihn umzubringen.

Die Diener wurden hereingerufen und mußten das Fenster zunageln; der Raum wurde nach Waffen durchsucht; die Papiere des Prinzen wurden beschlagnahmt. Darunter fand sich ein Blatt mit zwei Spalten, in denen Don Carlos seine Freunde und seine Feinde aufgezählt hatte. Der Name der Königin stand oben in der ersten, der Name des Königs oben in der zweiten Spalte.

Irgendwann im Lauf dieser Vorgänge gab Don Carlos offenbar die Hoffnung auf, denn er warf sich auf die Knie und bat, man möge ihn töten, sonst werde er sich selbst das Leben nehmen. Dieser Ausbruch verpuffte ohne Echo; der König bemerkte lediglich, dies wäre die Handlungsweise eines Irren. Darauf entgegnete der junge Mann, der seiner Entwicklung nach dem Knabenalter kaum entwachsen war, in pathetischem Ton, er sei nicht verrückt, nur verzweifelt.

Es half nichts; seine Inquisitoren kannten kein Mitleid. »Nicht als Vater, sondern als König werde ich Euch in Zukunft behandeln«, sagte Philipp[53]. Vielleicht wurden ihm diese Worte auch nur in den Mund gelegt; denn die Ereignisse, die sich vor vierhundert Jahren zutrugen, sind bis heute nicht eindeutig geklärt. Fest steht jedoch, daß Don Carlos auf Befehl des Königs in seinem Zimmer eingesperrt und Tag und Nacht von einander ablösenden Wachen beobachtet wurde. Zwei Leute seines Hofstaats durften zu seiner Bedienung dableiben, hatten jedoch strengen Befehl, nicht mit ihm zu sprechen.

In diesem Stadium hatten nur sehr wenige Männer, die allesamt dem König ergeben waren, Kenntnis von dem, was geschehen war. Am 19. Januar, dem Montagmorgen, bemerkte aber die Madrider Bevölkerung, daß der Verkehr auf den Ausfallstraßen gesperrt war. Am gleichen Tag schickte der König nach dem kaiserlichen Botschafter, Baron Dietrichstein, und teilte ihm mit, daß der Prinz verhaftet worden sei. Am 20. Januar fand eine geschlossene Sitzung mit dem Staatsrat statt. Man beschloß, die Cortes nicht einzuberufen, denn sie hatten Don Carlos als Erben feierlich anerkannt und würden vielleicht Einwände erheben. Statt dessen wurden Briefe an einzelne Adlige, Bischöfe und Stadträte verschickt, in denen erklärt wurde, im Namen der Gerechtigkeit und aus »dringenden« und »wesentlichen« Staatsgründen habe sich der König gezwungen gesehen, seinen »teuren und geliebten Sohn« festzusetzen. Ähnliche

Briefe – vom König eigenhändig geschrieben – gingen an einige noch wichtigere Empfänger. Seiner Tante Katharina in Lissabon, die selbst als junges Mädchen mit ihrer Mutter, Johanna der Wahnsinnigen, im Schloß Tordesillas eingesperrt gewesen war, schrieb Philipp, die Taten des Prinzen seien dergestalt, daß er nicht wage, sie zu schildern, um ihr nicht noch größeren Kummer zu bereiten – diese Andeutungen versetzten die Empfängerin zweifellos in größte Unruhe. Kaiser Maximilian und seine Gemahlin, Philipps Schwester, erhielten ebensolche Mitteilungen, in denen von den »Exzessen« des jungen Mannes die Rede war. Philipp betonte eigens, er hätte nicht so gehandelt, wenn es nur Ungehorsam oder Respektlosigkeit gewesen wäre. Dem Papst berichtete er klagend, die Ausschweifungen und Ungebührlichkeiten, die dem Temparament des Prinzen entstammten, hätten alle Grenzen überschritten und seine Gefangensetzung erforderlich werden lassen. Der Wunsch, den Leser schaudern zu machen, ohne ihm Genaueres zu sagen, spricht aus jeder Zeile dieser außergewöhnlichen Korrespondenz. Dem Herzog von Alba berichtete Philipp, Don Carlos habe »schwerwiegende Dinge« getan. Die Nachricht an den neuen Botschafter in Rom, Don Juan de Zuñiga, war für das Ohr des Papstes bestimmt und lautete, die Lebensführung des jungen Mannes sei unordentlich geworden. Fourquevaulx zufolge sagte Philipp seinen Hofleuten ebenso orakelhaft, er könne vierzig ausgezeichnete Gründe für seine Handlungsweise nennen.

In Wirklichkeit verriet Philipp überhaupt nichts und gab auch keine vernünftige Erklärung ab für diesen äußersten Schritt, die Haft seines Sohnes. Nur verschwommene Ausdrücke wurden gebraucht: »Staatsgründe«, »Pflicht«, »im Dienste Gottes«, »nationale Sicherheit«. Doch durch diesen Rauchvorhang von Worten gewinnt man deutlich den Eindruck, daß beschlossen worden war, Don Carlos die Thronfolgerechte zu entziehen und ihn bis zu seinem Lebensende an irgendeinem sicheren Ort in Gewahrsam zu halten. Das war in der spanischen Geschichte nichts Neues. Philipps Urgroßvater, Ferdinand der Katholische, verfuhr ebenso mit seiner Tochter Johanna, der rechtmäßigen Königin von Kastilien nach dem Tode seiner Gemahlin Isabella. Sie wurde in Tordesillas eingeschlossen, während zuerst ihr

Vater und dann ihr Sohn, Kaiser Karl, an ihrer Statt regierten, bis sie eines Tages endgültig den Verstand verlor und die rasende Wahnsinnige der Legende wurde, die in den düsteren Schloßgemächern ihre Katzen jagte.

War Don Carlos wahnsinnig wie Johanna? Zahlreiche Andeutungen finden sich in der zweiten Serie von Briefen, die Philipp ausgehen ließ, als sich zeigte, daß niemand mit den ersten Meldungen zufriedengestellt war. Seinem Schwager, Kaiser Maximilian, schrieb er, der Kern der Sache sei nicht aufrührerische Gesinnung, ein Anschlag auf sein Leben oder eine mutmaßliche ketzerische Neigung (wie protestantische Propagandisten behaupteten), sondern ein unglückseliger »Mangel« oder Fehler in der Persönlichkeit des Prinzen, etwas so tief Verwurzeltes und Unauslöschliches, daß man nicht auf Besserung hoffen und deshalb auch kein Ende der Gefangenschaft absehen könne. Diese Hinweise wurden von einigen Vertrauten des Königs bekräftigt. Eboli (wahrscheinlich ein gehässiger Zeuge) erzählte dem venezianischen Botschafter, seit über drei Jahren wisse der König, daß sein Sohn geistig so verkrüppelt sei wie körperlich; er habe auf Änderung gehofft, diese Hoffnung aber jetzt aufgeben müssen. Auf die Frage, ob es wahr sei, daß Don Carlos ein Attentat auf den König geplant habe, entgegnete Espinosa geheimnisvoll, dies sei nur der kleinste Teil von allem.

Hier handelt es sich zwar um voreingenommene Zeugen, die in ihrem eigenen Interesse nichts gegen ihren Herrn vorbringen konnten, aber das bedeutet nicht unbedingt, daß sie logen. Zwingende Gründe müssen den König veranlaßt haben, so erbarmungslos gegen seinen Erstgeborenen vorzugehen, dem früher ganz ohne Zweifel seine väterliche Liebe gegolten hatte. War er zu der Überzeugung gelangt, daß der Unfall auf der Treppe in Alcala de las Henares und die daran anschließende schwere Erkrankung einen bleibenden geistigen Schaden hinterlassen hatten? Die meisten Geschichten von den »Ausschweifungen« des Jünglings stammen ungefähr aus jener Zeit. Allerdings gibt es auch gegenteilige Beweise aus der Zeit lange nach der Krankheit: Don Carlos machte zwei völlig vernünftige Testamente, von denen eines sogar Tiepolos Urteil der Großzügigkeit und des Mitleids unterstützt. In beiden Dokumenten ist kein Zeichen des Wahnsinns oder der geistigen Verwirrung zu erkennen. Auf dem Totenbett schließlich errang Don Carlos mit seiner Gefaßtheit und frommen Demut sogar die Achtung seiner Feinde – oder war dies nur der übliche, für die Zeitgenossen und die Nachwelt bestimmte Bericht vom Hinscheiden eines gläubigen Christen?

Es gab zweifellos Zeiten, in denen der junge Mann ein unverständliches, unsinniges Verhalten an den Tag legte. Die Beweise gehen zu sehr ins einzelne und stammen aus zu vielen Quellen, als daß sie ganz und gar gefälscht sein könnten. Es ist kaum denkbar, daß der Erbe so großer Macht und so vieler Throne sich ohne Grund eine Schar von Feinden schuf und allgemeines Mißtrauen auf sich zog. Warum gestattete ihm Philipp die Heirat mit der jungen Erzherzogin Anna von Österreich nicht? Es war eine für Spanien höchst wünschenswerte Verbindung, die der König dann schließlich selbst einging. Wußte oder vermutete er, daß der Jüngling kein Mann, sondern möglicherweise sogar impotent war, wie man aus Kaiser Maximilians Nachforschungen in Spanien schließen kann? Oder lagen andere staatliche und politische Gründe vor, die die geplante Ehe unmöglich machten und Don Carlos zu einer schweren Belastung für Spanien werden ließen?

Teilweise kann man die Dinge mit einer Anlage zur Schizophrenie erklären. Die klinischen Symptome lassen sich aus so großem zeitlichem Abstand nicht mehr feststellen, aber daß die Persönlichkeit des Prinzen in gewisser Weise gespalten war, ist eindeutig. Gewalttätigkeit und Mitleid, Großzügigkeit und Raffgier, Bescheidenheit und Hochmut – man könnte meinen, die Urteile über Don Carlos bezögen sich nicht auf ein und dieselbe Person.

Diese Schwankungen zeigten sich bis zum Ende. Es fällt schwer, sich gegen einen jungen Menschen auszusprechen, der gefangengehalten und streng bewacht wurde, doch seine Reaktionen auf die ihm aufgezwungene Situation wechselten fast von einem Tag zum andern.

Zuerst stürzte er in eine Verzweiflung, die sich noch steigerte, als seine Privatgemächer dem Herzog und der Herzogin von

Eboli – zwei Feinden, die ganz oben auf seiner Liste standen – übergeben wurden, als der König seinen Marstall auflöste und als auch der letzte Freund unter seinen Wärtern verdrängt wurde. Er trat in den Hungerstreik – der König ließ sich nicht rühren und sagte, der Prinz werde schon essen, wenn er hungrig sei; und so war es auch. Das Fasten hatte sogar eine günstige Wirkung auf seine Gesundheit.

Als Ostern näherkam, wandte sich Don Carlos der Religion zu und schickte nach seinem Beichtvater. Das Ergebnis war positiv, und man redete schon von einer Aussöhnung mit dem Vater, aber wiederum ließ sich Philipp nicht beeindrucken. Er schrieb an seine Schwester, die Kaiserin, die Erlaubnis zum Besuch der Messe bedeute noch lange nicht, daß der junge Mann in die Welt entlassen werden könne; auch ein gestörter Geist habe manchmal lichte Momente, die jedoch auf längere Sicht kaum etwas ausmachten.

Don Carlos verzweifelte von neuem und kam offenbar auf den Gedanken an Selbstmord zurück. Er begann, ungeheure Mengen zu essen und dazu Schneewasser zu trinken, das man auch im Sommer aus der Sierra haben konnte; er legte Eis in sein Bett und schlief unbekleidet.

Diese Stimmungsumschwünge könnten auf Schizophrenie hindeuten; vielleicht sind sie aber nichts anderes als Ausdruck der Verzweiflung eines zurückgebliebenen, kränklichen, mißgestalteten Jünglings, der ohne Mutter aufgewachsen war und sein ganzes Leben lang in einem Klima der Kränkungen und des Mißtrauens darum gekämpft hatte, sich vom Schatten seines Vaters zu befreien. Seine Reaktionen gleichen denen eines Kindes, das Sicherheit und Anerkennung sucht: Er war grausam, verletzlich und eifersüchtig wie ein Kind und verlangte leidenschaftlich danach, geliebt zu werden. Es nimmt nicht wunder, daß Don Carlos außerhalb der Kreise seines Vaters nach Freundschaft strebte und die Gesellschaft von Frauen vorzog, insbesondere die seiner Stiefmutter, der Königin, die ursprünglich zur Ehe mit ihm bestimmt gewesen war. Diesen Bereich haben die Historiker weitgehend gemieden; aber auch wenn man von Schillers Tragödie und Verdis Oper absieht und den Gedanken an eine ehebrecherische Beziehung – die ohnehin in einem so starr geordneten Hofstaat unmöglich gewesen wäre – beiseite schiebt, erkennt man leicht die Spannungen zwischen den Hauptpersonen, besonders als der König seinem Sohn die erhoffte österreichische Heirat ebenfalls versagte. Der Prinz mußte zwangsläufig darin eine weitere Beleidigung und einen Zweifel an seiner Männlichkeit erblicken, die ihn seinem Vater vollends entfremdeten und ihm den verzweifelten Plan einer Flucht aus Spanien einflößten. Für den König wäre es nur ein kleiner Schritt gewesen, in der Auflehnung des Jugendlichen den Beweis für eine Geistesgestörtheit zu erkennen, die seine Dynastie und das Wohl seiner Königreiche bedroht hätte, auch wenn keine äußeren politischen Ereignisse jegliche Gefahr vergrößert hätten.

Die Verhältnisse in den Niederlanden ließen die Gefahr akut werden, und in vielen damals umlaufenden Gerüchten wurde Don Carlos mit dem Aufstand direkt in Verbindung gebracht. Es hieß, Egmont habe bei seiner Mission in Spanien den Prinzen für die Sache der Aufständischen gewonnen, Montigny habe ihn ebenfalls in dieser Richtung beeinflußt, und Don Carlos habe Kontakt mit Oraniens Agenten, die in den innersten Kreis am spanischen Hof eingedrungen waren. Selbst der Sekretär Antonio Pérez wurde später verdächtigt, in Oraniens Sold zu stehen; und die Geschichte erhält einen gewissen Rückhalt durch die Mißgunst, mit der Philipp sowohl Egmont als auch Montigny bis zu ihrem Tode verfolgte. Die Theorie wurde von den meisten Historikern verworfen; es wäre aber für einen Thronerben nichts Neues gewesen, gegen seinen Vater zu intrigieren, und ein Präzedenzfall war aus der königlichen Familie von Aragon bekannt. Außerdem mußte es gar nicht wahr sein; es hätte genügt, wenn Philipp den Eindruck gewonnen hätte, daß die Schmeicheleien der Rebellen in Verbindung mit der Geistesschwäche seines Sohnes eine Situation herbeigeführt hatten, die für die Monarchie und Spanien so gefährlich war, daß nur noch rigoroses Durchgreifen helfen konnte.

Daß der König schließlich so weit kam, die ganze Lage in Extremen zu beurteilen, geht daraus hervor, wie er Don Carlos nach der Festnahme behandelte. Fünfeinhalb Jahre zuvor, als der Infant in Alcala jenen Unfall erlitt, war er vom Kummer überwältigt und fühlte sich außerstande, am Bett des dem Tode nahen Jünglings zu wachen. Jetzt handelte er mit kalter, gefühlloser Grausamkeit. Das Staatswohl war ihm stets oberste Pflicht, und zweifellos erinnerte er sich auch seiner Großmutter in Tordesillas, die 1520 beim Communero-Aufstand von bewaffneten Truppen gegen seinen Vater eingesetzt worden war. Diese Geschichte hatte sich vor seiner Geburt ereignet, aber sie enthielt eine eindeutige Lehre. Wenn Don Carlos an die niederländische Grenze entwich und sich in die Hände der Aufrührer begab, konnte seine Leichtgläubigkeit zusammen mit den Männern und Geldern Oraniens dem Regime sehr gefährlich werden. Und was wäre, wenn ein gedungener Mörder oder Don Carlos selbst die Waffe gegen den König richten würde? Im Rückblick erscheinen diese Gedanken absurd; für einen Herrscher aber, der mit einem Aufstand fertigwerden mußte, sahen sie wohl anders aus, und vielleicht vermögen sie die strenge Behandlung des Gefangenen im Turm bis zu einem gewissen Grad zu erklären, wenn auch nicht zu entschuldigen.

Die letzten Szenen waren gnädigerweise kurz. Gegen Mitte Juli 1568 ließ Don Carlos offenbar jegliche Selbstbeherrschung fallen. Ganz im Stil seines gierigen Großvaters, des Kaisers, verschlang er eines Tages eine ganze Rebhuhnpastete mit Gewürzsoße. Darauf bekam er brennenden Durst, den er mit Schneewasser zu stillen suchte. Nicht lange danach verspürte er heftige Schmerzen, gefolgt von Übelsein und Erbrechen.

Man schickte nach den Ärzten. Dies lief zu jener Zeit darauf hinaus, dem Tod Einlaß zu gewähren; bei zwei Gemahlinnen Philipps war die Todesursache ebensosehr ihre Krankheit wie das ärztliche Eingreifen. Am 19. Juli stand fest, daß keine Hoffnung auf Genesung mehr bestand. Nach dem Urteil aller Beobachter wurde jedoch der Geist des Patienten wieder klar. Er beichtete, setzte ein zweites Testament auf, verschenkte seine Juwelen – und bat darum, seinen Vater sehen zu dürfen.

Daß selbst die beruflichen Lobredner des Königs das Bedürfnis verspürten, sein Verhalten zu entschuldigen, zeigt sich in Cabreras monumentaler Biographie, in der er eine rührende Szene schildert, wie der König ins Krankenzimmer tritt und über dem Haupt seines sterbenden Sohnes das Kreuz schlägt.

Zum Unglück für Philipps Ruf ist dies fast sicher reine Erfindung. Er begab sich nicht ans Sterbebett und untersagte auch seiner Gemahlin und seiner Schwester, den Prinzen aufzusuchen; denn er war ein Mann, der eine wirkliche oder eingebildete Beleidigung niemals verzieh, wie ein Beobachter aus seiner nächsten Umgebung später schrieb.

In den frühen Morgenstunden des 24. Juli 1568 starb Don Carlos. Er war dreiundzwanzig. Der König schritt nicht im Trauerzug, sondern beobachtete ihn von einem Palastfenster aus. Er erfüllte den letzten Wunsch seines Sohnes, im Kloster San Domingo el Real in Madrid bestattet zu werden; einige Jahre später ließ er den Sarg jedoch in den Escorial verbringen, wo er heute noch steht.

Das Gerücht von einer Vergiftung war fast sicher unbegründet, obwohl der Tod des Infanten zu gelegener Zeit eingetreten war. Selbst wenn der König tatsächlich auch diese schlimmste Grausamkeit begangen hätte, könnte sein Verhalten kaum in schwärzerem Licht erscheinen.

Die Königin hatte die Tragödie kummervoll, aber hilflos miterlebt. Don Carlos hatte ihr stets Achtung und Zuneigung entgegengebracht; dies ist übrigens eines der stärksten Argumente gegen seinen Wahnsinn. Sie hatte ihm dafür ihre Freundschaft geschenkt. Daß sie wärmere Gefühle für ihn hegte, ist höchst unwahrscheinlich; erst sehr viel später setzten die Feinde des Königs dieses Gerücht in Umlauf. Es ist nur natürlich, daß sie Mitleid und Sympathie empfand für den jungen Menschen, der ihr im Alter nahestand und so unglücklich war, denn sie selbst steckte im Zwang einer Etikette, die kaum Luft zum Atmen ließ. Schon früh hatte sie dies verspürt und ihrer Mutter darüber geschrieben: »Ich muß gestehen, Madame, wenn ich nicht von der hier versammelten Gesellschaft soviel Freundlichkeit empfinge und wenn ich nicht das Glück hätte, den König täglich zu sehen, würde ich finden, daß dieser Hof der langweiligste auf der Welt ist.«[54] Die Umstellung muß schwierig gewesen sein für ein Mädchen, das unter den frohsinnigen und weltzugewandten Valois aufgewachsen war, und es wurde noch schlimmer, als sie auf »Bitten« ihres Gatten wegen der Eifersucht der spanischen

Ehrendamen die französischen Begleiterinnen, die auf ihrer Brautfahrt nach Guadalajara in ihrem Gefolge mitgekommen waren, nach Hause schicken mußte.

Es gab glückliche Zeiten und ländliche Feste im Park von Aranjuez am Ufer des Tajo, und sie faßte Pläne für die Ausschmückung der Gärten, Wäldchen und Baumgruppen, in denen die Nachtigallen schlugen, wie sich der König viele Jahre später in seinen Briefen an ihre Töchter erinnerte. Wenn sie in ihrer Kutsche ausfuhr, verschleierte sie sich nicht; schon das war ein Beweis für die Gunst des Königs. Ihre Gesundheit war jedoch schwach, und die Gefangennahme des Infanten kurz nach der Geburt ihrer zweiten Tochter stürzte sie in tiefe Betrübnis. Sie schrieb dem französischen Botschafter, das Unglück gehe ihr so nahe, als sei Carlos ihr eigener Sohn, und sie weinte zwei Tage lang, bis der König dieser unspanischen Schaustellung von Gefühlen Einhalt gebot: »Genug der Tränen, Madame!« Selbst ein Aufenthalt in Aranjuez brachte keine Besserung, denn sie sehnte sich nach den Infantinnen, die man in dem angeblich gesünderen Klima Madrids zurückgelassen hatte.

Zu Beginn des Herbstes verschlechterte sich ihr Zustand unter der Belastung einer weiteren Schwangerschaft, die zum Schrecken ihrer Ärzte mit Schwindel und Fieber einherging. Anfang Oktober hatte sie sich mit dem Tod ausgesöhnt; Fourquevaulx gegenüber äußerte sie, sie denke daran ohne Bedauern. Etwas von dem Fatalismus, der neben Geist und Schönheit zu ihrem Wesen gehörte, zeigte sich auch bei einem der letzten Gespräche mit dem König; sie sagte, sie sei bekümmert, nicht nur weil sie ihn verlassen müsse, sondern auch weil sie ihm den Sohn, den er brauchte, nicht geschenkt habe. Cabrera zufolge entgegnete Philipp unter Tränen, er habe gehofft, Gott werde ihr in seiner Güte Gesundheit und ein langes Leben gewähren; da ihm dieser Wunsch aber wegen seiner Sünden nicht erfüllt werde, könne er nur noch ihren letzten Willen ausführen und sie stets im Gedächtnis bewahren.

Am 3. Oktober um die Mittagszeit hatte sie eine Frühgeburt, ein Mädchen, das gerade lange genug lebte, um getauft zu werden. Der König saß an ihrem Bett, als sie kurz danach starb.

Später bezeichnete er ihren Tod als unersetzlichen Verlust.

137

Mit seiner vierten Heirat ersetzte er sie in einer Beziehung sehr bald. Seine Liebe zu seiner jungen dritten Gemahlin war aber zweifellos ungeheuchelt. Dreißig Jahre später, als er selbst im Sterben lag, überreichte er ihrer älteren Tochter mit der Bitte, ihn nie mehr abzulegen, den Ring, den Alba im Jahr 1559 bei jener Heirat *per procurationem* in Paris ihrer Mutter an den Finger gesteckt hatte.

8. Kapitel: Alba in den Niederlanden.
Das Problem England

Diese Schicksalsschläge in Philipps Familie am Ende des ersten Jahrzehnts seiner Regierung waren der Auftakt zu der großen Tragödie des Kriegs in den Niederlanden. Im August 1567 war der Herzog von Alba in Brüssel angelangt. Als hervorragender Grande und spanischer Kriegsmann mit der bei weitem größten Erfahrung war er mit dem Kaiser bei Tunis, Mühlberg und der Belagerung von Metz gewesen, ehe er seine Karriere mit dem brillanten Feldzug gegen den Papst und den Herzog von Guise in Italien krönte. Er war jetzt an die sechzig, und seine Strenge war ungebrochen, wenn er auch mit seinem silbergrauen Bart patriarchalisch aussah. Seit langem hatte er harte Maßnahmen gegen die niederländischen Seigneurs befürwortet, deren Protestbriefe und Lauheit in Sachen des Glaubens und Gehorsams ihn – wie er dem König mitteilte – derart in Zorn versetzten, daß ihm beinahe die vernünftige Überlegung abhanden gekommen sei. Tatsächlich ist es die mildeste Beurteilung, wenn man seine blutige Herrschaft in den Niederlanden mit den Hinrichtungen, Erpressungen und unbarmherzigen Plünderungen aufständischer Städte als Werk eines Mannes betrachtet, der vorübergehend sein Urteilsvermögen, wenn nicht gar den Verstand verloren hatte.

Er konnte nun ganz nach Belieben vorgehen, denn bei seinem Einmarsch in Brabant folgte ihm ein hervorragend ausgerüstetes Heer von etwa 20 000 Mann (davon knapp 9 000 Spanier) mit »einer staunenswerten Zahl von Dirnen«, wie ein stark beeindruckter Niederländer berichtete. Gewissen Zählungen zufolge waren es zweitausend; diese Zahl erscheint selbst für ein Söldnerheer sehr hoch.

Albas Ankunft im Statthalterpalast zu Brüssel ging jedoch nicht so glatt vonstatten wie erwartet. Die Bogenschützen aus der Leibwache der Regentin wollten seine Hellebardiere nicht einlassen, und die erste Unterredung zwischen dem Herzog von Alba und der Herzogin von Parma verlief äußerst kühl. Bei einem zweiten Gespräch fragte Margarete nach dem Zweck der geheimnisvollen Mission. Der Herzog entgegnete, er habe den Auftrag, dafür zu sorgen, daß die Gesetze geachtet und die Edikte befolgt würden, damit der König bei seinem Besuch ein friedliches Land vorfinde. Dies war eine ungeheure Beleidigung für eine Frau, die soeben aus eigener Kraft einen bewaffneten Aufstand unterdrückt hatte.

Die Regentin tobte vor Wut. Am 29. August 1567 schrieb sie an den König und bat um Erlaubnis, ihr Amt niederzulegen und sich aus den Niederlanden zurückzuziehen, da sie sich, wie sie es ausdrückte, in tiefster Seele durch seine Behandlung verletzt fühle. Noch vor Jahresende hatte sie die Provinzen verlassen, deren wichtigste strategische Zentren inzwischen von den Truppen des Generalkapitäns besetzt worden waren. Bald darauf wurde ihm die Statthalterschaft übertragen. Wilhelm von Oranien war schon nach Deutschland geflohen; er hatte die Anzeichen richtiger gedeutet als Graf Egmont, der Sieger von Saint-Quentin, und Montignys Bruder Graf Hoorne, die sich von den Schmeicheleien des Königs und des Herzogs betören ließen und – wie Montigny in Spanien – im September verhaftet wurden. Gegen Ende dieses Monats wurde ein neues Sondergericht geschaffen, das alle, die an den Wirren beteiligt gewesen waren, aburteilen sollte – die Niederländer bezeichneten es bald als »Blutgericht«.

Am 24. Oktober berichtete der Herzog dem König, daß – Gott sei gelobt! – in den Niederlanden alles ruhig sei. Es war die Ruhe einer alles umfassenden Furcht, und bald setzten die Hinrichtungen ein. Am 4. Januar 1568 starben vierundachtzig Adlige auf dem Schafott; im Februar wurden fünfundneunzig angeklagt und siebenunddreißig verurteilt; im März kam es zu einer Welle von Verhaftungen – fünfhundert an einem einzigen

Tag. Wilhelm von Oranien war vorgeladen worden; *in absentia* wurde sein Besitz beschlagnahmt, und zu aller Sicherheit wurde sein Erbe, der Graf von Buren, aus der Universität Löwen entführt und nach Madrid verbracht.

Damit begannen die Maßnahmen, die Alba als »ein Beschneiden der Reben« im niederländischen Weinberg des Königs bezeichnete. Sicher war er auf einen Gegenschlag der Aufständischen gefaßt, wenn auch nicht auf die Niederlage, die einer seiner Truppenteile bei dem Kloster Heiligerlee in Friesland durch ein Heer unter Führung von Oraniens jüngerem Bruder, Graf Louis von Nassau, erlitt. Seine unmittelbare Reaktion war, die öffentlichen Hinrichtungen der Grafen Egmont und Hoorne in Brüssel zu beschleunigen, die bereits als Rebellen verurteilt worden waren – ein grober Fehler, denn Hoorne war ein wenig bedeutender Mann, den er damit zum Patrioten und Märtyrer erhob, und Egmont war im Grunde seines Herzens ein Gemäßigter, dessen wahre Loyalität weniger den Niederlanden als dem König galt. In einem Brief an Philipp drückte der Herzog seine Hoffnung aus, ihr Beispiel werde »fruchtbar« sein. Um der Sache Nachdruck zu verleihen, ließ er in der ersten Hälfte des Juni weitere Hinrichtungen folgen und verhieß umfassende Bestrafung. Gleichzeitig sammelte er eine Truppe und marschierte nach Norden. Bei der kleinen friesländischen Stadt Jemmingen trieb er Nassaus bei Heiligerlee siegreiche Streitmacht in einer Schleife der Ems in die Enge und rieb sie auf. Danach wandte er sich nach Süden und verdrängte die von Oranien angeführte Hauptgruppe der Aufständischen aus Brabant, wobei er selbst kaum Verluste hatte.

Nun fühlte er sich sicher als allmächtiger Sieger und machte sich im folgenden Jahr an die Aufgabe, ein neues Steuersystem einzuführen. Die Provinzen hatten sich zuvor in ihrer Unterstützung für den königlichen Staatsschatz und für das königliche Heer, das sie beschützte, sehr knauserig gezeigt. Das lehnsherrschaftliche Steuersystem war völlig veraltet und sollte nun modernisiert werden; im Frühjahr 1569 wurden den nach Brüssel einberufenen Generalständen drei neue Steuerforderungen vorgelegt: der Hundertste, eine einprozentige Kapitalbesteuerung, der Zwanzigste, eine fünfprozentige Grunderwerbsteuer, und der bald berüchtigte Zehnte, eine zehnprozentige Umsatzsteuer. Diese Steuerlasten waren im Prinzip sicherlich nicht unvernünftig und auch nicht ungerecht, und der Zehnte war nicht schlimmer als die *alcabala*, die Verkaufssteuer, die in Spanien seit Jahren erhoben wurde, doch der Herzog übersah dabei zwei wichtige Faktoren: den dumpfen Groll im Land, der viele Gemäßigte den extremistischen Geusen zutrieb, und das Verhalten Englands.

Wie für seinen Vater, den Kaiser, war England auch für Philipp Gegenstand ständiger Sorge. Seine Position als Seemacht neben Spaniens Kommunikationsweg nach den Niederlanden, sein Handel mit Antwerpen und vor allem sein Wert als Gegengewicht gegen Frankreich – das alles machte seine Freundschaft unbedingt erforderlich, und selbst nach dem Mißlingen des Plans, die neue englische Königin zu heiraten, hörte Philipp nie auf, seine Freundschaft zu beteuern und seinen Schutz anzubieten. Dies waren keine leeren Worte; denn während Mary Tudors Regierungszeit hatte er sie sehr wirkungsvoll beschützt und für eine friedliche Thronbesteigung gesorgt. Daß die Königin und ihre Regierung nach Marys Tod von der Orthodoxie zur Ketzerei übergeschwenkt waren, war für ihn kein Grund, seine Politik zu ändern.

Für seine brüderliche Toleranz empfing er geringen Lohn. Die aufeinanderfolgenden spanischen Botschafter in London fühlten sich hinters Licht geführt und erzürnten sich gelegentlich über die hinterhältigen Manöver der Königin und ihres Kronrats. »Die Dinge sind derart in Unordnung, daß man nur verworren darüber berichten kann«, schrieb der Bischof von Quadra im Jahr 1560[55]. Mehrere Jahre später kannte sich der unglückliche Bischof so wenig aus wie zuvor und gestand: »Ich weiß nicht, was ich von dem allem denken soll, außer daß diese Leute so in Verwirrung sind, daß sie mich ebenfalls durcheinanderbringen.«[56]

Die meisten Probleme entzündeten sich an der Frage, ob und wen Elisabeth heiraten würde. Dachte sie an den österreichischen Erzherzog Karl oder an ihren Günstling Robert Dudley? Sie verstand es, ihre Unternehmungen zu vernebeln, so daß man nur selten die Wahrheit erkennen konnte. Was die Heirat betraf, so war Philipp scharfsichtig genug, ihre Ansicht zu erraten. Da er selbst sie nicht geehelicht hatte, kam er zu der Überzeugung, sie werde überhaupt niemanden heiraten, und all ihr Gerede sei, wie er es ausdrückte, von vorne bis hinten nichts anderes als eine List und ein Zeitvertreib. Doch auch er konnte niemals wirklich ergründen, wie verschlagen sie war. Ihre Unverfrorenheit kannte keine Grenzen. So sagte sie einmal zu einem spanischen Botschafter, sie müsse sich verstellen, sei aber im Grunde ihres Herzens Papistin, und bei einer anderen Gelegenheit erklärte sie, die Seeräuberei im Karibischen Meer, über die er sich beklagte, sei die Tat von Schotten, die zur Irreführung englisch sprachen. Don Guzman de Silva, wahrscheinlich der fähigste spanische Botschafter in den 1560ern, lobte – wenn auch widerwillig – ihr Geschick, alles im unklaren zu lassen, so daß sie auch ihre englischen Vertrauten meist zu täuschen vermochte.

Philipp, der schon früh seine Erfahrungen mit Elisabeth gemacht hatte, ließ sich weniger leicht hinters Licht führen als andere. Er brachte instinktives Verständnis für ihre Abneigung gegen die Ehe und für ihr unbändiges Unabhängigkeitsstreben auf, soviel Schaden er dadurch auch erlitt. »Seit sie Königin ist«, schrieb er 1561 an Quadra, »hat sie nie etwas nach Unserem Rat und zu Unserer Zufriedenheit getan ...«[57] Der vielgeprüfte Quadra ließ psychologischen Scharfblick erkennen, als er an Granvelle nach Brüssel schrieb, noch ehe der Herzog von Alba dort erschienen war: »Ich bin sicher, daß diese Königin, seit der König nach Spanien gesegelt ist, nichts anderes bedacht und erwogen hat, als wie sie ihn aus den Niederlanden vertreiben könnte.« Er setzte hinzu, sie sei von jeher gegen den König eingestellt gewesen[58].

Der Zündstoff für Feindseligkeiten zwischen Spanien und England war vorhanden, seit die beiden gegensätzlichen Rivalen ihre Throne bestiegen hatten. Vielleicht wäre es nie zum Krieg gekommen, wenn nicht in den Niederlanden der Aufstand ausgebrochen wäre.

Während des Bildersturms zu Herzogin Margaretes Zeit war Elisabeth neutral geblieben. In Gedanken neigte sie wahrscheinlich dem spanischen, legitimistischen Standpunkt zu. Leute, die gegen ihren König rebellierten, verdienten eine schwere Strafe, sagte sie zu Don Guzman de Silva, den sie hoch schätzte. In ihren Worten lag eine großer Teil Wahrheit, denn sie gehörte nie zu den protestantischen Eiferern. Als Monarchin und Skeptikerin war sie politisch und temperamentmäßig gegen Rebellen und Extremisten jeder Art eingestellt. Außerdem war sie aber die Königin eines Landes, das traditionsgemäß gute Beziehungen zu seinem niederländischen Handelspartner jenseits des Kanals unterhielt, und sie war umgeben von Räten, die weitaus romfeindlicher waren als sie selbst. Albas Ankunft in Brüssel habe sie »bestürzt«, berichtete Don Guzman seinem König, und die Verhaftung Hoornes und Egmonts habe großes »Befremden« hervorgerufen – eine gekonnte diplomatische Untertreibung des Schreckens und Entsetzens, das bei dieser Nachricht in London ausbrach.

Von da an spürt man zunehmende Kälte und Mißtrauen im Austausch zwischen den beiden Regierungen. Es kam zu Ereignissen, die wenige Jahre zuvor noch undenkbar gewesen wären. Im gleichen Monat, in dem die Grafen verhaftet wurden (September 1567), fuhr Philipps flämischer Admiral de Walchen in den Hafen von Plymouth ein, wo er von englischen Schiffen beschossen wurde und den Befehl bekam, die Flagge zu streichen – ein Vorfall, wie er ihn in achtzehnjähriger Seefahrt nie erlebt hatte. In seinen Instruktionen für Don Guerau de Spes, den neuen Botschafter und Nachfolger von Don Guzman, stellte Philipp seine gutnachbarschaftlichen Absichten heraus, und gelegentlich erhielt er auch eine gemurmelte Antwort der Königin, aber der Schaden war geschehen, und im Dezember 1568 beschlagnahmte die englische Regierung einen Konvoi spanischer Schiffe, die in Plymouth und anderen Kanalhäfen Schutz vor Piraten gesucht hatten, und bemächtigte sich der gesamten Ladung.

Es war ein Raubüberfall am hellichten Tag, aber wie gewöhnlich war Elisabeth nicht um Ausreden verlegen. Sicher, das Geld sei für den Herzog von Alba bestimmt, und es sei dem König von Spanien geliehen worden, aber technisch gesehen sei es nach wie vor Eigentum der Genueser Bankiers, und die Engländer hätten es keineswegs gestohlen, sondern bemühten sich eifrig, es zu »schützen«. Weiterhin besagte die Argumentation, die Schiffe würden festgehalten, da sonst Gefahr bestünde, daß sie von den Franzosen geentert würden, und im Blick auf die großen Ausgaben, die zum Schutz des Geldes eines Freundes aufgewendet würden, sei der Schatz ausgeladen und als Sicherheit auf englischen Boden verbracht worden.

Damit hatte die Königin sich selbst übertroffen. Alba beschlagnahmte sofort ihre Schiffe und Waren, die sich in niederländischen Häfen befanden, doch deren Wert betrug nur einen Bruchteil des Goldes, das jetzt in englischer Hand war, und die englische Regierung, die beim Gegner Entschlußlosigkeit wahrnahm, ließ sich von dem diplomatischen Aufruhr, den ihre Seeleute entfesselt hatten, nicht beeindrucken. Es blieb den Spaniern überlassen, Schritte zu einem Kompromiß zu unternehmen. Botschafter und Sonderbeauftragte eilten dahin und dorthin, und einer von ihnen brachte bei einer ergebnislosen Sitzung mit dem englischen Kronrat die Sache auf den Nenner: »Also, Gentlemen, dann will die Königin kurz und bündig wissen lassen, daß sie das Geld seiner Majestät des Königs nicht zurückgeben wird«[59] – und genau so war es.

Was war nun zu tun? Der König in Madrid und der Herzog von Alba in Brüssel begannen, den Ball zwischen sich hin- und herzuwerfen. Der König brachte vor, er sei zu weit vom Schauplatz der Ereignisse entfernt, der Herzog beteuerte seine Ergebenheit gegenüber seinem Herrn. Alba war für ein Einlenken; er brauchte sein Geld und wünschte, daß der normale Handel wieder aufgenommen würde. Als Statthalter der Niederlande stand er in einer langen Bündnistradition mit England. Am 10. März 1569 schrieb er an Philipp, er bezweifle den Vorteil eines offenen Bruchs im derzeitigen Augenblick angesichts der Ebbe im Staatsschatz, der allgemeinen Erschöpfung der Niederlande und des Mangels an Schiffen, und er empfehle friedliche Maßnahmen.

Der König war in dieser Sache weitaus kriegerischer gesonnen und wollte vorerst erforschen, ob die Möglichkeit bestünde, mit spanischem Geld einen katholischen Aufstand in England anzuzetteln. »Keine Zeit könnte gelegener sein!« bemerkte er in einem Ausbruch ungewöhnlicher Entschlossenheit. Trotzdem bat er Alba um Rat und überließ ihm die Vorarbeiten. Ein Gegengrund war die englische Thronfolge: Im Falle von Elisabeths Absetzung oder Tod ging sie auf die gefangene schottische Königin, Maria Stuart, über, die zwar eine gute Katholikin sein mochte, politisch aber mit Frankreich verbunden war. Diese Gefahr hemmte die spanische Diplomatie bis zu dem Tag, als Maria Stuart im Schloß Fotheringhay enthauptet wurde, doch zuzeiten mußte sie ins Auge gefaßt werden, und so begann Philipp, mit gewissen, vom Papst und anderen ultrakatholischen Eiferern vorgebrachten Gedanken einer radikaleren Lösung der englischen Frage zu spielen.

Der König schwankte von Tag zu Tag zwischen Härte und Kompromißbereitschaft. Im Juli 1569 schrieb er an Alba, die beste Politik sei es, Elisabeth dazu zu bringen, daß sie wegen des gestohlenen Schatzes »zur Sache komme« und keine weiteren Ausflüchte erfinde – dies war leichter gesagt als getan. Im November schrieb er dem Herzog, falls die Königin dreist genug sei, ihn zu einem Bruch zu zwingen, werde es gut sein, Irland zu besetzen, was mit Truppen aus Spanien leicht bewerkstelligt werden könne.

Es wäre wahrscheinlich in jenem Jahr oder in den Jahren 1570 und 1571 möglich gewesen, als der neue Botschafter in London, Don Guerau de Spes, auf diese »irische Lösung« drängte und seinen Herrn dringlich ersuchte, sich aufzuraffen und die Energie zu entfalten, die für eine so große Sache nötig war. Weitaus deutlicher als Alba oder ein sonstiger Ratgeber des Königs hatte Spes die Realitäten hinter der englischen Spanienpolitik erkannt. Falls England nicht seine Religion oder wenigstens seine Regierung wechsle, schrieb er in einer Depesche[60], könne der König in Zukunft mit nichts anderem als »Bosheit und Wirren, Beleidigungen und Räuberei« rechnen. Was den Handel betraf, ging er noch mehr in die Einzelheiten. Es sei nutzlos, schrieb er, mit den Engländern wegen einer Regelung zu verhandeln, denn so gerecht die eigenen Forderungen auch sein mochten – sie würden sie stets übertrumpfen und zuviel verlangen: Freiheit zum Handel mit den spanischen Indien; Freiheit von der Rechtsprechung der Inquisition für englische Seeleute auf spanischem Boden. Er setzte hinzu, diese Ansprüche könnten gestellt werden, weil die

Engländer überzeugt seien, daß Philipp niemals einen Finger rühren würde, um die Königin abzusetzen, aus Furcht, sie in Frankreichs Arme zu treiben. Wenn dies zutraf, hatten die Engländer ihren Gegner unterschätzt; denn im Sommer 1571 entschloß sich Philipp auf Drängen des Papstes, den Plan eines gewissen Rudolfo Ridolfi zu unterstützen. Diesem Plan zufolge sollte ein Aufstand englischer Katholiken unter dem Herzog von Norfolk mit Hilfe einer spanischen Invasionstruppe aus den Niederlanden entfesselt werden; Königin Elisabeth sollte auf einer ihrer Reisen im Land ermordet werden; die schottische Königin Maria Stuart sollte befreit, auf den englischen Thron gesetzt und entweder mit Norfolk oder – ein phantastischer Gedanke – mit Don Juan d'Austria verheiratet werden.

Selten war der sonst so zurückhaltende König derart auf Taten versessen gewesen. Eigenhändig schrieb er an den Herzog von Alba, nichts liege ihm so sehr am Herzen wie dieser Dienst für Gott. Strengste Geheimhaltung sei erforderlich, und keine offene Bewegung dürfe erfolgen, ehe die Verschwörer in England zugeschlagen hätten, aber dann dürfe Alba keinen Augenblick zögern, die Hilfstruppe über die Straße von Dover zu schicken. Wie der Herzog eine solche Streitmacht zusammenziehen und gleichzeitig ihre Existenz vor den englischen Spionen geheimhalten sollte, überging der König mit Stillschweigen, aber alles andere führte er in sämtlichen Einzelheiten aus, bis hin zum Namen des Kommandierenden der Expeditionstruppe, eines weiteren Italieners, Chiapin Vitelli.

Der Herzog hatte Ridolfi kennengelernt, und im Gegensatz zum König mißtraute er ihm als einem Menschen ohne jede Diskretion. Von Norfolk wußte er, daß er schwach und unentschlossen war. Er kannte auch Botschafter Spes und hielt von ihm noch weniger als von dem ganzen Plan. Alba kümmerte sich nicht um Elisabeths Schicksal, aber als vernünftiger Mann sah er die Gefahr eines Affronts der Protestanten in ganz Europa, wenn Spanien solche Kreaturen unterstützte, deren prahlerisches Gerede ihn mit Verachtung erfüllte. Er schrieb, was Ridolfi da vorschlage – Truppen auszuheben, um die eine Königin zu ermorden und die andere zu befreien, um den Tower in

London zu stürmen und sämtliche Schiffe auf der Themse in Brand zu stecken –, sei unmöglich, selbst wenn die Königin von England persönlich an der Intrige teilnähme. Sehr ernst bat er den König, er möge sich nicht von seinem »großen Eifer« für die Religion zu einem Unternehmen verleiten lassen, das eben-dieser Religion unermeßlichen Schaden zufügen würde, weil ganz Europa über ihn herfiele.

Ein merkwürdiger Rollentausch: Der Mann von Blut und Eisen in Brüssel predigte den Frieden, und der vorsichtige König plante die Ermordung seiner Schwägerin! Nach der auch vom Papst vertretenen politischen Moral jener Zeit hatte Philipp einige gute Argumente für seine Sache, denn die englischen Katholiken würden, wie er betonte, ganz gewiß ausgemerzt, falls sie keine Hilfe erhielten, und die Königin werde sich stets als unversöhnliche Feindin Spaniens zeigen, ob man sie provoziere oder nicht. Er sei jedoch überzeugt, daß Gott selbst seine Sache führen und die Dinge richtig lenken werde. Am Ende dieses von soviel Glauben und Zuversicht zeugenden Briefes trat allerdings die Unentschlossenheit des Königs wieder zutage: Er überließ dem Herzog die endgültige Entscheidung für oder gegen die Tat.

Und damit endete die Angelegenheit; denn wie Alba längst vorhergesehen hatte, flog der Anschlag auf, da es an starker, sachkundiger Führung fehlte. Er wurde von englischen Agenten entdeckt und riß Norfolk und die katholische Sache in seinen Zusammenbruch hinein. Die Spanier konnten von Glück sagen, daß die Königin sich darauf beschränkte, Botschafter Spes aus-zuweisen und um einen weniger eigenwilligen Nachfolger zu bitten.

Das ganze Komplott brachte Spanien nichts als Unheil. Elisabeth saß fester auf ihrem Thron als je zuvor. Der Herzog von Alba trauerte seinem Geld und seinen Waren im Wert von 800 000 Dukaten nach. Der Handelsstreit zog sich hin, bis er schließlich im Jahr 1573 mit dem Abkommen von Nijmegen zu sehr günstigen Bedingungen für England beigelegt wurde. England hatte ohnehin seit Jahren seine Wollwaren in Flandern zu Schleuderpreisen gewinnbringend abgesetzt und damit den ört-lichen Handel geschädigt. Schwerer wog für Spanien auf lange

Sicht das Mißtrauen des Königs gegenüber jeglichem unabhängig gesonnenen Statthalter in den Niederlanden. Die Folgen der durchgestandenen Wirren und erlittenen Demütigungen erinnerten ihn an die Ermahnung des Kaisers, niemandem zu trauen als nur sich selbst. Er beherzigte diese Lektion, die dazu führte, daß sich die spanische Politik in der Hand eines Herrschers konzentrierte, der nach den Worten eines Mannes aus seiner engsten Umgebung wesensgemäß unfähig war, irgend etwas zu entscheiden.

9. Kapitel: Kreuz gegen Halbmond

Don Carlos war im Juli 1568 gestorben, die Königin im Oktober; im Dezember eigneten sich die Engländer die spanischen Schatzschiffe an; von August an hatte Kaiser Maximilian bei Philipp Beschwerde erhoben wegen Albas rigorosem Durchgreifen in den Niederlanden, und dadurch war eine gefährliche Bresche in der katholischen Front gegen die Ketzerei entstanden. 1568 war ein Unglücksjahr, und die Schicksalsschläge hörten nicht auf, denn während der König im kalten, unfertigen Escorial kniete und seine Weihnachtsgebete verrichtete, flackerten die Brände des Morisco-Aufstandes in den Städten und Dörfern der Alpujarras auf, der Berge zwischen Granada und dem Meer. Granada selbst wäre beinahe dem ersten Überraschungsangriff erlegen.

Die Moriscos waren die Abkömmlinge der Mauren, die zu Anfang des 8. Jahrhunderts nach Spanien gekommen waren und es größtenteils besetzt hatten. In dem langen Kampf der *Reconquista* wurden sie zurückgetrieben, bis die letzten Emire im Jahr 1492 das Königreich Granada Ferdinand und Isabella übergeben mußten.

Die Kapitulationsbedingungen waren großzügig: Den Moriscos wurde die freie Glaubensausübung gestattet, sie durften ihre Kleidung und die Badehäuser, Zentren ihres kulturellen Lebens, beibehalten. Diese Zugeständnisse waren klug, denn die Besiegten waren mehr als eine halbe Million arbeitsame, fleißige Menschen an den Mittelmeerküsten Spaniens zwischen Malaga und Valencia. Die Sieger konnten sie weder ausrotten noch versklaven; sie wollten sie vielmehr im Lauf der Zeit durch gutes Beispiel und einigen Druck von seiten der Kirche assimilieren.

Als sich jedoch herausstellte, daß auf die erste Bekehrungswelle der Conversos oder »neuen Christen« kaum weitere Übertritte erfolgten und die Moriscos sich zu einem Fremdkörper im Staat entwickelten, wurden immer strengere Edikte erlassen, die unter Karl V. in dem Verbot der Badehäuser, dem Tragen von Turbanen und maurischer Kleidung, dem Gebrauch der arabischen Sprache und dem Feiern arabischer Feste gipfelten.

Der Islam ist aber eine sehr zähe Religion, die sich kaum unterdrücken läßt, und vierzig Jahre nach den Edikten des Kaisers, zur Regierungszeit seines Sohnes, waren die Moriscos der Alpujarras (wo die meisten Eiferer lebten) faktisch, wenn auch nicht formal so unversöhnliche Mohammedaner wie ihre Vorfahren zur Zeit des Cid.

Für die Kirche und die »alten Christen«, die an den Sieg der Reconquista geglaubt hatten, war dies ein unerträglicher Affront, schlimmer als die protestantische Ketzerei, und im Jahr 1566 reagierte Philipp auf die Stimmung im Volk mit einem Neuerlaß der Edikte seines Vaters. Er bemühte sich, damit den Ausweichmanövern und Ausflüchten der Moriscos ein Ende zu setzen und sie zur Anpassung zu zwingen, und zwar, wie er schrieb, auf den Rat kluger und gewissenhafter Männer, die ihm gesagt hatten, dies sei seine Pflicht. Die Notwendigkeit einer solchen Politik erschien um so größer, als die türkische Flotte im vorhergehenden Jahr einen Vorstoß ins westliche Mittelmeer gewagt und die Insel Malta angegriffen hatte. Obwohl sie von den Johannitern zurückgeschlagen worden war, wußte man, daß sie jederzeit zusammen mit den Piraten der Berberküste wiederkehren konnte. Im Hinblick darauf war eine »Fünfte Kolonne«, wie wir heute sagen würden, auf spanischem Boden eine noch drängendere Gefahr als der Aufstand in den Niederlanden. Der Küstenstreifen bei Valencia war eines der reichsten Landwirtschaftsgebiete Spaniens, und die Alpujarras lagen an der Flanke der andalusischen Ebene, nur 200 Kilometer von Sevilla und dem Guadalquivir entfernt, dem Zentrum des Amerikahandels und Ankerplatz der Schatzflotten.

Wie in den Niederlanden, so war es auch bei den Moriscos.

Die drakonischen Edikte des Kaisers waren von beiden Seiten weitgehend ignoriert worden. Als sie nun von einem neuen, eifernden König mit der Macht einer eifernden Inquisition hinter sich wiederum erlassen wurden, standen die Moriscos vor der Wahl, sich zu unterwerfen oder zu rebellieren. Die oft erprobten Verzögerungstaktiken wurden angewandt; als sie aber versagten und der König sogar den Rat seiner Beamten in Granada verwarf, brach der seit langem vorbereitete Aufstand in den Alpujarras aus.

Die nun folgenden Grausamkeiten erfüllten sogar die Zeitgenossen mit Entsetzen. Ein Blutrausch erfaßte die Moriscos. Die christlichen Minderheiten in den Bergen wurden erbarmungslos ausgerottet. Priester wurden von Kirchtürmen gestürzt, Männern, Frauen und Kindern wurde der Bauch aufgeschlitzt, den Opfern wurde Schießpulver in den Mund gestopft, so daß sie bei der Explosion zerfetzt wurden, und man hörte sogar, daß den Menschen bei lebendigem Leib das Herz herausgerissen und verschlungen wurde – sicher nicht die ersten derartigen Greuel in der Geschichte.

Dieser Aufstand, der sehr wohl von den Alpujarras auf die anderen maurischen Gemeinschaften in Murcia und Valencia übergreifen konnte, war für das christliche Spanien zweifellos die schwerste Bedrohung seit Jahrhunderten. Es ging nicht nur darum, was die Moriscos allein ausrichteten; man wußte, daß sie Verbindung zu Konstantinopel und Algier hatten, und an der Felsenküste gab es genug Buchten, in denen türkische Geschwader oder nordafrikanische Piratenbrigantinen Anker werfen konnten.

Der König blieb jedoch erstaunlich gelassen; vielleicht ließ er sich von den frühen, vorübergehenden Erfolgen seiner Truppen in Sicherheit wiegen. Als er dann schließlich seinen Halbbruder Don Juan d'Austria – teilweise auf Drängen des jungen Mannes selbst – zum Oberbefehlshaber in Granada bestimmte, umgab er ihn, um ihn in Schach zu halten, mit einem Rätegremium und erinnerte ihn unaufhörlich daran, daß es seine Hauptpflicht sei, die Stadt zu bewachen, und nicht, persönlich zum Kampf in die Berge zu ziehen. »Ihr müßt Euch selbst und ich muß Euch für Größeres aufsparen«, schrieb er[61], und es ist nicht sicher, wieviel kluge Vorausschau und wieviel Eifersucht auf eine hervorragende Persönlichkeit darin lag. Erst im Herbst 1569 erklärte Philipp einen Krieg mit »Schwert und Feuer« gegen den Feind, und dies war teilweise ein Kniff, um mit dem Angebot besserer Löhnung Rekruten zu werben.

Um Weihnachten 1569, ein Jahr nach dem Aufstand, erkannte er endlich die Gefahr in ihrer ganzen Reichweite, denn die Moriscos hatten sich neu formiert und waren unter einem neuen Führer bedrohlicher denn je. Wenn die Türken oder ihre Statthalter in Algier damals auf die Appelle ihrer Glaubensbrüder gehört und auch nur einen Bruchteil der Flotte, die vier Jahre zuvor vor Malta erschienen war, zusammengebracht hätten, so hätte die ganze Ostküste Spaniens den Christen entrissen und die *Reconquista* teilweise rückgängig gemacht werden können.

Der Großwesir in Konstantinopel befürwortete ein Eingreifen, aber der Sultan, Selim II., dachte nur an einen Angriff auf Zypern, das in venezianischem Besitz war. Die Gelegenheit verstrich; nur eine Handvoll irreguläre Soldaten aus Afrika kam an Land und verstärkte die Reihen der Moriscos. Die Zurückhaltung derer auf beiden Seiten, von denen man hätte annehmen können, daß sie sich in den Kampf würfen, ist kaum zu glauben — Philipp beispielsweise begab sich niemals auf den Schauplatz der Auseinandersetzungen, wenn er sich auch herbeiließ, die Route der »Großen Reisen« bis zu der alten maurischen Stadt Cordoba auszudehnen, wo er einer Sitzung der Cortes beiwohnen mußte.

Eine derart kühle, berechnende Haltung wäre bei Karl V. undenkbar gewesen, aber Philipp hatte stets eine ganz andere Ansicht von Führung verfochten. Als er erfuhr, daß Don Juan sich so weit vergessen hatte, an einem Kampf teilzunehmen und dabei verletzt zu werden, tadelte er ihn scharf: »Ich befehle Euch deshalb ausdrücklich, an dem Platz zu bleiben, an den derjenige, der für diese Sache verantwortlich ist, gehört ... denn jeder sollte seine eigene Pflicht erfüllen, nicht der General die des Soldaten oder der Soldat die des Generals.«[62] Ein guter Rat, den er selbst jedoch weitgehend vergaß, als er über die Köpfe seiner militärischen Berater hinweg die Armada von 1588 plante.

Als echter Sohn seines kaiserlichen Vaters ließ sich Don Juan in den Alpujarras nicht weiter beeindrucken; er setzte sich über den königlichen Befehl hinweg, faßte seine Truppen zusammen und führte den Krieg zu seinem unvermeidlichen, blutigen Ende. Bei der Belagerung der Rebellenfestung Galera hoch oben in den Bergen schwor er, keine Seele am Leben zu lassen, und als die Stadt schließlich fiel, verschonte er nur ein paar Frauen und Kinder, während die Männer umgebracht, die Häuser in Brand gesteckt und die Ruinen mit Salz überstreut wurden. Sämtliche Grausamkeiten wurden den Moriscos mit Zins und Zinseszins heimgezahlt, als die überlebenden Rebellen von einem Schlupfwinkel zum andern verfolgt wurden, bis zu dem Tag, da die Leiche des letzten »Königs« der Moriscos, der von seinen eigenen Leuten ermordet worden war, den Spaniern ausgeliefert und, gestützt von Brettern, auf Mauleselsrücken nach Granada gebracht wurde, wo sein Haupt an einen Torpfosten genagelt wurde und jahrelang in der Sonne bleichte.

Der König mißbilligte das Massaker in Galera und weigerte sich, das Siegesfest zu feiern, das die Kirche und die Christen in Granada für angemessen hielten. So wenig er am Kampf teilgenommen hatte, so wenig schienen ihn die aufeinanderfolgenden Kapitulationen der Moriscos im Winter und Frühjahr 1571 zu berühren. Er sorgte jedoch dafür, daß die Früchte des Sieges geerntet wurden. Noch vor der endgültigen Niederlage wurden die Moriscos aus dem Stadtviertel Albaicin von Granada ausgestoßen und weit von der Küste weg ins Landesinnere verbracht, und diese Lösung galt für die ganze Provinz Granada, als die Rebellen die Waffen gestreckt hatten.

Niemand wurde ausgenommen, nicht einmal die *Moriscos de la paz,* die während der Kämpfe loyal geblieben waren. Männer, Frauen und Kinder wurden zusammengetrieben und unter starker militärischer Bewachung in ferne spanische Provinzen geführt, manche in die Mancha, andere bis nach Galicien im Nordwesten. Wenn dies eine unmenschliche Tat war, so sind in unserer Zeit aus weit geringerer Ursache viel schlimmere geschehen. Auf Befehl des Königs wurde streng darauf geachtet, daß die Familien auf der erzwungenen Wanderung nicht zersplittert oder zertrennt wurden. Es war wahrscheinlich eine angebrachte, sicher eine notwendige Maßnahme im Zusammenhang der politischen und militärischen Lage jener Zeit – wiederum war eine große türkische Flotte auf See. Das Exil der Moriscos war kurz, denn unter Philipps schwachem, überfrommen Nachfolger wurden sie allesamt von der Halbinsel vertrieben.

Die Rebellion der Moriscos hatte einiges mit dem Aufstand der Niederlande gemein, doch gab es einen großen Unterschied: sie war ein Mittelmeerproblem, Teil der Konfrontation von Kreuz und Halbmond, die Karl V. nach Tunis und Algier und die Türken zur Eroberung von Budapest geführt hatte.

Dies ergab sehr unterschiedliche Wertmaßstäbe und Einstellungen. Durch die Vorkommnisse in den Niederlanden wurden Philipp und sein Statthalter in Brüssel Gegenstand von Haß und Argwohn selbst im katholischen, habsburgischen Wien. Ihr einziger Verbündeter außer den von Spanien abhängigen Gebieten in Italien und der Franche Comté war der Papst, und ihm lag das katholische Dogma mehr am Herzen als die Belange des Königs von Spanien. Wenn es aber um das Mittelmeer ging, lagen die Verhältnisse ganz anders; denn an dieser Front hatte jeder – vom Papst bis zu den Dorfbewohnern in Kalabrien und auf Sizilien und bis zur venezianischen Republik – die Gefahr eines weiteren Vorstoßes der Ottomanen und ihrer Verbündeten von der Berberküste erkannt. Von den europäischen Großmächten blieben nur der Kaiser (der dem Sultan Zahlungen zu leisten hatte) und Frankreich (das traditionsgemäß eine Bündnispolitik mit dem Sultan trieb) durch die türkischen Bewegungen auf dem Mittelmeer unberührt.

Zu welcher Zeit man sich der Gefahr bewußt wurde, läßt sich kaum mehr feststellen. Der türkische Angriff von 1565 auf Malta, das Tor zum westlichen Mittelmeer, war weitgehend durch die Heldenhaftigkeit der Malteser selbst abgewehrt worden, und die von Philipp versprochene Hilfe wäre zu spät gekommen, wenn nicht sein energischer Vizekönig auf Sizilien selbständig gehandelt hätte. Wahrscheinlich war es ein Fall von verzögerter Schockwirkung, denn vier Jahre später, als die Asche des Morisco-Aufstands in den Alpujarras ausgetreten wurde, war nicht nur der König von Spanien, sondern sogar auch Venedig bereit, auf den Ruf von Pius V. zu hören. Er war der letzte Papst, der die Kreuzzugsidee verfocht, und er hatte schon seit einiger Zeit große Überredungskunst aufgewendet, um ein Bündnis der Bedrohten gegen die Ungläubigen zustande zu bringen.

Am 25. Mai 1571 wurde die »heilige Liga« zwischen Spanien, Venedig und dem Papst im Vatikan abgeschlossen und feierlich verkündigt. Sie sollte eine Streitmacht von 300 Schiffen, 50 000 Fußsoldaten, 4 500 Berittenen und der erforderlichen Artillerie zusammenstellen und jedes Frühjahr zum Aufbruch in die Levante bereithalten.

Die drei Verbündeten verfolgten verschiedene Ziele. Der Papst träumte davon, die Türken nicht nur aus dem Mittelmeer, sondern aus Konstantinopel zu vertreiben. Der König von Spanien blickte nicht in die Ägäis, sondern nach Algier, Tunis und Tripolis, den Piratenzentren gegenüber der spanischen Küste, und hatte darauf gedrängt, das Bündnis gegen die Türken auf diese Satelliten der türkischen Macht auszudehnen. Die Venezianer wollten lediglich das bedrohte Zypern sichern. Jahrelang hatte die *Serenissima* gute Beziehungen zu Konstantinopel unterhalten und die Türkeneinfälle in Europa gelassen beobachtet, aber jetzt war sie so alarmiert, daß sie ein Drittel der Kosten auf sich nahm und sogar damit einverstanden war, einem Spanier den Oberbefehl und einem Päpstlichen seine Stellvertretung zu übertragen. Der Papst, die treibende Kraft, brachte ein Sechstel der Kosten auf. Den Rest, also die Hälfte, mußte Philipp bezahlen; die Rebellion der Moriscos hatte auch ihn endlich aufgeschreckt. Die Liga wählte seinen jungen Halbbruder Don Juan d'Austria zum Führer der christlichen Streitmacht.

Drei Jahre früher, als Philipp im Mai 1568 Don Juan zum »Seegeneral« ernannt und ihm damit den Befehl der spanischen Flotten übertragen hatte, waren seine Instruktionen sehr detailliert gewesen. Da nach den Worten des Königs »Grundlage und Beginn aller Dinge und jeden guten Rates« von Gott kamen, sollte Don Juan den Dienst für Gott zum Zweck und Ziel seines Lebens erheben. Er sollte in Frömmigkeit und Gottesfurcht ein vorbildlicher Christ sein. Wahrheit in jedem gesprochenen Wort und genaue Erfüllung von Zusagen seien die Voraussetzung für die Wertschätzung der Menschen. »Übt Gerechtigkeit nach Recht und Gewissen und wenn nötig mit der Strenge und Beispielhaftigkeit, die der Fall erfordern mag«, fuhr der König fort. Don Juan sollte aber auch, wo immer es möglich war, »barmherzig und milde« sein. Schmeicheleien und selbst Worte, »die danach klingen« seien eine Schande für den Sprecher und eine Herabwürdigung und Beleidigung für den, an den sie gerichtet seien. Besonders betonte der König, wie wichtig ein keusches Leben sei – ein heimtückischer Seitenhieb auf den Bastard des Kaisers von einem Mann, der selbst Mätressen gehabt hatte. Don Juan müsse hier »mit großer Umsicht« vorgehen, denn Unkeuschheit sei nicht nur eine Sünde vor Gott, sondern bringe endlose Schwierigkeiten und Verlegenheiten mit sich – dies war zweifellos wiederum schwarzer Humor, denn die Frage, was mit Don Juans skandalumwitterter Mutter, Barbara Blomberg, jetzt verwitwete Kegell und auf Wiederheirat versessen, zu tun sei, war eines der vielen unlösbaren Probleme, die Philipp und den Herzog von Alba um jene Zeit bewegten. Der König schrieb ferner, Don Juan solle sich dem Spiel, besonders dem Würfel- und Kartenspiel, fernhalten, er solle jegliches Gepränge in Kleidung und Auftreten vermeiden, nicht zuviel essen und trinken, da Mäßigkeit gut für die Gesundheit sei, stets ruhig und bescheiden, leutselig und höflich sein und sich weder zu Kränkungen noch zu Zornausbrüchen hinreißen lassen, weil diese die Manneswürde schmälern[63].

In jedem Wort und jeder Wendung dieses außergewöhnlichen Dokuments, das sicher der merkwürdigste Befehl war, der jemals einem in See stechenden Admiral erteilt wurde, hört man heraus, wie Philipp sämtliche Ermahnungen seines Vaters, des Kaisers, an Don Juan weitergab. Sie gipfelten in der unausgesprochenen Forderung: »Eifre mir nach.« Da aber Don Juan niemals Philipp ähnlich werden konnte, erkennt man schon hier den Schlüssel für das tragische Verhältnis, das sich später zwischen den beiden Brüdern entwickelte. Einig waren sie sich jedoch stets in ihrem Gottvertrauen, und ganz im Geist dieser christlichen Lebensführung zog der Jüngere im Juli 1571 von

Madrid nach Italien und empfing im August in der Kirche Santa Chiara in Neapel aus der Hand von Kardinal Granvelle seinen Kommandostab und das prächtige blauseidene Banner der Heiligen Liga.

Gegen Ende dieses Monats versammelten sich die Geschwader der Verbündeten vor Messina – 208 Galeeren, 32 größere Schiffe einschließlich 6 mit Kanonen ausgerüsteten Galeassen der Venezianer, 75 Fregatten und Brigantinen mit 50 000 Seeleuten und Galeerensklaven und 30 000 Soldaten an Bord. Spanien hatte 90 Galeeren, 24 Großschiffe und 50 Fregatten gestellt, zwei Drittel der Soldaten waren entweder Spanier (8 000) oder Italiener und Deutsche in spanischem Sold – ein großzügiger Beitrag, wenn man bedenkt, daß Philipp gleichzeitig ein Heer in den Niederlanden und seetüchtige Geschwader zur Bewachung des Ärmelkanals und der atlantischen Schatzrouten unterhalten mußte. Er hatte bei der Bewaffnung und Aussendung seiner Galeeren nach Neapel ganz ungewöhnliche Energie und Raschheit entfaltet.

Was nun mit dieser ungeheuren Kriegsflotte zu tun sei, als sie sich gesammelt hatte, war jedoch noch strittig. Aus ungeklärten Gründen drängten die Venezianer nicht auf einen sofortigen Aufbruch nach Zypern, um ihre bedrohte Insel zu retten; daß sie verloren war, erfuhr man erst einige Wochen nach den Feierlichkeiten in Santa Chiara. Wahrscheinlich glaubte man, wenn die türkische Hauptflotte vertrieben würde, sei damit auch Zypern befreit. Der erfahrenste von Philipps Befehlshabern, der genuesische Fürst Giovanni Andrea Doria, plädierte für Besonnenheit, und selbst Don Juan war sich seiner Verantwortung gegenüber Philipp für das große Aufgebot an Soldaten und Ausrüstungen bewußt. Viele hielten die Türken für unbesiegbar zur See, und wenn die Mehrheit der Offiziere diese Ansicht geteilt hätte, wären vielleicht die vereinigten Geschwader so ängstlich in italienischen Gewässern geblieben wie im Jahr zuvor, als eine christliche Flotte eine ganze Kriegssaison verstreichen ließ, ohne etwas vorweisen zu können. Der glühende Eifer des Papstes hatte sich jedoch auf die meisten Räte übertragen, die der vorsichtige Philipp seinem Bruder zur Seite gestellt hatte, und Mitte September, nach tagelangem Fasten

und nachdem die Schiffsbesatzungen einschließlich der Galeerensklaven geschlossen an Land gegangen waren, um in den
Kirchen und im Jesuitenkolleg von Messina zu beichten und die
Absolution zu empfangen, stach die ganze Flotte in See unter
den Augen des in Purpur gekleideten päpstlichen Nuntius, der
mit segnend erhobenem Arm am äußersten Ende der Hafenmole
stand, während Don Juan in goldener Rüstung mit seinen Soldaten am Bug des Admiralsschiffs *La Real* kniete.

Niemand wußte, wo sich – abgesehen von der Belagerungsflotte vor Zypern – die Hauptmacht des Feindes befand. Erst als
die Christen an der ionischen Küste entlang bis Korfu gekommen und in den Dörfern von Epirus auf Spuren türkischer
Landüberfälle gestoßen waren, erfuhren sie, daß eine mindestens gleich große Flotte vor ihnen im Golf von Lepanto lag.
Vor Kephallenia erhielten sie die Nachricht, daß Famagusta, die
letzte venezianische Festung auf Zypern, Anfang August gefallen war und daß die Türken dem Festungskommandanten
bei lebendigem Leib die Haut abgezogen, seine Leiche mit Stroh
ausgestopft und an der Nock des Schiffes seines Besiegers gehißt hatten. Dies war ein starker Antrieb, eilig voranzudrängen.

In der Nacht des 6. Oktober 1571 näherte sich ihre Flotte dem
Eingang zum Golf von Lepanto, der sich wie ein Schwert zwischen das griechische »Festland« und den Peloponnes schiebt
und an dessen Spitze der Isthmus von Korinth liegt. In diesen
Gewässern war Odysseus von Troja heimwärts nach Ithaka gesegelt, und Oktavian hatte Antonius und Kleopatra bei Actium
besiegt und damit die Herrschaftsverhältnisse in der römischen
Welt geregelt. Kurz nach Sonnenaufgang am 7. Oktober wurden
türkische Schiffe gesichtet.

Die Ligaflotte hatte sich in Schlachtordnung formiert: an der
Spitze eine Vorhut von acht Galeeren, danach drei Teilgeschwader mit den Venezianern auf dem linken Flügel, einer gemischten Streitmacht unter Andrea Doria auf dem gefährdeten
rechten Flügel und der *batalla* unter Don Juan und seinem Stellvertreter Colonna im Zentrum; die Nachhut bildeten 35 Galeeren unter Don Alvaro de Bazán. Je zwei der sechs venezianischen Galeassen befanden sich in der vordersten Linie des linken
und des rechten Flügels sowie des Zentrums.

Im Golf von Lepanto hatten die Türken ihre gewohnte halbmondförmige Ordnung gebildet. Ihr Oberbefehlshaber Ali Pascha stand im Zentrum und ihr erfahrenster Seemann, der Renegat Uluch Ali, am linken Flügel gegenüber Andrea Doria. Als aber immer mehr christliche Schiffe in Sicht kamen, wurden die Flügel zurückgezogen, so daß die feindlichen Geschwader im klaren Licht des Herbstmorgens einander in langen, parallelen Linien näherrückten.

Der Wind, der die Ligaflotte in der Nacht nach Süden getrieben hatte, war bald nach Sonnenaufgang abgeflaut, und in den letzten Stunden vor der Schlacht waren die Gläubigen auf beiden Seiten fieberhaft geschäftig. Don Juan hatte den Rat der Kleinmütigen, den Rückzug anzutreten, mit klingenden Worten abgewiesen: »Die Zeit für Ratschläge ist vorbei, die Zeit zum Kampf ist gekommen!« Mit einer schnellen Korvette fuhr er die Front seiner Schiffe ab und rief seine Männer auf, für Gott und die Kirche ihre Pflicht zu tun. Dieser Geist ergriff die ganze Flotte, selbst die so weltlichen Venezianer. In Andrea Dorias Geschwader stand der fieberkranke junge Cervantes vom Bett auf und stürzte sich in den Kampf. Er verlor dabei einen Arm und nannte diesen Tag später den größten seines Lebens. Als eine leichte Brise im Norden hinter der verbündeten Flotte aufkam, versanken alle in tiefes Schweigen. Die Priester auf den Schiffen hielten ihre Kruzifixe hoch, und die Mannschaften knieten nieder, um ihren Segen zu empfangen. Auf dem türkischen Admiralschiff verließ Ali Pascha, der für das Massaker unter den Gefangenen in Famagusta nicht verantwortlich gewesen war, seinen Kommandoposten und hielt seinen christlichen Galeerensklaven eine Ansprache. Er sagte, wenn das Kriegsglück sich gegen ihn wende, habe Allah für sie gesprochen und sie befreit, wenn aber der Sieg sein sei, erhielten sie die Freiheit, und inzwischen sollten sie doch daran denken, daß er sich bemüht habe, ihr Los erträglich zu machen, und aus Dankbarkeit in der bevorstehenden Schlacht ihr Bestes für ihn geben. Dann stießen die Flotten unter dem Lärm der Hörner auf christlicher Seite und der Trompeten der Türken wie zwei Ameisenheere zusammen.

Mit Ausnahme der ligistischen rechten Flanke, wo Andrea

1 Philipp II. zu Beginn der fünfziger Jahre des 16. Jahrhunderts.

2–3 Gedenkmedaillen auf die Verbindung von Philipp II. und
      Maria Tudor, 1555.

4 Urteilsspruch der Inquisition auf dem Großen Platz von Madrid.
   Stich der Zeit.

5 Die Abdankung Kaiser Karls V. in Brüssel zugunsten seiner Söhne
   Philipp und Ferdinand, 1555.

6 Don Carlos

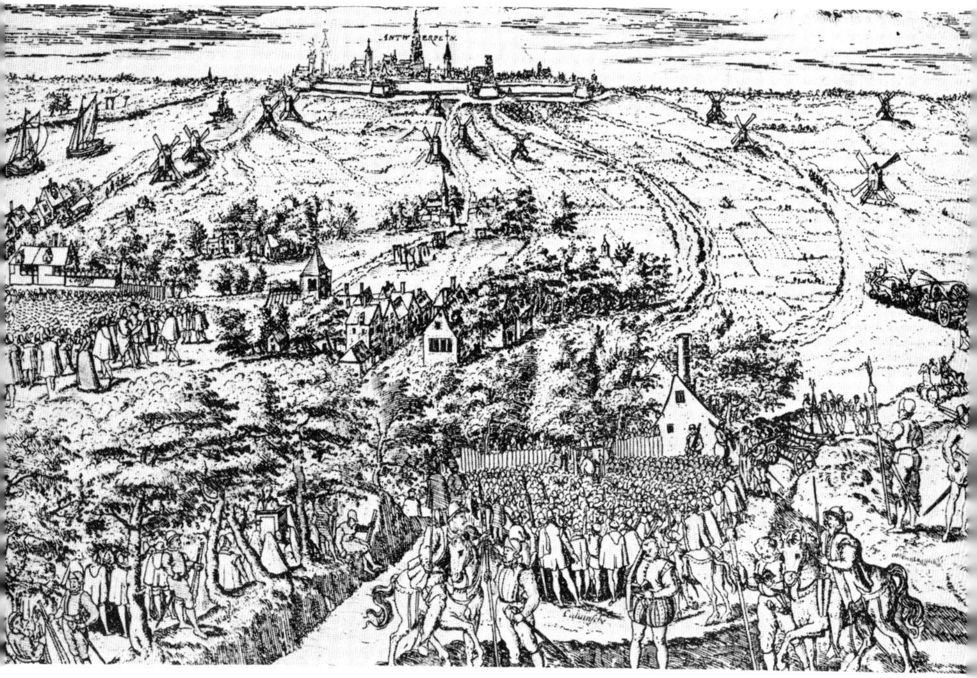

7 Gottesdienste der Protestanten in der Umgebung von Antwerpen, 1566.

8 Alba in den Niederlanden, gegenüber Wilhelm von Oranien.

9 Elisabeth von Valois,
  Philipps dritte Frau.

10 Die Infantinnen Isabella
   Clara Eugenia (links) und
   Catalina Micaela.

11 Anna von Österreich,
   Philipps vierte Frau.

12 Philipp II., Bronzebüste im Escorial.

13 Don Juan d'Austria.

14 Kardinal Granvelle.

15 Der Herzog von Alba.

16 Alexander Farnese, Herzog von Parma.

17 Don Carlos in späteren Jahren.

18 Die Hinrichtung der Grafen Egmont und Hoorne in Brüssel
   am 4. Juni 1568.

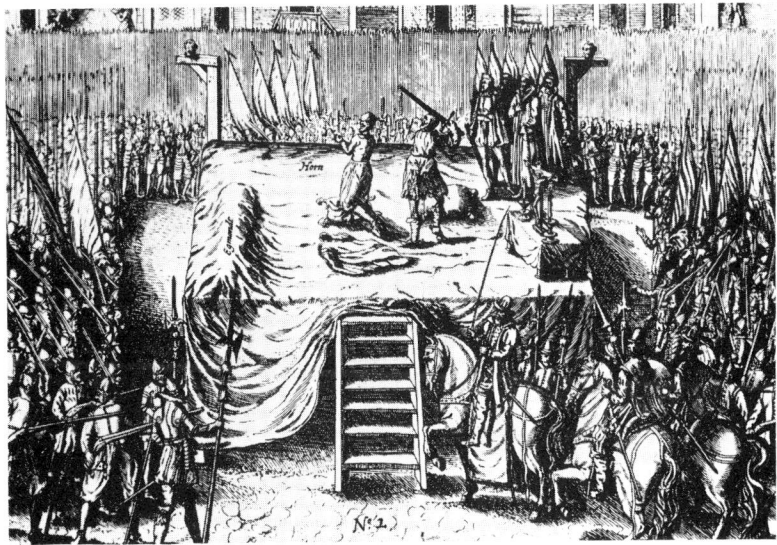

19 Die Schlacht von Lepanto.

20 Seeschlacht der Armada vor Gravelines, 1588.

21 Elisabeth I. von England.

22 Der Escorial.

23 Philipp II. mit dem Orden vom Goldenen Vlies.

26 Lord Howard
    of Effingham, Admiral der
    englischen Flotte.

27 Sir Francis Drake.

28 Wilhelm von Oranien.

24 Die westliche Hemisphäre. Ausschnitt aus einer Karte vom Ende
    der Regierungszeit Philipps II.

25 Drake vor Cartagena, 1586.

29–30 Die Infantinnen Isabella Clara Eugenia (links) und
Catalina Micaela (rechts)

31 Philipps II. Gichtstuhl.

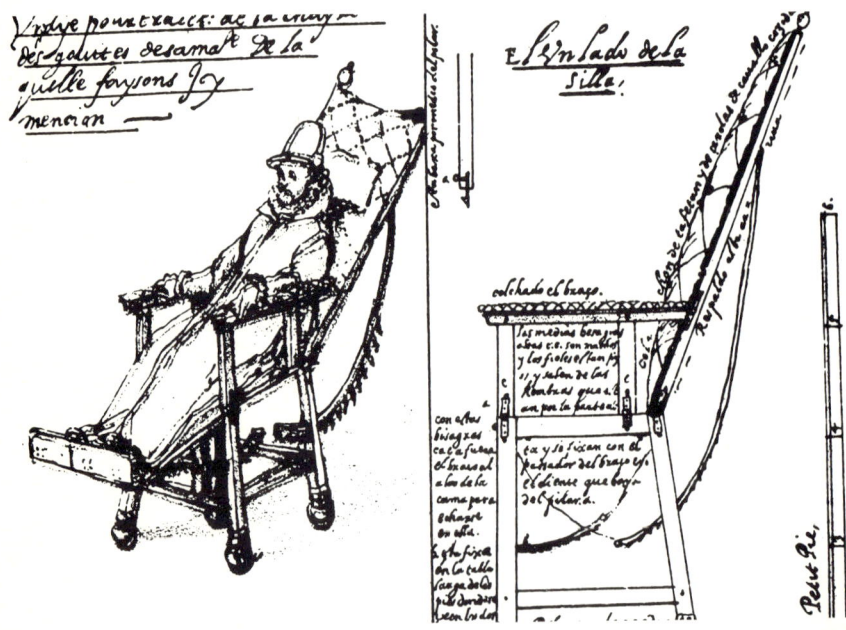

Doria und Uluch Ali ein Bewegungsgefecht ausfochten, war Lepanto keine Seeschlacht nach unseren Begriffen, sondern eine Reihe von Einzelkämpfen zwischen enternden Soldaten, deren Taktik nicht viel anders war als zu römischer Zeit in den Punischen Kriegen. Nach der Anzahl der Galeeren waren die Türken fast im Verhältnis drei zu zwei überlegen, aber nicht alle Schiffe waren stabil gebaut und gut bemannt, und an Geschützstärke wurden sie von den Christen übertroffen, die auf Dorias Rat hin die Aufbauten über dem Bug entfernt und somit ein freieres Schußfeld gewonnen hatten. Ein Gegenstück zu den schweren Geschützen der venezianischen Galeassen besaßen die Türken nicht.

Auf der rechten Flanke gelang es Uluch Ali, Andrea Doria von der christlichen Flotte abzuschneiden und die Malteser in der Nachhut anzugreifen. Entschieden wurde der Kampf jedoch im Zentrum, wo die beiden Admiralschiffe einander gerammt hatten. Kompanien türkischer Janitscharen und kastilischer Fußsoldaten rieben einander auf und wurden ständig mit Verstärkungen von anderen Schiffen ersetzt, bis das Wasser rot von Blut war. Bei einem dieser Handgemenge wurde Ali Pascha von einem Büchsenschuß getötet, die Spanier schnitten der Leiche den Kopf ab und steckten ihn weithin sichtbar auf eine Stange, wie der am ehesten glaubwürdige Bericht besagt. Es war der Wendepunkt; bei Sonnenuntergang war die Türkenflotte in die Flucht geschlagen.

Die Christen hatten ihren größten Sieg über den Halbmond seit der Einnahme Granadas errungen, größer als Karls V. Eroberung von Tunis, und sie hatten die Schlacht trotz vieler Widrigkeiten und möglicherweise entgegen ihrer eigenen Erwartung gewonnen. Sie hatten dabei mehr als viertausend Mann verloren, aber die türkischen Verluste waren noch weit höher, und wenn nicht ein nächtliches Gewitter den Gedanken an Verfolgung verboten hätte, wäre kaum ein Teilgeschwader des türkischen Zentrums und des rechten Flügels nach Konstantinopel zurückgekehrt.

Das Gerücht besagt, am Nachmittag der Schlacht habe Papst Pius V. im fernen Rom eine Unterredung mit seinem Schatzmeister unterbrochen und dabei gesagt, die christlichen Flotten hätten einen gewaltigen Sieg errungen. Der König von Spanien hatte kein solches Offenbarungserlebnis; hätte der venezianische Kurierdienst nicht so ausgezeichnet funktioniert, so hätte er bis Ende November warten müssen, um den Ausgang der Schlacht von Don Lope de Figuerosa, Don Juans Kurier, zu erfahren, der mit seinen schwärenden Wunden nach Madrid gehinkt kam.

Der König empfing die Siegesbotschaft mit eindrucksvoller Ruhe. Er befand sich zur Vesper in seiner Kapelle, als sie eintraf, und ließ sich von ihr nicht in seinen Gebeten stören. Einen Monat später begrüßte er Don Lope »so freundlich, als sei Eure Hoheit der Papst«[64], wie der Kurier seinem Herrn nach Sizilien meldete. Dem siegreichen Generalkapitän schrieb der König: »Bruder, durch einen Kurier, den die Republik Venedig zu ihrem Botschafter entsandte und der am Vorabend von Allerheiligen in Madrid anlangte, hörte ich von dem großen Sieg, den Euch unser Herr in seiner Gnade geschenkt hat.« Er fuhr fort, weitere bestätigende Nachrichten – damit meinte er Don Lope – hätten ihm unaussprechliche Freude bereitet, nicht zuletzt wegen der Berichte von Don Juans großem Mut und seiner geschickten Führung der Schlacht. Don Juan gebühre nach Gott die Ehre und der Dank für den Sieg.

Nach diesem Lob klopfte der König dem jetzt viel zu berühmten jungen Mann heftig auf die Finger. Don Juan hatte um Erlaubnis gebeten, sich nach Madrid zu verfügen. Davon könne keine Rede sein, er müsse mit der Flotte im Winterquartier in Messina bleiben, und der König müsse deshalb zu seinem Bedauern das Vergnügen verschieben, ihn persönlich zu beglückwünschen[65].

Damit war die Sache für ihn erledigt. Alles in allem erntete Don Juan d'Austria wahrscheinlich größeres Mißfallen seines Königs für den Sieg bei Lepanto als Medina Sidonia sechs Jahre später für den Verlust der Armada.

10. Kapitel: Meuterei

Die neuen Steuern des Herzogs von Alba hatten viel mit der Geschichte von des Kaisers neuen Kleidern gemein. Zuerst war die Illusion vollkommen. Im April 1569 berichtete der Herzog dem König, er habe seine Vorschläge für den Hundertsten, den Zwanzigsten und den Zehnten den niederländischen Generalständen vorgelegt, und diese hätten sie wohlwollend zur Kenntnis genommen. Im Sommer freute er sich über die Zustimmung der Mehrheit zu den Steuern, der größten Zahlung, die die Niederlande je ihrem Herrscher auf einmal zugesichert hatten, und er verstieg sich sogar zu der Prophezeiung, daß in Zukunft keine Mittel aus Spanien mehr benötigt würden. Im August ließ ihm Philipp seinen Glückwunsch und persönlichen Dank für diese »hervorragenden Dienste« zukommen. Der König und der Herzog waren sich der künftigen Gewinne so sicher, daß das Thema der Steuern im verbleibenden Jahr 1569 und lange Zeit des Jahres 1570 in ihrer Korrespondenz nur einen geringen Raum einnahm. In ihren Mitteilungen ging es hauptsächlich um zwei andere Dinge: die Generalamnestie für die Rebellen und den wenig dazu passenden Plan eines Justizmordes an Graf Montigny, den Herzogin Margarete erfolglos nach Madrid entsandt hatte.

Die Entwürfe für die Generalamnestie wurden von den beiden Sekretariaten viele Male verändert und hin- und hergeschickt, und als die Amnestie schließlich im Juli 1570 in Antwerpen verkündet wurde, blieb sie ohne Wirkung. Sie war zu spät ergangen, und sie umfaßte so viele Vorbehalte und Wenn und Aber, daß die Niederländer nicht zufriedengestellt waren. Die Montigny-Affäre dagegen wurde weitaus zügiger erledigt. Nach einer Art Verhandlung *in absentia* vor Albas Sondergericht wurde der Graf pflichtgemäß zum Tode verurteilt, und das Urteil wurde zur Vollstreckung nach Madrid gesandt. Dort beratschlagten der König und seine Räte die günstigste Art der Ausführung – der endgültige Plan sah eine geheime Hinrichtung im Schloß Simancas vor, die dann der Öffentlichkeit in Spanien und in den Niederlanden als natürlicher Tod dargestellt werden sollte. Den spanischen Quellen zufolge wurde der unglückliche Montigny um Mitternacht aus dem Schlaf gerissen. Als er erfuhr, was ihm bevorstand, erklärte er, er sei ein guter Katholik, und das über ihn verhängte Urteil sei gerecht. Daraufhin dankte er dem König, daß er ihm die Schande einer öffentlichen Hinrichtung erspart hatte. Nachdem er gebeichtet hatte, wurde er erdrosselt. Die Leiche wurde in eine Franziskanerkutte gehüllt, so daß die Würgemale am Hals nicht sichtbar waren. Montignys Tod war der Abschluß der Strafgerichte, die der Herzog von Alba in Brüssel durchführen sollte, und offenbar kam keiner der Beteiligten – von Philipp und seinem Statthalter bis hin zum Henker, zum Priester, der die Absolution erteilte, und zu dem Arzt, den man in das Schloß geholt hatte, um das Märchen von der tödlichen Krankheit glaubwürdig zu machen – jemals auf den Gedanken, daß die Tat ein grausames, ungerechtfertigtes, gemeines Verbrechen war. Dem äußeren Anschein nach hatte sich alles im Rahmen der Legalität vollzogen.

Als die Niederlande nun offiziell befriedet waren und Vergebung für ihre Missetaten erlangt hatten, wartete der Herzog von Alba in Brüssel ungeduldig auf seine Abberufung. Die Atmosphäre und besonders das Klima bekam ihm nicht; er war von Gicht geplagt. Dies war jedoch nur der Anfang seiner Schwierigkeiten, denn bald merkte er, daß die Sache mit den Steuern nicht ganz so glatt gegangen war, wie er es sich vorgestellt hatte, und daß viele der sonst loyalen Anhänger des Königs sich allem widersetzten, was einem Griff in ihre Taschen gleichkam. Ende September 1571 schrieb der Bischof von Ypern an Philipp wegen der Not, in die der Zehnte die Armen jetzt im anbrechenden Winter stürzen werde, und ein anderer Getreuer warnte den König, daß die Einziehung der Steuer Wirren hervorrufen werde. Selbst Alba zeigte sich verblüfft darüber, daß die zahllosen Hinrichtungen nicht annähernd einen solchen Aufruhr verursacht hatten wie jetzt diese einfache Steuer. Im neuen Jahr hörte man von Auswanderungen, und der Handel kam fast zum Erliegen. Wie drei niederländische Bischöfe dem König schrieben, war es klar, daß das Volk keineswegs mit dem einverstanden war, was die Generalstände in seinem Namen versprochen haben mochten.

Im Februar 1572 zeigte sich der König erschrocken über die Flut der Berichte und Bittschriften. Er schrieb an Alba, es sei zwar sehr gut für die Finanzen, wenn der Zehnte friedlich erhoben werden könnte; da aber die Einführung neuer Steuern stets »gefährlich und für die Untertanen mißliebig« sei und da die Provinzen vom Handel lebten, möge er doch die Folgen sehr sorgfältig abwägen und vielleicht eine Art Kompromiß ausarbeiten. Es zeichnet Philipp aus, daß er die Bedrohung weitaus deutlicher spürte als sein Statthalter, der an Ort und Stelle war, und daß er nach einer allgemeinen Regelung der Differenzen mit den Niederländern strebte. Bezeichnenderweise war er jedoch – wie in der Sache mit den Schatzschiffen in Plymouth – nicht bereit, sein Urteil eindeutig auszusprechen, sondern überließ die endgültige Entscheidung dem Herzog. Vielleicht wäre es bei einer langen Auseinandersetzung mit den Steuerzahlern geblieben, wenn nicht andere Ereignisse dazwischengetreten wären.

Von den übriggebliebenen Geusen hatten sich einige in die Wälder geschlagen, während die Seeleute unter ihnen sich der Piraterie hingaben und bald unter dem Namen »Wassergeusen« bekannt wurden. Wilhelm von Oranien hatte als Souverän seines kleinen französischen Fürstentums das Recht, Kaperbriefe auszustellen, und auf Colignys Anregung gestattete er den Wassergeusen, seine Flagge zu hissen. Dadurch wurden sie legal und achtbar – wenigstens in calvinistischen Augen.

Nachdem Oranien sie unter seinen Schutz genommen hatte, bemühte er sich, Verhaltensmaßstäbe aufzustellen. Feindseligkeiten durften sich nur gegen die Herrschaft des Herzogs von Alba richten, dem Oranien den Krieg erklärt hatte. Geistliche sollten den Glauben unter den Mannschaften hochhalten, und nur Seeleute mit einwandfreiem Charakter sollten angeheuert werden. Trotzdem waren die Wassergeusen nicht viel anders als Seeräuber. Ein Geschwader unter Lumey de la Marck ankerte nach einer ziellosen Irrfahrt am 1. April 1572 vor dem Seestädtchen La Brielle, dessen spanische Garnison vorübergehend nach Utrecht verlegt worden war. Zu ihrem eigenen Erstaunen bereitete es den Geusen keine Mühe, die Stadt zu besetzen und zu plündern. Dies war das Signal für eine Erhebung in Vlissingen, das mit Hilfe der Wassergeusen die spanische Besatzung vertrieb. Von dort breitete sich die Eroberungswelle über die Inseln und Provinzen nördlich der großen Flüsse aus, über Walcheren nach Holland, Gelderland, Overijssel und Friesland. Amsterdam hielt stand, doch die meisten anderen Städte in den nördlichen Provinzen – auch Rotterdam und Delft, aus denen Alba seine Besatzungen zurückgezogen hatte – lagen bis zum Ende des Sommers in der Hand der Aufständischen.

Die Gründe der Auflehnung sind nicht nur im religiösen, sondern ebenso sehr im wirtschaftlichen Bereich zu suchen. Wilhelm von Oranien war sich als einer der wenigen dieser Tatsache bewußt; er erkannte aber auch, daß die beiden Parteien vorläufig eine geeinte Front bildeten, die man für nationale Zwecke einsetzen konnte.

Allerdings dachte er noch nicht an einen vollständigen Bruch mit der Vergangenheit. Die Tradition der lehnsherrschaftlichen Loyalität war stark. Er ließ die holländischen Stände nicht als Aufrührer gegen Philipp einberufen, sondern holte sie im Namen des Königs zusammen, um gegen Albas illegale, anmaßende Regierung vorzugehen. Wenn dies eine Fiktion war, so war sie notwendig zu jener Zeit, in der der Aufstand gegen einen gesalbten König als Verbrechen vor Gott und den Menschen galt. Und Wilhelm war dabei nicht unehrlich; denn noch 1573 war er – wie sich annähernd sicher schließen läßt – bereit, Philipp und die spanische Souveränität in den Niederlanden anzuerkennen, falls die Glaubensfreiheit zugesichert, das alte Provinzrecht wiederaufgerichtet, das Hochgericht abgeschafft und die spanische Besatzung abberufen würde.

Bei der Dordrechter Union im Juli 1572 wurde ein Reformprogramm aufgestellt: Alle ungesetzlichen Steuern sollten aufgehoben werden, Wilhelm von Oranien wurde als Statthalter des Königs für Holland, Seeland und Utrecht und als Heerführer dieser Provinzen anerkannt, Gewissensfreiheit wurde verkündet. Es braucht kaum betont zu werden, daß diese Vision einer fernen Zukunft, an die Wilhelm vielleicht als einziger glaubte, von Anfang an zum Scheitern verurteilt war. Bald erhoben sich in den befreiten Provinzen die Schreie der verfolgten Katholiken, die jedoch kaum beachtet wurden.

Man mag sich fragen, warum ein so erfahrener Feldherr wie der Herzog von Alba dem Vorrücken der Rebellen fast tatenlos zusah. In einem merkwürdig kühlen Brief an den König teilte er mit, er sei nicht imstande, mit gewohnter Eile gegen sie vorzugehen, da bei seinen Stoßtruppen, den *tercios*, Unruhen und »Unbotmäßigkeiten« drohten. Es war die erste Andeutung der Meuterei, die das Ende der spanischen Herrschaft in den nördlichen Provinzen herbeiführte. Aus der Korrespondenz des Frühjahrs, Sommers und Herbstes 1572 geht hervor, daß man sich weder in Brüssel noch in Madrid der entscheidenden Bedeutung der Ereignisse bewußt war. Die Aufmerksamkeit wurde von der Küste ins Landesinnere abgelenkt, denn Graf Louis von Nassau hatte mit hugenottischer Hilfe die Stadt Mons in der wallonischen Provinz Hennegau, nahe der französischen Grenze und nur 50 Kilometer von Brüssel entfernt, eingenommen.

Auf diese Bedrohung reagierte der Herzog von Alba mit dem ganzen Ungestüm seines Wesens. Er entsandte sofort seinen Sohn Don Fadrique zur Belagerung der Stadt. Es war ein Augenblick höchster Gefahr für die spanische Position in den Niederlanden, denn Karl IX., der französische König, stand in beinahe offenem Bündnis mit den Protestanten, und Wilhelm von Oranien marschierte aus Deutschland mit einem neu ausgehobenen Heer von etwa 24 000 Mann heran. Am 8. Juli 1572 überschritt er den Rhein, am 23. nahm er Roermond an der Maas ein. Hier geriet er in die üblichen Geldschwierigkeiten, denn seine Soldaten verlangten nicht ohne Grund ihren Sold, ehe sie das Gebiet des Herzogs betraten. Zudem erhielt er die böse Nachricht von der Niederlage einer hugenottischen Streitmacht, die Graf Louis in Mons zu entsetzen versucht hatte, aber Coligny hatte ihm massive Unterstützung zugesagt, und so zog er am 27. August über die Maas und bedrohte über die Ebene von Brabant hinweg Albas Zitadelle.

Er wußte nicht, daß drei Tage zuvor das Blutbad der Bartholomäusnacht in Paris stattgefunden hatte und daß Coligny und fast alle hugenottischen Führer tot waren. Die Nachricht war für Wilhelm von Oranien nach seinen eigenen Worten ein Keulenschlag. Er hatte keine Verbündeten mehr. Die Hugenottenpartei am französischen Königshof war vernichtet, ihre Anhänger im Land wurden ermordet. Ihm blieben nur die befreiten Gebiete im Norden der Niederlande und Graf Louis in Mons, der von Don Fadriques Belagerungstruppen schwer bedrängt wurde.

In einem langen Gewaltmarsch zog Wilhelm zwischen Löwen und Mecheln durch und nördlich und westlich an Brüssel vorbei, dann bog er scharf nach Südosten in Richtung auf Nivelles ab. In vielen Städten Flanderns und Brabants schwelte die Rebellion, aber aus Furcht vor royalistischen Repressionen wollten sie nichts mit ihm zu tun haben. Zweifellos wäre es besser gewesen, wenn er nach Norden in die holländischen Städte, die Zentren des Aufstands, marschiert wäre, denn diese hätten sein kostspieliges, aufsässiges Heer unterhalten können.

Am 11. September lag er mit seinem Hauptquartier nahe bei Mons und den spanischen Deckungstruppen. In der Nacht wurde er von einer Truppe unter Julian Romero, einem der wagemutigsten Generale des Herzogs von Alba, überfallen. Es war eine sogenannte *encamisada*, die Soldaten trugen Nachthemden über ihren Rüstungen, um einander in der Dunkelheit zu erkennen. Die Wachen schliefen, Wilhelm wurde von seinem winselnden Hund geweckt. Er entkam aus dem brennenden Lager, und die Angreifer wurden in die Flucht geschlagen, aber an eine Entsetzung von Mons war nicht mehr zu denken. Graf Louis erhielt den Rat, die Stadt zu möglichst günstigen Bedingungen zu übergeben. Die Hauptarmee der Rebellen, so meuterisch gesonnen wie ihr Vorläufer von 1568, zog über Maas und Rhein zurück und löste sich auf. Ihr glückloser, zugrunde gerichteter Anführer hatte wiederum mit knapper Not sein Leben gerettet, aber dieses Mal ging er nicht ins Exil, sondern kehrte auf Umwegen nach Holland zurück.

Auf Albas ständige Bitten um Ablösung schickte Philipp einen weiteren spanischen Granden, Don Juan de Cerda, Herzog von Medina Celi, in die Niederlande. Er sollte die Statthalterschaft jedoch erst nach Albas Abreise übernehmen, und da seine Ankunft in die Zeit der militärischen Krisen fiel, mußte er im Hintergrund warten und konnte sein Amt niemals antreten. Seine bloße Anwesenheit in Brüssel – mit der Bestallung in der Tasche – war allerdings ein willkommener Anlaß zum Streit, und die Beziehung zwischen den beiden Herzögen war die einzige komödienhafte Episode auf der sich rasch verdüsternden politischen Bühne. Sie haßten einander von allem Anfang an. Medina Celi, dem kein aktives Kommando übertragen wurde, klagte Alba des schuldhaften Fernbleibens vom Krieg, ja der Feigheit an – ein wahrhaft erstaunlicher Vorwurf. Mit christlicher Duldsamkeit beklagte Alba Medina Celis Fehler; er schrieb, niemals habe ein so jähzorniger und unvernünftiger Mann gelebt oder einer, der ihm mehr Leiden und Unannehmlichkeiten verursacht habe. Beide überhäuften den König mit ihren Beschwerden, die einen gewissen Kontrapunkt zu den fortdauernden Auseinandersetzungen wegen des Zehnten und zu dem immer lauter dröhnenden Geschützdonner bildeten.

Im Spätherbst 1572 schickte Alba seine Truppen unter seinem Sohn Don Fadrique zu Strafexpeditionen aus, zuerst nach Mecheln, das unklugerweise seine Tore für Wilhelms Soldaten geöffnet hatte, dann nach Norden gegen die Rebellenfestungen jenseits der Waal, wo Zutphen ausgewählt wurde, um daran ein Beispiel zu statuieren. Don Fadrique hatte Befehl erhalten, nach der Einnahme keine Menschenseele am Leben zu lassen, und er erwies sich als so gehorsamer Sohn, daß der Herzog bald darauf dem König zu diesem »Erfolg« gratulieren konnte, der die Dinge – wenigstens in Zutphen – zu einem »zufriedenstellenden Ende« geführt habe. Noch einfacher war es in dem benachbarten Städtchen Naarden, denn dort ließen sich die Bürger widerstandslos in die Kirche treiben und abschlachten – als »Männer aus Butter«, wie der Herzog die Niederländer verächtlich benannt hatte.

Naarden wurde dem Erdboden gleichgemacht, und zu jener Zeit im Herbst 1572 konnte ein unbeteiligter Beobachter den Eindruck gewinnen, die ganze Sache der Rebellen sei wie Naarden der Vergessenheit geweiht. Von den Gebieten, die im Frühjahr den Oranier anerkannt hatten, waren alle außer Holland und Seeland zum Gehorsam gezwungen, und selbst dort hatte der Herzog die größte Stadt, Amsterdam, in der Hand, ebenso die Festung Middelburg auf der Insel Walcheren und deren Versorgungsbasis Goes. Diese war ihm kurz zuvor durch eine Leistung gerettet worden, die er zu Recht als eine der größten jemals von Soldaten vollbrachten Heldentaten pries.

Die Stadt Goes an der Osterschelde war von einer Aufständischentruppe belagert worden, und Geusenflotillen hatten die Verbindung zu Brabant abgeschnitten. Es gab nur einen Weg für eine Entsatztruppe: einen 15 Kilometer langen Marsch, selbst bei Ebbe bis zu den Hüften im Wasser, über die Sandbänke der Osterschelde, die von viel tieferen Kanälen durchzogen wurden. Dreitausend Mann, Spanier, Deutsche und Wallonen unter ihrem altgedienten Anführer Mondragon, brauchten in einer Herbstnacht fünf Stunden dazu. Hätten sie sich verirrt oder um eine Stunde verspätet, so hätte die Flut sie alle verschlungen, doch nur neun Mann ertranken, und Goes wurde entsetzt.

Nachdem er diese unmittelbare Bedrohung seines Stützpunkts auf Walcheren überwunden hatte, wandte der Herzog seinen Blick auf die Basis der Rebellen in Holland, wo Wilhelm von Oranien sich festgesetzt hatte. Die Aufständischen hatten die geographischen Gegebenheiten auf ihrer Seite. Seeland bestand aus zahllosen Inseln, die die Wassergeusen von La Brielle und Vlissingen aus leicht überwachen konnten. Und obwohl Holland sich auf modernen Landkarten festländisch ausnimmt, war es im 16. Jahrhundert gleichfalls von Gewässern geschützt: im Süden von Flüssen, im Westen vom Meer und im Osten vom Ijsselmeer und den Seen um Haarlem. Wer Amsterdam besaß, hatte den Schlüssel zu Hollands Hintertür, und diesen Vorteil genoß der Herzog von Alba. Wenn Don Fadriques Truppen das nahe Haarlem am schmalen Hals der Halbinsel einnehmen würden, wäre die aufständische Provinz in zwei Teile zerschnitten und könnte leicht überwunden werden, die nördliche Hälfte

mit Vorstößen nach Alkmaar und zu den von den Geusen besetzten Häfen am Ijsselmeer, die südliche Hälfte mit Angriffen
auf Delft und Leiden. Zu Beginn des Jahres 1573 zog Don Fadriques Heer das Netz
um Haarlem zu. Im Verlauf der Wochen litten die Belagerten in
der Stadt entsetzlich, doch die Belagerer hatten es im holländischen Winter kaum besser. Ihre Angriffe wurden immer wieder
abgewehrt. »Dies ist der blutigste Krieg ... seit langer Zeit«,
schrieb der Herzog von Alba nach Madrid[66]. Daß Bürger hinter
einer so schmalen Stadtmauer wie in Haarlem den *tercios* zu
trotzen wagten und einen Monat um den anderen standhielten,
war für ihn geradezu widernatürlich, und als das Jahr fortschritt, nahmen seine mürrischen Beschwerden einen anklagen-
den Ton an. »Ich bemerke schon seit einiger Zeit«, schrieb er im
März an den König, »daß der Rat, den ich Eurer Majestät sende,
nicht Eure Billigung findet ... Eurer Majestät Antwortschreiben
klingen ganz anders als früher.«[67] Fast so lästig wie der Krieg
war der Zehnte. Er war mit dem König übereingekommen,
darauf zu verzichten, falls eine jährliche Gesamtsumme von zwei
Millionen Dukaten gezahlt würde – aber wieviele Jahre lang?
Der Herzog hatte eine bestimmte Vorstellung und die Nieder-
länder ebenfalls, aber es zeigte sich, daß überhaupt kein Geld
einging und daß er kaum mehr über einen Real verfügte. Sieben
Jahre war der Herzog nun schon aus der klaren Luft und dem
Sonnenschein Spaniens verbannt, die Gicht fesselte ihn an den
Stuhl, von allen Seiten wurde er mit Klagen bestürmt, die
Schwierigkeiten häuften sich, er setzte sein Leben und seinen
Ruf aufs Spiel und erntete von niemandem Dank dafür – sein
Selbstmitleid war krankhaft geworden.

Im Juli 1573 kapitulierte Haarlem endlich. Es hatte sechs Monate lang einer mit Belagerungsmaschinen gut ausgerüsteten
Stoßtruppe von 15 000 Mann widerstanden, und mit einer
letzten trotzigen und höhnischen Geste warfen die ausgehunger-
ten Verteidiger ihre restlichen Brotlaibe ins Lager der Feinde,
wo fast dieselben Verhältnisse herrschten. Don Fadriques
Pioniere hatten mit unendlicher Mühe eine ganze Schiffsflotte
über Land befördert, um die letzte Verbindung der Stadt zur
Außenwelt abzuschneiden. Wenn Spanien noch mehr solche

Siege bevorstanden, konnte es nicht damit rechnen, sie zu überleben.

Kaum war die Belagerung beendet, als Don Fadriques siegreiche Truppen meuterten. Sie verlangten Geld und Lebensmittel, da sie nach den Kapitulationsbedingungen die Stadt nicht plündern durften. In seinem Schreiben an den König bemerkte Alba, diese Zuchtlosigkeit schmerze ihn mehr als alles, was er in seinem vierzigjährigen Soldatenleben erfahren habe. Er konnte jedoch kaum überrascht sein, denn er wußte sehr wohl, daß die spanische Infanterie seit über einem Jahr keinen Sold mehr erhalten hatte.

Als die Meuterei vorübergehend niedergeschlagen war, erhob sich schon das nächste Problem für den Herzog: Der Marktflecken Alkmaar im Tiefland zwischen dem Ijsselmeer und der Nordsee verschloß seine Tore vor ihm. Die Bürger hatten die Deiche durchstochen und verschanzten sich hinter einem Schutzring aus Wasser, der unüberwindlicher war als jede Stadtmauer. Die herbstlichen Fluten und Stürme trieben das Wasser in die Kanäle und Polder, und die Belagerungstruppe des Herzogs wurde in die Flucht geschlagen. Im Zorn darüber, daß seine »Milde« in Haarlem die Provinzen nicht zu befrieden vermochte, hatte er Alkmaar das gleiche Schicksal wie Zutphen angedroht, aber dank den Elementen und der Energie seiner Bürger überlebte es und galt von nun an als der Ort, »an dem der Sieg begann«.

Andere Erfolge der Aufständischen waren vielleicht ebenso wichtig oder noch bedeutsamer, aber in einer gewissen Beziehung war Alkmaars Anspruch gerechtfertigt. Dort wurde zwar nichts begonnen und nichts beendet, doch als die spanischen Truppen vor seinen Toren kehrtmachten, wurde der fast unmerkliche Umschlag im Kräfteverhältnis zwischen Rebellion und Repression für die Welt sichtbar. Selbst die *tercios* erwiesen sich als machtlos gegen den *genius loci*, die Wasserwüsten, in die ganze Landstriche der Niederlande verwandelt werden konnten. Eine kleine, aber entschlossene Gruppe von Männern war zu diesem Opfer bereit. Erstmals stieß der Herzog von Alba auf einen Willen, der so stark war wie der seine und keine Rücksicht auf individuelle Rechte, Besitztümer und Menschenleben nahm.

Zur gleichen Zeit wurde eine spanische Flotte vor Enkhuizen geschlagen. Albas Herrschaft in Brüssel, die in stolzer Pracht begonnen hatte, endete in Schimpf und Schande, mit leerer Staatskasse, einem aufständischen Volk und einem meuternden Heer. Nichts vermochte jedoch den Herzog in seinen Überzeugungen wankend zu machen. Milde hatte versagt und würde auch fernerhin nichts nützen, Gewalt sei die einzige Möglichkeit – so lautete seine letzte, unmißverständliche Botschaft nach Madrid. Inzwischen war aber der König dieses Ratschlags überdrüssig geworden und begann an einer Politik zu zweifeln, die ihm nichts eintrug als Vorwürfe von seiten seiner Untertanen und einen immer weiter um sich greifenden Krieg, den er nicht bezahlen konnte. Es war Zeit, das Steuer herumzureißen – vielleicht war es schon zu spät. Ein Generalkapitän war auf dem Weg nach Brüssel, um sowohl Alba als auch Medina Celi abzulösen.

Der neue Mann (der sich nach Kräften bemüht hatte, der Wahl zu diesem Amt zu entgehen) war Don Luis de Requesens y Zuñiga, Comendador Mayor von Kastilien. Er war ganz anders geartet als sein Vorgänger. Als einfacher Ritter war er auf Grund eigener Leistungen zu wichtigen diplomatischen Posten aufgestiegen. Im Krieg gegen die Moriscos in den Alpujarras war er Don Juans Mentor gewesen, und bei Lepanto hatte er auf dem Höhepunkt der Schlacht durch sein energisches Eingreifen auf dem Admiralschiff den Sieg mit herbeigeführt.

Als er nun nach Brüssel kam, verlangte er – wie ein Geschäftsmann – eine Bilanz. Der Herzog entgegnete, es sei unmöglich, eine Bilanz aufzustellen. Requesens stellte mit seinen Beamten eigene Berechnungen an und kam zu dem Ergebnis, daß ihm knapp 60 000 spanische, deutsche, italienische und wallonische Soldaten zur Verfügung standen, deren rückständiger Sold mehr als die Jahreseinnahme aus allen spanischen Quellen, einschließlich Westindiens, betrug. Die Auseinandersetzung um den Zehnten war noch in vollem Schwang.

Am Ende des Jahres 1573 sandte Requesens – nach einer Reihe von Besprechungen mit seinem Vorgänger und Don Fadrique – seinen Überblick über die Lage an seinen Herrn in

Madrid. Der Herzog und sein hitziger Sohn hatten jeden Gedanken an eine Amnestie von sich gewiesen. Requesens vertrat dagegen die Ansicht, man müsse unverzüglich eine Amnestie erlassen; sie könne die Dinge kaum schlimmer machen, als sie schon waren. Seiner Meinung nach war die religiöse Frage, die einst die Niederlande gespalten hatte, jetzt von zweitrangiger Bedeutung, während die wirklich wichtigen Dinge, die das Volk aufbrachten, der Zehnte, das verhaßte Sondergericht und die Disziplinlosigkeit der Besatzungstruppen waren. Das Sondergericht sollte abgeschafft werden und ebenso der Zehnte. Dafür sollte mit den Generalständen eine jährliche Abgabe ausgehandelt werden, möglichst auf zwölf Jahre, sonst auf sechs Jahre.

Es war die nüchterne Übersicht eines Diplomaten, und wenn die Vorschläge fünf Jahre früher ausgeführt worden wären, hätten vielleicht alle niederländischen Provinzen für den König gerettet werden können. Jetzt aber hatte Requesens es nicht nur mit dem Zehnten, sondern mit einem bewaffneten Aufstand zu tun, und die Folge davon war, daß der Friedensbringer stärker in Kämpfe verstrickt wurde als Alba und daß die beiden größten Waffentaten des Jahrhunderts in seine kurze Regierungszeit fielen: die Entsetzung von Leiden durch die Aufständischen und ihre Flotte flachkieliger Schiffe und der spanische Sieg bei Zierickzee, wo eine kleine Fußtruppe in einer stürmischen Nacht durch die Sümpfe einer Bucht zog, bis zur Brust im Wasser und im Schußfeld feindlicher Schiffe und Batterien.

Zierickzee hatte keine bleibenden Folgen, ebensowenig die Schlacht bei Mookerheide an der deutschen Grenze, wo Graf Louis von Nassau, der jüngere Bruder des Oraniers, mit seiner Truppe von den Spaniern geschlagen wurde und selbst den Tod fand. Leiden dagegen war – wie La Brielle zuvor – weitaus bedeutsamer. Wäre es in die Hände der Spanier gefallen, so wäre der Aufstand im Norden fast sicher erstickt worden.

Leiden hatte von Ende Oktober 1573 bis 21. März 1574 schon einmal einer Belagerung standgehalten. An diesem Tag waren die spanischen Truppen abgezogen und gegen Graf Louis von Nassau eingesetzt worden; sie kehrten jedoch am 26. Mai 1574 zurück und begannen, in einem weiten Kreis um die Stadt herum ihre Stützpunkte und Verschanzungen aufzubauen. Albas neue Strategie, die sein Nachfolger von ihm übernahm, war nicht mehr der Sturmangriff, sondern das Aushungern der belagerten Städte. Wilhelm von Oranien hatte die Gefahr erkannt, aber Leiden hatte nicht auf seine Warnungen gehört und sich nicht verproviantiert. Es hatte sogar die kleine Aufständischentruppe weggeschickt, weil sie den Bürgern Kosten verursachte. Kein Wunder, daß im Laufe des Sommers Hungersnot ausbrach, dazu die Pest, die in allen Provinzen wütete, und die ersten Anzeichen der Unzufriedenheit, denn Leiden war keineswegs ganz calvinistisch, so wenig wie andere niederländische Städte.

Für Wilhelm von Oranien war die Belagerung ein äußerst schwerwiegendes Problem. Er konnte die Stadt nicht im Stich lassen, denn die Aufständischen hätten bei einer weiteren Katastrophe wie Haarlem allen Mut verloren. Sein Landheer war dezimiert, so daß er keine Feldschlacht mit den Spaniern wagen konnte. Es blieb nur eine Möglichkeit: die Deiche zu durchstoßen und die Schleusen an der Maas und der Ijsel (nicht zu verwechseln mit der viel größeren Ijssel, die ins Ijsselmeer fließt) zu öffnen in der Hoffnung, das Tiefland so zu überschwemmen, daß es für seine Flotte schiffbar wurde.

Am 30. Juli 1574 beschlossen die holländischen Stände, eine Entsetzung mit »Booten oder Schiffen« zu versuchen. Alle durch die Überflutung entstehenden Kosten und Schäden sollten vom Land und von den Städten gemeinsam getragen werden. Die unglücklichen Bauern wurden nicht gefragt; sie erhielten lediglich den Befehl, sich binnen acht Tagen mit ihrer Habe und ihrem Vieh in eine Stadt oder Festung zu flüchten. Am 3. August beobachtete Wilhelm persönlich, wie der erste Deich an der Ijsel bei Kapelle durchstoßen wurde. Bald darauf wurden die Schleusen an der Maas bei Rotterdam geöffnet, und das Wasser strömte langsam – weit langsamer, als selbst die skeptischsten Fachleute befürchtet hatten – über die Polder. Doch bis Ende August, als sich die Flotte flachkieliger Schiffe unter Louis de Boisot versammelte, waren die Dörfer zwischen Delft und Leiden zu Inseln in einer ausgedehnten Lagune geworden.

In der Stadt selbst waren die Meinungen geteilt. Mehr als zehn Tage ging keine Nachricht von Oranien ein, und die Bürger fühlten sich verlassen. Am 27. August meuterten die Freibeuter in der Verteidigungstruppe, und am gleichen Tag wurden die Lebensmittel rationiert. Bürgermeister van der Werf rief die Stadträte, Adligen und Offiziere der Bürgerwehr zusammen, um über die vom Feind ergangene »letztmalige Aufforderung zur Übergabe« zu beraten. Von dem »Rat der Vierzig« waren nur sieben für bedingungslosen Widerstand. Es war nicht das heroische Leiden der Legende; die Debatte verlief weitaus menschlicher und glaubwürdiger und erbrachte das Musterbeispiel eines Kompromisses. Man beschloß, Abgeordnete zu Oranien und den Ständen zu entsenden mit der Bitte, die in Bedrängnis geratene Stadt von ihrem feierlichen Schwur des Widerstands gegen die Spanier zu entbinden. Die Parlamentäre erhielten jedoch – wie vorauszusehen war – keine Erlaubnis, durch die spanischen Linien zu ziehen. Am 6. und 10. September wurden weitere Versammlungen abgehalten und verzweifelte Briefe an Wilhelm von Oranien geschrieben. Seine Getreuen vermochten das Übergewicht in der Stadt kaum mehr zu halten, als man am 11. September, kurz nach Sonnenaufgang, aus Süden schweren Geschützdonner hörte.

Früh an jenem Tag hatte Boisots Flotte, mit Geusen und zwei Kompanien französischer Arkebusiere bemannt, den Feind an der *Landscheiding* überrascht und diesen Deich durchstoßen. Sehr langsam drang die Flotte vor. Immer wieder wurde sie von den Spaniern aufgehalten oder mußte warten, bis das Wasser gestiegen war und Nachschub herbeigeschafft werden konnte. Am 21. September durchbrach Boisot mit einer Vorhut von Galeeren die Verteidigungen des Feindes und kam in Sicht der Stadt, die am 22. September die Verhandlungen mit den Spaniern endgültig aufgab. Doch eine weitere Woche verging, ohne daß etwas geschah, denn das Wasser war gefallen, und die Flotte konnte nicht vorrücken. Erst am 29. September schlug der Wind um und trieb die Flut landeinwärts. Sofort brach die Flotte auf. Die Spanier hatten ihre letzten Verschanzungen vor der Stadt verlassen, und am 3. Oktober ankerten Boisots Schiffe an den Kais von Leiden.

Die Entsetzung von Leiden war nicht die einzige Ursache für den darauffolgenden Zusammenbruch der Moral bei den spanischen Regimentern; sie war lediglich der Höhepunkt, der den

König und seine Ratgeber vor die bestürzende Tatsache stellte, daß ein »Kolonialkrieg«, wie wir ihn heute nennen würden, mehr verschlang als die gesamten Jahreseinkünfte Spaniens. Die Folge war eine Kettenreaktion von Unheil: zuerst eine »Zahlungseinstellung« in Madrid (ein beschönigender Ausdruck für die Nichteinlösung von Regierungsanleihen), dann die Schließung der großen Handelsmesse in Medina del Campo und ein langsames Versiegen der Handelsarterien, zunehmende Aufregung bei ausländischen Banken, Einfrieren der Kredite und Aufhören des Bargeldflusses zwischen dem König in Spanien, seinem Statthalter in Brüssel und der ohne Sold gebliebenen Besatzungsarmee in ihren niederländischen Garnisonen.

Schon nach dem Sieg über Graf Louis von Nassau bei Mookerheide hatten Teile des spanischen Heeres ihr Mißfallen deutlich zum Ausdruck gebracht. Sie hatten, in Aufruhr gegen ihre Befehlshaber, in Antwerpen die Macht an sich gerissen. »Brot, nicht Worte!« schrien sie dem Oberkommandierenden entgegen, als er angeritten kam, um sie zur Ordnung zu rufen. Die Antwerpener Bürger erschraken über die dreitausend Räuber und Plünderer in ihrer Stadt und trugen rasch genügend Bargeld zusammen, um sich ihrer unwillkommenen Gäste zu entledigen – eine kurzsichtige Politik, wie die Zukunft erweisen sollte. Obwohl die *tercios* aber ihren Befehlshaber beleidigten, setzten sie doch auch ihre Hoffnung auf ihn, denn er war ihr Zahlmeister und ein berühmter Heerführer zu Lande und zu Wasser. Als er im Frühjahr 1576 eines allzu frühen (natürlichen) Todes starb, hatten sie niemanden mehr, an den sie sich wenden oder den sie bedrohen konnten. Der Staatsrat setzte sich weitgehend aus Niederländern und Strohmännern zusammen, die weder den Willen noch die Mittel hatten, die rückständige Löhnung auszuzahlen. Zudem wurde der Staatsrat bald darauf von den Oraniern gefangengesetzt, die nicht nur Holland und Seeland, sondern das ganze Land zu beherrschen gedachten. Die Maschinerie der spanischen Herrschaft war unter militärischem, politischem und finanziellem Druck zerfallen. In den Niederlanden herrschte das Chaos, und die Loyalen, die in allen Provinzen noch in der Mehrheit waren, hatten keinen Sammelpunkt. Dies galt in besonderem Maß für das Besatzungsheer, das nur zu etwa einem Achtel aus Spaniern bestand. Es fühlte sich als fremde Truppe auf fremdem Boden und war sich seiner Unbeliebtheit, seines Mangels und seiner labilen Macht bewußt. So kam es zur Meuterei. Wenn die Soldaten überleben wollten, hatten sie wahrscheinlich kaum eine andere Wahl. Die Meuterei ging – wie immer – sehr diszipliniert vor sich. Jede Einheit wählte aus ihren Reihen einen Stellvertreter, den sogenannten *Eletto*, der sie zum Plündern in die nächstgelegene Stadt führte und als Sündenbock diente, wenn die Sache schiefging.

Ende Oktober 1576, in Requesens' Todesjahr, nahm eine meuternde Truppe die Stadt Maastricht ein und legte sie in Schutt und Asche. In Albas Antwerpener Zitadelle lagen weit stärkere Truppen und warteten auf eine günstige Gelegenheit. Am 4. November 1576 brach die »spanische Furie« los. Die Truppen – Reiterei, Fußvolk und Artillerie – stürzten sich auf die aufreizend reiche Stadt, die einen schwächlichen Versuch machte, sich zu verteidigen. Dies stachelte die Meuternden zu um so größerer Wut an. Ein spanischer Augenzeuge, der dem König Bericht erstattete, sprach von achttausend Toten, doch niemand vermochte den durch Raub, Plünderung, Schändung und Feuer verursachten Schaden abzuschätzen. Die Innenstadt – das Handelszentrum – wurde zerstört, allein die Kathedrale blieb verschont.

Die spanische Furie beendete das Werk, das die Geusen bei La Brielle begonnen hatten. Eine Woche später kamen die aufständischen Protestanten aus Holland und Seeland mit den katholischen Gemäßigten der Generalstände zusammen. Obwohl sie sonst verfeindet waren, schlossen sie die sogenannte »Genter Befriedung« vom 8. November 1576, ein Bündnis aller niederländischen Provinzen mit revolutionären sozialen und politischen Zielen. Was Alba gesät und die spanischen Truppen zur Reife gebracht hatten, mußte der König ernten.

11. Kapitel: Philipps vierte Ehe

All diese Wirren und Rückschläge waren für Philipp eher erträglich, weil er im Herbst 1570 mit dreiundvierzig Jahren zum viertenmal geheiratet hatte. Die Braut war seine Nichte, die ursprünglich für Don Carlos bestimmte Anna von Österreich, Tochter von Kaiser Maximilian und Philipps Schwester Maria. Die Prinzessin war knapp halb so alt wie er, eine blonde Wienerin, aber in Kastilien geboren und völlig von kastilischem Geist durchdrungen. Darin – wie in fast allem anderen – paßte sie hervorragend zu ihrem Gemahl. Zeitgenössische Beobachter und spätere Historiker priesen das glückliche Leben des Königs mit seiner dritten (französischen) Gattin; sehr vieles deutet darauf hin, daß er ebenso glücklich war mit seiner vierten Gemahlin, der jungen, reizenden, fügsamen Nichte, die sehr religiös war, ein beschauliches Leben liebte und ihm den langersehnten Erben schenkte.

Die Trauung wurde in Segovia, einer der Lieblingsstädte des Königs, gefeiert. Eine gewisse Gesetztheit des reiferen Alters spürt man bei aller Pracht der Festlichkeiten dieser letzten Königshochzeit der Regierungszeit. Die neue Königin war für ihre Aufgaben wie geschaffen. Niemand könne bescheidener und sittsamer aussehen, berichtete ein anonymer Venezianer, der sie ein Jahr später bei Hofe sah. Sie war von zarter Gestalt und hatte blondes Haar und eine sehr helle Haut – ein weiterer Beweis für die Dominanz der Habsburger Erbanlagen im spanischen Zweig der Familie, von Kaiser Karl V. bis zu Philipp II. und Don Juan d'Austria. Ihre Führung sei beispielhaft, vermerkte der Venezianer (er konnte kaum etwas anderes erwartet haben). Sie war sehr elegant in schwarzen Samt gekleidet, ihre Frisur war mit Juwelen geschmückt, und sie trug eine Halskette »von unschätzbarem Wert«. In ihrer Umgebung befanden sich sechs junge Damen adliger Herkunft, von denen drei bei Tisch bedienten, während die anderen in lockeren Gruppen mit ihren Verehrern plauderten. Eine wahre Idylle, die den gewohnten Berichten von der steifen Etikette am spanischen Hof völlig widerspricht. Dem scharfen Beobachter fiel noch etwas auf: der König liebte seine Gattin.

Fünfundzwanzig Jahre waren vergangen, seit Maria von Portugal Don Carlos zur Welt gebracht hatte. Nun wurde am 4. Dezember 1571 in Madrid endlich wieder ein Prinz geboren, Don Fernando. Der König verbrachte sechs Stunden an Annas Bett, und seine Freude über die Geburt des Sohnes spiegelte sich sogar in seiner festlichen Kleidung, als er am 8. Dezember die Glückwünsche der venezianischen Botschafter entgegennahm. Er saß an einem Tischchen und trug silberglänzende Samthosen, Seidenstrümpfe, ein Wams aus Satin, ein gutsitzendes schwarzseidenes Jackett, einen schwarzen Samthut mit Goldrand und einen zobelbesetzten Damastumhang, auf dem die Kette des Goldenen Vlieses schimmerte. Eine eindrucksvolle, ehrfurchtgebietende Gestalt – aber der König hieß die Botschafter mit leutseliger Höflichkeit willkommen. Die arrogante Miene, die einst das Mißfallen der Niederländer und Deutschen erregt hatte, war völlig verschwunden.

Ein anonymer Angehöriger der *Serenissima* fügte eine allgemeinere Beschreibung des Königs hinzu: Er war mittelgroß, gut proportioniert und »eher stämmig als zart«[68], zweifellos eine Auswirkung der mittleren Jahre, die auch diesen so asketischen Monarchen prägten. Sein helles Haar und sein dichter Bart zeigten graue Strähnen. Die vorstehende Unterlippe, die bei seinem Vater, dem Kaiser, fast entstellend gewirkt hatte, verlieh ihm – zumindest in den Augen dieses Beobachters – zusätzliche Würde. Aus dieser Schilderung spricht wie aus den Porträts eine römische, fast stoische Gelassenheit. Seine Eßgewohnheiten blieben sich immer gleich; zu festgesetzten Tageszeiten verrichtete er seine Gebete und besuchte die Königin und seine Kinder.

Er war selbst in seinen Mußestunden ein methodischer Mensch. Gelegentliche Jagden, Ausfahrten und ländliche Feste im Park von Aranjuez waren die Ausnahmen in seinem sonst völlig der »pausenlosen Arbeit« gewidmeten Leben, wie der Venezianer sich ausdrückte. Wenn der König an seinem Schreibtisch saß, an dem er immer mehr Stunden verbrachte, war sein einziger Wunsch, »alles zu erfahren und zu überblicken«. Der Tod lichtete die Reihen seiner Vertrauten; Ruy Gómez, der Herzog von Eboli, starb im Jahr 1575. Er hatte sich dem Herzog von Alba entfremdet, weil dieser ihm wahrscheinlich mit seiner übertriebenen Selbstgefälligkeit und der ständigen Betonung seiner hervorragenden Dienste für den Staat lästig fiel. Der Hauch von Melancholie, der den König stets umgeben hatte, vertiefte sich mit zunehmendem Alter, und die Ausübung seiner Glaubenspflichten wurde ihm immer wichtiger. Seine Gemahlin war ebenso geartet. Der französische Botschafter Fourquevaulx schrieb empört, ihr Hofstaat gleiche einem Nonnenkloster; er entsann sich der Lebensfreude zur Zeit von Isabel de Valois. Allerdings war er ein sehr voreingenommener Zeuge, denn die Beziehungen zwischen Spanien und seinem mächtigen Nachbarn jenseits der Pyrenäen verschlechterten sich; doch mit seiner verächtlich gemeinten Bemerkung hatte Fourquevaulx einen Lebensstil umrissen, der noch fünfundzwanzig Jahre – bis zum Ende von Philipps Regierung – andauerte.

Es war eine Atmosphäre der aufrichtigen Frömmigkeit und des unablässigen Fleißes. Der König, der die Schlacht von Lepanto und die Belagerung von Haarlem aus der Ferne gelenkt hatte, der Herr der westindischen Besitzungen und der Schatzflotten, bearbeitete häufig ganz andere Angelegenheiten: Ernennungen für Bischofssitze und entlegene Kuratien, Stiftungen für ein Kloster, die passende Kleidung für Gemeindepriester, die Überführung der sterblichen Überreste seiner Ahnen und Familienangehörigen aus ihren weit verstreuten Gräbern in die feierliche Pracht des Escorial, die Sammlung von Heiligengebeinen aus der Nähe und der Ferne. »Ich glaube, Eure Majestät sollten die Sache mit den Reliquien erwägen«, schrieb einmal Antonio Pérez, der Sekretär, der seinem Herrn später unsägliche

Gewissensqualen verursachte. »Dieser Mann besitzt eine
äußerst seltene, nämlich das Leichentuch aus dem heiligen Grab,
das dem Escorial wohl anstünde.«[69] Vielleicht handelte es sich
um das berühmte Grabtuch, das 1578 in Turin auftauchte und
noch heute in der dortigen Kathedrale verwahrt wird. Es kam
jedenfalls nie in den Escorial, doch die im Lauf der Zeit zusam-
mengetragenen Gebeine von Heiligen und von völlig unbekannten Personen zeugen von der ausgedehnten Suche, vom frommen Eifer des Königs und von seiner Gutgläubigkeit.

In vieler Beziehung war der König auch leichtgläubig. Für
Vorschläge und Einflüsse aus dem engen Kreis seiner Vertrauten
war er immer offen. Trotz seiner Klugheit und Regierungser-
fahrung wartete er seinem Wesen gemäß stets auf Anweisungen, auf Führung. Es hatte mit den langen Listen von Regeln
und Vorschriften begonnen, die ihm sein Vater erteilt hatte und
über die er nie wirklich hinausgewachsen war. Er mochte Probleme lösen und umfangreiche Memoranden diktieren, doch im
Grunde seines Herzens mißtraute er, wie ein Venezianer schrieb,
seinem eigenen Urteil. Weil ihm dies bewußt war, wurde er
immer abhängiger von seiner unmittelbaren Umgebung, von
seinen Sekretären, die, wenn sie klug waren, den Ball der Unentschlossenheit ihrem Herrn zurückwarfen und in aller Ruhe die
Folgen abwarteten.

Dieser Teufelskreis war die Ursache vieler Übel im spanischen Weltreich. Antonio Pérez' Vater, ein viel ehrlicherer, be-
deutenderer Mann, war schon früh zu dem Schluß gekommen,
daß Philipp von Natur aus dazu neige, sich niemals zu entscheiden. Ein anderer Staatsdiener klagte: »Zaudern ist gewöhnlich in allen Dingen schlecht, und manchmal ist es unheilbar, so
wie das Säumen Seiner Majestät.« Er zögere so lange mit seinen
Entschlüssen, daß er sie schließlich »ganz zur Unzeit« fasse,
schrieb Requesens, und in einem persönlichen Brief an den
König drückte sich Papst Pius V. noch unverblümter aus: »Eure
Majestät verbringen soviel Zeit mit der Erwägung Ihrer Unternehmungen, daß, wenn der Augenblick der Ausführung kommt,
die Gelegenheit verstrichen ist ...«[70] Es war nur natürlich für
einen Mann, der zuviel leisten wollte und nicht zwischen dem
Wichtigen und dem Nebensächlichen zu unterscheiden vermoch-

te. »Er füllte sein Leben mit Beschäftigungen aus«, schrieb Gregorio Marañón[71] und zeigte mit dieser Bemerkung großes Verständnis für ein zutiefst einsames, aufgewühltes Leben. Es war einfacher und erfreulicher für den König, sich eifrig darum zu kümmern, daß die Särge seiner Ahnen und die Gebeine wundertätiger Heiliger in den Escorial verbracht wurden, als einen Entschluß zu fassen, was mit den siebzehn niederländischen Provinzen in dem chaotischen Interregnum nach Requesens' Tode geschehen sollte.

12. Kapitel: Don Juan d'Austria in Brüssel, Escovedo in Madrid

Die Regierung in den Niederlanden war früher normalerweise jüngeren Mitgliedern des Habsburger Herrscherhauses anvertraut worden, und nach den Experimenten mit Alba und Requesens griff der König die Tradition wieder auf und ernannte seinen Halbbruder Don Juan d'Austria zum Statthalter und Generalkapitän.

Dies geschah nicht ohne Bedenken, denn Philipp wußte, daß Don Juan ein schwieriger Untergebener sein konnte; so hatte er nach Lepanto, als es um das Piratennest Tunis ging, die Befehle aus Madrid mißachtet. Dem König war zudem bekannt, daß sein Halbbruder – als natürlicher Sohn des Kaisers – den ehrgeizigen Plan hegte, eines Tages einen Thron innezuhaben, ja sogar zwei Throne: Er wollte mit einem Heer über den Ärmelkanal setzen, die gefangene schottische Königin, Maria Stuart, befreien und Elisabeth den Thron nehmen.

Diese Träume, die Philipp selbst niemals geteilt hat und die vom Standpunkt der spanischen Diplomatie höchst gefährlich waren, hätten von vornherein vereitelt werden können, wenn er Don Juan unzweideutig befohlen hätte, unter keinen Umständen auf Abenteuer zu ziehen. Dies paßte jedoch nicht in Philipps Konzept, denn wenn er seinem Halbbruder einen solchen Zwang auferlegte, würde er vielleicht nicht einwilligen, nach Brüssel zu gehen, wo er dringend gebraucht wurde. Philipp gab sich deshalb den Anschein, mit Don Juans geheimen Zielen zu sympathisieren, bestimmte aber bei der ersten Gelegenheit, daß die spanischen Truppen – als friedliche Geste gegenüber den Niederländern – in südlicher Richtung abziehen sollten, und zwar auf dem Landweg und nicht zur See, wo Don Juan sie für einen Überfall auf London hätte einsetzen können. In dieser Phase seiner Beziehungen zu seinen aufständischen Untertanen hatte Philipp den aufrichtigen Willen, mit ihnen ins reine zu kommen. Er hatte es mit Terror und militärischer Repression versucht und bemühte sich nun um eine Lösung, die die Niederländer das Vergangene vergessen lassen und den Zustand der frühen Regierungszeit von Herzogin Margarete wiederherstellen würde. Der König, der ganz von Recht und Gesetz durchdrungen war und nichts von den Abgründen des durch Alba und die meuternden Truppen geschürten Hasses wußte, mußte ein Übereinkommen durchaus für möglich halten, und so legte er die neuen Ziele seiner Diplomatie in den Instruktionen für seinen Halbbruder nieder. Mit »guten, gerechten und vernünftigen Mitteln« und mit der Anwendung von »Liebe, Sanftheit und Wohlwollen« solle Don Juan »jedermann gerechte und vernünftige Befriedigung« verschaffen und »eine echte, tragfähige, dauerhafte Befriedung« herbeiführen – in Übereinstimmung mit den Edikten Karls V. (nach denen alle Ketzer auf dem Scheiterhaufen verbrannt werden konnten). Die Instruktionen enthielten noch weitere widersprüchliche Unmöglichkeiten. Eine Generalamnestie sollte verkündet werden, und nur der Prinz von Oranien, der zu jener Zeit der Mächtigste in den Niederlanden war, sollte davon ausgenommen werden. Don Juan erhielt weitgehende Vollmacht, Verhandlungen zu führen, unter der Voraussetzung, daß die Rechte der katholischen Kirche und der Krone unangetastet blieben[72] – eine Position, die in zwei Provinzen schon unwiederbringlich verloren war. Der König zeigte Verhandlungsbereitschaft in einem Augenblick, in dem der Gegner alle Trümpfe in der Hand hielt, und der Mann, den er als Friedensstifter entsandte, träumte nur von Krieg.

Die Ankunft des neuen Statthalters in den Niederlanden kündigte schon die folgenden Ereignisse an. In seiner Eile, die Basis zu erreichen, von der aus er die englische Krone zu erringen hoffte, hatte Don Juan nicht die übliche Route über Genua und am Rhein entlang gewählt, sondern war, als maurischer Diener verkleidet, durch Frankreich geritten. Sein engster

Vertrauter war sein ränkevoller Sekretär Juan de Escovedo, der wenig später den größten politischen Skandal des Jahrhunderts heraufbeschwor und mit Wissen des Königs ermordet wurde. Was Philipp und der fahrende Ritter Don Juan in solcher Gesellschaft zu suchen hatten, ist unverständlich, aber es war so, und es löste eine Kette tragischer Begebenheiten aus.

Infolge der spanischen Meutereien, die in der Plünderung Antwerpens gipfelten, galt in den meisten Provinzen des Königs Gebot nicht mehr als Gesetz. Die zwischen den protestantischen Anhängern Oraniens und den Katholiken in der Mitte und im Süden des Landes abgeschlossene »Befriedigung von Gent« wurde im Januar 1577 zur »Union von Brüssel« erweitert. Sie war eine Anerkennung des Verhältnisses zwischen den religiösen Kräften. Der Katholizismus sollte wie bisher in fünfzehn Provinzen, der Calvinismus in zwei Provinzen vorherrschen, und überall wurden die harten Edikte Karls V. aufgehoben – vorbehaltlich einer endgültigen Regelung durch die Generalstände.

In diese Situation, die er nicht selbst herbeigeführt hatte, trat Don Juan ohne derartige Erfahrung und ungeschützt. Das Land schien sich – mit Ausnahme von Luxemburg – fast ganz von Spanien entfremdet zu haben.

Don Juan genoß einige Vorzüge. Er war jung und ansehnlich, ein wohlgestalteter, schmucker Mann mit langem blondem Haar und Schnurrbart, ein guter Reiter, sehr anmutig in seinen Bewegungen. Er war der Sohn eines aus den Niederlanden stammenden Kaisers und einer deutschen Mutter, und er war der Sieger von Lepanto. Die Aufgabe, die ihm zugeteilt war, hätte allerdings jeden eingeschüchtert, und außerdem hatte er Fehler, die den venezianischen Diplomaten nicht entgangen waren: Sie hielten ihn für hitzköpfig, rasch, verschlagen, starrsinnig und für einen schlechten Verlierer (im Spiel). Kaum war er in Luxemburg angekommen, als er den König mit Klagen überhäufte. Die Leute, mit denen er verhandeln sollte, waren ihm zuwider. Sie waren unhöflich und unverschämt, sie hatten jegliches Pflichtgefühl gegenüber Gott und der Krone eingebüßt, und sie bestanden darauf, daß er die spanischen Truppen fortschickte – im Blick auf seine englischen Pläne erschien ihm dies als die größte Beleidigung. Außerdem sollte er ihre religiöse Regelung, von der sie soviel hielten, anerkennen. Wenige Tage nach seinem Eintreffen bat er schon um Geld und sprach von Gewalt als der einzigen Alternative, wenn man »das Land nicht schändlich im Stich lassen« wollte. Um mit solchen Männern zu verhandeln, brauche man »die Geduld eines Engels«, wie er dem König in einem seiner zahllosen Briefe schrieb, denn sie seien vom Teufel besessen – »soll er sie doch holen!« setzte er in einem charakteristischen Zornausbruch hinzu[73]. Er war »allein, ohne Truppen, ohne Kredit, ohne Geld« und ersuchte den König dringend, seine ganze Entspannungspolitik zu überprüfen und, wenn er einen gerechten, dauerhaften Frieden wünsche, sich auf »einen grausamen und blutigen Krieg« vorzubereiten[74].

Es dauerte seine Zeit, bis diese leidenschaftlichen Worte den König in Sorge versetzten. Vielleicht bereute er seine Wahl erstmals dann, als Don Juans Sekretär Escovedo die gleiche Tonart anschlug: »Es muß zum Bruch kommen, es muß zum Krieg kommen.«[75] Zuerst mit Langmut, dann mit zunehmender Ungeduld schrieb Philipp zurück, es dürfe kein Bruch eintreten, die Unterhandlungen mit den Generalständen dürften nicht aufgegeben werden, so schwierig sie auch sein mochten. »Die Zeit ist gekommen, Sanftmut und Vergebung walten zu lassen«[76] – dies war die Grundstimmung all seiner Depeschen. Don Juan müsse aushalten und notfalls für die Sache leiden; er dürfe es keinesfalls zu einem Krieg kommen lassen, den Spanien nicht bezahlen könne. Es war nicht ganz ironisch – denn er mußte sich auf Don Juan stützen –, wenn er die »Geduld und Stärke« seines Bruders pries und ihn ermutigte, nicht abzulassen. So gingen die Botschaften im ganzen Spätherbst 1576 hin und her, bis sich Philipp Anfang 1577 endlich dessen bewußt wurde, wie weit Don Juan geistig von seinen Instruktionen abwich, und ihn scharf ermahnte: »Ich verpflichte Euch erneut, Bruder, einen Zusammenbruch der Unterhandlungen zu vermeiden und Euch der Zeit und der Notwendigkeit zu fügen, den besten Ratgebern in einer so dringlichen und heiklen Angelegenheit.« Es war eine Abwandlung der Maxime des Königs: »Die Zeit und ich gegen alle«, und als Lehre für seinen Halbbruder setzte er einen zweiten Grundsatz hinzu, der seitdem häufig von Staatsmännern wiederholt wurde: »Die Politik muß sich den Möglichkeiten anpassen.«[77]

Viele Historiker beschäftigten sich leicht belustigt mit diesem seltsamen Dialog, und einige kamen zu dem Schluß, Don Juan sei wegen seines kriegerischen und ungeduldigen Wesens (das er selbst eingestand) nicht nur ein schlechter, sondern ein ungehorsamer und völlig ungeeigneter Unterhändler gewesen. Die Korrespondenz stützt dieses Urteil nicht. Don Juan (wie auch Escovedo) bedauerte zwar stets das Scheitern seines Plans, mit spanischen *tercios* von den Niederlanden aus England zu erobern: »... Wir sind ganz außer uns und in Verzweiflung; nichts sonst bedeutet uns etwas als Abscheu und Kränkung«[78] (so Escovedo, aber welcher von beiden der Drahtzieher und welcher die Marionette war, ist nicht sicher), und beide prangerten unablässig die Treulosigkeit und Bosheit der Verhandlungspartner an; doch obwohl Don Juan ständig von Kriegen und Eroberungen träumte – manchmal sogar von einer Ehe mit der englischen Königin, wie sie der schlaue König angedeutet hatte, um ihn von den Gedanken an eine Aggression abzulenken –, verzichtete er auf sein ehrgeiziges Vorhaben, beugte sich den Instruktionen des Königs, willigte ein, die *tercios* auf dem Landweg nach Hause zu schicken, und schloß gegen seine Überzeugung mit seinen Peinigern einen Vertrag, der die Befriedung von Gent anerkannte und zu dem einzigen damals erreichbaren Preis Frieden brachte. Ein Gremium von Bischöfen und Rechtsgelehrten hatte ihm versichert, die in der Befriedung enthaltene religiöse Regelung laufe weder dem Katholizismus noch der Autorität des Königs, den beiden wichtigsten Säulen, zuwider. Er selbst hegte Zweifel, aber er folgte dem Drängen aus Madrid, drückte beide Augen zu und unterzeichnete den Vertrag.

Allerdings wollte er mit Leuten, die ihn derart gedemütigt hatten, nichts mehr zu tun haben, und noch während er sich anschickte, nach Brüssel zu reisen, begann er seinen königlichen Herrn mit Bitten zu überhäufen, ihn seines verhaßten Postens zu entheben und durch einen geeigneteren Nachfolger zu ersetzen. Er nannte die kürzlich verwitwete Kaiserin oder Herzogin Margarete von Parma, die das Amt schon früher innegehabt hatte, und brachte hervorragende Argumente für diesen Wechsel vor: Die Niederländer haßten ihn fast so sehr, wie er sie verachte – so lautete eine seiner unnachahmlichen Nebenbemerkungen –, und ihre Beleidigungen und Kränkungen weckten in ihm das Verlangen, sie zu bekriegen, sie auszuplündern, sie zu vernichten und in ihrem Blut zu baden. Sein Sekretär Escovedo wetteiferte mit ihm an Tollheit und schickte unterdessen einen Brief nach dem andern an seinen Gegenspieler, den verschlagenen Antonio Pérez im königlichen Sekretariat in Madrid. Er drängte auf sofortige Abberufung Don Juans, ehe dessen körperliche und geistige Gesundheit untergraben sei. Der richtige Platz für seinen Herrn sei, wie er schrieb, nicht irgendeine Generalstatthalterschaft, sondern bei Hof, zur Rechten des Königs, als anerkannter Infant Spaniens und Führer einer Partei, der Antonio Pérez und selbstverständlich auch er, Escovedo, angehören würde. In dieser Stellung wäre Don Juan dem König eine Stütze im Alter – eine fast komisch klingende Bemerkung, wenn man bedenkt, daß Philipp gerade fünfzig war und eine junge Familie hatte.

Diese Briefe und Pérez' Antworten – Aufforderungen zu weiteren Vertraulichkeiten – kamen dem König vor Augen. Langsam formte sich in seinen Gedanken das Bild eines ehrgeizigen und gefährlichen Mannes, der nach Macht und Thronen strebte, vielleicht sogar nach dem spanischen Thron, und der sich von Escovedo, einem ungeheuer indiskreten und dummen Vertrauten, antreiben ließ. Vieles sprach gegen einen Statthalter, der (Pérez gegenüber) schriftlich gestanden hatte, wenn er nicht bald aus den Niederlanden weggeholt werde, verliere er sein Leben und seinen Ruf und sei in Gefahr, durch die Sünde der Verzweiflung auch seine Seele zu verlieren. Escovedo hatte in einem Begleitbrief zugegeben, sein Herr sei »verwirrt«. Aber der König brauchte Don Juan, denn durch seinen Vertrag mit den Generalständen (das »ewige Edikt«), der am 12. Februar 1577 veröffentlicht wurde, hatte er den Krieg beendet. Er schrieb ihm daher beschwichtigend und gratulierte ihm zu seiner Leistung, ermahnte ihn allerdings, nie wieder von Ablösung zu reden. Don Juan, der jetzt Erfahrung im Umgang mit den Niederländern habe, sei unentbehrlich. Die Situation erfordere einen Mann, der Wohlwollen mit Zuverlässigkeit und Mut zu verbinden wisse, und all diese Eigenschaften besitze Don Juan. Konnte Philipp diese Worte ernst meinen, nachdem er die Briefe seines Statthalters und Escovedos gelesen hatte? Es war ihm jedenfalls ernst genug damit (oder es erschien ihm angezeigt), daß er das Lob auf die Diplomatie seines Halbbruders in einem Brief an Kardinal Granvelle in Italien wiederholte.

Eine Zeitlang schien die erzielte Regelung auch Don Juan zu besänftigen. Die Absurditäten entfielen aus seiner (nicht aus Escovedos) Korrespondenz mit Madrid, wenn auch nicht ganz, denn er fand seine protestantischen Gegner immer noch »schlimmer als die Teufel in der Hölle«. Aber er besaß doch politischen Spürsinn und sah den Schlüssel zum niederländischen Problem im Prinzen von Oranien, »dem Lotsen«, wie er schrieb, »der dieses Schiff steuert und der es entweder retten oder zugrunde richten kann«[79]. Deshalb trat er über Mittelsmänner mit ihm in Unterhandlungen. Es blieb ihm kaum etwas anderes übrig, da er »zu seinem großen Kummer« zusehen mußte, wie die spanischen Truppen aus der Zitadelle von Antwerpen und anderen Festungen abzogen und in südlicher Richtung aus dem Land marschierten. Er war jetzt fast gänzlich waffenlos. Ein gewisser Ausgleich war der freudige Empfang in Namur, Löwen und schließlich Brüssel, wo er mit Bildern von der Schlacht bei Lepanto begrüßt wurde und Anfang Mai 1577 seine Statthalterschaft antrat.

Wenn man bedenkt, wie tief das Ansehen des Königs nach der spanischen Furie gesunken war, hatte Don Juan einiges vollbracht. Er hatte das Zentrum der Macht, den Sitz der Herrschaft erreicht. Hätte er sich in Geduld gefaßt und abgewartet, bis der unvermeidliche Streit zwischen den Protestanten in Holland und Seeland und den in allen anderen Provinzen überwiegenden Katholiken ausgebrochen wäre, so hätte er die fünfzehn Provinzen gegen die zwei ausspielen und vielleicht sogar Oranien diplomatisch isolieren können. Er schrieb dem König, er setze die königliche Politik der »Milde« fort, und wenn dies so gewesen wäre, hätte er seine frühere prahlende Bemerkung gegenüber Philipp, seine Dienste für die Sache des Friedens seien mehr wert als die Eroberung mehrerer Königreiche, gerechtfertigt. In Wirklichkeit ging er jedoch militanter vor, als er behauptete.

Er hatte selbst bei seinen katholischen Verhandlungspartnern ein Verlangen nach Gewissensfreiheit in Glaubensdingen festgestellt, und dies war für ihn ein solcher Greuel, daß er betete, der König möge niemals von ihm verlangen, daß er diese Freiheit gewährte. Er würde lieber sterben, als ein so großes Unheil zulassen – dies erklärte er, obwohl er selbst die Befriedung von Gent anerkannt hatte, die die Katholiken in Holland und Seeland unter das calvinistische Joch gebeugt hatte! Vielleicht war das Bewußtsein, einen Verrat begangen zu haben, eines der Motive für seinen Druck auf die Bischöfe, damit sie die Ketzerei verfolgten, und für seine Appelle an die Generalstände, mit Oranien zu brechen und die verlorenen Provinzen wieder in den Schoß der Kirche zurückzuführen.

Die Generalstände, die nur über geringfügige Truppenbestände verfügten, fanden sich nicht zu einer Lösung bereit, die schon Alba und Requesens mißglückt war. Wahrscheinlich wären sie froh gewesen, wenn es Don Juan gelungen wäre, den Prinzen von Oranien zu bestechen, daß er die Niederlande verlassen und das Grafentum Charolais als Vasall des französischen Königs angenommen hätte, aber auch dieser Plan führte zu nichts. Wilhelm saß zu fest und war zu mächtig, als daß man ihn hätte wegwünschen können. Aus der Sicherheit seiner nördlichen Bastion verlangte er die sofortige Übergabe der bedeutenden Städte Amsterdam und Utrecht sowie seines Besitzes in Breda.

Es war schwer, diesen Forderungen Widerstand zu leisten, denn die Menschen waren, wie Don Juan richtig bemerkte, von Oraniens Propaganda »verhext«, und die Generalstände drängten unablässig auf Willfährigkeit. Für den Sieger von Lepanto war es eine böse Wahrheit, daß er nichts als ein Strohmann war, dem niemand gehorchte, den nur wenige achteten und der, wie er es ausdrückte, von »allen Ketzereien, Verrätereien und Lastern der Welt« umgeben war[80]. Unter diesem Druck erlosch auch die letzte seiner friedlichen Absichten, und er kehrte zum Ton seiner früheren Briefe nach Madrid zurück. Der König möge die Nutzlosigkeit der »Milde« einsehen, eine Flotte (nach außen hin zu einem Angriff auf Algier) aufstellen und sie an die englische und seeländische Küste werfen. Don Juan sei gern bereit, an diesem Manöver teilzunehmen und mit dem Schwert in der Hand in die Niederlande zurückzukehren. Der König solle sich wiederum auf einen sehr grausamen und sehr blutigen Krieg gefaßt machen, wenn er sich nun entschließe, so zu handeln, wie Kaiser Karl V. seligen Andenkens gehandelt hätte. Taktlosere Worte sind kaum vorstellbar.

Zusammen mit diesen Plänen stiegen Ängste in ihm auf; Don Juan fühlte sich in Brüssel nicht mehr sicher. Unter dem Vorwand, mit einigen aus Albas Kriegen übriggebliebenen meuternden deutschen Söldnern wegen ihrer Löhnung verhandeln zu müssen, begab er sich in die kirchliche Hauptstadt Mecheln. Dort hörte er ein Gerücht, Wilhelm von Oranien schicke Truppen nach Süden in Richtung Namur und Luxemburg am nördlichen Ende der »spanischen Route«, auf der die *tercios* eines Tages vielleicht wiederkommen würden. Diese Mutmaßungen wie auch Warnungen vor Mordanschlägen wurden wahrscheinlich von seinen Feinden in die Welt gesetzt, um ihn zu einer überstürzten Handlungsweise zu veranlassen. Jedenfalls schützte er ein Treffen mit der Schwester des französischen Königs vor, die zur Badekur nach Spa kam, eilte nach Süden und erschien am 24. Juli 1577 in der Festung Namur mit dem triumphierenden Schrei, nun sei er endlich in seine Statthalterschaft eingetreten.

Nach dem Buchstaben des Gesetzes war Don Juan als Statthalter des Königs und Generalkapitän durchaus berechtigt, sich in jeder beliebigen Zitadelle der Niederlande festzusetzen, aber in der Praxis hatte dieser Handstreich und ein ähnliches Unternehmen in Antwerpen, das jedoch scheiterte, katastrophale Folgen für die Sache des Friedens, die ihm oberstes Anliegen sein sollte. Wilder Protest wurde laut, nicht nur bei den Anhängern Oraniens in Holland und Seeland, die ihn ohnehin stürzen wollten, sondern auch bei den Gemäßigten in den Generalständen, die ihm normalerweise wohlgesonnen waren. Jedermann glaubte, Albas Tyrannei lebe wieder auf, und in dem Aufruhr der Gefühle waren sich Protestanten und Katholiken einig. Wilhelm von Oranien zog nach Antwerpen und Brüssel und wurde überall als Retter des Volkes gefeiert. Dieser Zustand konnte nicht lange anhalten, denn zu viele Katholiken mißtrauten Wilhelms Motiven. Die durch Don Juans aggressive

Taten ausgelöste Empörung veranlaßte jedoch einige Magnaten in den Generalständen, sich nach einem anderen Kandidaten umzusehen. Sie fanden ihn in der Person des Erzherzogs Matthias, eines unbedeutenden, leicht zu beeinflussenden Bruders des neuen Kaisers. Pflichtschuldig fand sich der Erzherzog im Herbst 1577 in den Niederlanden ein.

Nach einigem Zögern entschloß sich Wilhelm von Oranien, den Neuankömmling zu unterstützen. Im Dezember 1577 forderten die Generalstände Matthias offiziell auf, die Statthalterschaft zu übernehmen. Oranien wurde Generalkapitän am wirklichen Sitz der Macht, und Don Juan wurde zum öffentlichen Feind erklärt. Auch dies war aber noch kein endgültiger Bruch mit dem König von Spanien, denn all diese revolutionären Schritte wurden in seinem Namen unternommen. Inzwischen hieß Don Juan in seiner Festung Namur die Vorhut der »Schwarzbärte«, seiner aus Italien zurückkehrenden spanischen Veteranen, willkommen.

In Spanien hatte Philipp die Entwicklung der Lage mit Schrekken verfolgt. Seine Politik war Frieden. Erst Ende August 1577 erfuhr er, wie Don Juan dies ausgelegt und Namur besetzt hatte. Fast täglich hatte er jedoch Beweise der Erregtheit seines Halbbruders erhalten, und im Juli 1577 kam Escovedo nach Madrid. Nur Don Juan selbst hätte noch weniger willkommen sein können, und als der König durch Pérez von seiner Ankunft erfuhr, notierte er: »Der Schlag gegen uns wird geführt. Wir müssen auf alles gefaßt sein. Wir müssen uns seiner entledigen (*despachar*), ehe er uns überwältigt.«[81] Eine Deutung dieser rätselhaften Worte könnte lauten, daß Philipp sagen wollte, sie müßten den Mann umbringen, ehe er ihn ermorde.

Was steckt dahinter? Escovedo war nach Madrid gekommen, um auf die Dringlichkeit kriegerischer Maßnahmen in den Niederlanden hinzuweisen, um Geld zu fordern und um nebenbei zu erkunden, ob die Geheimnisse in seinen Briefen möglicherweise verraten worden waren. Er bildete ganz gewiß keine Bedrohung für den König. Zu seinem Unglück hatte er allerdings früher viele taktlose Äußerungen getan, einige sogar gegenüber Philipp, dem er vorgeworfen hatte, er sei in seiner Politik »wankelmütig«. Außerdem hatte er von politischem Mord – wenn auch nur an Wilhelm von Oranien – gesprochen und geschrieben, wie der König in der Korrespondenz, die Pérez ihm vorlegte, selbst sehen konnte. Offenbar ein phantasiebegabter, tatendurstiger, gefährlicher Mann.

Als solcher konnte er zumindest dem König geschildert werden von der Person, die ihn wirklich zu fürchten hatte: Pérez. Der Sekretär war anfänglich nicht gegen Don Juan oder Escovedo eingestellt gewesen; er hatte ihnen sogar lange Zeit den denkbar besten Rat erteilt, ihre ehrgeizigen Pläne vorerst nicht zu verfolgen, sondern dem König in allem zu gehorchen. Dann aber begann er, seinem Herrn ihre Briefe zu zeigen – wahrscheinlich als Rückversicherung gegen die Anklage der Mitwisserschaft bei ihren Ränken. Für ihn war Escovedos Auftauchen in Madrid (das er mit allen Mitteln zu verhindern gesucht hatte) ein neuer, bedrohlicher Faktor. Warum? Befürchtete er, Escovedo werde seine Affäre mit der Herzogin von Eboli, der Witwe des Günstlings, die angeblich auch Philipps Geliebte war, entdecken und den König davon in Kenntnis setzen?

Zu einer gewissen Zeit wurde weithin angenommen, dies sei die Ursache der folgenden Ereignisse gewesen. Die Herzogin verfügte über beträchtliche Reize, obwohl sie Mutter mehrerer Kinder war und eine große schwarze Augenklappe trug. Daß sie Pérez' Mätresse war, steht außer Zweifel. Daß der König engere Beziehungen zu ihr unterhalten hätte, ist durch nichts erwiesen, es sei denn, man fasse die ihr zugeschriebene Bemerkung, daß ihr Pérez' Hintern lieber sei als die ganze Person des Königs, in einem besonderen Sinne auf. Pérez' Biograph, Gregorio Marañón, begnügt sich mit der Feststellung, wenn Escovedo etwas Kompromittierendes im Verhältnis zwischen dem allmächtigen Sekretär und der Dame entdeckt hätte, so hätte dies nichts mit Intimitäten zu tun gehabt, sondern viel eher mit ihrem gemeinsamen Mißbrauch von Pérez' Vertrauensposten beim König, da sie den Rebellen in den Niederlanden gegen Geld Informationen zukommen ließen. Erwiesener Verrat könnte erklären, weshalb der König später sowohl den Sekretär als auch die Herzogin mit bitterstem Haß verfolgt hat. Sein Zorn ist aber ebenso gut, wenn nicht noch besser begreiflich, wenn Eifersucht das Motiv war. Noch jetzt, vierhundert Jahre danach, muß man

sich fragen, ob das letzte Wort in dieser mysteriösen Angelegenheit gesprochen ist.

Philipp erfuhr jedoch erst sehr viel später auf irgendeine
Weise, daß er hintergangen worden war. Damals hatte er nur
die Informationen, die ihm Pérez zukommen ließ, und zeigte sich
als aufmerksamer, leichtgläubiger Zuhörer. Der streitsüchtige
Ton in Don Juans Briefen und die Nachricht, daß sein Halbbruder auf eigene Faust den Papst um Hilfe für Unternehmungen gegen England gebeten habe, hatten schon vorher seinen
Unwillen erregt, und sein verborgener Groll und Neid brauchte
kaum geschürt zu werden. Hinter allem witterte er Intrigen und
Unbotmäßigkeit. Weshalb war Escovedo ohne Erlaubnis nach
Madrid gekommen? War er nicht Don Juans engster Vertrauter? Welche aufwieglerischen, ja mörderischen Gedanken
mochte er hegen? Diese Vorstellungen waren absurd, aber vielleicht nicht viel lächerlicher als Don Juans und Escovedos Briefe.
Nur echte Furcht konnte den sonst so zurückhaltenden König zu
seiner Reaktion auf die Phantastereien, die Pérez' erfinderischem
Kopf entsprungen waren, veranlassen: »Der Schlag gegen uns
wird geführt. Wir müssen auf alles gefaßt sein.« Die Hirnge-
spinste wurden allerdings in Taten umgesetzt, die den Tod eines
Menschen herbeiführten.

Man mag sich fragen, warum Pérez, der normalerweise rasch
bei der Hand war, so lange gebraucht hat. Vielleicht war eben
auch ein politischer Mord – wie alles andere in Spanien – nur
langsam zu bewerkstelligen. Es hatte schließlich mühevolle Monate genauester Planung gedauert, bis Graf Montigny in Simancas erdrosselt wurde. Und selbstverständlich mußte die Sache an
höchster Stelle besprochen werden. Der Marquis von Los
Velez – zufällig einer der Männer, die Don Juan und Escovedo
gern als Verbündeten in einer neu zu bildenden Partei bei Hof
gesehen hätten – machte den Vorschlag, dem gefährlichen Escovedo einen »Leckerbissen« vorzusetzen, also ein Gericht, wie es
ein Gast zu erwarten hatte, wenn er bei den Borgias speiste.

Zweimal wurden Escovedo in Pérez' Haus große Dosen Gift
ins Essen gemischt, die aber seiner eisernen Konstitution nichts
anhaben konnten. Man mußte also zu anderen Mitteln greifen.
Am Ostermontag des Jahres 1578, acht Monate nach seiner

195

Ankunft in Spanien, wurde Don Juans unglücklicher Sendbote in den Straßen von Madrid überfallen und umgebracht. Einer der Wegelagerer hörte auf den Spitznamen »Schutzengel«.

Pérez hatte sich einige Tage vorher aus Madrid entfernt, um ein Alibi aufzubauen. Niemand nahm es ihm ab. Von Anfang an galt als sicher, daß er den Mord arrangiert hatte, und niemand kam auf den Gedanken, daß der König mitschuldig war. Und doch war es so. Später gestand Pérez unter der Folter, er habe auf Philipps Befehl gehandelt, und wenn der König auch wahrscheinlich nur in einen Vorschlag einwilligte, steht sein Mitwissen unzweifelhaft fest. Außerdem ließ er den Mördern zur Flucht vor seiner eigenen Polizei verhelfen – eine wahrhaft erstaunliche Tat für einen Mann, der sich dem Gesetz so fest verpflichtet fühlte. Das alles geschah, um einen unbedeutenden Menschen zu beseitigen, dessen einziges Verbrechen es war, daß er sich zu gern in anderer Leute Angelegenheiten einmischte.

Lange ehe Escovedo an jenem Abend im März 1578 starb, hatte der König die ersten Schritte unternommen, um Don Juan politisch mattzusetzen. Im Herbst des vorhergehenden Jahres waren einige Geheimdepeschen des Statthalters – voll von giftigem Haß auf die Generalstände und ihre Ansprüche – in die Hand des Feindes gefallen, und der Widerhall dieses Mißgeschicks war dem König und seinem Staatsrat zu Ohren gekommen. Die Sache wurde besprochen, und man kam zu dem Schluß, Don Juan abzulösen, da er den letzten Rest Glaubwürdigkeit als Unterhändler für den Frieden mit den Niederlanden verloren hatte. Der König ging deshalb auf seine Bitte um Ernennung eines anderen Statthalters ein und forderte seine Halbschwester, Herzogin Margarete von Parma, auf, die Last, die sie bei Albas Ankunft im Jahr 1567 so überstürzt abgeworfen hatte, wieder aufzunehmen, und zwar mit demselben Ratgeber – Kardinal Granvelle – zur Seite.

Die Herzogin umging diesen Befehl, ohne sich ihm offen zu widersetzen. In die Enge getrieben, schützte sie Gicht vor, ein Erbteil ihres kaiserlichen Vaters. Diese Verzögerungen erschwerten die Lage des Königs, denn die militanten Mitglieder seines Staatsrats bedrängten ihn, zu einer Politik der Gewalt zurückzukehren, da die Rebellen jetzt ihren rechtmäßigen Statthalter abgelehnt und im Trotz Erzherzog Matthias gewählt hatten.

Was sollte er tun? Er war entschlossen, den Katholizismus zu verteidigen und nirgendwo Ketzerei zu dulden. Ebenso entschlossen war er, seine Souveränität zu wahren. Mit Matthias wollte er nichts zu tun haben. Seine engsten Vertrauten beschworen ihn, Don Juan zu unterstützen und die spanischen *tercios* zurückzurufen. Gleichzeitig aber sehnte er sich – wie aus seinen Briefen an Granvelle hervorgeht – nach wie vor nach Frieden.

Die Lösung war eine Reihe von Kompromissen. Die *tercios* wurden in die Niederlande beordert, und Don Juan errang mit ihnen Ende Januar 1578 bei Gembloux einen großen, aber fruchtlosen Sieg über die Streitkräfte der Generalstände. Doch solange Philipp noch seinen Halbbruder wiederbewaffnete, entzog er ihm den Boden unter den Füßen. Sein Ziel war jetzt, wie er selbst sagte, eine Mischung aus »Gewalt und Diplomatie«, eine Politik, die Don Juan kurz zuvor empfohlen hatte. Über den Kopf seines Statthalters hinweg nahm der König durch einen Sonderbeauftragten, Baron de Selles, Unterhandlungen mit den Generalständen auf. Zudem begann er, einen aus Wien kommenden Vorschlag seines Neffen Rudolf II., des neuen Kaisers, ernsthaft zu erwägen: eine Zusammenkunft aller streitenden Parteien auf deutschem Boden unter kaiserlicher Schirmherrschaft und Vermittlung. Inzwischen sollten die Feindseligkeiten von Don Juan als Generalkapitän fortgesetzt werden, und man sprach von einem Heer mit 25 000 Mann Fußvolk und 5 000 Mann Reiterei zu einer Viertelmillion Dukaten im Monat.

Im Herbst 1578 erließ der König die Instruktionen für seinen Delegierten bei der Konferenz, den Herzog von Terra Nova, einen Aragonier, der auf Sizilien Ratsmitglied gewesen war. Philipp erklärte sich mit der Vermittlung des Kaisers und der Unterhandlung mit den Rebellen unter drei Bedingungen einverstanden: der Katholizismus mußte hochgehalten werden, seine Souveränität durfte nicht angetastet werden, und Erzherzog Matthias mußte das Land verlassen. Er war bereit, die Befriedung von Gent anzuerkennen – abgesehen von einigen unannehmbaren Punkten; so sollte Oranien nicht in den Provinzen verbleiben, und die Ketzeredikte Karls V. mußten durchgesetzt werden. In geheimen Anweisungen für Terra Nova hielt der König jedoch fest, daß er in den letzteren Fragen nachgeben könne, falls es sonst zum Bruch komme. Als Preis für die Übereinkunft wollte Philipp Don Juan abberufen und an seine Stelle einen den Generalständen zusagenden Statthalter aus königlichem Geblüt setzen, vielleicht die Kaiserinwitwe oder einen der Erzherzöge, irgend jemanden – nur nicht Matthias.

Es stimmt nicht, daß der König seinem Halbbruder nicht mehr geschrieben hätte, nachdem er sich entschlossen hatte, den Kaiser als Schiedsrichter anzurufen. Er ließ ihm gelegentlich eine Botschaft zukommen und auch Geldbeträge – allerdings keine Viertelmillion Dukaten im Monat. Aber er brauchte Don Juan nicht mehr. Seine Ernennung zum Statthalter hielt er jetzt für einen Fehler, und Don Juans Aktivitäten beurteilte er mit Pérez' Augen als schleichende Gefahr für das Land und seine Herrschaft.

Don Juans Sieg bei Gembloux war der letzte seiner Triumphe, und er war ebenso illusorisch wie seine einstigen Träume von einem Thron. Einige spanische Veteranen waren aus Italien zurückgekehrt, aber es waren zu wenige, und er hatte nicht genügend Geld für ihre Löhnung. Zu seinem Trost kam auf seine dringende Bitte sein Freund und fast gleichaltriger Neffe Alexander Farnese zu ihm; er war der eigentliche Sieger von Gembloux. Im übrigen sah die Zukunft trübe aus. Im Frühjahr und Sommer 1578 erhielten die Aufständischen Verstärkungstruppen aus Frankreich und Deutschland. Von Feinden umschlossen zog sich Don Juan in ein verschanztes Lager bei Bouges am Zusammenfluß von Sambre und Maas in der Nähe von Namur zurück, aber unter seinen Truppen brach ein Fieber aus, wahrscheinlich Typhus, und im September 1578 erkrankte er selbst und wurde in ein verlassenes Taubenhaus getragen, das rasch zu seiner Aufnahme etwas hergerichtet wurde.

Er scheint von Anfang an gewußt zu haben, daß er dem Tod verfallen war, und vielleicht war er in seiner Verzweiflung fast erleichtert. Er schrieb nach Madrid und beteuerte seine Treue zum König; niemals sei er unloyal gewesen, aber er habe gegen die widrigsten Umstände ankämpfen müssen. »Ich versichere

Eurer Majestät, daß die Arbeit hier genügt, um jede Konstitution und jedes Leben zu zerstören«, hieß es in seinem letzten Brief an den König vom 20. September 1578. »So bin ich befremdet und verwirrt und wünsche mir mehr als das Leben eine Entscheidung Eurer Majestät, wie ich sie so viele Male erbeten habe.«[82]

Als der König dieses Schreiben erhielt, vermerkte er am Rand, daß er es nicht beantworten werde. Don Juan war in den Angelegenheiten der Niederlande unwichtig geworden, ein Hindernis für den Frieden, eine Last, wie er vielleicht tief in Philipps Herz stets Gegenstand der Abneigung gewesen war. Eine Antwort wäre nicht mehr rechtzeitig angekommen, denn am 1. Oktober 1578, dem Vorabend des Jahrestags von Lepanto, starb Don Juan d'Austria in dem Taubenschlag im Feldlager bei Bouges.

13. Kapitel: Der Escorial – Portugal

Mit fünfzig war Philipp fast derselbe Mann, den die venezianischen Botschafter im Jahr 1572 beschrieben hatten. Jetzt – fünf Jahre später – nahm ein weiterer (anonymer) Diplomat aus Venedig den Faden wieder auf. Der König stand früh auf und arbeitete bis Mittag. Dann speiste er, stets pünktlich zur selben Zeit, und trank zum Essen zwei oder zweieinhalb Gläser Wein. Das Weinglas war »von keinem besonderen Wert«. Seine Gesundheit war im allgemeinen gut, wenn er auch gelegentlich unter Magenkrämpfen litt und die ersten Symptome der Gicht zeigte. Er war seiner Gemahlin ergeben; mindestens dreimal täglich besuchte er sie, und nachts schliefen sie im gleichen Zimmer – in ziemlich niedrigen Einzelbetten. Er war »ein sehr katholischer Herrscher«, ein Verfechter des Glaubens, voll Klugheit und Gerechtigkeitssinn, »Sanftmut und Leutseligkeit«[83]. Vielleicht mußten die Diplomaten am spanischen Hof solche Komplimente aussprechen; die Venezianer waren jedoch im allgemeinen selbständig denkende Menschen, und die Berichte ihrer Botschafter sind glaubwürdig.

Madrid, das zwanzig Jahre zuvor noch ein großes Dorf gewesen war, hatte sich zu einer Stadt mit 55 000 Einwohnern entwickelt. Das Gesindel, das sich dort herumtrieb, ging bald in die Schauspiele und Romane der neuen Zeit ein. Philipp hatte nicht Toledo oder seinen Geburtsort Valladolid, sondern Madrid zur Hauptstadt gemacht, doch nach Don Carlos' Tod schien er sich dort nicht mehr wohlzufühlen. Er verbrachte fast drei Viertel des Jahres in Aranjuez, im Pardo und immer mehr auch im Escorial, wo er seine Vorliebe für das Landleben mit seiner Frömmigkeit und Freude an Kunstwerken verbinden konnte. Der Escorial ist der Schlüssel zum Verständnis von Philipps Charakter: halb Kloster, halb Palast, die Frucht seiner Gedanken und Vorstellungen. Viele Jahre vorher hatte er eine Kommission beauftragt, auf dem Lande und nicht zu weit von Madrid entfernt einen Bauplatz zu suchen, der geeignet wäre, »seine Seele zu erheben und seine Frömmigkeitsübungen zu fördern«, wie einer der Beteiligten schrieb, der ihn sehr gut kannte[84]. Die Kommission einigte sich auf eine Stelle in der Nähe eines Dorfes am Fuße der Sierra Guadarrama, die den Nordwind abhielt und reichlich Wasser sowie Holz und Stein zum Bau bot. Am 23. April 1563 wurde der Grundstein gelegt. Es war der Tag des heiligen Georg, des englischen Schutzpatrons, und im Rückblick erkennen wir darin eine Ironie des Schicksals, denn die Armada wurde größtenteils im Escorial geplant. Der Architekt war Juan Bautista de Toledo. Er hatte in Rom in Michelangelos Werkstatt gelernt und entwarf seine Zentralkirche in Anlehnung an den ursprünglichen Plan des Meisters für Sankt Peter. Zwanzig Jahre später wurde der Bau unter dem Architekten Juan de Herrera vollendet. Während der ganzen Entstehungszeit war Fray Antonio de Villacostín Bauführer gewesen.

Ein Jahr ums andere hatte der König beobachtet, wie sein Palast aus den Felsen der Sierra hervorwuchs. Anfänglich wohnte er im Pfarrhaus des Dorfes; sobald aber die Hieronymiten, die er für das Kloster San Lorenzo el Real bestimmt hatte, in Notunterkünften untergebracht werden konnten, zog er selbst in angrenzende Häuser, wo er sie unter seinen Augen hatte und die Bauleute antreiben konnte.

Im März 1575 legten die Steinmetzen die Grundsteine für die Säulen der Kuppel, und aus diesem Anlaß wurde ein großes Fest gefeiert mit Turnieren und Stierkämpfen und einer Prozession, in der sogar die Ochsen, die die Steine aus den Steinbrüchen herbeigezogen hatten, bekränzt mitgeführt wurden. Der König drängte auf Eile, und als immer wieder Scharen von Bauleuten herangezogen wurden, spalteten sich die Meinungen. Die einen bestaunten dieses achte Weltwunder, während die anderen die riesigen Kosten verurteilten und den Eindruck gewannen, ganz Spanien und seine Vasallen in Europa und Westindien bluteten für das Projekt, wie Ägypten beim Bau der Pyramiden unter den Pharaonen geblutet hatte.

Der Escorial, ein massiges Viereck mit einer Kirche in der Mitte, sollte an den Rost erinnern, auf dem der heilige Laurentius das Martyrium erlitt. Die strengen Mauern glichen dem Alcazar in Toledo und anderen düsteren Schlössern in Spanien. Die reiche Innenausstattung folgte – unwissentlich – der maurischen Tradition, die ihre Schätze wie ihre Frauen vor den spähenden Augen der Welt verbarg. Die Schätze von San Lorenzo waren jedoch nicht dem Mammon, sondern Gott geweiht. Der König war noch nicht in das kleine, nüchterne Arbeitszimmer mit dem Fenster zum Hochaltar gezogen, wo er sich in den letzten Jahren seines Lebens am wohlsten fühlte, aber seine Grundhaltung hatte ihren Ausdruck gefunden, und die Räume, die er mit der Königin und seiner wachsenden Familie bewohnte, wirkten bescheiden und behelfsmäßig im Vergleich zum Gold und Glanz der großen Kirche, deren Wände Meisterwerke von Tizian, Cellini und Roger van der Weyden zierten.

Bescheiden waren auch die Vergnügungen der königlichen Familie, wenn sie im Escorial weilte. Drei- oder viermal wöchentlich fuhr man aus, um mit Arkebuse und Armbrust Rotwild oder Hasen zu jagen. Dabei taten sich besonders die beiden älteren Mädchen hervor. Gern hielt sich die Gesellschaft bei den Brunnen in den Lauben und Gärten auf. Es war ein Ereignis, wenn die Dorfbewohner an einem Festtag heraufzogen und vor dem Palast tanzten oder wenn die Schafhirten auf Bitten der Königin ihre Herden unter die Fenster trieben, so daß die Kinder und ihre Hofdamen bei der Schafschur zusehen konnten. Der Kinnbacken eines Walfischs, der an der Küste angeschwemmt worden war und im Schloß gezeigt wurde, oder das Eintreffen fremdländischer Besucher aus dem Osten, darunter eines Elefantentreibers mit seinem Elefanten, versetzten den Hof in Entzücken, und groß war die Freude bei den Festmählern, die die Mönche gelegentlich veranstalteten, so im Herbst 1575, als es Leckerbissen gab wie einen mit Melonen zubereiteten gemischen Salat, Kapaunen, gebratenen Schinken und Leberomeletts, Wild, Gänseleberpastete, geräucherte Hammelkeule, Käse, Quitten, Äpfel, Birnen und Kompott. Vielleicht waren selbst diese einfachen Unterbrechungen des Alltags zu anstrengend für die Königin. Sie war noch sehr jung, neigte aber schon dazu, sich in geschlossenen Räumen aufzuhalten. Der König hatte es bemerkt, und Jahre später warnte er seine Töchter vor einer so ungesunden Lebensweise. Aber was konnte er anderes erwarten? Im Verlauf von sechs Jahren brachte Anna von Österreich fünf Kinder zur Welt, und sie stand in ihrer sechsten Schwangerschaft, als sie starb. Zwischen einem Wochenbett und dem nächsten blieb ihr kaum Zeit, unbeschwert wie andere Frauen zu leben. Obwohl Philipp sie liebte und es nicht an Fürsorge fehlen ließ, war sie wortwörtlich ein Opfer auf dem Altar seiner dynastischen Ambitionen. Als sie ihren Gemahl auf einem Eroberungsfeldzug begleitete, dessen Früchte schon nach achtzig Jahren zu Staub zerfielen, starb sie fern der Heimat in fremder Umgebung. Das Kind war eine Totgeburt.

Abgesehen von den ihm aufgezwungenen Kämpfen zu Beginn seiner Regierungszeit gegen die Franzosen in Italien und der Picardie und dem Eindämmungskrieg gegen die Türken war Philipps Außenpolitik bis dahin fast vollständig friedlich gewesen. 1579, als er fast fünfundzwanzig Jahre auf dem Thron saß, schlug die Stimmung plötzlich um, und in den letzten zwei Jahrzehnten seines Lebens führte er fast ständig Angriffskriege.

Hatte sich der Charakter des Königs gewandelt? Ein neuer, entschiedener Ton zeigte sich von den frühen 1580er Jahren an in seiner Korrespondenz, dazu ein ausgeprägtes Zutrauen zur Richtigkeit seines Urteils. Seine Beziehungen zu seinen späteren Staatsdienern unterschieden sich deshalb bedeutend von der vorsichtigen Behandlung Albas zur Zeit des Hochgerichts und des Zehnten. Dies ist jedoch nur ein Faktor von mehreren. Wenn seine vierte Ehe Kräfte freigesetzt und sein Selbstvertrauen gestärkt hatte, so trug in weit größerem Maß die veränderte internationale Lage zu seiner Entwicklung bei. Der König wurde aggressiv, weil die Umstände und Gelegenheiten die Aggression begünstigten. Es begann mit Portugal.

Den meisten Spaniern war die bloße Existenz dieses Königreichs im Westen ihrer Halbinsel ein Dorn im Auge. Fünfhundert Jahre zuvor war von Porto aus ein unabhängiger Staat gegründet worden, der sich zu einer über die ganze Welt verbreiteten Handelsmacht entwickelt hatte. Der Versuch, das Land zurückzugewinnen, war im 13. Jahrhundert bei Aljubarrota blutig abgewiesen worden, aber die beiden Herrscherhäuser hatten sich durch wechselseitige Heiraten immer enger verbunden, zweifellos auch in der heimlichen Hoffnung auf Union, sobald hier oder dort die männliche Linie aussterben würde.

Im Jahre 1578 neigte sich das Pendel Spanien zu. Der junge portugiesische König Sebastian, ein unausgeglichener, leicht erregbarer Phantast und Ritter in der Art von Don Juan d'Austria, ließ sich in arabische Intrigen verwickeln und verlor bei der Schlacht von Alcazar el Kebir in Marokko seine gesamte Invasionstruppe. Er selbst fand in den Kämpfen den Tod. Sein Nachfolger war sein Großonkel Heinrich, ein untadeliger, aber greiser Kardinal, von dem keine Nachkommenschaft zu erwarten war, und die europäischen Herrscher beschäftigten sich eingehend mit dem Problem der Thronfolge, das sich beim Tode des alten Mannes ergeben würde. Eine hochachtbare Thronprätendentin war die Herzogin von Braganza, eine äußerst leichtsinnige Katharina von Medici, die französische Königinmutter, und Dom Antonio, Prior von Crato, ein illegitimer Sohn eines jüngeren Bruders des Kardinals, meldete ebenfalls seine Ansprüche an. Er war beim Volk sehr beliebt, aber nach dem Erbrecht konnte der Erbe Portugals niemand anders sein als der König von Spanien, der völlig legitim in weiblicher Linie von König Manoel dem Glücklichen abstammte.

Philipp wollte seine Rechte auf gesetzliche Weise verfechten – auf diesem Boden bewegte er sich sicherer als seine eigenen Juristen. Kaiserin Isabella, seine Mutter, war Portugiesin gewesen, ebenso seine erste Gemahlin; er war der Neffe einer portugiesischen Königin, der Bruder einer weiteren portugiesischen Königin und der Onkel des vorletzten portugiesischen Königs – so zweifelte er nicht an seiner Eignung für die Rolle, die die Jahrhunderte für ihn vorbereitet hatten. Er vertraute darauf, daß seine Ansprüche vom Kardinal-König und von den

Landständen, die zur Entscheidung über die Nachfolge zusammengetreten waren, anerkannt würden, aber um ihnen den richtigen Entschluß zu erleichtern, entsandte er seinen portugiesischen Günstling Dom Cristobal de Moura mit genügend Dukaten in der Tasche, um den Unschlüssigen vor Augen zu führen, auf welcher Seite das Recht lag. Es ging um einen hohen Preis: die Herrschaft über die Seewege nach Asien und Amerika und das Monopol ihres Handels. Angesichts eines solchen Erbes durfte man kein Risiko eingehen; es war Zeit für Philipp, sich an Ratgeber zu wenden, auf die er sich bedingungslos verlassen konnte. Aus diesem Grund berief er Kardinal Granvelle, den erfahrenen, in diplomatischen Kniffen wohlbewanderten Staatsmann, aus Italien nach Madrid, und zur größeren Sicherheit holte er den Herzog von Alba als Befehlshaber des Heeres zurück, das ausgehoben wurde, um Portugal einzunehmen, falls friedliche Methoden keinen Erfolg bringen sollten.

Als der alte Kardinal-König im Jahre 1580 starb, bestand immer noch Hoffnung, daß der interimistische Regentschaftsrat das Königreich kampflos übergeben würde. In seinem Haß auf alles Spanische gab das portugiesische Volk jedoch Dom Antonio den Vorzug. Philipp mußte also zu den Waffen greifen. Im Juni 1580 zog er in Begleitung der Königin nach Badajoz an der Grenze, um die Truppen zu besichtigen. Dort herrschte eine Epidemie, und Philipp selbst erkrankte schwer. Er erholte sich wieder, aber die Königin, die im sechsten Monat schwanger war, hatte weniger Glück mit den Hofärzten. Die Allheilmittel jener Zeit, Aderlässe und Purgieren, führten ihren Tod herbei.

Philipp zog sich – wie immer nach solchen Schicksalsschlägen – in ein Kloster zurück. Er hatte eine Gemahlin und Gefährtin verloren, die er geliebt hatte und die sehr gut zu ihm gepaßt hatte, aber in all seinem Kummer ließ er sich doch nicht von seinen Plänen ablenken. Zu Lande und zur See rückten seine Truppen auf Lissabon vor, das nach einem kurzen Gefecht an der Brücke von Alcantara besetzt wurde, und im Frühjahr 1581 erklärten die portugiesischen Landstände in Tomar Philipp zu ihrem rechtmäßigen König. Nur geringfügige Unannehmlichkeiten traten ihm in den Weg. »Ihr werdet wohl gehört haben«, schrieb er kurz vor der Eidesleistung an seine beiden älteren

Töchter, »daß man mich in Brokat kleiden will – sehr gegen meinen Willen, aber angeblich ist es hier so üblich«[85]. Einige Wochen später zog er in Lissabon ein.

Es war ein Höhepunkt der Regierungszeit Philipps II. Nach fünfhundert Jahren war nun die ganze iberische Halbinsel wieder unter einem Herrscher vereint. Zu der einen Hälfte der Neuen Welt, die mit dem berühmten päpstlichen Erlaß aus der Zeit seiner Urgroßeltern Spanien zugesprochen worden war, hatte er das riesige, noch unerforschte Brasilien dazugewonnen sowie eine Kette von Inseln und Handelsniederlassungen auf der ganzen Welt, vom Kap der Guten Hoffnung, dem Roten Meer und dem Persischen Golf bis zu den Küsten Indiens, den ostindischen Inseln, Indochina und Macao an der chinesischen Küste. Ihm unterstand die portugiesische Flotte und der ungeheuer gewinnbringende Gewürzhandel.

Daß sich dieser überwältigende Triumph im Privatleben des Königs als weichere, zärtlichere Stimmung niederschlug, war schon häufig Anlaß zur Überraschung für die Historiker, wenn sie sich von den rauhen Feldzügen den reizenden Briefen zuwandten, die er aus Portugal an seine zwei älteren Töchter schrieb und die Jahrhunderte später in den Archiven von Turin gefunden wurden. Im Grunde ist es nicht erstaunlich, denn der König liebte seine Kinder, wenigstens diejenigen, die sich nicht wie Don Carlos gegen ihn auflehnten und seine Herrschaft bedrohten. Er war allein im fremden Land und hatte keine Gattin zur Gesellschaft; für ihn war es natürlich, die Verbindung zu den beiden Menschen zu pflegen, denen er am meisten vertraute und die gleichzeitig ein Bindeglied zu den viel jüngeren Kindern aus seiner vierten Ehe waren, zu Don Diego, Don Philipp und der kleinen Maria, die wenige Wochen vor der Reise des Königspaars nach Badajoz zur Welt gekommen war. Die Briefe stammen aus der Zeit vom Jahresanfang 1581, als der König in Tomar die Huldigung der portugiesischen Cortes erwartete, bis zum März 1583, als er wieder in den Escorial zurückkehrte. Sie stimmen völlig mit dem überein, was der unvoreingenommene Beobachter aus den Tatsachen von Philipps Leben und aus den endlosen Staatsdepeschen zu schließen vermag, wobei man sich

darüber im klaren sein muß, daß sie in seinen Mußestunden entstanden: Sie sind weitschweifig, ausführlich, genau, voller Wiederholungen und prosaischer Bemerkungen, und gerade deswegen ergreifen sie den Leser.

Philipp lag vor allem daran, sich mitzuteilen, aber er verstand
sich nicht sehr gut darauf, und kein Sekretär überarbeitete den
Text. In einem Brief an die jüngere Tochter, Infantin Katharina,
die damals eben von den Pocken genas, äußerte er sich besorgt
über die bleibenden Folgen der Krankheit: »Eure Schwester und
der Graf (Barajos) schrieben mir, daß bei Euch keine Spuren
verbleiben werden, ich meine kleine Narben, denn das übrige ist
gegenstandslos; sie befürchteten nur, daß bei der Nase sich eine
Narbe zeigen könnte ... Aber wenn dies, wie ich hoffe, nur
gering ist, so macht es nichts aus. Ihr dürftet es selbst noch nicht
gewußt haben, da Ihr darüber gar nichts schreibt.«[86] Aus den
unbeholfenen Sätzen spricht die Sorge um die Zukunft, fast als
sei sich der Schreiber des Verhängnisses bewußt gewesen, das
auf seiner Familie lastete und sein Geschlecht drei Generationen
später aussterben ließ. Er hatte schon vier Gemahlinnen und
zwei Thronfolger verloren – zuerst Don Carlos, dann Don
Fernando, das älteste der Kinder aus seiner Ehe mit Anna von
Österreich –, und er hatte gelernt, vom Leben nicht zuviel zu
erwarten. Als er erfuhr, daß der älteste der überlebenden Söhne
erkrankt war, schrieb er an die Infantinnen: »Ich hoffe zu Gott,
daß es nichts Ernstes sein wird, aber ich würde in diesem Fall es
nicht ungern sehen, wenn es die Pocken würden, denn es wäre
besser, er bekäme sie jetzt, als in späterer Zeit. Doch werde ich
mich einer gewissen Besorgnis solange nicht erwehren können,
bis ich Natur und Art der Erkrankung erfahre ... Die Pflege,
die Ihr beide Eurem Bruder widmet, läßt mich für ihn das Beste
hoffen.«[87]

Stets klingt die Sorge um seine Kinder durch. So fragte er, ob
die beiden kleinen Söhne winters im Pardo und im Escorial auch
warm genug angezogen seien, ob sich die Mädchen genug Bewegung verschafften und ob Don Diego fleißig das Lesen und
Schreiben übe und sich dem notwendigen Erlernen der portugiesischen Sprache widme. »Ich denke, er wird mit dem Ausfüllen der Malbuchstaben schon zu Ende sein; daher schicke ich

Euch neue, die ziemlich lange vorhalten dürften. Ich behalte mir genug davon zurück. Seht zu, daß er sich mit dem Ausmalen beschäftigt, aber immer nur ein wenig, es soll ihn nicht ermüden, und daß er versuche, die Buchstaben nachzuzeichnen. Er wird sie so besser erlernen, und ich hoffe auch, daß er dadurch eine schöne Schrift bekommen wird.«[88]

Um den Knaben anzuspornen, versprach ihm der König einen Schreibtisch aus amerikanischem Holz und später einen Elefanten des portugiesischen Vizekönigs im Osten. Die Malversuche der Kinder wurden begutachtet, ihre Fortschritte gelobt. Philipp mußte seinen Kindern nicht nur Vater sein, sondern auch die Mutter ersetzen. Deshalb besprach er mit seiner ältesten Tochter das »intime Geheimnis«, die Verzögerung der Menstruation, die ihr Sorge bereitete, und schrieb, ihr Nasenbluten sei unter diesen Umständen ein gutes Zeichen. Gleichzeitig bestärkte er seine zweite Tochter darin, »den Wurzelabsud zu trinken«, der ihr bestimmt guttun werde. Auch auf das Zahnen der jüngeren Kinder kam er zu sprechen. »Man hat bisher berichtet, daß Eurem kleinen Bruder [Philipp] ein Zahn gewachsen ist, doch finde ich, daß dieser Zahn sich sehr verspätet hat, da Euer Bruder, wie Ihr Euch erinnern werdet, heute vor drei Jahren getauft wurde ...«[89] Aber waren es drei oder nur zwei Jahre? Der König war sich nicht ganz sicher, ja, er mußte bekennen, er wisse nicht einmal genau, wie alt Diego an seinem nächsten Geburtstag werden würde, und bat seine Töchter um Aufschluß. Das jüngste Kind, die kleine Maria, hatte glücklicherweise keine Schwierigkeiten mit dem Zahnen; scherzend schrieb der König: »Wenn Eurer kleinen Schwester die ersten Milchzähne kommen, so scheint mir das etwas verfrüht: das soll wohl ein Ersatz für die zwei Zähne sein, die ich im Begriff bin zu verlieren – wenn ich drüben ankomme, werde ich sie kaum mehr haben«![90]

Das Bedauern über die verrinnende Zeit, in der es ihm nicht vergönnt war, sich täglich an seinen Kindern zu erfreuen, spiegelt sich sehr häufig in den Briefen wider. Er wartet ungeduldig auf das Wiedersehen, doch da es noch nicht in Aussicht steht, erbittet er etwas anderes: »Wenn Ihr die Maße habt, laßt mich wissen, um wie viel Ihr größer seid, seit wir uns nicht mehr sahen, und schickt mir Bänder aus Seide oder Zwirn mit Eueren genauen Maßen. Legt auch das Maß Eures Bruders bei: ich werde mich freuen, die Maße zu haben, wenngleich es mich viel mehr freuen würde, Euch alle in Person zu sehen. Ich hoffe zu Gott, daß es bald sein kann. Bittet Gott darum, Ihr beiden!«[91]

Er freute sich über alles, was ihm von seinen Kindern berichtet wurde: Diegos Tanzunterricht, Philipps hübsches Aussehen in seinem neuen weißen Anzug, die Geschicklichkeit seiner Töchter mit der Armbrust. Allerdings rügte er auch gewisse Ungenauigkeiten in ihren Schilderungen:»Ihr beide müßt gewaltige Armbrustschützen sein, da Ihr Damwild und so viele Kaninchen erlegt habt! Ihr, meine ältere Tochter, sagt mir, daß Euer Bruder sich ausgezeichnet habe: Ihr habt wohl Eure Schwester gemeint, nach dem zu schließen, was Ihr weiterhin schreibt, und habt statt eines ›a‹ ein ›o‹ geschrieben. Auch habt Ihr ein Wort ausgelassen. Wahrscheinlich mußtet Ihr Euch bei der Abfassung des Briefes beeilen.«[92]

Er selbst erzählte den Kindern von seinen Erlebnissen: von einer Bärenjagd, von einem Autodafé (eine der wenigen abstoßenden Stellen in den Briefen), von einer Besichtigung der Flotte, die bald darauf nach Terceira, einer der Azoreninseln, segelte, um die letzten Anhänger von Dom Antonio zu bekämpfen, und von einer Schiffsfahrt nach Belém an einem prachtvollen Tag. Bei einer Zeremonie war er in seiner schwarzen Trauerkleidung der einzige, der keine neumodischen hohen Schuhe trug. Wir hören von einer sehr schlecht gesungenen Messe in einem Kloster und von Schiffssklaven, die Spielleute waren und auf verschiedenen Instrumenten den Abendsegen begleiteten. Er lobte die Mädchen, daß sie der Corpus-Christi-Feier zugesehen hatten, und bat sie, ihrem Bruder zu erklären, was die Tänze bedeuteten, damit er sich nicht fürchtete.

Viele Bemerkungen in den Briefen enthüllen eine der größten Tröstungen seines Lebens: seine Liebe zur Natur. Er erfreute sich an dem majestätisch dahinfließenden Tajo und den Schiffen auf dem Fluß, an den Gärten und Brunnen in Cintra, am Duft von Rosen, Orangenblüten und frühen Veilchen im Frühling. In seinem Palast, dessen Mauern so dünn waren, daß ihn nachts der Stundenschlag der Turmuhren in der Stadt wachhielt, dachte er sehnsüchtig an den Frieden in den Gärten von

Aranjuez und an den Sang der Nachtigallen. Merkwürdigerweise war es nicht seine große Leidenschaft, der Escorial, die ihn bewegte, sondern immer Aranjuez. Er fragte, ob der Springbrunnen schon Wasser gebe, ob die Kapelle fertig sei, ob die Uhr gut gehe. Gaben von dort weckten Erinnerungen: »Die Pfirsiche sind in einem solchen Zustand angekommen, daß sie nicht als solche zu erkennen gewesen wären, wenn Ihr mir nicht von ihnen geschrieben hättet. Es war mir also unmöglich, davon zu kosten, und das hat mir sehr leid getan, denn da die Pfirsiche aus dem kleinen Garten kamen, der vor Eurem Fenster liegt, hätte ich viel Freude an ihnen gehabt.«[93]

Auch in seiner Naturliebe hielt der König auf Genauigkeit. Er schickte seinen Töchtern eine Kiste, die angeblich eine süße Limette enthielt, zweifelte aber daran, weil er noch nie eine so große gesehen habe, und meinte, es sei vielleicht doch nur eine Limone. Er bat die Mädchen, die Frucht zu kosten und ihn wissen zu lassen, wie sie schmeckte. Er wollte sich gern belehren lassen, aber ebenso gern erteilte er Belehrungen. Der Vogel, von dem die Töchter schrieben, er sei ein Reiher, könne kein Reiher sein, denn dafür sei er viel zu klein. Und die Narzisse, die sie aus Aranjuez erhielten, sei wohl kaum im Garten, sondern viel eher auf dem Feld gewachsen.

Sogar über die Kleidung bei bestimmten Anlässen äußerte er sich: Ja, bei einer Hochzeit dürften die Infantinnen etwas Gold zum Schwarz tragen, aber nicht zu viel. Hinweise auf geziemende Zurückhaltung tauchen immer wieder auf. Katharina solle nicht stolz darauf sein, daß sie größer war als ihre etwas ältere Cousine, Erzherzogin Margarete von Österreich, die damals mit ihrer Mutter, der Kaiserinwitwe Maria, Spanien besuchte, und Isabella solle sich nichts darauf einbilden, daß sie ihre Tante überragte, denn dies rühre daher, daß »sie selbst sehr klein ist und nicht etwa, weil Ihr groß seid«[94].

Die Kaiserinwitwe, Schwester des Königs und zugleich seine Schwiegermutter, reiste von Spanien nach Portugal weiter, und Philipp fuhr ihr entgegen, um sie in Almeyrin willkommen zu heißen. Sie hatten einander seit sechsundzwanzig Jahren nicht mehr gesehen, und wieviel war inzwischen geschehen! Der König mißachtete die Etikette, stieg aus seinem Wagen und eilte zu dem ihren, um ihr die Hand zu küssen. »Welche Freude wir über das Wiedersehen hatten, könnt Ihr Euch denken!« schrieb er an die Infantinnen[95], und von da an nannte er in seinen Briefen immer wieder voll Zuneigung ihren Namen. Daß königliche Hoheiten in einer solchen Korrespondenz auftauchen, stand zu erwarten. Der König hatte einen ergebenen Begleiter nach Lissabon mitgenommen: Kardinal Erzherzog Albrecht, den er zum Vizekönig in Portugal bestellte und dem er viel später seine älteste Tochter, Isabella, zur Frau gab. Von diesem Neffen ist in den Briefen viel die Rede; er wirkt als eine etwas im Hintergrund stehende Gestalt, die aber an sämtlichen Zeremonien teilnahm. Weitaus lebendiger treten viel niedriger gestellte Personen hervor, Diener und Hofleute, besonders Madalena Ruiz, eine ältliche, verwachsene Frau, deren Temperamentsausbrüche und kleine Verstöße den König belustigten und gelegentlich auch in Sorge versetzten. Ein heftiger Streit zwischen ihr und einem gewissen Luis Tristan wird den Infantinnen, die mit beiden in regelmäßigem Briefwechsel standen, in allen Einzelheiten geschildert. Der König selbst war in Mitleidenschaft gezogen worden, weil er es unterlassen hatte, Luis Tristan auszuschelten. »Ich war nicht dabei gewesen, aber ich glaube, daß sie es war, die den Streit begonnen hat, indem sie Luis Tristan von oben herab behandelte. Sie ging sehr übel gelaunt von mir weg und sagte, daß sie ihre Stelle verlassen und ihn umbringen wolle – aber ich meine, daß sie an dies alles morgen nicht mehr denken wird.«[96]

Madalena warf tatsächlich Probleme auf, und der König bemühte sich nicht, seinen Töchtern die düstere Wahrheit vorzuenthalten: »Es kommt mir vor, als wäre Madalena nicht mehr so böse auf mich; aber seit einiger Zeit ist sie gar nicht wohl. Sie hat sich purgiert und ist hernach sehr übel gelaunt geblieben. Gestern kam sie zu mir, in recht elendem Zustand, schwach, alt, taub und fast verfallen. Ich glaube, daß dies alles vom Trinken kommt . . .«[97]

Noch schlimmer war es allerdings, wenn Madalena nicht trank, denn dann wurde sie wirklich krank, so krank, daß sie keine Lust nach Wein verspürte – »das ist bei ihr ein übles Zeichen«, setzte der König verständnisvoll hinzu[98].

Madalena war streitsüchtig, vergeßlich und manchmal unverschämt, sie hatte »große Lust auf Erdbeeren«, wurde auf Schiffen seekrank und hegte eine Vorliebe für eine Sängerin, die so dick war, »daß sie kaum zur Tür hereinfindet«, aber trotzdem heiterte sie den König immer wieder auf und lenkte ihn von seinen Sorgen ab. Ehe er Portugal verließ, erlitt er einen weiteren Schicksalsschlag, vielleicht den schlimmsten von allen. Eine Woche, nachdem die portugiesischen Landstände in Tomar Philipp als ihrem König den Treueid geleistet hatten, hatten sie Don Diego als Thronerben anerkannt. Es war im Frühjahr 1581 gewesen. Achtzehn Monate später, als Philipp sich auf die Heimreise vorbereitete, starb Don Diego achtjährig im königlichen Palast zu Madrid an den Pocken.

An Granvelle richtete Philipp einen seiner traurigsten, resigniertesten Briefe: »Es ist ein entsetzlicher Schlag, so bald nach all den andern, aber ich preise Gott für alles, was sein Ratschluß für gut befand, unterwerfe mich seinem göttlichen Willen und bitte ihn, dieses Opfer anzunehmen«[99].

Er berief die Landstände nach Lissabon und erreichte, daß sie Don Philipp den Eid leisteten. In seinen Briefen an die Infantinnen erwähnte er die Tragödie nicht. Wahrscheinlich fehlten ihm die Worte.

14. Kapitel: Alexander Farnese, Herzog von Parma

Auf den Tod von Don Juan d'Austria folgten sechs der verworrensten Jahre in den Beziehungen zwischen Spanien und den Niederlanden. Der Einsatz war hoch, das Spiel mit seinen Verwicklungen unübersichtlich, die Beteiligung des Königs zeigte sich in der Unmenge von Briefen und Instruktionen, die er unermüdlich erließ, auch zur Zeit tragischer persönlicher Verluste und während er mit Portugal ein Weltreich in Besitz nahm. Aus seiner Korrespondenz erkennt man die überwältigende Arbeitslast in Monaten und Jahren der Siege und Niederlagen. Kein Gegenstand war ihm zu groß oder zu klein: der Raub eines Königreichs und die Ernennung einer neuen Äbtissin in Maubeuge; ein Vertrag mit aufständischen Provinzen und eine Pension für einen schottischen Flüchtling; Unterhandlungen mit Königen und Entlohnung eines Stadtrats; die Erhebung einer Herrschaft zum Marquisat, die Wildhaltung in den Wäldern von Brabant und die Bestallung eines Wildhüters. Er kümmerte sich um kirchliche Dinge: Er empörte sich über einen von Ketzern verübten Diebstahl von Reliquien; er gab Anweisung, Christoph Plantin für den Druck einer Bibel 9 000 Dukaten auszuzahlen; er ernannte einen Erzdiakon für Arras, einen Bischof für Tournai; er schickte einige seiner Chorknaben, die Stimmbruch hatten, ins Seminar nach Douai und bat einen pensionierten Organisten in Mons, Ersatz für sie zu suchen. Ebenso ausgeprägt war sein Gerechtigkeitssinn. Welcher andere König hätte sich wohl unter der Last aller sonstigen Sorgen mit der Klage einer verwitweten Gräfin auf 20 000 Dukaten befaßt, die ihr

Gatte ihr angeblich versprochen hatte, noch ehe der König geboren wurde? Das Sammeln von Reliquien lag ihm nach wie vor am Herzen; eine große Anzahl von Särgen und Gebeinen wurden in den Escorial verbracht, und im Jahr der Armada kümmerte Philipp sich eingehend darum, ob es wirklich das Haupt des heiligen Laurentius war, das in Gladbach aufbewahrt wurde und das der Erzbischof von Köln an sich bringen wollte, und wie er diese Reliquie nach Spanien überführen könnte. Fünfundzwanzig Jahre waren verstrichen, seit Philipp zuletzt in den Niederlanden gewesen war, aber er rühmte sich, die dortigen Verwaltungskörperschaften, Abteien, Bistümer, ja Kirchspiele genauestens zu kennen wie auch die meisten führenden Persönlichkeiten, von denen erstaunlich viele die Kriege und Exekutionen überlebt hatten.

Daß ein einzelner Mensch eine so ungeheure Menge von Fakten im Kopf behalten konnte und die zahllosen damit zusammenhängenden Interessen im allgemeinen so klug beurteilte, zeugt von einem bewundernswerten Gedächtnis und großer Sachkenntnis. Der König war zum viertenmal verwitwet, er litt unter Gicht und Magenkrämpfen, er war dem Fieber, das seine Gemahlin hinweggerafft hatte, fast selbst erlegen und wurde mit Problemen aus der ganzen bekannten Welt überhäuft, aber er widmete sich weiterhin beharrlich der selbstgestellten Aufgabe, alles und jedes zu überblicken und zu beaufsichtigen. Seine väterliche Fürsorge für seine Untertanen besonders zu jener Zeit ist beeindruckend; auf die Niederlande hatte er damals jedoch geringen Einfluß – ein glücklicher Umstand für den Biographen, der sonst all die oft unverständlichen Windungen der niederländischen Geschichte in diesen chaotischen Jahren nachzeichnen müßte. Der König mochte sich mit kleinsten Einzelheiten befassen und des Gehorsams sicher sein, aber zum erstenmal, seit Alba die Bühne nicht mehr beherrschte, wurde die große Politik, die über das Schicksal der Niederlande entschied, nur nach außen hin in Madrid entwickelt und war in Wirklichkeit das Werk eines Generalstatthalters im Lande selbst. Bei dem einen Mal zwischen 1579 und 1585, da Philipp und sein Beauftragter in einer Grundsatzfrage verschiedener Auffassung waren, gab der König nach. Erst später, als die ersten Triumphe vorüber waren und die Armada gegen England geplant wurde, spielte der König wieder die ausschlaggebende Rolle in Spaniens Geschick.

Auf seinem Sterbebett hatte Don Juan d'Austria die Amtsinsignien seinem Freund Alexander Farnese, dem späteren Herzog von Parma, übergeben. Dies war nicht statthaft; der Statthalter mußte vom König eingesetzt werden, wenn ein ebenso katastrophales Interregnum wie nach dem Tode von Requesens vermieden werden sollte.

Parma war dreiunddreißig Jahre alt. Er war der Enkel des Kaisers und der Urenkel eines Papstes und hatte sich in den Schlachten von Lepanto und Gembloux hervorgetan. Nur im äußerlichen Glanz eines Fürsten der Spätrenaissance glich er seinem unglückseligen Vorgänger; er war viel umsichtiger, berechnender und klüger. Als tapferer Kriegsmann, der nicht auf seine eigene Sicherheit achtete, war er ein äußerst methodisch vorgehender Befehlshaber, der seine Truppen zu keiner Tollheit und keinem unnötigen Risiko verleitete. Wenn es angebracht war, Milde zu zeigen, richtete er kein Blutbad an und hielt seine Soldaten sogar vom Plündern und Einäschern der Städte ab, wenn er es aber für notwendig hielt, konnte er so grausam sein wie Alba. Wie die meisten Italiener hatte er einen ausgeprägten diplomatischen Instinkt. Er hatte aus Don Juans Fehlern gelernt, wie die Niederländer und sein krankhaft mißtrauischer Herr in Madrid zu behandeln waren. Nicht zu viele Klagen, keine leidenschaftlichen Schmähungen, kein Ehrgeiz, kein Hauch von Rivalität, sondern eine stetige, pflichtschuldige Ergebenheit gegenüber dem König – dies war, wenigstens anfänglich, seine Methode und die Grundlage seiner Macht.

Zuerst hatte er keineswegs einen festen Stand. Er wurde in der durch Don Juans Tod verursachten Krise von Madrid aus als zeitweiliger Statthalter und Generalkapitän anerkannt, aber die königliche Politik setzte auf eine Einigung mit der »Gesamtheit« der Provinzen bei der Konferenz, die unter kaiserlicher Vermittlung in Köln zusammentreten sollte, und Parma erhielt keine Erlaubnis, an den Verhandlungen teilzunehmen, sondern sollte nur davon »unterrichtet« werden. Er galt lediglich als Beschützer dessen, was von den spanischen Niederlanden übriggeblieben war, und auch hier war sein Handlungsspielraum eingeschränkt, denn der König befürchtete schlimme diplomatische Folgen aus einer militärischen Niederlage und hatte ihm befohlen, unter keinen Umständen eine solche zu riskieren. Philipp erwartete offenbar nicht viel von diesem Ersatzmann, den er durch einen Statthalter aus legitimem königlichem Geblüt ersetzen wollte, sobald die Unterhandlungen in Köln zum Erfolg geführt hätten.

Parma hatte jedoch eine wichtige Verschiebung in den Kräfteverhältnissen der Niederlande wahrgenommen und sah eine Gelegenheit auf sich zukommen. Die Extremisten unter den Rebellen waren weit übers Ziel hinausgeschossen. Wilhelm von Oranien hatte die Generalstände zu einem neuen »Religionsfrieden« überredet, mit dem die Befriedung von Gent praktisch aufgehoben wurde, da beide Konfessionen in allen siebzehn Provinzen zugelassen wurden, bis ein Volksrat andere Entschlüsse treffen würde. Oranien selbst war gemäßigt und wünschte Glaubensfreiheit für jedermann, aber seine Anhänger in Holland und Seeland und in den großen Städten deuteten diese Politik als Erlaubnis, ihren Glauben nach Belieben auszuüben und jedermann zu ihrem Bekenntnis zu zwingen. In Gent – stets die radikalste niederländische Stadt – hatten calvinistische Eiferer eine religiöse Gewaltherrschaft aufgerichtet, die den Gemäßigten in den Generalständen ein Dorn im Auge war und die streng katholischen Wallonen im französischsprechenden Süden in Zorn versetzte. Die Adligen nahmen Anstoß an den nivellierenden Tendenzen des neuen Protestantismus, die für ihre Privilegien bedrohlicher waren als alles, was der König von Spanien unternahm.

Parma als einziger war scharfsichtig genug, die Bedeutung des langsamen Zerfalls der unnatürlichen Koalition, die gegen Don Juan gebildet worden war, zu erkennen. Er war schon sehr früh, wenige Wochen nach Don Juans Tod, aufmerksam geworden und hatte dem König einen Lagebericht übersandt. Er glaubte, wenn die Wallonen von den Militanten weggelockt werden könnten, würden viele Katholiken in den mittleren Provinzen und fast der ganze Adel ihnen folgen. Die einzige

Möglichkeit, die spanische Macht wiederherzustellen, sah er deshalb nicht wie der König in einer Regelung mit sämtlichen Provinzen bei der Konferenz in Köln, sondern in der Unterhandlung mit den einzelnen Provinzen. Man müßte seiner Ansicht nach schrittweise vorgehen und zuerst die Wallonen auf die spanische Seite ziehen, danach die mittleren Provinzen Brabant und Flandern, und dann erst den von Oranien beherrschten Provinzen jenseits der Maas und der Waal gegenübertreten.

Anfang 1579 bildeten sich zwei Machtblöcke: die protestantische »Union von Utrecht« im Norden und die katholische »Union von Arras« im Süden. Dazwischen lagen die Städte und Gebiete, die sich für keine der beiden Seiten entschieden hatten. Spanien brauchte nur Diplomatie und Geduld walten zu lassen und durfte nichts überstürzen. Die ersten Bemühungen mußten den wallonischen Provinzen Artois und Hennegau gelten, weil sie wegen ihres glühenden Katholizismus am zugänglichsten waren, obwohl sie auch große Gefahren boten, da sie nahe bei Frankreich lagen und dem Einfluß von François d'Alençon, Herzog von Anjou, ausgesetzt waren, des Bruders des französischen Königs und mächtigsten der Ausländer, die sich in niederländische Angelegenheiten einmischten. Von Anfang an warf Parma deshalb seinen Köder in wallonische Richtung aus.

Es dauerte nicht lange, bis der Fisch sich rührte und er dem König Bericht erstatten konnte. Philipp fühlte sich ermutigt durch diese Bewegungen, die sich so positiv vom Stillstand der Verhandlungen in Köln abhoben, und begann, die Lage mit Parmas Augen zu betrachten. Er empfahl (in einem Brief an seinen Beauftragten), den Feind zu spalten und dadurch zu schwächen. Das ganze diplomatische Gewicht Spaniens verlagerte sich von Köln zu den wallonischen Provinzen.

Langsam und zögernd gingen die Provinzen Artois und Hennegau auf die Angebote ein und kehrten zu ihrem alten Gehorsamsverhältnis zurück – allerdings nicht ohne einen Preis zu fordern. Parmas Ernennung zum Statthalter mußte auf sechs Monate beschränkt werden; danach sollte er durch einen Statthalter aus königlichem Geblüt abgelöst werden. Die Befriedung von Gent, die andernorts schon durch den neuen Religionsfrieden aufgehoben war, sollte ratifiziert werden – dies bedeutete, daß die Edikte Karls V. endgültig abgeschafft wurden. Außerdem sollten die spanischen Truppen, die Don Juan nach Italien geschickt und wieder zurückgeholt hatte, um bei Gembloux zu siegen, wiederum entlassen werden, und an ihre Stelle sollte ein eigenes Heer von Wallonen treten.

Diese Bedingungen waren weder für den König von Spanien noch für seinen Statthalter günstig. Philipp mochte Bedenken haben – Parma jedoch nicht. Er entäußerte sich mit einem Federstrich seiner einzigen zuverlässigen Truppen und seiner Generalstatthalterschaft, doch sein Weitblick sagte ihm, daß sowohl er wie auch seine Soldaten wieder gebraucht würden, sobald die Tinte auf dem Vertrag getrocknet war und die beiden wallonischen Provinzen ins spanische Lager zurückgekehrt wären.

Und so war es auch. Die *tercios* wurden außer Landes geschickt – allerdings stürmten und plünderten sie vorher noch die wichtige Festung Maastricht, einen der Schlüssel zu Brabant. Es dauerte nicht lange, bis die Wallonen sie unter der Bedrohung einer französischen Invasion und calvinistischer Greuel zurückforderten. Die Sache der Statthalterschaft wuchs sich zu einer noch hübscheren Dreieckskomödie aus, zu einem Tauziehen zwischen dem König, der von ihm ausersehenen Vizekönigin aus königlichem Geblüt (Margarete von Parma) und dem Herzog von Parma, ihrem pflichtgetreuen, aber entschlossenen Sohn.

Der König wünschte die Herzogin als Staatsoberhaupt und den Herzog als Generalkapitän. Die Herzogin wäre nicht ungern Vizekönigin geworden, war sich aber im klaren, daß dies nur auf Kosten ihres Sohnes möglich war. Ihre Antworten nach Madrid auf die Briefe ihres königlichen Halbbruders, in denen er sie aufforderte, ohne weitere Verzögerungen und Einwände zu gehorchen, waren kleine Meisterstücke des Ausweichens und deuten auf geheime Absprachen in der Familie Farnese hin. Parma selbst beteuerte unaufhörlich seine gänzliche Unterwerfung unter Philipps Befehle. Hatte er nicht selbst seine Mutter bedrängt, die Zügel der Regierung in die Hand zu nehmen, und war auf ihre unerbittliche Ablehnung gestoßen? Er bat um Erlaubnis, sein Amt niederzulegen, um ihr den Weg freizumachen, und persönlich nach Spanien kommen zu dürfen, um die Dinge zu klären. Der König wies diesen Vorschlag hastig ab, weil er ihn zu sehr an die Ungelegenheiten erinnerte, die ihm Don Juan d'Austria und Escovedo bereitet hatten. Parma dürfe nicht einmal daran denken, nach Madrid zu reisen; er sei unabkömmlich in den Niederlanden, wo die ausgesöhnten Wallonen ihn als ihren Generalkapitän sehen wollten, als den einzigen Mann, der ihre Truppen zu befehligen vermochte – selbstverständlich unter Herzogin Margarete. In diesem Spiel für drei Personen hatte der König die schwächste Position. Die Umstände waren gegen ihn, denn da Anjou in Waffen an Flanderns Tore pochte, war es schwierig, sich Parmas wiederholtem Argument zu verschließen, daß eine Teilung der Macht zwischen Statthalter und Generalkapitän katastrophale Folgen für das Land nach sich ziehen würde. Es ging um alles oder nichts. Entweder mußte Parma die Generalstatthalterschaft erhalten, oder er würde abdanken und die Provinzen verlassen. An dieser scharfen, wenn auch taktvoll formulierten Alternative für den König läßt sich Parmas Größe und sein Mut in verzwickten Situationen ermessen. Ohne die Unterstützung seines allmächtigen Onkels in Madrid war er nichts als ein kleiner italienischer Fürst. Er setzte seine ganze Karriere aufs Spiel, und später zeigte sich, daß Philipp diesen Beweis seiner Unabhängigkeit weder vergeben noch vergessen hatte. Kurzfristig gesehen waren Parmas Argumente jedoch zwingend, und nach einer angemessenen Frist von mehreren Monaten wurde er endlich vom König zu Don Juans Nachfolger in dem Rest des Vizekönigtums an den südlichen Rändern der Niederlande bestellt.

Bei der Einnahme von Maastricht hatte sich Parma erstmals als hervorragender Oberbefehlshaber eines spanischen Heeres erwiesen. Die Belagerung war äußerst zäh und langwierig gewesen, und viele Verteidiger der Festung wurden getötet. Ein Exempel war nötig gewesen, um auch den anderen Städten bis hin nach Brüssel die Augen zu öffnen. Die Lektion wurde beachtet, ebenso die Diplomatie, die der Sieger mit den Wallonen, dem Adel, den Generalständen und jedermann, der ihm nur zuhören wollte, betrieb. Parma war ein geschickter Diplomat, und verschiedene Ereignisse, die damals als seiner Sache höchst abträglich und gefährlich erscheinen mußten, wirkten sich schließlich doch günstig aus, so insbesondere das erneute Auftreten des Herzogs von Anjou, der sich zu jener Zeit um die Hand der Königin von England bewarb und nach nichts Geringerem strebte als nach der Souveränität in den aufständischen Niederlanden.

Im Jahr 1581 waren die Anhänger Oraniens in Holland und Seeland wie auch die Generalstände endlich zu dem Entschluß gekommen, die Fiktion fallenzulassen, sie setzten im Namen eines Souveräns, dem sie in Wirklichkeit längst nicht mehr gehorchten, eine Revolution ins Werk. Sie hatten einen Statthalter des Königs abgesetzt (Don Juan), einen anderen ignoriert (Parma), einen dritten ernannt (Erzherzog Matthias) und dabei stets Gehorsam vorgetäuscht und beteuert, die verfassungsmäßige Lage habe sich nicht geändert. Diese Farce brach zusammen, als Philipp den Prinzen von Oranien für vogelfrei erklärte und Wilhelm darauf seine »Apologie« veröffentlichte, in der er den König des Mords an Don Carlos, Isabella von Valois und Kaiser Maximilian bezichtigte und ihm noch weitere Verbrechen zur Last legte. In eigener Machtvollkommenheit sagten die Generalstände einseitig das Treueverhältnis zu Philipp auf und blickten sich nach einem neuen Souverän um. Mehrere Kandidaten wurden erwogen. Holland und Seeland versteiften sich auf Wilhelm von Oranien, aber die übrigen Provinzen der Utrechter Union konnten schließlich überredet werden, dem Herzog von Anjou die Souveränität anzutragen. Er war zweifellos der schlimmste all der selbstsüchtigen, wenig vertrauenswürdigen Glücksritter, die aus den Wirren in den Niederlanden Kapital zu schlagen versuchten.

Niemand war ihm zugetan, doch Wilhelm von Oranien hoffte, ein »Sohn Frankreichs« und Freier der Königin von England werde französische und englische Hilfe ins Land bringen. So ernannten die Generalstände am 19. September 1580 im Abkommen von Plessis-les-Tours Anjou zu ihrem »Fürsten und Herren«, verweigerten ihm jedoch den Titel »Souverän«. Die Hilfe aus England und Frankreich blieb aus, denn in dem verwickelten diplomatischen Spiel zwischen Paris und London hielt man es schließlich weder für angemessen noch für klug, wenn

Elisabeth Anjou heiratete oder der französische König ihn offen
unterstützte. In den Niederlanden standen ihm nicht geringe
Streitkräfte zur Verfügung – hätte er auch nur einen Bruchteil
von Parmas Geduld und Intelligenz besessen, so hätten sie ihm
genügt, eine Krone zu erringen –, aber der eitle, ehrgeizige
Mann nahm seine Chancen nicht wahr. Er fühlte sich, wie Don
Juan und Matthias vor ihm, als Strohmann oder als Oraniens
Lakai. Sein Versuch, seinen eigenen Verbündeten Antwerpen
mit militärischer Gewalt zu entreißen, scheiterte kläglich, sein
Ansehen sank auf den Tiefpunkt, und er kehrte enttäuscht nach
Frankreich zurück, wo er wenige Monate später starb.

Das ganze Unternehmen hatte niemandem Nutzen gebracht
außer Parma, der auch weiterhin seine diplomatischen Ver-
söhnungsangebote an die Rebellen richtete und langsam nach
Flandern und Brabant vorrückte. Im November 1581 nahm er
Tournai ein, im Herbst 1582 fielen ihm Diest, Dünkirchen,
Nieuwport und Zutphen zu, im April 1584 errang er Ypern, im
Mai ergab sich Brügge und im September Gent, und im
März 1585 zog er in Brüssel ein. Von den wichtigen Zentren
südlich der großen Flüsse hielt ihm nur noch Antwerpen stand,
und die Belagerung der Stadt hatte schon begonnen, ihre Land-
und Wasserverbindungen zur Außenwelt wurden abgeschnitten.

All diese Bastionen des Aufstands waren gefallen, und mit
ihnen waren ihre Führer untergegangen: Anjou war in Château
Thierry an Schwindsucht gestorben, Wilhelm von Oranien war
am 10. Juli 1584 in seinem Haus in Delft einem Mordanschlag
erlegen. Im Rückblick erkennen wir, daß für Parma zu jener
Zeit jedes Jahr ein *annus mirabilis* war. Er errang Ruhm und
Ansehen und die Aura ununterbrochener Erfolge. Doch wenn
man seine Briefe liest, blickt man tiefer. Er hatte ständig anzu-
kämpfen gegen Meuterei, Verrat, Verzögerungen und Intrigen
im Dienst eines unentschlossenen Herrn, von dem allein er die
Mittel zur Kriegführung bezog. Der Strom der Schätze aus
Westindien floß inzwischen immer reichlicher, und der König bemühte sich, nicht kleinlich zu sein, aber die Gelder genügten
nicht für die Rückeroberung eines Landes und den Wiederauf-
bau seiner darniederliegenden Wirtschaft. Der frühere Optimismus schlug in eine düstere Stimmung um, die stark an Don

Juan d'Austria erinnerte, und im Januar 1583 gestattete sich Parma erstmals die leidenschaftliche Klage, der König müsse wohl ihn und die Niederlande vergessen haben. Der König vermerkte, als er den Brief erhielt, dies seien sehr unpassende Worte. Das Mißtrauen hatte sich in die Beziehung zwischen Philipp und Parma eingeschlichen und konnte nie mehr aus der Welt geschafft werden.

Der Winter 1583/84 war für Parma eine schlimme Zeit, denn er mußte befürchten, das ganze Land durch Meutereien und Unzufriedenheit zu verlieren. Im dunkelsten Augenblick kam die Wende durch Anjous Handstreich auf Antwerpen, mit dem er sich in allen Provinzen der Aufständischen sämtliche Sympathien verscherzte. Parma nannte es »fast ein Wunder«. Als er seinen siegreichen Marsch nach Brabant wieder aufnahm und weitere Städte zurückgewann, freute sich der König mit ihm: »Sendet mir stets so gute Nachrichten . . . Nach Gott ist Farnese der Sieg zu danken«![100] Bei der Belagerung von Antwerpen im strengen Winter 1584/85 wurde die Situation jedoch wieder sehr bedenklich, und im Februar 1585 beklagte sich der Generalstatthalter, er habe keinen einzigen Real mehr zur Verfügung.

Elf Monate dauerte die mühsame Belagerung dieser größten niederländischen Stadt, damals einer der bedeutendsten Städte Westeuropas. Parmas Pioniere mußten eine riesige, befestigte Brücke über ein Gewässer schlagen, das eher ein Meer als ein Fluß war, wie er richtig vermerkte. Die Eingeschlossenen brachten ein bis zum Deck mit Schießpulver gefülltes Schiff darunter zur Explosion, aber der Schaden wurde behoben, und Antwerpen war von den Stützpunkten der Geusenflotte abgeschnitten. Die Belagerung galt in ganz Europa als Meisterwerk der Kriegskunst. Am 27. August 1585 kapitulierte Antwerpen, und kurz darauf eilte der König in Spanien eines Nachts an die Tür zum Zimmer seiner ältesten Tochter und rief jubelnd: »Antwerpen ist unser!«

15. Kapitel: Die Armada

Der Ursprung des Gedankens, der im Verlauf vieler Jahre zur »unbesieglichen« Armada führte, lag weit zurück in Philipps Leben, vielleicht schon in den Demütigungen, denen er und sein Gefolge während jener Monate in England ausgesetzt waren. Er hatte sie langmütig ertragen, und Geduld war zweifellos vonnöten. In den Jahren nach Mary Tudors Tod hatte die ketzerische Elisabeth seine Hand und seinen Rat verschmäht, seine Botschafter gekränkt und des Landes verwiesen, seine Schiffe und sein Geld beschlagnahmt. Englische Seeräuber hatten seine Städte und Schatzrouten in Amerika angegriffen, und seine aufständischen Untertanen in den Niederlanden wurden mit englischem Gold unterstützt. Am seltsamsten an der Entsendung der Armada im Jahre 1588 ist vielleicht, daß der König so lange gezögert hat und England nicht schon zwanzig Jahre früher die Behandlung mit dem Schwert angedeihen ließ, die Graf Feria dringend empfohlen hatte.

Der König war dem offenen Konflikt ausgewichen. In der Sache mit den in Plymouth festgehaltenen Geldschiffen hatte er sich Albas Rat, auf dem Verhandlungswege eine Regelung zu finden, gefügt, und im gleichen Geist hatte er Don Juans Träume von einer Invasion in England zerschlagen. Er hatte sich auch jeder Reaktion enthalten, als Elisabeth insgeheim Wilhelm von Oranien unterstützte und mit dem Herzog von Anjou gefährlich kokettierte. Allerdings hatte er gelegentlich mit dem Gedanken gespielt, sie ermorden oder absetzen zu lassen, doch immer wieder hatte er davon Abstand genommen, denn die englische

Thronerbin war die schottische Königin Maria Stuart, die ihm mit ihren Verbindungen zu Frankreich noch größere Schwierigkeiten bereiten konnte. Da Elisabeth darauf achtete, die Räubereien ihrer Seekapitäne im Karibischen Meer und Englands Einmischung in niederländische Angelegenheiten in gewissen Grenzen zu halten, und da der König von Spanien keine seetüchtige Flotte besaß, die groß genug gewesen wäre, die Schatzrouten zu schützen und gleichzeitig eine Invasion Englands oder auch nur Irlands zu unternehmen, war der bedrohte Friede gewahrt worden.

In den 1580er Jahren fielen diese Hindernisse des Krieges eins nach dem andern weg.

Einer der Reibungspunkte zwischen England und Spanien war das neuentdeckte Amerika.

Im Jahr 1492 war Kolumbus im Karibischen Meer auf seine Ausläufer gestoßen, als er den westlichen Seeweg nach den Gewürzinseln des Chinesischen Meeres suchte. Bei späteren Reisen entdeckte er 1498 und 1502 die Existenz des südamerikanischen Kontinents und segelte an den Küsten Mexikos entlang, aber es dauerte noch einige Jahre, bis eine Vorstellung vom Reichtum und von der Größe der unbekannten Länder ins Bewußtsein der Menschen drang. Eingeborene und Schiffsmannschaften, die in jenen Gewässern vom Kurs abgekommen waren, berichteten den Siedlern auf den Inseln von weit entfernten Gebieten, in denen Gold in Hülle und Fülle vorhanden sei und nur darauf warte, daß man es an sich nehme.

Diese Lockung war unwiderstehlich. Kleine Expeditionen machten sich auf den Weg ins Unbekannte. Für die Eroberung einiger Inseln oder Dörfer waren sie gut ausgerüstet; in Wirklichkeit stießen sie auf mächtige Reiche mit Millionen Menschen, die sie aber, ohne sich zu besinnen, angriffen und unterwarfen.

Zwischen 1518 und 1522 zerstörte der zum Generalkapitän von »Neuspanien« ernannte Konquistador Hernando Cortez das Aztekenreich und nahm Mexiko ein. Die Hauptstadt, die mindestens 300 000 Einwohner zählte, war größer als Sevilla. Er vollbrachte die Tat mit 550 Spaniern, 250 Eingeborenen, 15 Pferden und 10 kleinen Geschützen. Die Toten wurden niemals gezählt. Im Jahre 1511 sichtete Vasco Nuñez de Balboa von einem Baum auf einem Hügel bei Darién aus den Pazifik, und bald segelten spanische Flottillen vom Isthmus von Panama nordwestlich nach Honduras und Guatemala und südöstlich nach Kolumbien. Noch phantastischere Eroberungen gelangen den Brüdern Pizarro und Diego de Almagro, Edelleuten aus der verarmten Estremadura. Nachdem Francisco Pizarro im Jahr 1526 die peruanische Küste erkundet hatte, stach er im Dezember 1531 mit 182 Männern und 47 Pferden bei Panama in See. Innerhalb von fünf Jahren zerstörte er das große Reich der Inkas, gründete die Stadt Lima und nahm Peru und Teile von Bolivien ein. Almagro unterwarf in dieser Zeit die nördliche Hälfte von Chile. Francisco de Orellana entdeckte 1541 den Oberlauf des Amazonas und folgte dem Fluß bis zur Mündung.

Die Ritterromane, die damals im Schwang waren, konnten mit ihren Erzählungen von Riesen und Zauberern die Wirklichkeit dieser Eroberungszüge in unbekannten Gewässern und Wüsten, im Urwald und in einigen der höchsten Gebirge der Welt nicht übertreffen, und das sagenhafte Gold von Eldorado reichte nicht an die im Boden verborgenen Schätze heran, die bald darauf von spanischen Goldsuchern entdeckt und von Indianern gehoben wurden. Fast ebenso erstaunlich ist, daß die Eroberungen der Konquistadoren innerhalb weniger Jahrzehnte in ein spanisches Verwaltungssystem gezwungen wurden, das sie säuberlich in Vizekönigreiche, Provinzen und Stadtgebiete aufteilte, während gleichzeitig die Kirche Missionare entsandte, die die Indianer bekehren und vor den schlimmsten Ausschreitungen und Grausamkeiten der Eroberer schützen sollten. Kirchen und Klöster wurden in jeder Ansiedlung errichtet; nach spanischem Vorbild wurden Erzbistümer und Bistümer geschaffen. Es braucht kaum betont zu werden, daß bald auch das Heilige Offizium spürbar seine Macht ausübte.

Zur Zeit von Philipps Thronbesteigung war das Fundament befestigt, und die spanische Herrschaft in der Neuen Welt reichte von Kalifornien bis Chile. Diese berauschenden, fast ununterbrochenen Erfolge wirkten auf das spanische Volk zurück. Die Konquistadoren waren Männer der Tat; sie hatten sich weniger auf göttliche Hilfe als auf ihr Schwert verlassen. Die Spanier aber erblickten in ihren Siegen ein Wunder und in deren Folgen eine göttliche Fügung. Hatte nicht Christi Stellvertreter auf Erden, der Papst, diesen Teil der damals noch nicht entdeckten Welt mit seiner Bulle *Inter Caetera* von 1473 Spanien zugeschrieben? Der Reichtum, der aus den Bergwerken floß, war spanisch, und als immer neue Vorkommen entdeckt und neue Abbaumethoden eingeführt wurden, wurde für jedermann sichtbar, daß die Vorsehung mit umfangreichen Geschenken an Bargeld für Spanien sorgte – zwei Millionen Dukaten in dem Jahr, als Philipp den Thron bestieg, gegen 1580 vier Millionen jährlich und in den 1590er Jahren acht Millionen. Ein Fünftel dieser Einkünfte gehörte dem König und spielte eine ausschlaggebende Rolle bei der Finanzierung des Krieges in den Niederlanden. Bewaffnete Geleitzüge brachten die Schätze von Mexiko und der Nordküste Südamerikas nach Sanlúcar am Guadalquivir und in späteren Jahren nach Cádiz.

Daß der neue Reichtum die Preise steigen ließ und eine galoppierende Inflation zur Folge hatte, wurde in Spanien nicht richtig zur Kenntnis genommen. Die Leute sahen nur den Wohlstand, der ihnen aus dieser Schatzkammer jenseits des Meeres zufloß. Die amerikanischen Besitzungen wurden für sie nicht nur Quelle des Lebensunterhalts und Ort für Investitionen, sondern auch eine Art zauberisches Totem, das vor frevlerischen Händen geschützt werden mußte.

Eine Zeitlang waren die Übergriffe kaum zu spüren. Französische Korsaren unternahmen gelegentlich Kaperfahrten im Karibischen Meer, und die Engländer, die sich dort blicken ließen, brachten Sklaven aus Westafrika und waren nur auf den Gewinn aus dem Menschenhandel aus. Den Beamten des Königs waren sie jedoch ein Dorn im Auge, und im Jahr 1567 wurde eine von John Hawkins befehligte Sklavenflotte im Hafen von San Juán de Ulua überwältigt. Um die Lektion recht eindrücklich zu machen, griff die Inquisition einige der gefangenen protestantischen Seeleute heraus und bestrafte sie entsprechend. Diese Grausamkeit wurde in England niemals vergeben.

Einer der Überlebenden des Unglücks von San Juán de Ulua war der junge Francis Drake, der bei dem Gefecht keine sehr heldenhafte Rolle gespielt hatte. Er kehrte jedoch zurück und kundschaftete im Jahre 1571 die Gegend um Darién aus. Über die schmale Landenge von Panama wurde das Silber aus den peruanischen Minen zur Verschiffung an die Atlantikhäfen geschafft. Es war ein sehr verlockender Angriffspunkt, denn die Zugänge vom Meer her waren schlecht gesichert, und in dem Dschungel beiderseits der Landroute lebten die Cimaroons, Stämme entwichener afrikanischer Sklaven, die den Spaniern sehr feindselig gesinnt waren. Das alles hatte Drake festgestellt, und im Jahre 1572 stürmte er die Stadt Nombre de Diós, den Endpunkt der Handelsstraße am Karibischen Meer, überfiel einen der Maultierzüge auf der Straße und kletterte, wie einst Balboa, im mittleren Hügelkamm des Isthmus auf einen Baum, von dem aus er den Pazifik erblickte.

Die Mittel und Wege waren nun vorgezeichnet, und von da an rissen die Angriffe nicht mehr ab. John Oxenham, der bei der Expedition nach Darién dabeigewesen war, bewegte sich 1576 mit leichten Fahrzeugen in pazifischen Gewässern; bei seiner Weltumseglung kam Drake selbst im Jahr 1577 von der Magellanstraße her an Valparaiso vorbei und versenkte spanische Schiffe vor der peruanischen Küste; im Jahr 1585 fuhr eine größere Flotte unter seinem Kommando durch das Karibische Meer und nahm den Hafen Cartagena sowie Santo Domingo ein, die Hauptstadt von Hispaniola und Symbol der spanischen Herrschaft.

Das war zuviel. Die englischen Überfälle waren keine geringfügigen Störungen mehr, sondern bedrohten die Sicherheit der Handelsstraßen und das spanische Reich in Mittel- und Südamerika. Um dieselbe Zeit beschränkte sich die englische Hilfe für die Sache der Aufständischen in den Niederlanden nicht mehr nur auf Geldleistungen und diplomatische Unterstützung, sondern zeigte sich in der Landung eines Heeres, das von keinem Geringeren als dem Earl of Leicester, Günstling der Königin, befehligt wurde. Vielleicht hätte der König auch diese Beleidigungen und Provokationen wie alle anderen hingenommen, wenn er nicht inzwischen mit dem Bau seiner Flotte und der Verstärkung durch die portugiesischen Galeonen ein Mittel zur Rache gefunden hätte.

Die Rivalen standen auf Kollisionskurs. Die Königin hatte diesen Zustand nicht gewünscht; bis zum Ende hoffte sie auf irgendeine friedliche Lösung, ohne freilich etwas dafür zu unternehmen. Gelegentlich kanzelte sie ihre Seekapitäne wegen ihrer Piraterie ab und spielte mit dem Gedanken an einen Waffenstillstand in den Niederlanden, aber sie machte keinen ernsthaften Versuch, den Krieg zu vermeiden. Fatalistisch ließ sie den Dingen ihren Lauf und vertraute blindlings auf ihr Glück, das sie schon aus so vielen Gefahren errettet hatte.

Der bisher so unentschlossene König spornte sich endlich selbst zur Tat an. Nach jahrelanger Selbstbeherrschung entlud sich sein bitterer Groll auf England und seine Schwägerin, die ihm nur Ärger verursachte. Am 12. Dezember 1583 schrieb er an Parma, der sich gerade dem Höhepunkt seiner Triumphe in Brabant näherte: »Um die Dinge zur Vollendung zu bringen, müssen wir der Beihilfe, die die Rebellen von England erhalten, ein Ende setzen und dieses Königreich wieder dem Katholizismus zuführen.«[101] Vorsichtig setzte er hinzu, man müsse vielleicht warten, bis Königin Elisabeth sterben würde; aber es war doch ein Anfang. Er fragte Parma, wie er die Aussichten des Unternehmens einschätze, so wie er sich einst in der Krise wegen der Schatzschiffe an Alba um Rat gewandt hatte.

Ende November 1583 entgegnete der Generalstatthalter ebenso vorsichtig, das »Unternehmen England« sei in erster Linie ein logistisches Problem, und zwar ein schwierigeres, als man auf den ersten Blick vermuten würde. Philipp hatte einige Hoffnung auf einen katholischen Aufstand in England gesetzt, der seit Jahren von Flüchtlingen verheißen worden war, aber Parma betrachtete diese Leute skeptischer und glaubte, sie würden ihre Versprechungen niemals wahrmachen. Wenn der Plan durchsickerte, wie es kaum zu vermeiden war, sobald Verbündete herangezogen wurden, würde sich Frankreich wahrscheinlich mit England zusammentun, und dies hatte die spanische Diplomatie seit jeher zu verhindern gesucht. Parmas Ratschlag war selbstverständlich so formuliert, daß er dem König nicht offen widersprach, aber er war trotzdem eindeutig: Zuerst mußten die Niederlande zurückerobert werden, ehe man sich England zuwenden konnte.

Wäre der König ganz auf sich allein gestellt gewesen, so hätte er möglicherweise die Armada nicht entsandt. Der Marquis von Santa Cruz, damals Spaniens größter Admiral, legte ihm jedoch immer wieder nahe, die Gelegenheit zu ergreifen, und erhielt endlich den Auftrag, einen Feldzugsplan zu erstellen. Santa Cruz hatte im portugiesischen Feldzug vor den Azoren ein französisches Geschwader besiegt und irrigerweise darunter auch einige englische Galeonen vermutet. Von deren Seemannskunst und Mut hatte er eine so geringe Meinung, daß er zu dem Schluß kam, es sei einfach, sie vor ihrer eigenen Küste zu schlagen und ein Heer zu landen. Santa Cruz hatte sich in Don Juans Flotte bei Lepanto ausgezeichnet und teilte einige seiner hochmütigen Illusionen.

Die folgende Planung war das Werk dreier Köpfe, die niemals übereinstimmten. Dies ist der Schlüssel für die Tragödie der Armada.

Der König war vorsichtig; sein Brief an Parma war nur ein Versuchsballon gewesen. Aber um 1585 war das diplomatische und militärische Klima für Spanien sehr viel günstiger geworden. Mit dem Vertrag von Joinville, der am letzten Tag des Jahres 1584 abgeschlossen wurde, hatte sich die vom Herzog von Guise angeführte ultrakatholische Partei in Frankreich mit Spanien verbündet, um Heinrich III. unter Druck zu setzen, damit er den hugenottischen Heinrich von Navarra enterbte. Ein Gefahrenelement war damit beseitigt, und Frankreich wandelte sich von einer Bedrohung in einen Schützling Spaniens. Die Streitkräfte der Türken, die das Mittelmeer hätten unsicher machen können, waren anderweitig gebunden. Selbst der Aufstand in den Niederlanden schien, da Antwerpen beinahe eingenommen war, dem Zusammenbruch nahe, und am 17. August 1585, dem Tag, an dem die große Stadt kapitulierte, schrieb der König an Parma, er möge einen Plan für die Invasion Englands aufstellen.

Daß er sich an Parma wandte, zeugt von seinem Sinn für Strategie und von seiner Abneigung gegen das Meer, dessen Gefahren er bei seiner Rückkehr aus den Niederlanden im Jahr 1559 kennengelernt hatte. Spanien war durch viele hundert Meilen tückischer Gewässer von England getrennt, und der Voranschlag des Marquis von Santa Cruz nannte eine derart riesige und kostspielige Streitmacht – 516 Kampfschiffe, 240 Transport-und Versorgungsschiffe, eine Besatzung von 30 600 Seeleuten und 63 000 Soldaten –, daß er von vornherein ausschied. Dagegen stand die siegreiche Armee des Königs in den Niederlanden nahe bei England – wenigstens auf Landkarten mit kleinem Maßstab –, und in einem Augenblick der Euphorie, den Parma sicher später bereute, hatte er geäußert, er könne in zehn bis zwölf Stunden, bei gutem Wetter und mit Rückenwind sogar in acht Stunden, mit 30 000 Mann in flachkieligen Schiffen unter dem Schutz von 25 Schlachtschiffen von den flämischen Häfen aus heimlich die Straße von Dover überqueren. Dieser Plan schloß eine Armada aus Spanien nicht aus, doch dieser war eine unterstützende Rolle zugedacht, und aus einem Brief von Parmas Beauftragtem Piatti an den königlichen Sekretär Idiáquez in Madrid geht hervor, daß Parma sich vorstellte, die Armada werde einige Zeit nach seiner eigenen Landung auf feindlichem Boden vor der englischen Küste aufkreuzen.

Der König war hocherfreut; genau das hatte er hören wollen. Er überlegte nicht weiter, wie Parma 30 000 Mann zusammenziehen und nahe der feindlichen Küste unbemerkt einschiffen sollte oder was mit ihnen geschehen würde, wenn das Wetter schlecht war oder die englische Flotte während der Überfahrt auftauchte. Der Plan mit seiner sauberen Symmetrie befriedigte den Pedanten in Philipp, die guten Aussichten beflügelten ihn und verführten ihn zu einer höchst ungewöhnlichen Sorglosigkeit. Die Werften erhielten Auftrag, die Schiffe für Santa Cruz' Anteil an dem Unternehmen zu bauen und herzurichten, und im Herbst 1586 hielt der König die Dinge für genügend weit fortgeschritten, um den Aufruf zur Schlacht zu erlassen. In einem Brief an Parma führte er aus, die Zeit sei zweifellos gekommen, den Katholizismus in England vor seinen Feinden zu retten, und Parma solle sich nun energisch diesem Ziel zuwenden. Damit meinte er, der Generalstatthalter solle den geplanten katholischen Aufstand in England (die Babington-Verschwörung) unterstützen. Dieser Aufstand wurde – wie alle ähnlichen Intrigen zuvor – von englischen Spionen entdeckt und brach schmählich zusammen. Maria Stuart wurde dabei hoffnungslos kompromittiert, und im Februar 1587 wurde sie enthauptet.

Der Tod der schottischen Königin steigerte die Leidenschaft und Kampflust auf beiden Seiten und ließ die Armada zur Gewißheit werden. Die englische Regierung fühlte sich nicht mehr durch die Furcht vor einem katholischen Volksaufstand gehemmt, denn Elisabeths Erbe war jetzt der calvinistische James VI. von Schottland. Den Spaniern drohte nicht mehr die Gefahr, daß sie eine mißliebige Königin absetzten, nur um eine andere zweifelhafte Königin auf den Thron zu bringen. Sie setzten einige Hoffnung auf James, mit dem Parmas Abgesandte Fühlung aufgenommen hatten. Das Tempo beschleunigte sich, und im Juni 1587 besprach der König wiederum mit Parma die Einzelheiten des Planes. Die wichtigste Pflicht der spanischen Flotte sei, wie er schrieb, der Schutz der Konvois aus Indien, und es sei nicht zu erwarten, daß sie vor Parmas Überfahrt im Ärmelkanal anlangen werde. Parma selbst habe ja auch weder in seinen Briefen noch durch den Mund seines persönlichen Abgesandten Piatti darum gebeten. Er fasse deshalb drei Phasen ins Auge: zuerst Parmas Invasion von den niederländischen Häfen aus, als nächstes ein Ablenkungsmanöver in Schottland (auch von Parma zu bewerkstelligen) und zuletzt ein Angriff der spanischen Flotte unter Santa Cruz. Der Rest des Briefes handelte von der Beschaffung der notwendigen Summen – in diesem Jahr 700 000 Dukaten mehr als die gewöhnliche Zuwendung an die Niederlande. Schon dies beweist, wie sehr der König darauf brannte, mit England abzurechnen.

Im Frühjahr 1587 hatte Sir Francis Drake mit einem Piratengeschwader die kaum verteidigte Reede von Cádiz überfallen und großen Schaden an Schiffen und Vorräten angerichtet. Diese Demonstration der englischen Seemacht veranlaßte Parma zum Umdenken. Monatelang hatte er behauptet, er sei imstande, ohne Hilfe aus Spanien ein Heer über den Kanal zu bringen, doch jetzt war seine Selbstgewißheit zerronnen. Im Juli 1587 schrieb er, seine Geschwader seien den englischen nicht gewachsen, besonders da die von ihm stets empfohlene Geheimhaltung durchbrochen und seine Schiffskonzentration dem Feind bekannt sei.

Es war eine völlige Kehrtwendung, aber der König äußerte keine Vorwürfe, denn auch ihm war der erstaunliche Wagemut von Drakes Raubzug nicht entgangen. Von jetzt an vertrat er die Ansicht, die beiden Flügel seiner Angriffskräfte sollten nicht getrennt, sondern gemeinsam handeln. »Ich habe mich deshalb **überzeugt**«, schrieb er an Parma, »daß es am vorteilhaftesten ist, wenn Eure Streitkräfte sich mit den Unseren zur gleichen Zeit vereinigen, und wenn der Zusammenschluß geschehen ist, wird die Sache einfach und die Überfahrt sichergestellt sein.« Die Armada unter Santa Cruz sollte also nicht wie vorgesehen die Insel Wight ansteuern, sondern Kap Margate an der Nordostspitze von Kent, und Parma müsse vor ihrem Eintreffen von ihrem Heranrücken unterrichtet werden. »In der Zwischenzeit«, fuhr der König fort, »sollt Ihr Euch vorbereiten, und wenn Ihr die Überfahrt durch die Ankunft der Flotte vor Margate oder an der Themsemündung sichergestellt seht, setzt Ihr, falls es das Wetter erlaubt, sofort mit dem ganzen Heer in den Booten über ... Das Wichtigste ist, daß Ihr Euch so vollständig bereithaltet, daß Ihr in dem Augenblick, da der Marquis in Margate anlangt, imstande seid, ohne Aufschub Euren Anteil zu übernehmen.«[102]

Es war eine erhebliche Weiterentwicklung der vorherigen Gedanken des Königs, aber seine Worte zeugten von großer Unwissenheit, sowohl was die Segelkunst als auch was die selbst im Sommer im Ärmelkanal zu erwartenden Wetterverhältnisse betraf. Der Brief setzte voraus, daß sich Santa Cruz' Galeonen unbelästigt in der Straße von Dover aufhalten könnten, während zwischen ihnen und den flämischen Häfen Botschaften hin und her gingen. Philipp hatte zwar erkannt, daß die Zeit knapp werden könnte, weil Santa Cruz keinen sicheren Ankerplatz vor diesen Küsten hatte, und daß Parma bei schlechtem Wetter nicht in See stechen konnte. Die Stürme konnten aber tagelang wüten, und welches Schicksal würde dann die Armada in der Meerenge erleiden? Der Brief setzte weiterhin voraus, daß Parmas Boote bei gutem Wetter wie Kutschen aus der Remise ausfahren könnten, und übersah die Möglichkeit einer Blockade der Häfen durch englische oder seeländische Schiffe. Vielleicht hatten die fiktiven »25 Schlachtschiffe« in Parmas ursprünglichem Plan den König in diesem entscheidenden Punkt zu falschen Auffassungen verleitet. Daß sich der König dieser Gefahr nicht bewußt war, geht aus seinen gleichzeitigen Instruktionen an Santa Cruz hervor, die den Befehl enthielten, sich »wie vereinbart« vor Margate mit Parma zu vereinigen. Parma hatte selbstverständlich nichts Derartiges »vereinbart«, und kurz darauf stellte er in einer Depesche aus Brüssel den wirklichen Zustand seiner »Flotte« klar: die Boote eigneten sich für nichts anderes als die allerkürzeste Überfahrt, sie könnten nicht manövrieren und keine Umwege einschlagen, sie seien zu klein, um kämpfen zu können, und nur bei gutem Wetter zu segeln imstande. Außerdem lägen sie so flach im Wasser, daß »vier englische Fregatten« so viele von ihnen, wie sie aufspüren würden, versenken könnten, und dies sei sehr wahrscheinlich, da jetzt die Engländer und Seeländer den Plan entdeckt hätten.

Nach diesen ungeschminkten Worten hätte man in Spanien die wahre Lage in den niederländischen Häfen, von denen die Landungstruppe ausziehen sollte, erkennen müssen. Der Marquis von Santa Cruz hätte trotz seiner Abneigung gegen Parma und seiner Eifersucht wahrscheinlich die Botschaft richtig gedeutet, denn er hatte von Lepanto her Erfahrung mit den Problemen, die sich aus einer Zusammenarbeit mit Verbündeten ergeben. Zu Spaniens Unglück starb er im Februar 1588, und sein Nachfolger mußte jede Lektion neu lernen.

Noch als der Marquis auf dem Sterbebett lag, hatte der König schon seine Wahl getroffen. Sie fiel auf den Herzog von Medina Sidonia, einen sehr wohlhabenden andalusischen Granden, der wenig Erfahrung im Kriegführen hatte. Als alles vorüber war, schrieb ein zynischer Mönch, wenn der Herzog so viel von Seeschlachten verstanden hätte wie vom Handel mit eingesalzenem Thunfisch, wäre die Armada besser geführt gewesen. Allerdings war sich Medina Sidonia seiner Unzulänglichkeit durchaus bewußt. Als er erfuhr, daß der König ihn in Betracht zog, schrieb er einen flehenden Brief an den Sekretär Idiáquez, in dem er seine Unfähigkeit in jeder Beziehung betonte, von seiner Unkenntnis der Flottenführung bis zu seiner chronischen Anfälligkeit für Seekrankheit. Es müsse doch für diesen Posten andere, weitaus geeignetere Männer geben.

In einem handschriftlichen Brief wies Philipp jeden Einwand zurück. »Ich bin völlig überzeugt, daß es Euch dank Eurer großen Hingabe und Umsicht sehr gut gelingen wird. Es kann nicht anders sein in einer Sache, die so vollkommen wie diese dem Dienst Gottes gewidmet ist.« Tatsache war, daß Philipp einen Befehlshaber brauchte, der sich mit seinem gesellschaftlichen Gewicht bei den Flottenkapitänen Respekt verschaffte und während der Operationen vor der englischen Küste von gleich zu gleich mit Parma verhandeln konnte. Da sein bester Seemann gestorben war, wandte er sich instinktiv an seinen reichsten adligen Grundbesitzer. Dazuhin war Medina Sidonia ein bescheidener, untertäniger Mensch, der seine Befehle buchstabengetreu ausführen würde; in dieser Hinsicht hatte er Vorzüge gegenüber dem rauhen alten Seefahrer Santa Cruz.

Das Oberkommando des Unternehmens hatte sich also geändert, sonst aber nichts. Papst Sixtus V., ein berüchtigter Geizhals, der sich stets gegen Verluste sicherte, versprach weiterhin Millionen in Gold, wollte sie aber erst nach der Invasion herausrücken. Parmas Briefe wurden immer pessimistischer; er ahnte ein »großes Unheil« voraus, das Gott ihnen wahrscheinlich zufüge, um sie allesamt für ihre Sünden zu strafen. Ständig wiederholte er, ohne die Hilfe der spanischen Flotte könne er die Straße von Dover nicht überqueren, und fragte, ob es nicht besser sei, einen Ausgleich mit den Engländern anzustreben, damit sie sich aus den Niederlanden zurückzögen. Die Königin scheine unterhandlungsbereit zu sein; ihre Friedensvermittler stünden kurz vor der Landung in Ostende.

Von seinem aus England ausgewiesenen Botschafter in London, Don Bernardino de Mendoza, hatte der König den irrigen Bericht erhalten, die Engländer verfügten nur über wenige, meist verwahrloste Schiffe. Friedensverhandlungen waren für ihn daher lediglich ein Mittel, den Argwohn seiner Schwägerin zu zerstreuen, solange er die Waffen gegen sie schmiedete. Seine Bedingungen waren für England völlig unannehmbar: Religionsfreiheit für die Katholiken in England und Wiedergutmachung für englische Untaten in den Niederlanden; diese würde, wie er verbissen vermerkte, »eine überaus große Summe« betragen. Es war, als sei er vom Geiste Don Juans durchdrungen, der in seinen letzten Lebensjahren seine Energien fast ganz auf die Eroberung der ketzerischen Insel gerichtet hatte. War es vielleicht ein Schuldgefühl gegenüber seinem toten Halbbruder, das ihn mit dazu veranlaßte, die Armada zu entsenden? Seine Instruktionen an Medina Sidonia erinnerten zweifellos an den Sieger von Lepanto und Gembloux. »Da alle Siege die Gabe Gottes, des Allmächtigen, sind und da die Sache, die wir verfechten, ausschließlich die seine ist, dürfen wir auf seine Hilfe und Gunst vertrauen, wenn wir uns nicht durch unsere Sünden als unwürdig erweisen. Ihr sollt deshalb besonders darauf achten, daß jegliche Lästerung in der Armada vermieden wird und vor allem keine Blasphemie aufkommt.«[103]

Eine hochstehende Moral war daher Bestandteil des Unternehmens, und über 180 Mönche und Klosterbrüder wurden mit eingeschifft, um sie zu gewährleisten. Wären nur ein Zehntel so viele Lotsen, die sich im Ärmelkanal auskannten, dabeigewesen und wären die strategischen Pläne mit allen Möglichkeiten und Folgen so wohl durchdacht gewesen wie die Gottesdienste, täglichen Messen und Gebete, so hätte die Armada ganz andere Ergebnisse zeitigen können. Dem Anschein nach berücksichtigte der König in seinen Befehlen an den Oberkommandierenden Parmas Warnungen hinsichtlich des Zustandes der niederländischen Boote, so daß ein aussichtsreiches gemeinsames Vorgehen sicher schien: ». . . segelt mit der ganzen Armada ohne Umwege in den Ärmelkanal, fahrt ihn bis Kap Margate entlang, vereinigt Euch dort mit dem Herzog von Parma, meinem Neffen, und schützt seine Überfahrt.«[104] Gleichzeitig ordnete der König aber an, Medina Sidonia müsse sich unter allen Umständen in sicherer Entfernung von den Sandbänken vor der französischen und flämischen Küste halten – gerade dort brauchte jedoch Parma die Hilfe der Flotte, um seine Truppentransporte zu Wasser zu bringen. Dieses Erfordernis wiederholte der Generalstatthalter in einer Depesche nach der andern: »Ich bin überzeugt, daß Eure Majestät für die Aufgabe, meine Überfahrt zu sichern, alle notwendigen Maßnahmen getroffen haben . . . Sollte dies wie auch die erforderliche Zusammenarbeit des Herzogs mit mir sowohl vor und während der Landung als auch danach nicht eintreffen, so kann ich kaum Erfolg haben, wie ich es im Dienste Eurer Majestät möchte.«[105]

Soviel zur Verwirrung in der großen Strategie. In taktischen Dingen herrschten ebenfalls verhängnisvolle Widersprüche. Der

König räumte zwar ein, die Engländer würden sich wahrscheinlich ihrer weittragenden Geschütze bedienen und mit ihren wendigeren Seglern Abstand halten, doch gleichzeitig instruierte er Medina Sidonia, wenn es zur Schlacht komme – was möglichst »durch eine Ablenkung des Feindes oder sonstwie« zu verhindern sei –, solle er mutig längsseit der feindlichen Schiffe gehen und sie entern. Damit schrieb er der langsameren, weniger beweglichen Flotte die Fähigkeit zu, nach Belieben einer Schlacht auszuweichen oder die Nahkampftechnik zu verfolgen.

Inzwischen wurde in Lissabon die Flotte versammelt: 20 Galeonen, 4 Galeassen oder Großkampfschiffe, 4 Galeeren, 44 bewaffnete Kauffahrer und viele Transport- und Verpflegungsfregatten, insgesamt 130 Segelschiffe mit 30 000 Mann an Bord. Die Galeeren waren in nördlichen Gewässern nicht nur nutzlos, sondern sogar hinderlich, und einige der Handelsschiffe waren bei schlechtem Wetter fast manövrierunfähig, aber die Galeonen der portugiesischen Flotte und der westindischen Wachflotte waren erstklassige Kampfschiffe. Für die Mannschaften wurden detaillierte Vorkehrungen getroffen. Die Rationen wurden festgelegt: Eineinhalb Pfund Zwieback oder zwei Pfund Brot pro Mann und Tag, sonntags und donnerstags sechs Unzen Schinken und zwei Unzen Reis, montags und mittwochs sechs Unzen Käse und drei Unzen Bohnen oder Erbsen, dienstags, freitags und samstags fünf Unzen Sardinen oder sechs Unzen Tintenfisch, Kabeljau oder Thunfisch (die Spezialität des Herzogs von Medina Sidonia). Öl und Essig gab es an allen Fischtagen, und die Wasserration belief sich auf drei Pinten für alle Zwecke, auch zum Verdünnen des auszugebenden Sherrys oder Candiaweins. Ebenso gewissenhaft war für die geistigen Bedürfnisse der Männer gesorgt. In seinem Segelbefehl schrieb der Admiral: »Vom Höchststehenden bis hinunter zum Geringsten sollt Ihr wissen, daß es das Ziel unserer Fahrt ist, der Kirche Länder zurückzugewinnen, die derzeit von Feinden des wahren Glaubens unterdrückt werden. Haltet Euch deshalb Eure Berufung stets vor Augen, damit Gott mit uns sei in allem, was wir tun. Jedermann enthalte sich des Fluchens und des Mißbrauchs des Namens unseres Herrn, unserer Lieben Frau und der Heiligen ... Jeden Morgen bei Sonnenaufgang wird von den Schiffsjungen, wie es

Sitte ist, am Fuße des Hauptmasts das Morgenlied und bei Sonnenuntergang das Ave Maria gesungen ... Da schlechtes Wetter den Nachrichtenaustausch unterbrechen könnte, wird für jeden Wochentag eine Parole festgelegt, für den Sonntag Jesus und für die darauffolgenden Tage Heiliger Geist, Allerheiligste Dreieinigkeit, heiliger Jakob, heilige Engel, alle Heiligen und Unsere Liebe Frau.«[106]

Das einzige, was niemals vereinbart wurde, war der Gesamtplan. Es klingt unglaublich, ist aber wahr. Der spanische Teilhaber des Unternehmens hatte bis zuletzt keine klare Vorstellung von der Beschränkung des niederländischen Partners oder davon, daß dieser unfähig war, selbständig in See zu stechen. Der Beweis findet sich in knappen Worten in einem von Parmas Briefen an Philipp: »Er [Medina Sidonia] scheint zu der Überzeugung gelangt zu sein, ich könne mit diesen Booten auslaufen und ihn treffen. Dergleichen ist unmöglich ...«[107]

»Gott gebe, daß daraus keine Verwirrung entsteht!« vermerkte der König auf dem Rand des Briefes, als er ihn endlich erhielt. Doch zu dieser Zeit konnte Medina Sidonia mit der Armada nicht mehr eingewiesen oder zurückgerufen werden.

Am 20. April 1588 wurde in der Kathedrale von Lissabon in Anwesenheit des Vizekönigs, Kardinal Erzherzog Albrecht, das heilige Banner der Expedition vom Erzbischof gesegnet. Anschließend brachte es der Herzog von Medina Sidonia ins Dominikanerkloster, wo es auf dem Hochaltar geweiht wurde, und dann wurde es an Reihen knieender Seeleute und Soldaten vorbei durch die Straßen zum Admiralschiff getragen. Die Schiffe waren schon nach versteckten Frauen durchsucht worden, und sämtliche Ränge hatten die Heilige Wegzehrung und die Absolution empfangen. Es war eine Wiederholung der Vorbereitungen für Lepanto, wobei noch größerer Nachdruck auf den Charakter eines Kreuzzuges gegen ein christliches Land gelegt wurde, dessen Königin sich und ihre Sache ebenfalls Gott befahl.

Der König wohnte der Zeremonie nicht bei. Der geistige Vater der Armada sah diese Flotte niemals unter Segel. Waren ihm Zweifel aufgestiegen? Den ganzen Sommer wurden in fast jeder Stadt und jedem Dorf in Spanien Prozessionen abgehalten, und im Escorial hörten die Messen und Gebete um Gottes Beistand nicht auf. Doch nach der Weihe des Banners wurde die Armada noch knapp einen Monat lang von widrigen Winden in der Tajomündung festgehalten, und kurz nachdem sie Segel gesetzt hatte, geriet sie in der dritten Juniwoche vor Kap Finisterre in einen Sturm und wurde zerstreut.

Erstaunt und erschreckt von der Mißgunst des Wetters bei einem »Gott so sehr empfohlenen und geweihten« Unternehmen schrieb der Herzog von Medina Sidonia in La Coruña seine Beobachtungen für den König nieder. Seine Geschwader schleppten sich in den Hafen, aber in welchem Zustand! »Eine so große Aufgabe mit Kräften anzugreifen, die denen des Gegners gleichkommen, wäre schon nicht ratsam, und es mit einer unterlegenen Streitmacht zu versuchen, wie es die unsere jetzt ist, da es unseren Männern an Erfahrung gebricht, wäre noch unklüger. Ich muß gestehen, daß ich sehr wenige oder kaum einige in der Armada sehe, die genügend Kenntnisse und Fähigkeiten hätten, die ihnen anvertrauten Pflichten zu erfüllen. Ich habe diesen Punkt sehr sorgfältig geprüft und beobachtet, und Eure Majestät mögen mir glauben, wenn ich versichere, daß wir sehr schwach sind ... Die Gelegenheit könnte ergriffen und die Schwierigkeit vermieden werden, wenn ehrenhafte Bedingungen mit dem Feind ausgehandelt werden könnten. Eurer Majestät Interessen lassen es ebenfalls wünschenswert erscheinen, zuvor genauestens zu überlegen, was Ihr unternehmt angesichts so vieler neidischer Rivalen Eurer Größe.«[108]

Der Pessimismus dieser eigenartigen Depesche ist ebenso groß wie ihr Realismus. Der Herzog kannte nun seine Flotte so genau wie sich selbst und erwies sich als zuverlässiger Unheilsprophet. Die schlechten Segeleigenschaften der Versorgungsschiffe und einiger der bewaffneten Kauffahrer wurden dem König zur Kenntnis gebracht, wenn er auch noch nicht wissen konnte, daß das Trinkwasser unbrauchbar wurde, weil frisches Holz für die Fässer verwendet worden war. Was der König aber auch insgeheim über diese unverblümten Worte denken mochte – nach außen hin ließ er sich nichts anmerken. »Große Dinge bringen große Schwierigkeiten mit sich«[109], hatte er im Herbst des vorhergehenden Jahres an Parma geschrieben, und in philosophischer Ruhe hing er nach wie vor dieser Maxime an. Medina Sidonia antwortete er in festem Ton, die Operation müsse weitergehen. Wahrscheinlich stimmte er mit seinem Admiral darin überein, daß die Stürme »aus einem guten und gerechten Grund« von Gott gesandt wurden, wenn er dies auch anders auslegte, denn die Winde hatten ein englisches Überfall- und Kundschaftergeschwader vertrieben, so daß das Überraschungsmoment auf seiner Seite war, als die Armada nach ihrem Aufbruch am 22. Juli 1588 von La Coruña wenige Tage später vor der Küste von Cornwall auftauchte.

Im fernen Brüssel jammerte der Generalstatthalter über Geldmangel. In Rom schwankte der Papst noch wegen seiner Beihilfe und ließ sich, wie der spanische Botschafter am Heiligen Stuhl schrieb, von den täglichen Anrufungen Gottes in ganz Spanien nicht beeindrucken. Wer glaubte noch an das große »Unternehmen«? Parma nicht; seit Monaten hatte er seinen Anteil heruntergespielt. Auch Medina Sidonia und seine Unterbefehlshaber nicht; auf der Höhe der Insel Ouessant am Eingang zum Ärmelkanal wurden sie von einem weiteren unerklärlichen Sturm überfallen, der sie das Flaggschiff des biscayischen Geschwaders und alle vier Galeeren kostete. Selbst als die Flotte wieder beisammen war und die Ausguckposten am Morgen des 30. Juli 1588 Land sichteten, hielt die resignierte, bedenkliche Stimmung des Admirals an und äußerte sich sogar in dem Gebet, mit dem seine Männer Gott dankten, daß er sie »so weit gebracht« habe.

Als Medina Sidonia an jenem Tag »in Sicht von Kap Lizard, an Bord der Galeone *San Martín*«[110] seinen ersten Lagebericht an den König verfaßte, befehligte er allerdings die gewaltigste Flotte an Segeln, die Spanien jemals aufgestellt hatte, 125 Schiffe aus allen Teilen des spanischen Reiches, eine einzige schwimmende Festung, so eng aufgeschlossen, daß in den leichten Brisen, die auf die Stürme gefolgt waren, die flinkeren und beweglicheren Engländer nicht viel auszurichten vermochten. Eine doppelte Vorhut spanischer und portugiesischer Galeonen mit drei Geleassen zur Unterstützung führte die Flotte an. Dahinter kam die *San Martín* und die Masse der Versorgungsschiffe unter Bedeckung von vier Geschwadern der Nachhut, die sich wie der Schweif eines Kometen ausbreitete. Für die Beobachter an der Küste glich die Formation einem Halbmond, und jeder, der sie ausmachte, hatte den Eindruck von ungeheurer Macht und Zielstrebigkeit. Es war ein Wald von Masten, die Fahnen flatterten, die Segel waren allesamt gesetzt mit ihren roten Kreuzen, und langsam, aber unaufhaltsam rückte die Armada parallel zur Küste vor.

Jahrelang hatte der König sich mit Plänen für die Armada befaßt. Ein Faktor indes, den er nicht voraussehen konnte, war das Wetter, doch in diesem kritischen Augenblick war es ihm günstig. Seine Flotte befand sich auf See, der westliche Flügel der englischen Flotte lag noch im Hafen von Plymouth. Die Legende besagt, Francis Drake habe auf dem Plymouth Hoe Bowling gespielt, als er die Nachricht von der Ankunft der Armada erhielt, und geäußert: »Wir haben Zeit genug, unser Spiel zu beenden und außerdem noch die Spanier zu schlagen.«[111] Dennoch waren er und der Lord-Admiral Howard of Effingham in einer benachteiligten Position, aus der sie sich nur durch ihr geschicktes Manövrieren retteten. Als Admiral Santa Cruz einst bei der Azoreninsel Terceira die für Dom Antonio kämpfenden französischen Geschwader in einer ähnlichen Falle überrascht hatte, war es ihm gelungen, sie zu vernichten. Dieser Augenblick ging im Ärmelkanal vorüber; in der leichten Brise kamen die Spanier nicht rasch genug voran, um die Engländer einzuschließen, ehe sie den Hafen von Plymouth verließen und bei Rame Head Schutz suchten. Doch selbst als der Gegner am Sonntag, dem 31. Juli 1588, Medina Sidonia die Luvseite abgewonnen hatte, lag die gesamte lockende Südküste Englands immer noch an Backbord, und wenn sich Plymouth als zu harte Nuß erwies, so gab es auch noch leichter einzunehmende Ziele, beispielsweise Torbay oder den jetzt ungeschützten Solent.

Der ursprüngliche Plan des Königs hatte einen Angriff auf die Insel Wight vorgesehen. An Bord der Armada befanden sich annähernd 19 000 kampferprobte Soldaten, die großenteils zur Verstärkung für Parma nach seiner Landung an der Themsemündung gedacht waren. Wie wäre es, wenn sie die Insel Wight und die Küste von Hampshire überfielen? Die besten Kompanien der Königin standen in den Niederlanden, ihre hier verfügbaren Truppen hatten unterschiedliche Qualität, und die Städte am Weg nach London waren fast alle unbefestigt. Die Unterbefehlshaber der Armada besprachen die Sache und kamen zu dem Entschluß, dieses offenkundige Risiko nicht auf sich zu nehmen. Vielleicht war das angesichts eines derartig starken Feindes eine kluge Entscheidung; in jedem Fall hatten sie kaum eine andere Wahl, denn in Philipps endgültigen Plan war ein Angriff im Solent auf dem Weg nach Osten ausdrücklich verboten. Die Armada setzte daher, getreu den in Spanien erhaltenen Befehlen, ihren hoheitsvollen Zug zu einem niemals stattfindenden Treffen mit Parma fort.

Die Botschaftenflut, die Medina Sidonia seinem Verbündeten in den Niederlanden durch Fregatten zukommen ließ, gibt die Fahrt ins Unheil genau wieder. Am 1. August 1588 entsandte er Leutnant Juan Gill zu Parma, um ihn zu befragen, wo die Armada ihn erwarten solle. Er ersuchte auch um Lotsen, die sich an der flandrischen Küste auskannten – wie sich daraus schließen läßt, wurde sich Medina Sidonia endlich dessen bewußt, daß sein erstes Ziel an der Südküste der Straße von Dover in der Nähe von Dünkirchen lag und nicht vor Margate.

Alle anderen Illusionen blieben jedoch so fest in ihm verwurzelt wie zuvor. Verstört durch die Kampfweise der Engländer, die ihn aus der Ferne beschossen und ihn nicht zum Entern heranließen, forderte er Parma am 4. August auf, sich zum sofortigen Auslaufen bereitzumachen, und bat um Nachschub an Kugeln und Schießpulver. Am nächsten Tag verlangte er von Parma »vierzig Flieboote«, jene schnellen, leichten Fahrzeuge, die eine Spezialität der aufständischen Seeländer waren und von denen Parma nur sehr wenige zur Verfügung standen. Mit »fünfzig Fliebooten«, schrieb Medina Sidonia am 6. August, könne er »weiterhin dem Feind standhalten«, bis Parma mit dem Rest seiner Flotte zu ihm stoße und sie zusammen irgendeinen Hafen besetzen könnten, in dem die Armada gesichert vor Anker gehen könnte[112]. »Ich bitte Euch, das Auslaufen zu beschleunigen«, wiederholte er am 7. August[113]. Es war ein Sonntag, und die Armada lag außerhalb von Calais vor Anker, nur knapp fünfzig Kilometer von Parmas Basis Dünkirchen entfernt. Der Admiral war jedoch fest entschlossen, sich nicht weiter vorzuwagen, ohne zuverlässige Nachricht von den Absichten des Generalstatthalters zu haben.

Am gleichen Tag verfaßte Parma, nachdem er einen weiteren Kurier Medina Sidonias angehört hatte, in den Niederlanden einen Bericht für seinen Herrn im Escorial, obwohl der Brief für den Weg nach Spanien drei bis vier Wochen brauchen würde. Er schrieb, Medina Sidonia sei offenbar der Auffassung, er könne auslaufen, nicht nur um ihn zu treffen, sondern um ihm zu helfen. Dies sei jedoch unmöglich, da seine Häfen von Aufständischen blockiert seien und ohnehin seine Schiffe nur »Kanalkähne« seien, die weder für das offene Meer noch für einen Kampf taugten. Wie viele Male hatte er das schon gesagt! Die gegenseitigen Mißverständnisse zwischen der Armada und den Niederlanden erreichten einen absurden Höhepunkt, denn während Medina Sidonia Parma und seine Flieboote dringend in Calais erwartete, wartete der Generalstatthalter auf den Herzog in Brügge. Er hielt sich nicht einmal an der Küste auf, von Einschiffung war keine Rede, wenn er auch einige Boote in Nieuwport und Dünkirchen zusammengezogen und eine Truppe bereitgestellt hatte. Reichte das etwa nicht aus?

Parmas Gegner, darunter auch Augenzeugen von der Armada, behaupteten damals und später, er habe jedermann irregeführt, seine wenigen Invasionsboote seien nicht seetüchtig gewesen, er habe nur dem Anschein nach geringfügige Anstrengungen unternommen, im Grunde aber nichts vorbereitet. In bekümmerten Briefen an den König hat sich Parma gegen diese Unterstellungen gewehrt. Es sei falsch, schrieb er, daß seine Streitkräfte nicht bereit gewesen seien, ihren Anteil von der Planung zu übernehmen. Nur Böswillige könnten so etwas behaupten. Der Plan habe aber vorgesehen, daß sich die Armada vor der flämischen Küste befinden werde und die Meerenge von Dover beherrsche. Wo aber sei sie denn geblieben?

Diese Argumente waren nicht ganz ohne Begründung. Parma konnte die Nachricht vom Eintreffen der Armada in Calais erst am Abend des Sonntag – 7. August 1588 – erhalten haben, und am 8. August war er in Nieuwport, wo noch abends mit dem Einschiffen der Soldaten begonnen wurde. Bei Tagesanbruch am 9. August gingen die Truppen in Dünkirchen ebenfalls an Bord. Die endlosen Beteuerungen und Erklärungen konnten aber eine düstere Wahrheit nicht verbergen: die Schiffe waren nicht fahrbereit, sie waren ihrer Aufgabe nicht gewachsen, und auch die Männer, die sich einschiffen sollten, waren von ihrem Einsatz nicht überzeugt. Zudem herrschte am Abend des 8. August wiederum Sturm an der flandrischen Küste. Selbst Schiffe mit größerem Tiefgang als diese hätten nicht auslaufen können. Eine spanische Geleitflotte gab es nicht mehr, denn während in den Häfen von Nieuwport und Dünkirchen die Truppen eingeschifft wurden, stand die Armada schon wieder leewärts auf See und befand sich vor der seeländischen Küste in höchster Gefahr.

Am Abend des 7. August lag die Armada in der Nähe von Calais, während die englischen Geschwader seeseitig knapp außerhalb der Geschützreichweite ankerten. Um Mitternacht schickten die Engländer Brander aus, Medina Sidonia schrieb darüber in seinem offiziellen Bericht: »Zwei Feuer wurden bei der englischen Flotte ausgemacht, und diese beiden erhöhten sich allmählich auf acht; und acht Schiffe mit gesetzten Segeln trieben mit der Strömung, lichterloh brennend, geradenwegs auf unser Flaggschiff und die übrige Armada hinzu. Der Herzog beobachtete, wie sie näherkamen und daß unsere Männer sie nicht abgelenkt hatten; und da er befürchtete, es seien Sprengschiffe, gab er Befehl, die Trossen zu lösen, und befahl auch der übrigen Armada, dasselbe zu tun, in der Hoffnung, zur gleichen Position zurückzukehren, sobald die brennenden Schiffe vorüber wären.«[114]

Die Absicht war löblich, aber der Schaden war geschehen, und in großer Verwirrung kappten die Spanier die Ankertrossen und trieben auf das offene Meer hinaus. Zwei Galeassen und zwei große portugiesische Galeonen gingen dabei verloren.

Am nächsten Morgen, dem 8. August, schlossen die Engländer vor Gravelingen auf und überfielen die Armada, die sich tapfer wehrte und dabei verzweifelt versuchte, sich wieder zu formieren. Am Abend war sie kampfunfähig und floh in nordöstlicher Richtung aus der Straße von Dover hinaus. In der

Morgendämmerung des 9. August sichteten die Lotsen der Armada gerade voraus die Untiefen vor Seeland. »Aus dieser entsetzlichen Gefahr in nur sechseinhalb Faden«, schrieb der Herzog, »wurden wir errettet, da der Wind durch Gottes Gnade nach Südwesten umschlug.«[115]

Die Männer an Bord erblickten darin die göttliche Hand, die sie von den Sandbänken freikommen ließ. Es war aber kein »katholischer Wind«, denn er besiegelte das Schicksal der meisten von ihnen. Bei Südwest war eine Rückkehr zur flandrischen Küste und zum kürzesten Weg in die spanische Heimat unmöglich. Auf dem Flaggschiff wurde ein Kriegsrat abgehalten, ein paar Männer, die bei der Schlacht ihre Pflicht nicht getan hatten, wurden hingerichtet, jeder einzelne Schiffskapitän erhielt neue Segelbefehle, die einzig und allein dem Entrinnen galten. Die Engländer verfolgten die Armada, drehten aber vor der schottischen Küste ab. Das Meer, die Winde und die unbekannte Küste waren nun die Feinde, die es zu bekämpfen galt. Südlich des Norwegenkanals sanken einige der angeschlagenen Schiffe. Das Trinkwasser wurde knapp. Die Flotte umsegelte Schottland und die Inseln, und als sie am 21. August 1588 nach Südwesten in den Atlantik einschwenkte, traf sie wieder auf widrige Winde, von denen sie fast vierzehn Tage in diesen Breiten aufgehalten wurde. Weitere Schiffe fielen aus, und nur noch 44 Großschiffe standen unter dem Kommando des Herzogs, als der Wind am 3. September endlich nach Norden umschlug und Kurs auf Spanien genommen werden konnte.

Die disziplinierte Restflotte, darunter die meisten Galeonen der westindischen Wachflotte und des portugiesischen Königsgeschwaders, befolgte den Segelbefehl, hielt sich weit draußen im Atlantik und überlebte. Von den Besatzungen der Schiffe, die leckgeschlagen an die irische Küste trieben oder angelegt hatten, um sich mit Lebensmitteln und Wasser zu versorgen, erreichte kaum jemand die Heimat. Knapp über die Hälfte der in La Coruña ausgelaufenen 130 Schiffe und nur ein Drittel der 30 000 Mann Besatzung kehrten nach Spanien zurück. Untergänge, Krankheit, Hunger, Durst und die Henker der englischen Gouverneure in Irland hatten einen hohen Zoll gefordert.

Die Überlebenden wußten von entsetzlichen Leiden zu berichten. Das Schicksal derer, die an die irische Küste verschlagen wurden, hielt sich dort in Sagen von Wracks auf dem Meeresgrund vor der irischen Westküste von Donegal bis zur Shannonmündung und wurde von Tauchern in unserer Zeit bestätigt. Die Galeasse *Girona* sei beispielhaft für alle anderen erwähnt.

Galeassen waren Galeonen mit Rudern, eine von der Galeere des Mittelmeers abgeleitete Mischkonstruktion. Bei Lepanto hatte ihre Feuerkraft entscheidend zum Ausgang der Schlacht beigetragen, aber in atlantischen Gewässern waren sie weniger zu Hause. Vier Galeassen segelten mit der Armada. Ihr Flaggschiff, die *San Lorenzo*, verlor bei Calais ihr Ruder und fiel in die Hand des Feindes. Ihr Schwesterschiff *Girona* segelte noch weitere tausend Meilen einem schrecklicheren Verderben entgegen.

Ihr Kapitän war Fabricio Spinola, ein Seemann aus Genua, und ihre Mannschaft bestand aus 121 Matrosen, 186 Söldnern und 244 Hilfskräften, meist Galeerensklaven. Unter guter Führung überstand sie die Panik vor Calais, die Schlacht bei Gravelingen, die gefährliche Einfahrt in den Atlantik und landete in Killybegs in Donegal an der Nordwestküste Irlands. Dort warf sie einen großen Teil ihrer Geschütze über Bord, um Überlebende von einem anderen Armada-Schiff aufzunehmen, der *Duquesa Santa Ana*, die in der Nähe, bei Loughos More, Schiffbruch erlitten hatte. 1300 Mann, weit mehr als das Doppelte ihrer normalen Besatzung, waren an Bord, als sie in Killybegs ablegte. Sie segelte nicht nach Südwesten, weil Spanien zu weit war, sondern zurück in Richtung auf die schottische Küste, wo sie Proviant aufnehmen wollte.

Dies gelang ihr nicht, denn bei Tagesanbruch am 16. Oktober 1588 zerschellte sie an den Felsen von Bumboyes vor der Antrim-Küste, und von den 1300 Menschen gelangten nur fünf lebend ans Ufer.

Die Stelle, an der sie an Land kamen, ist heute noch auf den Landkarten als Port na Spaniagh verzeichnet. Die letzte Reise der *Girona* wurde also nie gänzlich vergessen. Was sie an verderblichen Gütern mit sich führte, werden wir nie erfahren, denn als ihr Grab endlich gefunden wurde, war nichts mehr von ihr übrig außer einigen Beschlägen, Nägeln, Bleibarren vom Ballast,

Stücken von Trossen, Kanonenkugeln und Einzelteilen der Geschütze, die sie bei Killybegs nicht über Bord geworfen hatte. Eine Unterwasserexpedition unter Leitung des weltbekannten Meeresarchäologen Robert Sténuit förderte noch Gegenstände zutage, die heute im Ulster-Museum in Belfast zu sehen sind und die nicht vom Schiff selbst, sondern von seiner Besatzung stammen. Der Konservator des Museums, Laurence N. W. Flanagan, hat sie beschrieben[116], unter anderem zwei Astrolabien, mehrere Navigationszirkel, eine Sammlung elegant gearbeiteter Gabeln, ein silbernes Parfümfläschchen, eine lange Goldkette, goldene Knöpfe, Armbänder, Ringe und Kreuze, eine kleine Bronzefigur von einem Kruzifix und einige wunderbare Kameen mit Bildnissen römischer Kaiser aus Lapislazuli in perlenbesetzter Goldeinfassung.

Schon die Schmuckstücke allein zeugen vom Wohlstand und Selbstvertrauen einer Gesellschaft, die Männer und Schiffe gegen den Feind aussandte. Von den zahllosen umgekommenen Galeerensklaven wurden keine Hinterlassenschaften gefunden. Zwei weitere Gegenstände, die bei der Expedition geborgen wurden, unterstreichen auf ergreifende Weise das menschliche Element in jenem grandiosen, zum Scheitern verurteilten Unternehmen. Der eine ist ein Ring mit der Inschrift *No tengo mas que dar te*, »ich habe nicht mehr, dir zu schenken« – wahrscheinlich das Abschiedsgeschenk eines Mädchens für ihren Bräutigam. Der andere ist ein Pflaumenkern – stammt er aus Killybegs? oder aus einem spanischen Obstgarten?

Nur langsam drang die Nachricht von der Katastrophe in die Außenwelt. Die Sieger selbst wußten einige Zeit nicht, wohin der Feind verschwunden war, und erst Ende August konnte Parma in den Niederlanden das Wort »Unheil« in einem Brief an den König gebrauchen.

Völlig anders gefärbte Berichte wurden unterdessen in Umlauf gesetzt, viele von dem spanischen Botschafter in Paris, demselben Bernardino de Mendoza, der so verächtlich von den englischen Schiffen gesprochen hatte und nun von einem großen spanischen Sieg erzählte. In ganz Europa verbreitete sich das Gerücht – in den Niederlanden, in Deutschland, in Rom, wo der

Papst allerdings seine angeborene Skepsis wahrte. Manchen Schilderungen zufolge war Drake aus der Schlacht geflohen, andere wollten wissen, er befinde sich als Gefangener an Bord der *San Martín*. Die Langsamkeit der Nachrichtenverbindungen kam zu der Unübersichtlichkeit der Kampfhandlungen hinzu, und Spanien war am Rande des europäischen Kontinents in einer besonders schlechten Lage.

Der König gab sich der Hoffnung hin. Noch Ende September 1588, zehn Tage, ehe die *San Martín* schwer angeschlagen in Santander ankam, vermochte er von einem glücklichen Ausgang zu träumen. Der Rationalist in ihm hatte sich jedoch schon einen ganzen Monat zuvor mit dem Verhängnis abgefunden. Sein Kummer sei größer, als irgend jemand es beschreiben könne, schrieb der Sekretär Idiáquez am letzten Tag im August an Parma. Der Kummer wurde jedoch unter strenger Kontrolle gehalten, wie aus einem anderen Brief von Idiáquez hervorgeht: Der König sei zwar »äußerst betrübt«, verliere aber den Mut nicht und tröste sich mit dem Gedanken, daß er nur nach »guten christlichen Motiven« gehandelt habe[117]. Die von seinen Sekretären bestätigte stoische Haltung und die Erinnerung an die Beherrschung, mit der sein Vater die Kunde vom Sieg über die Franzosen bei Pavia und er selbst die Nachricht vom Triumph bei Lepanto aufgenommen hatte, veranlaßten spätere Bewunderer, sich eine Szene im Escorial auszumalen, wie der König seine Arbeit am Schreibtisch kaum unterbrach, um mit steinernem Gesicht von den Lippen eines Boten das Unglück der Armada zu vernehmen.

Wenn dies auch eine Legende ist, so enthält sie doch eine Wahrheit. Die Briefe des Königs im Herbst 1588 sind von bewundernswertem Gleichmut, auch als er schon wußte, daß alles verloren war, und erheben sich – wie der Brief vom Oktober 1588 an die spanischen Bischöfe – zu wahrhaft christlicher Ergebung in Gottes Willen: »Wir müssen Gott lobpreisen für alles, was er wirkt. Und ich danke ihm für die bezeigte Gnade. In den Stürmen, die die Armada durchsegeln mußte, hätte sie ein schlimmeres Geschick erleiden können . . .«[118]

Was der Fehlschlag dem König bedeutete, der – nach Idiáquez' Worten – so viel »geopfert« hatte, zeigte sich nicht nur in der ernsten Krankheit, die ihn in jenem Herbst befiel, sondern auch in gewissen Sätzen seiner Briefe an Parma, die seine innere Qual und seine Sehnsucht nach Trost enthüllten. Als er am 3. September 1588 erfuhr, daß auch die Engländer in den Schlachten Verluste erlitten hatten, faßte er den Gedanken, der Generalstatthalter sei vielleicht doch noch imstande, seinen Teil des Plans auszuführen und seine Schiffe über die Straße von Dover zu bringen. Falls dies nicht gelinge, hoffte er, Parma vermöge wenigstens den niederländischen Rebellen die Insel Walcheren als Sprungbrett für eine künftige Invasion in England abzujagen. Es sei ganz besonders wünschenswert, setzte er unglücklich hinzu, daß das Jahr nicht ohne irgendeinen greifbaren Erfolg zu Ende gehe.

16. Kapitel: Parmas Tod

Die ersehnte Aufmunterung wurde Philipp nicht zuteil; das Jahr 1588 endete ebenso düster, wie es begonnen hatte. Vorher traf ihn noch ein weiterer, unerwarteter Schlag: Seine französischen Verbündeten der katholischen Liga, der Herzog von Guise und der Kardinal von Lothringen, wagten sich im Dezember unbesonnen in das königliche Audienzzimmer auf Schloß Blois, wo der französische König beide ermorden ließ.

Die Nachricht stürzte Philipp in »große Betrübnis«, wie er schrieb, doch indirekt eröffnete sie neue Aussichten, seine Macht zu vergrößern.

König Heinrich III. war der letzte männliche Valois. Er führte schon seit mehreren Jahren eine kinderlose Ehe und fühlte sich ohnehin nicht zu Frauen hingezogen. Die Ermordung der Guisen in Blois war ein letzter, verzweifelter Versuch, seine Autorität zu beweisen in einem Land, das durch die Rivalität zwischen der katholischen Liga und den Hugenotten unter Heinrich von Navarra, dem Ersten Prinzen von Geblüt und präsumptiven Thronerben, gespalten war. Die Attentate zeitigten jedoch eine ganz andere Wirkung. Die Katholiken, die in Paris und in den meisten großen Städten vorherrschten, nannten ihren König einen blutgierigen Tyrannen. Von fast allen Getreuen verlassen, hatte er keine andere Wahl, als sich mit Navarra und der hugenottischen Streitmacht zusammenzutun.

Seit zwanzig Jahren wüteten in Frankreich die Religionskriege beinahe ununterbrochen, und jetzt stand das Land vor der Aussicht eines protestantischen Sieges in der Feldschlacht und einer protestantischen Thronfolge. Die Morde in Blois hatten die Liga ihrer beiden Führer beraubt und ihre Kampfkraft und Moral geschwächt. Mit dem Vertrag von Joinville hatten die Guisen den spanischen König für ihre Sache gewonnen, und jetzt wandte sich das überlebende Familienoberhaupt, der Herzog von Mayenne, erneut an Philipp, er möge Frankreich für den Katholizismus retten.

Nach dem Mißerfolg der Armada hatte Philipp seine gewohnte, vorsichtige Haltung wieder angenommen. Er instruierte Parma, jegliche Hilfe für die Liga müsse geheim geleistet werden, denn er könne sich keinen offenen Bruch mit dem französischen König leisten. Als jedoch König Heinrich III. im August 1589 von einem katholischen Mörder niedergestreckt wurde, änderte sich die Lage von Grund auf.

Auf seinem Sterbebett ernannte der König Heinrich von Navarra zu seinem Nachfolger und bat ihn, in den Schoß der römischen Kirche zurückzukehren. Damals bestand jedoch nicht die geringste Wahrscheinlichkeit, daß Navarra diesen Schritt tun würde. Wie sollte Philipp vorgehen? Einen Ketzer anzuerkennen kam nicht in Frage. Am besten erschien ihm, einen katholischen Anwärter in der Person des Kardinals von Bourbon zu unterstützen, obwohl dieser von den Hugenotten in La Rochelle gefangengehalten wurde. »Frankreich ist jetzt die wichtigste Angelegenheit«[119], schrieb Philipp an Parma, der die Hilfstruppen für Mayenne und die Liga bereitstellen sollte. Selbst wenn dies den Abzug der *tercios* aus den Niederlanden bedeutete, war Philipp bereit, dieses Risiko einzugehen.

Nicht so Parma. Seine Mutter war Statthalterin der Niederlande gewesen, er selbst hatte dort geheiratet, und er fühlte sich der Aufgabe verpflichtet, das ganze Land zurückzuerobern. Der Plan einer Invasion in England war ihm zuwider gewesen, weil er ihn von diesem Ziel ablenkte.

Den nördlichen Provinzen der Union von Utrecht war es gelungen, mit englischer Hilfe ihre Unabhängigkeit zu wahren und sogar eine Art Gemeinwesen aufzubauen. Allerdings war es keineswegs einheitlich; von Anfang an stritten zwei unversöhnliche Parteien um die Herrschaft in dem winzigen Gebiet. Auf der einen Seite standen die konservativen Oligarchien in den Städten und die Landadligen, deren Sprachrohr die einzelnen »Stände« und die Generalstände waren, auf der anderen Seite standen die Mittelschicht in den Städten und die calvinistischen Ideologen, die nicht nur Spanien, sondern auch ihre weniger überzeugten Mitbürger besiegen wollten.

Jede der Provinzen, die sich in der Union von Utrecht zusammengeschlossen hatten, fühlte sich souverän und mißtraute den Partnern. Alle waren eifersüchtig auf Holland, das nicht nur die extremistischen Prediger zu Boden warf und ein gewisses Maß religiöser Toleranz zuließ, sondern auch einen lebhaften, gewinnbringenden Handel mit Spanien führte – als einziges Mittel zur Finanzierung des Kampfes gegen Spanien. Dies mag uns heute seltsam anmuten; aber wir dürfen nicht vergessen, daß es ein sehr merkwürdiger Krieg war.

Der Umgang mit dem Antichrist, der Holland und den Kaufleuten in Amsterdam Wohlstand brachte, war allerdings den strengeren Protestanten in den anderen Unionsprovinzen und den zahlreichen Flüchtlingen aus Brabant und Flandern ein Dorn im Auge. Sie schauten sich nach einem Führer um und fanden ihn, als die englischen Truppen anlangten, in der Person des Earl of Leicester.

In gewisser Beziehung war dies die absonderlichste Entwicklung, denn Leicester eignete sich überhaupt nicht zum Beschützer der doktrinären Prediger, die seine königliche Herrin bedenkenlos zum Schweigen gebracht hätte, wenn sie ihre Stimme in London zu erheben gewagt hätten. Leicester war als Oberbefehlshaber der englischen Streitkräfte in die Niederlande entsandt worden mit dem Befehl, sich unter keinen Umständen souveräne Macht, die Elisabeth für sich selbst abgelehnt hatte, übertragen zu lassen. Trotzdem ließ er sich von den Generalständen zum Generalkapitän ernennen, womit er die Königin, die wie immer darauf aus war, einen vollständigen Bruch mit Spanien zu vermeiden, heftig erzürnte. Kurz ehe die Armada ausgeschickt wurde, stand Leicester im Begriff, sich Hollands zu bemächtigen, also des Zentrums des Widerstandes gegen Spanien – und dies in einem Augenblick, da die Beauftragten der Königin mit Parmas Abgesandten in Bourbourg in Flandern unterhandelten. Die Gefahr für die Freiheit der Niederlande wäre groß gewesen, wenn nicht die Armada erschienen wäre und die letzten friedlichen Illusionen der Königin zunichte gemacht hätte. Vielleicht war aber Leicesters Einmischung letzten Endes doch günstig, denn mit ihrem Mißlingen führte sie den Sturz seiner extremistischen Verbündeten herbei, so daß die Vorherrschaft der Generalstände befestigt wurde und Holland die führende Rolle im Krieg behielt.

Wenn auch die Intrigen innerhalb der Generalstände Züge eines engen Provinzialismus trugen, lag nichts Enges oder Provinzielles in dem Aufschwung, der die Vereinigten Provinzen unter Führung Hollands zur wichtigsten Handelsmacht ihrer Zeit werden ließ. Nicht zum ersten- und auch nicht zum letztenmal zog ein Volk aus einer Kriegswirtschaft Nutzen. Die niederländischen Provinzen, die sich von Spanien losgesagt hatten, verstärkten insbesondere den Seehandel, der ihnen später mit der Gründung der Holländischen Ostindischen Kompagnie und eines großen Reiches im Gebiet der Sunda-Inseln sagenhafte Gewinne eintrug.

Parma beobachtete mit Unbehagen, wie Macht und Reichtum der aufständischen Provinzen im Norden zunahmen, und hielt deshalb um so weniger von einer Intervention in Frankreich. Seine Feinde – seit dem Untergang der Armada hatte er viele – hatten nicht ganz unrecht, wenn sie ihn in ihren gehässigen Briefen nach Madrid den »Mann von Flandern« nannten.

In den Jahren 1589 und 1590 kam es deshalb zu einer Auseinandersetzung zwischen dem spanischen König und dem Generalstatthalter, in der ein Wille gegen den anderen stand. Philipp verlangte, Parma solle eine niederländische Truppe nach Frankreich führen, und Parma widersetzte sich diesen Instruktionen, so gut er konnte. Er führte seinen schlechten Gesundheitszustand, die gefährliche strategische Lage, die Meuterei im Heer und die Armut des Landes als Argumente an. Die südlichen Provinzen, die Parma wiedererobert hatte, lagen wirtschaftlich darnieder, denn ihre Häfen wurden von den Aufständischen und von der englischen Garnison in Vlissingen blockiert, so daß sie keinen Handel treiben konnten.

Inzwischen steuerte alles auf eine Krise zu. Im März 1590 wurde die Reiterei, die Parma widerwillig zur Hilfe für Mayenne

nach Frankreich geschickt hatte, von Navarra bei Ivry aufge-
rieben, wobei auch ihr Anführer ums Leben kam. Kardinal Bourbon starb ungekrönt. Die Hugenottenarmee schloß den Ring um
Paris, und um die Sommermitte wurden die Lebensmittel in der
Hauptstadt knapp.

Am 20. Mai 1590 befahl Philipp, Parma solle möglichst bald
abmarschieren. Einen Monat später klangen seine Befehle herri-
scher angesichts der Gefahr, die Spanien und dem Katholizismus
drohte, wenn Paris fiel. Am 24. Juni 1590 vermerkte der König
auf einer Depesche an Parma eigenhändig: »... Ich will keine
Worte, sondern Taten; das erwarte ich von Euch.«[120] Die Ungeduld ist unüberhörbar.

Parmas Antworten gossen Öl ins Feuer. Ende Juli 1590
schrieb er, man verlange Unmögliches von ihm, und er frage
sich, wie man annehmen könne, er sei mit seinen beschränkten
Mitteln in einem zerstörten, ruhelosen Land imstande, den Rebellen im Norden entgegenzutreten, die Meuterei bei den *tercios* zu unterdrücken und dazu noch Truppen für Frankreich und
Mayenne zu erübrigen. Parma war um jene Zeit schwerkrank;
er litt an der Wassersucht, der er nicht lange danach erlag. Obwohl er seine verzweifelte Lage offenbarte, zog er doch nach
Paris, überlistete Navarras Hugenottenheer und entsetzte die
verhungernde Stadt. Es war eine der größten militärischen
Leistungen des Jahrhunderts, eine würdige Fortsetzung seiner
Siege von Maastricht und Antwerpen.

Kaum hatte er Paris erreicht, als neue Forderungen aus Madrid auf ihn niederprasselten. Nach dem Tode von Kardinal
Bourbon machte sich Philipp an die Verwirklichung des um-
fassenderen Traums, seine ältere Tochter aus der Ehe mit Isabel
de Valois auf den französischen Thron zu bringen. In Frankreich
herrschte das aus der Frankenzeit stammende salische Gesetz,
das Frauen von der Thronfolge ausschloß. Diese Regel galt in
Spanien nicht, und Philipp sah keinen Grund dafür, sie in Frankreich beizubehalten. Leichtherzig tat er einen solchen Traditiona-
lismus als einen »Scherz« ab, der keine Beachtung verdiene.
Andererseits war es unbedingt notwendig, das Land, das seine
Tochter erben sollte, in Besitz zu nehmen, und Parma wurde
deshalb instruiert, dort zu bleiben, wo er war – in der Nähe von

Paris –, und unter keinen Umständen in die Niederlande zurückzukehren, solange die Thronfolge noch nicht entschieden war.

Der Generalstatthalter sprach von der Erschöpfung seines
siegreichen Heeres und von den gefährlichen Verhältnissen in
den Niederlanden, widersetzte sich dem Befehl und begab sich
auf den Rückzug. Im Dezember 1590 erreichte er Brüssel. Der
König sah sich vor vollendete Tatsachen gestellt.

Nach Wilhelm von Oraniens Tod war die Führung der aufständischen Provinzen auf Holland und dessen größten Staatsmann, den Ratspensionär Johan van Oldenbarnevelt, übergegangen. In ihm lebte der Geist des Oraniers und seine Politik
fort. Im 16. Jahrhundert konnte jedoch auch die bürgerlichste
Gesellschaft nicht ohne adlige Verbindungen auskommen. Prinz
Moritz von Nassau, der zweite Sohn des Helden, hatte deshalb
die alten Statthalterschaften seines Vaters in Holland und Seeland angetreten und war zum Generalkapitän ihrer Truppen
ernannt worden. Seine Machtvollkommenheiten wurden bald
auf Gelderland, Utrecht und Overijssel ausgedehnt, während
sein Freund und Vetter Ludwig Wilhelm, der Sohn von
Oraniens Bruder Johann von Nassau, Statthalter in Friesland
wurde.

Hinter den Kulissen lenkten die Generalstände und Oldenbarnevelt nach wie vor die Politik und unterhandelten mit den
englischen und hugenottischen Verbündeten, aber der Glanz des
Namens Nassau und die Konzentration militärischer Macht in
den Händen der Vettern erhob sie bald zu einer Vorrangstel-
lung, die Wilhelm von Oranien selbst kaum je innegehabt hatte.
Moritz von Nassau war das Beispiel des wissenschaftlich vor-
gehenden Heerführers, der in der Mathematik bewandert ist,
und Ludwig Wilhelm stützte sich auf die Klassiker, die die
Leidenschaft seines Lebens waren. Zu ihrer Zeit wurden die
beiden Vettern vielfach belächelt, aber ihre Methoden erwiesen
sich als bemerkenswert erfolgreich. Sie sorgten für Bezahlung
und bessere Ausbildung ihrer Truppen und vertraten die revolutionäre Auffassung, daß Soldaten keine Parasiten, sondern
Diener des Staats seien, die sowohl zum Sterben als auch zur
Arbeit bereit sein müßten. Moritz hielt sie zum Schanzen an, das
bisher als entwürdigend und unkriegerisch gegolten hatte, und

als er bei seinen Belagerungen fast immer den Sieg davontrug, wurden Kriegsmänner aus ganz Europa aufmerksam und strömten herbei, bis sein Lager fast einer Kriegsakademie glich.

Zuerst ging es allerdings langsam voran. Die Wende kam, als die Ereignisse in Frankreich die Aufmerksamkeit Spaniens von den Niederlanden ablenkten und Parma nach Paris führten, so daß die patriotischen Streitkräfte nach Belieben die von Spaniern gehaltenen Festungen an der Waal und der Ijssel angreifen konnten.

Moritz von Nassau verfolgte eine Strategie mit zwei Zielen: Zum einen wollte er die letzten Reste spanischer Macht an seiner Südfront entlang der Waal zerstören; dies war eine Art Säuberungsaktion, die mit der Einnahme von Breda im Februar 1590 – vor Parmas Abmarsch nach Frankreich – begann. Zum anderen wollte er die Herrschaft über die nord–südlich verlaufende Grenzlinie der Ijssel zwischen dem patriotischen Westen und dem royalistischen Osten gewinnen und die von Spaniern besetzten Städte an ihrem Lauf, von denen Parmas nördlichste Basis Groningen abhing, überwältigen. Zutphen war das erste Glied in dieser Kette. Stadt und Festung fielen innerhalb einer Woche nach heftigem Kampf. Auch das benachbarte Deventer, die Provinzhauptstadt von Overijssel, vermochte nicht viel länger zu widerstehen. Moritz von Nassaus mächtige Artillerie riß tiefe Löcher in die Verteidigungsanlagen, und vierzehn Tage später marschierte er auf Groningen. Dies war der höchste Preis; wenn er die Stadt überrumpelte, gehörte der ganze Nordosten den Patrioten.

Parma, aus Frankreich zurückgekehrt, reagierte auf die Bedrohung mit einem Angriff auf Knodsenberg an der Waal, der jedoch mißlang. Moritz von Nassaus Truppen eilten von Groningen herbei, und Parma blieb nichts anderes übrig, als die Kunst, sich dem Feind zu entziehen, zu demonstrieren: Über seine Pontonbrücken setzte er sich unter starker Artilleriebedeckung ans sichere Südufer ab.

Dieser erste Rückschlag in seiner Laufbahn als Feldherr hätte wiedergutgemacht werden können, wenn ihm erlaubt gewesen wäre, an der Waal zu bleiben, wo er seine Festungen hinter sich und Nimwegen zum Schutz vor sich hatte. Vor Knodsenberg

hatte er jedoch endgültige, zwingende Befehle seines Herrn erhalten, nach Frankreich zurückzukehren, wo Mayenne und die
Liga seine Hilfe wiederum dringend benötigten. Den ganzen
Winter 1590/91 über war er unausgesetztem Druck von Madrid ausgesetzt gewesen und hatte sich bemüht, die verschieden-
sten Entschuldigungen und Argumente heranzuziehen, meist
den jämmerlichen Zustand der loyalistischen Provinzen und der
Streitkräfte. So sprach er im März 1591 vom »Mißtrauen« seiner
Infanterie, von der »Unordnung« seiner Kavallerie und von seiner Befürchtung, die Artillerie sei noch schlimmer. Im Mai, als
er Wallonen und deutsche Reiter anwerben sollte, erklärte er, er
besitze keinen Real mehr.

Die Befehle aus Spanien wischten seine Bedenken beiseite.
Am 22. Mai 1591, als Moritz von Nassau seine Truppen gegen
Zutphen führte, drängte Philipp seinen Generalstatthalter, er
solle unverzüglich nach Frankreich gehen, und versprach ihm
600 000 Dukaten, die er jedoch zur Bezahlung der meuternden
tercios und nicht zur Begleichung alter Schulden verwenden
müsse. Die Gläubiger müßten eben, wie der König ungerührt
hinzusetzte, Geduld haben.

Im Juli, als Zutphen und Deventer verloren waren, betonte
Parma immer noch die Sinnlosigkeit des französischen Unternehmens, wurde aber trotzdem abgerufen. In einem Brief vom
4. August 1591 gebrauchte der König in einer eigenhändigen
Nachschrift die vielleicht leidenschaftlichsten Worte des ganzen
endlosen Briefwechsels: »Ihr kennt meine Wünsche. Ich habe
Euch mein Herz eröffnet. Um mich zufriedenzustellen, müßt Ihr
nach Frankreich aufbrechen, und Ihr werdet sehen, wie dankbar
ich mich erweise.«[121]

Die Zukunft zeigte, wie er dieses Versprechen einhielt. Die
unmittelbare Folge seiner Unerbittlichkeit war der Zusammenbruch der spanischen Macht in den nordöstlichen Niederlanden.

An demselben 4. August 1591 kam der Generalstatthalter von
Knodsenberg nach Spa, um die Kur zu gebrauchen und sich
auf seine Mission vorzubereiten. Seine Briefe nach Madrid be-
faßten sich jedoch weniger mit seinem bedenklichen Gesundheitszustand als mit den Verhältnissen in den Provinzen, die an-

gesichts des immer stärker werdenden Feindes im Norden seine Anwesenheit erforderten. Seine Befürchtungen waren begründet. Als das spanische Landheer fortgezogen war, hatte Moritz von Nassau überzeugende Beweise seiner Beweglichkeit erbracht. Er hatte seine Truppen westwärts nach Hulst am Scheitelpunkt eines Dreiecks mit Antwerpen und Gent und dann eilig zurück nach Nimwegen geführt, das am 21. Oktober 1591 fiel. Der Achsnagel, der die spanischen Positionen jenseits der Waal zusammengehalten hatte, war damit zerbrochen.

Die innere Lage in den angeblich »sicheren« Provinzen Flandern und Brabant war kaum besser. Aus Parmas Worten geht hervor, daß die Unzufriedenheit zunahm. Alle Stände fühlten sich, wie er Philipp mitteilte, ruiniert, mittellos, rechtlos und räuberischen Absichten von Freund und Feind ausgesetzt. Sie wagten kaum mehr, auf Besserung zu hoffen, sondern fühlten sich von ihrem König im Stich gelassen und Rebellen und Ketzern auf Gnade und Ungnade ausgeliefert.

Ähnlich verzweifelte, anklagende Worte hatte Don Juan d'Austria in den Wochen vor seinem Tod aus Namur an seinen Herrn gerichtet. Jetzt hatte das Rad eine ganze Umdrehung vollzogen. Vielleicht hatte der König im tiefsten Herzen Parma nie ganz anerkannt; er war Italiener, Ausländer, und sein Ruhm in Europa erinnerte wie Don Juans Ansehen daran, daß die hervorstechendsten Talente des Kaisers nicht auf die legitime, sondern auf die illegitime Nachkommenschaft übergegangen waren. Nur zögernd hatte Philipp ihn als Generalstatthalter in den Niederlanden eingesetzt. Die Ernennung war ihm aufgezwungen worden, weil Herzogin Margarete von Parma sich widerspenstig gezeigt hatte. Parma hatte Großes geleistet und die südlichen Provinzen zurückerobert, doch seit der Einnahme Antwerpens war nichts mehr wunschgemäß verlaufen. Als die Armada geplant wurde, hatte Parma zuerst eine aktive Rolle für sich selbst vorgeschlagen, um sich dann zurückzuziehen, da er nicht imstande sei, seine Kanalkähne auf See zu bringen. Im Augenblick der Wahrheit im August 1588 hatte er nichts unternommen. Warum? Sehr feindselige Berichte über den Stand der Vorbereitungen in Nieuwport und Dünkirchen, ja Anklagen grober Pflichtversäumnisse liefen in Europa um.

Trotz allem brauchte der König den Generalstatthalter. Doch während er in den Tagen des Triumphes vor Antwerpen großes Zutrauen zu seinem Neffen empfunden hatte, war es jetzt nur noch eine Zweckverbindung. Er hörte zu viele Geschichten über die Fehler und den gefährlichen Ehrgeiz des Mannes, dem er zum Aufstieg verholfen hatte und der nun, da die Armada zerschlagen war, die größte spanische Machtkonzentration befehligte. Es hieß, Parma habe »dem Unternehmen« niemals Erfolg gewünscht, er sei von den verhaßten englischen Feinden gekauft worden und nehme in der Sache mit Frankreich keine entschiedene Haltung ein. Zutreffend war, daß er sich mit Italienern umgab und die Spanier von sich fernhielt. Der verzweifelte, demoralisierte Zustand der niederländischen Provinzen ging aus Parmas Briefen hervor – aber wer trug die Schuld daran? Die Spanier behaupteten zu Recht, auf jeder Stufe seiner Verwaltung herrsche Korruption. Manche Einheiten des spanischen Heeres in den Provinzen meuterten; allerdings hatten sie auch unter Alba und Requesens gemeutert. Solange Parma den königlichen Marschbefehlen gehorchte, war Philipp bereit, alle Gerüchte zu mißachten und über Unbotmäßigkeiten hinwegzusehen, ohne sie freilich zu vergessen. In Wirklichkeit gewährte er Parma lediglich noch eine Bewährungsfrist. Das lange Zögern auf den Befehl vom August 1591, nach Frankreich zu ziehen, und der anklagende, fast herausfordernde Ton in Parmas Depeschen aus Spa brachten den König endlich zu einem Entschluß. Vielleicht trugen gerade die Erfolge seines Neffen während seiner langen Regierungszeit in Brüssel zu seiner bitteren Stimmung bei, als sich in ihm die Überzeugung festigte, nach so verheißungsvollen, ruhmreichen Anfängen sei sein Vertrauen mißbraucht worden, 1588 an der flandrischen Küste und jetzt wieder, nur drei Jahre später, da seine ehrgeizigsten Pläne der Verwirklichung nahe schienen. Er konnte nicht mehr länger tatenlos zusehen. Er hatte Don Juan abgesetzt; er würde auch dessen ebenso ungehorsamen Nachfolger ablösen.

So erteilte er im Dezember 1591 einem Sonderbeauftragten, dem Marquis von Cerralvo, mündliche Instruktionen, sich nach Brüssel zu begeben und auf möglichst taktvolle Weise den Generalstatthalter zum sofortigen Aufbruch nach Spanien »zu Be-

ratungen« zu bewegen. Um die Pille zu versüßen und den in Ungnade gefallenen Statthalter ohne offenen Skandal aus den Niederlanden zu locken, schrieb Philipp in einem schmeichelhaften
Brief, er hätte einen so unersetzlichen Mann am liebsten überall
zugleich, doch da dies nicht möglich sei, empfinde er das unbedingte Bedürfnis, ihn in Madrid zu sehen. Parma möge doch
seinem Wunsch willfahren und sich unverzüglich auf die Reise
machen. Cerralvos mündliche Instruktionen wurden dann auch
schriftlich niedergelegt.

Während hinter seinem Rücken solche Machenschaften be-
trieben wurden, leistete Parma dem König seinen letzten Dienst.
Im November 1591 zog er wiederum nach Frankreich und entsetzte die von den Hugenotten belagerte Stadt Rouen. Dieses
Mal war es jedoch schwieriger, denn Navarras Streitkräfte waren besser geführt als zwei Jahre früher vor Paris. Als Parma –
wie immer an der Spitze seine Truppen – die kleine Stadt
Caudebec angriff, wurde er verwundet. Die Kugel wurde aus
seinem Arm entfernt, doch er bekam Fieber. Als das Heer im
Angesicht eines überlegenen Gegners in eine gefährliche Situation geriet, erhob er sich von seinem Krankenlager und rettete
die Truppen mit einer nächtlichen Flußüberquerung, die niemand für möglich gehalten hätte. Freilich blieb nun nur noch der
Rückzug in die Niederlande, wo in seiner Abwesenheit die Of-
fensive der Aufständischen stärker geworden war und mit der
Einnahme der wichtigsten Brückenköpfe die Loyalisten über die
Maas und die Waal zurückgedrängt hatte.

In einem letzten Versuch, seine zerrüttete Gesundheit wiederherzustellen, begab sich Parma nach Spa. Von dort aus
schrieb er am 12. Juli 1592 den ergreifendsten seiner Briefe an
Philipp. Darin beteuerte er, in allem, was Glauben, Eifer, Aufrichtigkeit und Ergebenheit betreffe, habe er nie seine Pflicht
versäumt.

Dies traf sicher bis 1588 zu. Dann gerieten Philipps Ambitionen in England und anschließend in Frankreich in Konflikt mit
Parmas realistischerem Urteil, daß die spanische Macht in den
Niederlanden und nicht anderswo ausgeübt werden sollte. War
diese Ansicht noch haltbar? Der König war zu dem entgegen-
gesetzten Schluß gekommen. Am 4. Juli 1592 erließ er weitere

Instruktionen für Parmas Absetzung und Rückberufung und übergab sie dem Grafen von Fuentes, der die Stelle des auf der Reise verstorbenen Marquis von Cerralvo einnehmen sollte.

Als der neue Beauftragte am 23. November 1592 nach Brüssel kam, traf er Parma nicht mehr an. Der Generalstatthalter hatte am 11. November die Stadt verlassen und sich in der Angelegenheit, die Infantin auf den französischen Thron zu bringen, auf seinen dritten und letzten Feldzug nach Frankreich begeben. Er gelangte nicht weiter als Arras, wo ihn am 3. Dezember 1592 der Tod ereilte, ehe Fuentes ihn aufsuchen konnte.

Es war ein ungleicher Kampf zwischen einem Monarchen und einem ganz von ihm abhängigen Untertanen gewesen. Kein anderer europäischer Herrscher – vielleicht mit Ausnahme von Elisabeth von England – verfügte über einen solchen Diener, über den er seine Ungnade ausgießen konnte. Am 6. Dezember 1592 berichtete der Erzbischof von Cambrai von dem »unermeßlichen Verlust eines im Dienste Gottes und des Königs so tapferen und unermüdlichen Prinzen«[122]. Damit sprach er die Wahrheit.

17. Kapitel: Pérez in Ungnade

In gewissem Sinn kann man Philipps Leben als eine Aufeinanderfolge persönlicher Konfrontationen ansehen. Die Rivalität zu den Valois, den Türken und der Königin von England ergab sich aus der politischen Situation, in die er hineingeboren wurde, ebenso das Ringen mit Wilhelm von Oranien, das 1584 mit der Ermordung des Fürsten in Delft endete. Auch Philipps Beziehungen zu seinen Dienern folgten immer wieder demselben Muster: das anfängliche Vertrauen wurde von Zweifeln, Ungeduld, Argwohn unterhöhlt und entartete schließlich zu einem kalten, erbarmungslosen Haß, den er bis zum letzten Augenblick vor seinem Opfer zu verbergen wußte. Es war, als sei es dem König – mit wenigen seltenen Ausnahmen – unmöglich, sich auf irgend jemanden zu verlassen, der geistige Unabhängigkeit bewies oder sich in einer Machtstellung befand, die ihn auch nur von ferne bedrohen konnte. Außerhalb des Familienkreises – seine Töchter, seine Schwestern und seine Neffen, die Erzherzöge Albrecht und Ernst – gab es nur sehr wenige, denen er sein Vertrauen schenkte: Ruy Gómez, Herzog von Eboli, und Don Cristobal de Moura, beides Portugiesen, der ältere Feria, die Herzöge von Medina Sidonia und Savoyen, Kardinal Granvelle und auf tieferer Ebene einige seiner Sekretäre und Beichtväter. Den meisten größeren Gestalten seiner Regierungszeit erging es schlecht. Alba wurde ins Exil verbannt; Don Carlos starb in Gefangenschaft; Kardinal Espinosa wurde gestürzt, weil er eine Meldung unterschlagen hatte, er erkrankte daraufhin und starb; Egmont wurde hingerichtet; Montigny wurde in Simancas erdrosselt;

Don Juan d'Austria und Parma wurden ihres Amtes enthoben und hatten beide in ihren unermeßlichen Diensten für den Staat ihre Gesundheit eingebüßt.

Der König war kein Tyrann. Selbst seine düstersten Taten werden durch irgendeinen Grund motiviert. Höchstpersönlich gab er den Befehl zu Egmonts Hinrichtung und plante Montignys Tod, weil er diese Männer für Verräter hielt, und Don Juan und Parma setzte er ab, weil sie die Instruktionen, die er ihnen ständig so klar erteilte, nicht befolgten. Doch hinter den Rechtfertigungen und Entschuldigungen lag in jedem Fall ein Element der Rache, der Eifersucht und des Argwohns im Blick auf seine Umgebung, ein Zug, der vielleicht der Unsicherheit seiner mutterlosen Kindheit entsprungen war und sich mit zunehmendem Alter zu einer Art Wahnvorstellung entwickelte. Die Ermahnung seines Vaters, anderen Menschen nicht übermäßig zu vertrauen, verwandelte sich in ein krankhaftes Mißtrauen gegenüber den Motiven der Menschen und erzeugte die Entschlossenheit, alle diejenigen zu bestrafen, die ihn auch nur im mindesten enttäuschten. Seine Methoden lassen sich nicht nur an Don Juan und Parma, sondern besonders gut auch an seiner Auseinandersetzung mit seinem Sekretär Antonio Pérez und dessen Mätresse, der Witwe des Herzogs von Eboli, studieren.

Pérez brachte für den Posten, den er lange Zeit innehatte, die besten Voraussetzungen mit. Er war der natürliche Sohn des zuverlässigen Sekretärs und Vertrauten des Kaisers und befand sich somit in jenem halb adligen, halb illegitimen und völlig abhängigen Stand, der Philipps Neigung besonders entgegenkam. Er war klug, schlagfertig, sehr fleißig, kühn, er sah gut aus und hatte ein einnehmendes Wesen. Dies sicherte seinen Aufstieg am spanischen Hof, wo die weitverzweigte Bürokratie einem gewitzten Kopf große Möglichkeiten bot. Außerdem schloß sich der talentierte, weitblickende junge Mann in Madrid der Clique an, die vom Herzog von Eboli, dem Freund und Günstling des Königs, angeführt wurde – und dies zu einer Zeit, als der Herzog von Alba, die andere hervorragende Persönlichkeit, seine verhängnisvolle Statthalterschaft in den Niederlanden antrat. Darüber hinaus hatte Pérez zwei weitere Beschützer: Doña Ana de Mendoza y de la Cerda, Ebolis Gattin, und den Marquis de los Vélez, einen der mächtigsten Männer im Staatsrat.

Im Juli 1567 wurde Antonio Pérez von Philipp zum Sekretär ernannt, im November des folgenden Jahres trat er in seine Pflichten ein und zeichnete sich bald aus. Er machte sich unentbehrlich als eifriger, geschäftiger Diener, der sich stets um die Angelegenheiten seines Herrn kümmerte und immer Ideen und Auswege fand. Es dauerte nicht lange, bis er sich so gut eingefügt hatte, daß er es sogar wagte, dem König Ratschläge zu erteilen, wie er sich geistig entspannen und am bequemsten in einem Sessel sitzen könne. Auch sein zunehmender Wohlstand und seine schönen Häuser in der Stadt und auf dem Land erregten kein Mißfallen, solange Philipp überzeugt war, daß Pérez seinen Interessen mit völliger Hingabe diente und daß die Prachtentfaltung lediglich ein Abbild vom Überfluß und Glanz des Hofes war. Eine Kette von Ereignissen zerstörte die Übereinstimmung zwischen dem Monarchen und seinem Vertrauten: Ebolis Tod, Pérez' Liaison mit der Witwe und schließlich die Krise wegen Don Juans Statthalterschaft in den Niederlanden und der Mord an Juan de Escovedo in Madrid.

Anfangs hatte sich Pérez gegenüber diesen beiden Männern freundschaftlich und loyal verhalten; er selbst hatte Escovedo für die Ernennung zu Don Juans Sekretär empfohlen. Doch aus nicht mehr zu klärenden Gründen kam der Augenblick, da er ein Doppelspiel begann: Er schürte ihre Ungeduld und ihren Ärger auf den stets unentschlossenen König und verwendete gleichzeitig ihre vertraulichen Briefe als Beweisstücke, um Philipps Eifersucht und Mißtrauen gegenüber seinem Halbbruder zu erregen. Vielleicht handelte er aus Furcht, von dem ehrgeizigen Paar bei Hof verdrängt zu werden.

Die ganze Intrige verlief nach Wunsch, solange Pérez' Opfer weit weg in den Niederlanden waren und er sich bei seinem Herrn ins beste Licht setzen konnte, da er ihn ja vor nicht vorhandenen Verschwörungen schützte. Anders wurde es, als Don Juans Berater, der dunkle Machenschaften am Hof witterte, nach Spanien zurückkehrte, um persönlich nachzuforschen. Für den

Meisterschützen an Philipps Seite war Escovedo in Madrid kein unbewegliches Ziel mehr, sondern eine drohende Gefahr, die ihn und seine Mätresse, Ebolis Witwe, ins Verderben stürzen konnte.

Was Escovedo herausfand und dem König zu hinterbringen drohte, läßt sich nicht genau feststellen. Sepulveda, der als Geschichtsschreiber des Escorial viele Geheimnisse aufgestöbert haben muß, beschuldigt Pérez unverblümt der Weitergabe von Informationen an die niederländischen Rebellen, und es wäre durchaus denkbar, daß er auch mit Portugal einen verräterischen Nachrichtenhandel trieb, denn die Fürstin von Eboli hatte den Ehrgeiz, eine ihrer Töchter mit dem Sohn der Herzogin von Braganza, die in der Thronfolge weit vorn stand, zu verheiraten. Viel später, als Philipp die Missetaten seines Sekretärs anprangerte, sagte er, sie seien »so schwerwiegend« gewesen, daß kein Vasall sich jemals ähnlicher Dinge schuldig gemacht hätte. Diese Worte konnten sich nicht nur auf Pérez' Verhältnis mit der Fürstin beziehen, selbst wenn an den späteren Gerüchten, die Dame habe gleichzeitig auch die Zuneigung des Königs genossen, etwas Wahres gewesen sein sollte.

Escovedos Entdeckungen kosteten ihn das Leben. Er wurde, wie schon erwähnt, am Abend des Ostermontag im Jahr 1578 in Madrid auf offener Straße ermordet. Zuvor hatte Pérez den König davon überzeugt, daß Escovedo als Don Juans böser Geist eine Gefahr sei, die aus der Welt geschafft werden müsse, und der König hatte seine Zustimmung zu diesem Standgericht gegeben. Eine Zeitlang war er sicher, das gemeine und feige Verbrechen sei ein notwendiger Staatsakt gewesen, damit er von Intrigen, die von Don Juans Umgebung in den Niederlanden ausgingen, verschont bliebe.

Nach Don Juans Tod wurden jedoch dessen Papiere und Habseligkeiten nach Madrid geschafft, und es stellte sich heraus, daß der Sieger von Lepanto und Gembloux, der ehrgeizige Thronprätendent, stets ein treuer Diener seines Herrn gewesen war, welche Schwächen er auch gehabt haben mochte. Zweifellos hatte der König die ergreifenden Worte, die sein Halbbruder bei der Nachricht von Escovedos Tod geschrieben hatte, noch in frischer Erinnerung: »Ich flehe Euch an, laßt mich Euer Gedächtnis anrühren und in Demut niederknien. Ich werde dies mit jedem Kurier und in allen Dingen, die den Toten angehen, tun, bis volle Gerechtigkeit geübt wird . . .«[123]

Im März 1579, fast genau ein Jahr nach Escovedos Ermordung und annähernd sechs Monate nach Don Juans Tod, machte Philipp den ersten Zug, sich seines Sekretärs zu entledigen, und berief seinen alten Vertrauten, Kardinal Granvelle, aus Rom zurück. Er schrieb, Granvelles Rat und Anwesenheit zur Hilfe bei seiner Arbeit sei dringend notwendig; es ging damals um die Pläne zur Eroberung Portugals.

Im Hintergrund war folgendes geschehen: Auf Grund der in Madrid umlaufenden Gerüchte, die Pérez und die Fürstin Eboli längst mit Escovedos Tod in Verbindung gebracht hatten, hatte der Sekretär Mateo Vásquez, Pérez' Rivale, schließlich Mut gefaßt und Beschuldigungen gegen beide Personen beim König vorgetragen. Philipp hatte Pérez diese Anklagen gezeigt und ihn zugleich seiner fortdauernden Gewogenheit versichert: »Solange ich lebe, habt Ihr nichts zu fürchten; denn wenn auch andere sich ändern mögen, so bin ich doch, wie Ihr mir glauben könnt, unwandelbar.«[124] Trotz dieser beschwichtigenden Worte erlaubte er Mateo Vásquez, daß dieser der Familie des Ermordeten nahelegte, einen Prozeß gegen den Mörder einzuleiten. Die arrogante Haltung Pérez' und der Fürstin Eboli gegenüber den Gerüchten und ihre Drohung, sich an Mateo Vásquez zu rächen, waren Wasser auf die Mühle des Königs. Er behielt alles im Gedächtnis und verwendete es zu gegebener Zeit, um sie zu stürzen.

Granvelle kam am 28. Juli 1579 in Madrid an. An jenem Abend war Pérez wie gewöhnlich beim König, und offenbar wurde auch der Streit zwischen den beiden Sekretären besprochen. Nachdem Pérez gegangen war, schickte ihm der König eine schriftliche Notiz mit dem Schlußsatz: »Eure besondere Angelegenheit wird geregelt werden, ehe ich aufbreche, wenigstens der Teil davon, der in meiner Macht liegt.«[125]. Pérez' sonst so rascher Auffassungsgabe scheint die hintergründige Drohung in diesen Worten entgangen zu sein; unmittelbar darauf wurden er und die Fürstin Eboli festgenommen. Der König war zu dem Paar, dessen Sturz er seit Wochen und Monaten plante, unwandelbar leutselig geblieben. »Gott schütze uns vor der übergroßen Güte des Königs!« raunte man sich damals zu, und es stimmte, daß die honigsüßen Worte und die königlichen Gunstbeweise nie deutlicher waren als in den Augenblicken vor dem Gnadenstoß. So waren die letzten Briefe aus Madrid beschaffen gewesen, die Egmont erhielt, ehe er dem Henker übergeben wurde; so war es bei Parma gewesen, den Philipp seines immerwährenden Vertrauens versichert hatte, als der Kurier mit der Nachricht seiner Ungnade schon auf dem Weg nach Brüssel war. »Er bezähmt jede Leidenschaft«, schrieb der Venezianer Contarini über den König. »Er verbirgt seine Gedanken hinter einer freundlichen Miene. Man weiß nie, ob er auf Belohnungen oder Bestrafungen sinnt.«[126]

Wie wahr! Pérez stolperte blindlings in die Falle. Da er gewisse Papiere mit äußerst kompromittierendem Inhalt hinsichtlich Philipps Anteil an der Ermordung Escovedos wohlverwahrt in seinem Besitz hielt, hatte er wahrscheinlich gedacht, man werde es nicht wagen, ihn zu verhaften und den daraus entstehenden Skandal zu riskieren. Von Natur aus war er Spieler und glaubte immer noch, er habe das bessere Blatt in der Hand.

Der König hatte keine Eile. Er beschäftigte sich mit dem Problem Portugal und kümmerte sich wenig um die beiden politischen Häftlinge, die er unschädlich gemacht zu haben glaubte. Eine Mordanklage erfolgte noch nicht; die Festnehmungen waren nach außen hin lediglich Vorbeugungsmaßnahmen, um Mateo Vásquez vor der angedrohten Rache und Escovedos Schicksal zu schützen. Pérez erhielt zuerst nur Hausarrest, und im Jahr 1580 durfte er eine Zeitlang sogar ausgehen und sich in der Stadt bewegen. Die Fürstin wurde im Jahr 1581 aus ihrem Gefängnis in ihren eigenen Palast in Pastrana entlassen, wo sie breiten Spielraum hatte, sich durch Intrigen selbst zugrunde zu richten.

Dann schnappte die Falle wieder zu. Die Fürstin wurde in ihr Zimmer verbannt, die Fenster wurden vergittert. Sie durfte ihre Kinder nicht mehr sehen und wurde schließlich in Dunkelhaft gehalten, bis sie im Alter von 52 Jahren ihren Leiden erlag. Der König kannte keine Vergebung. Im Juni 1584, als in Portugal alles zufriedenstellend geregelt war, gab er seinen Beamten Anweisung, Pérez des Mordes an Escovedo anzuklagen. Das Katz-und-Maus-Spiel trat in seine zweite Phase ein. Ein Versuch des

Opfers, in der Kirche San Justo neben seinem Haus Asyl zu suchen, wurde vereitelt; in Fesseln wurde der unglückliche Sekretär in die Festung Turegano bei Segovia verbracht, während ein Sondergericht seinen Fall verhandelte und schließlich eine Verurteilung zu zwei Jahren Haft, zehn Jahren Verbannung und Enthebung von seinem Sekretärsposten aussprach. Er durfte seine Frau und seine Kinder bei sich haben, bis er nach einem erfolglosen Fluchtversuch wiederum gefesselt wurde und seine Familie nach Madrid zurückkehren mußte.

Die bemerkenswerte Milde gegenüber dem Angeklagten entsprang nicht etwa einer mitleidigen Regung in Philipps Gemüt. Er mußte Pérez eine Sonderbehandlung angedeihen lassen, weil der Sekretär ein ganz besonderer Übeltäter war, der versteckte Mittel besaß, den König zu beleidigen und auf seine Ankläger zurückzuschlagen. Seine Papiere waren nur teilweise beschlagnahmt worden; man mußte deshalb vorsichtig sein. Im März 1586 trieb Philipp seine Entspannungspolitik so weit, daß er Pérez aus der strengen Haft nach Madrid zurückbefahl, wo der Sekretär über ein Jahr lang blieb. Damit wurde nicht nur seine Haftzeit verkürzt, sondern auch die Verbannung durchbrochen.

Im Sommer 1587 wurde jedoch die Schraube wieder angezogen, und Pérez wurde in das Schloß Torrejon de Velasco verbracht. Sein aragonischer Vetter Diego Martínez, eine der Hauptfiguren in der Escovedo-Affäre, war verhaftet worden; einer der Mörder, Antonio Enríquez mit dem Spitznamen »Schutzengel«, hatte sich auf die Seite der Anklage geschlagen und erzählte seinen Gefängniswärtern viele interessante Dinge. Das volle Gewicht der kastilischen Justiz sollte endlich den Mann treffen, der vor nun schon neun Jahren einen Mord angestiftet hatte.

Im März 1588 schien Philipp sich erweichen zu lassen und holte, so unglaublich es klingt, Pérez nach Madrid zurück. Er war seiner Sache noch nicht ganz sicher. Das Strafverfahren wurde fortgesetzt, Pérez und seine Gattin wurden verhört und leugneten den Mord. Daraufhin wurde Pérez zu zweimonatiger strenger Haft nach außerhalb geschafft und dann zu weiteren Verhören wieder nach Madrid gebracht – in zugänglicherer Verfassung, wie seine Wärter zweifellos annahmen. Im August 1589 wurde er einem langen Kreuzverhör unterzogen. Er blieb bei der Leugnung, auch als der Beichtvater des Königs, Pater Chaves, zu ihm geschickt wurde, um ihm zuzureden. Vielleicht fühlte sich Pérez in seiner Haltung gestärkt, weil es ihm gelungen war, die Familie Escovedo zu bestechen, daß sie die Anklage fallenließ; aber jetzt hatte er es mit dem König in eigener Person zu tun. Im Dezember 1589 instruierte Philipp den Richter, den er mit dem Fall betraut hatte (Rodrigo Vázquez de Arce, Präsident des Staatsrats für Finanzen), er möge Pérez anraten, die Ursachen zu enthüllen, die ihn, Philipp, veranlaßt hätten, in Escovedos Tod als einem Staatsakt einzuwilligen, und am 4. Januar 1590 sprach er sich in einem bemerkenswerten Brief an Vázquez de Arce noch deutlicher darüber aus: »Ihr könnt Antonio Pérez von mir sagen ... daß er sehr wohl weiß, welche Kenntnis ich davon habe, daß er Escovedo umbringen ließ, und welche Gründe er dafür vorgetragen hat.« Für den König war es nun eine Gewissensfrage, ob Pérez' Rechtfertigungsgründe für den Mord ausreichten oder nicht. »So befehle ich ihm«, fuhr der König fort, ».. . sie im einzelnen aufzuzählen. Und laßt ihn erklären und Euch die Wahrheit sagen über die Gründe, die er mir genannt hat ... und über alle Ereignisse, die mit dieser Angelegenheit zusammenhängen.«[127]

War es ein Özweig oder eine Falle? Pérez vermutete wohl das letztere, denn er leugnete nach wie vor seine Mitwirkung an dem Mord.

Damit hatte er aber die Anweisung des Königs nicht befolgt, und am 23. Februar 1590 folterte man ihn, um die Wahrheit aus ihm herauszuquetschen. Sein ganzes Leben lang war Pérez fügsam und gefällig gewesen, und in dieser Krise folgte er seiner Natur und enttäuschte seine Peiniger nicht. Nach kurzem rief er, wenn sie nur aufhörten, sage er ihnen alles, was sie wollten. Er hielt auch beinahe Wort. Man hörte eine weitläufige Geschichte von Don Juans gefährlichem Ehrgeiz und seinen verräterischen Unterhandlungen mit ausländischen Agenten, Escovedo wurde als Anstifter dieser Intrigen dargestellt, der dann plötzlich und unerwartet in Madrid auftauchte – mit welchen Anschlägen im Sinn? Er, Pérez, habe die Sache mit dem König besprochen. Daraufhin habe man den Marquis de los Vélez um Rat gefragt, was mit dem verdächtigen Ankömmling in der Hauptstadt zu tun sei, und der Marquis habe Gift empfohlen. Ein solcher Versuch sei jedoch aus irgendwelchen Gründen fehlgeschlagen, und so habe man andere Methoden angewandt.

Diese verschwommenen Anschuldigungen, die den Kernpunkt der Sache nicht trafen und keinen triftigen Grund für Escovedos Beseitigung erbrachten, halfen Pérez wenig. Wäre er dabei geblieben, ohne geradezu auszusagen, er verfüge über Beweise für die Komplizenschaft des Königs, so hätte er zweifellos innerhalb weniger Wochen das Schafott bestiegen, denn seine ausführenden Organe, Enríquez und Martínez, wetteiferten miteinander, ihn bei seinen Richtern zu verklagen. Doch selbst in dieser verzweifelten Lage konnte sich Pérez immer noch auf Freunde und vor allem auf seine heldenhafte Gemahlin verlassen, die im achten Monat schwanger war und alles an seine Rettung setzte, ohne Rücksicht auf sich selbst. In der Karwoche des Jahres 1590, zwölf Jahre nach Escovedos Tod, entwischte Pérez seinen Wärtern – in Frauenkleidern, wie es hieß. Seine Männer hielten Pferde bereit. »Es wäre sehr gut gewesen, ihn zu ergreifen, und es ist sehr schlecht gewesen, ihn laufen zu lassen«, vermerkte der König handschriftlich, als er von der Flucht erfuhr. »Vermutlich wird er geradewegs nach Aragon gehen.«[128]

Er hatte recht. Pérez eilte der Grenze zu – mit dem Zündstoff für die letzte große politische Krise in Philipps Regierungszeit.

Aragon unterschied sich in vielem von Kastilien. Seine großen Städte – Saragossa, Valencia, Barcelona – waren nach Osten zum Mittelmeer und nicht wie Sevilla nach Westen zum Atlantik ausgerichtet. Die starke, zentralisierte Monarchie hatte es stets mit größerem Widerwillen hingenommen als das Nachbarkönigreich, seine Cortes waren im Umgang schwieriger und weit weniger großzügig, wenn es um finanzielle Unterstützung ging, und in der Person seines *Justicia mayor* (Oberrichter) hatte es sich ein Justizorgan bewahrt, das sich dem Einfluß von Madrid weitgehend entzog.

Das Verhältnis zwischen Aragon und dem volkreicheren, dynamischeren Kastilien war durch zunehmende Unruhe getrübt. Pérez kam daher bei seiner überstürzten Flucht in eine unsichere Situation und in ein gärendes Land. Ihm war jedoch zu jener Zeit keineswegs an revolutionären Umtrieben gelegen. Als er im Dominikanerkloster von Catalayud Asyl gefunden hatte, schrieb er sogleich an Philipp und bat ihn um Vergebung. Erst als sich herausstellte, daß seine Bitte ungehört verhallte, suchte er Schutz beim Oberrichter, der ihn im Stadtgefängnis von Saragossa, der aragonischen Hauptstadt, einquartierte. Inzwischen wurde in Madrid sein Prozeß entschieden; am 1. Juli 1590 unterzeichnete Richter Rodrigo Vázquez de Arce das Todesurteil.

Jetzt wurde selbst dem von Natur aus optimistischen Pérez klar, daß halbe Maßnahmen nicht mehr genügten. Vielleicht ermutigte ihn die ihm von allen Seiten entgegengebrachte Sympathie dazu, Philipp offen anzuklagen, er habe den Mord an Escovedo befohlen. Die neue Taktik war eine Zeitlang erfolgreich. Der König befürchtete, die Aragonier könnten die Anklage gegen den Häftling fallenlassen und sein Ansehen damit ungeheuer schädigen. Deshalb unternahm er den außergewöhnlichen Schritt, sich selbst vom Prozeß zurückzuziehen, während neue Beschuldigungen erhoben wurden: Verrat von Staatsgeheimnissen, Fälschung von Depeschen, Flucht aus der Haft – Verbrechen, die auch nach aragonischem Gesetz geahndet werden mußten.

Pérez erwog neuerliche Pläne zur Flucht, dieses Mal nach Frankreich, wo er im Hugenottenheer Heinrichs von Navarra Schutz zu finden hoffte. Dies war ein großer Fehler, denn es ließ einen Verstoß gegen den Glauben vermuten, so daß sich die spanische Inquisition mit der Anklage der Ketzerei in den Fall einschaltete.

Am 24. Mai 1590 ordnete das Heilige Offizium die Überführung des Angeklagten vom Stadtgefängnis in die Haftzellen der Inquisition im Aljaferìa-Palast an. Dies war das Signal zum Ausbruch der Volkswut gegen das Regime und die kirchliche Hierarchie. Die Sturmglocke wurde geläutet, der wilde Pöbel tobte vor dem Palast des Marquis von Almenara, Philipps persönlichem Abgesandten. Oberrichter Lanuza goß mit seinem Versuch, den Aufruhr zu stillen, nur Öl ins Feuer; er selbst wurde mit dem Tode bedroht, und der unglückliche Almenara, den man zu seinem eigenen Schutz festgenommen hatte und ins Gefängnis führte, wurde auf der Straße angegriffen und erlag vierzehn Tage später seinen Verletzungen. Die Lage war so bedrohlich geworden, daß Graf Chinchon, Vizekönig von Aragon, zur Beschwichtigung der Menge Pérez' sofortige Rückführung aus dem Inquisitionsgefängnis ins Stadtgefängnis anordnete. Der Befehl wurde unter dem Jubel der Massen ausgeführt, der gerettete Held wurde von seinem hingerissenen Publikum wie ein römischer Kaiser im Triumphzug durch die Straßen geführt.

»Also haben sie den Marquis umgebracht!« äußerte der König resigniert, als er die Nachricht erhielt. Dieses Mal zögerte er nicht lange; wahrscheinlich war es ihm nicht unlieb, daß er Anlaß hatte, den Aragoniern eine Lehre zu erteilen. Wo aber andere, weniger erfahrene Staatsmänner sich zu unbesonnenen Maßnahmen hätten hinreißen lassen, behielt er mit seinem tief verwurzelten Gerechtigkeitsgefühl einen kühlen Kopf. »Ich habe lediglich die Absicht«, erklärte er, »ihr Gesetz zu halten und ihnen nicht zu gestatten, es zu übertreten.«[129] Seine Zurückhaltung rührte vielleicht auch daher, daß er sich der Schwierigkeiten bewußt war; denn es war keineswegs klar, ob kastilische Truppen das Recht hatten, in Aragon einzumarschieren, und dies versetzte natürlich einen so »korrekten« Mann in Sorge.

Die aragonischen Adligen erhielten unterdessen vom königlichen Sekretariat einige Winke hinsichtlich der versteckten Gefahren und betrachteten die Erregung in Saragossa etwas nüchterner. Derselbe Zweifel an der Legalität und Klugheit dessen, was im Namen der Freiheit unternommen wurde, beschlich auch den Oberrichter, der zuvor der erste war, der sich von Pérez' Notlage rühren ließ und sich zu seinem wichtigsten Beschützer aufwarf. Als der niedere Adel immer lauter von Separatismus redete und der Feldzug mit Schmähschriften und Spottliedern in gleichem Umfang zunahm wie das Gerücht von Pérez' unmittelbar bevorstehendem Entweichen, verschärfte der Oberrichter seine Vorsichtsmaßnahmen im Stadtgefängnis und verlegte den Gefangenen in einen sichereren Raum. Zum Lohn für seine Mühen wurde er auf offener Straße überfallen und starb. Sein Nachfolger war sein Sohn, ein unerfahrener Mann, der

offen mit dem Pöbel sympathisierte und dadurch dessen Gewalttätigkeit geradezu herausforderte.

In all diesen aufgeputschten Leidenschaften und Intrigen
hatte nur das Heilige Offizium seinen Griff nicht gelockert und
sein Ziel nicht geändert: Da war ein Ketzer, der abgeurteilt und
mit Gott versöhnt werden mußte. Am 24. September 1590 sollte
Pérez aus dem Stadtgefängnis in die Aljafería überführt werden.
Zweitausend Soldaten drängten sich auf dem Hauptplatz von
Saragossa, als der Inquisitor vom neuen Oberrichter die Her-
ausgabe des Gefangenen verlangte. Sofort brach der Tumult los.
Bewaffnete drangen in Scharen aus den Seitenstraßen und griffen die Soldaten an, von denen viele zum Pöbel überliefen; die
Glocken der Kirche San Pablo läuteten, und diejenigen Adligen,
die aus Neugier gekommen waren, konnten von Glück sagen,
wenn sie ihr Leben retteten. Pérez wurde befreit und wiederum
im Triumph aus einem Gefängnis getragen.

Doch jetzt war sein Wille gebrochen. Er eignete sich nicht
zum Anführer einer Revolution; im Grunde hatte er nie etwas
anderes ersehnt, als an seinen Schreibtisch in Madrid zurückzukehren. Pferde standen bereit, und er entfernte sich aus Saragossa, nur um nach kurzem, als Maultiertreiber verkleidet,
kraftlos wieder in die Stadt zu schleichen. Als die kastilischen
Truppen im November 1590 auf die rebellierende Stadt zumar-
schierten, floh er für immer ins Ausland. Er trieb sich heimatlos
herum und tauchte bald in Paris, bald in London auf. Im Jahr
1594 veröffentlichte er seine *Relaciones*, in denen er den König
vieler Verbrechen anklagte, aber immer noch die Tür für die
ersehnte Versöhnung offenließ. Als fähiger, fleißiger Mann und
geschickter Intrigant im Hintergrund hatte er doch nicht das
moralische Gewicht, sich mit einem ebenso listenreichen, aber
weitaus mächtigeren Gegner zu messen.

Der König überstand die Krise ohne Schaden. Er ließ Juan
de Lanuza wegen seines Anteils am Widerstand gegen die
königlichen Truppen hängen und auch sonst noch einige Exempel statuieren, aber im großen und ganzen hielt er sich an sein
Versprechen, die Rechte und Sitten seines schwierigen Königreichs jenseits des Ebro zu achten, und trieb die Dinge nicht zu
weit. Die Volkserhebung brachte ihm schließlich sogar noch

einen willkommenen Vorteil; denn als er die Cortes nach Tarra-
gona einberief, um eine Generalamnestie zu erlassen, bewillig-
ten ihm seine dankbaren Untertanen eine über drei Jahre zahl-
bare Zuwendung von 600 000 Dukaten – die größte Zahlung,
die Aragon ihm jemals geleistet hatte.

18. Kapitel: Die letzten Jahre

Unter seinen vielen Bürden hatte der König rasch zu altern begonnen, und die gedämpfte Freude an weltlichen Dingen, die er in den Tagen seiner Ehe mit Isabel de Valois bezeigt hatte, war längst vergangen. »Er kennt keine anderen Vergnügungen, keine anderen Befriedigungen, als mit seinen Mönchen in seinem Haus San Lorenzo zu leben«, schrieb Pater Sepulveda, der ihn in den Gängen des Escorial umherstreifen sah, schwarzgekleidet wie ein Doktor der Rechte.

Die zunehmende Abkehr von der Welt, die fast einer Weltflucht gleichkam, ergibt sich deutlich aus den Berichten der venezianischen Botschafter, die in Philipps letzten Lebensjahren am spanischen Hof in Madrid akkreditiert waren. »Er liebt die Einsamkeit und verlassene Orte«, vermerkte Thomas Contarini, der 1593 aus dem Amt schied[130]. Der Hang zu einem asketischen Leben drückte sich auch in der Einrichtung der königlichen Gemächer aus, deren Wände im Sommer unbedeckt blieben und nur im Winter zum Schutz vor der Kälte mit Teppichen behängt wurden. Contarini beobachtete, daß die beliebten, früher regelmäßig abgehaltenen Audienzen stark eingeschränkt wurden und der König sich selten mehr in der Öffentlichkeit zeigte.

Das Bild des alternden, vereinsamten Witwers ist ergreifend. Francisco Vendramino, Contarinis Nachfolger am spanischen Hof, schrieb, der König finde keinen Gefallen an irgendwelchen Ablenkungen. Als weltlich gesonnener Venezianer übersah er die Tröstungen der Religion und der Kunst, die Philipp im Escorial zuteil wurden und ihm jene Gelassenheit verliehen, die auch der Botschafter bewundern mußte. »Dergestalt ist die Ausgewogenheit, Ruhe und Beständigkeit seines Geistes«, berichtete Vendramino, »daß er sich nie von den Unglücksfällen und Widrigkeiten, die ihm zugestoßen sind, berührt zeigt. Er ist von bemerkenswertem Ernst und hört den Menschen aufmerksam zu, selbst denen, die ihn mit Nichtigkeiten belästigen. Er rühmt sich eines hervorragenden Gedächtnisses ... Er hält sein Wort ... Von den beiden Tugenden, die Fürsten besitzen sollten, zeichnet ihn die der Gerechtigkeit aus; Freigebigkeit liegt nicht in seiner Natur ... Dieser Geiz läßt die Leute sagen, daß niemand in Spanien hundert Dukaten besser verwendet als der König ... Er erduldet Beleidigungen, aber er vergißt sie nicht. Er schreibt Tag und Nacht, und die Leute sagen, was sein Vater mit dem Schwert errungen habe, bewahre er mit der Feder.«[131]

Die Wahrheit dieses Porträts wird durch die hintergründige Bosheit bewiesen. Vendramino hatte offenkundig wenig übrig für geizige Könige oder gekrönte Bürokraten, und zwischen den Zeilen kann man lesen, daß er sich irgendwann einmal schlecht belohnt fühlte, aber seine Hochachtung ist ebenso deutlich. Ein Tyrann oder seniler Geizhals hätte keine solche Würdigung gefunden – nicht bei einem Venezianer. Die Tugenden des Königs – Mut, Beständigkeit, Gerechtigkeitsliebe – leuchten aus Vendraminos Worten hervor. Philipp war ein Mann, der viel gelitten, aber seinen inneren Gleichmut und seinen Glauben behalten hatte.

Dies war ein Glück, denn sein Familienkreis war zusammengeschrumpft, wie so vieles andere in seinem Leben seit dem Tode von Anna von Österreich. Von seinen Kindern aus der Ehe mit ihr lebte nur noch eines, der künftige Philipp III., ein etwas farbloser Jüngling, noch weniger kräftig als der Vater, dem er nach besten Kräften nacheiferte. Vendramino sagte von dem Prinzen, er sei »friedfertig veranlagt« und besitze »großzügige Gefühle«. Ein laues Urteil, und trotz aller Liebe, die Philipp seinem Sohn entgegenbrachte, war er doch tief bekümmert wegen der Energielosigkeit und Willensschwäche des jungen Mannes.

Weitaus erfreulicher war seine Beziehung zu seinen beiden Töchtern aus der Ehe mit Isabel de Valois. Vendramino hat von der älteren Infantin, Isabella, ebenfalls ein Porträt in Worten hinterlassen; sie sei, wie er schrieb, »von seltener Schönheit, aber zunehmendem Alter. An ihren Geburtstagen pflegt sie zu sagen, es wäre besser, sie zu verheimlichen, als sie zu feiern. Sie ist eine sehr tugendsame Dame und lebt so zurückgezogen von der Welt wie eine Nonne. Ihr Vater liebt sie sehr und bespricht häufig wichtige Angelegenheiten mit ihr.«[132]

An den Porträts von Isabella im Prado in Madrid können wir heute noch die Richtigkeit dieses Urteils nachprüfen, das der venezianische Weltmann über eine junge Frau abgab, die ihm wohl als Opfer von Philipps dynastischen Ambitionen und möglicherweise zur Ehelosigkeit verurteilt erschien. Die Ähnlichkeit mit ihrer schönen französischen Mutter ist auffallend, aber ihre Züge sind stolzer und von jener steinernen Unerschütterlichkeit, die man von einer spanischen Infantin erwartete.

Ihre Schwester Katharina zeigt sich uns lebendiger. Als jüngere Tochter wurde sie nicht endlos hingehalten, bis sich eine großartige Verbindung bot, die ihr einen Thron einbringen würde. Sie wurde mit dem Herzog von Savoyen verheiratet; es war eine Liebesehe, aus der eine Schar von Kindern hervorging. Einem Beobachter in Turin verdanken wir eine hübsche Schilderung aus den Anfängen ihrer Ehe: eine kaum schön zu nennende junge Frau, aber temperamentvoll, lebhaft und von großer natürlicher Würde, die in aller Liebe und mit aller Pracht einer spanischen Prinzessin ihren Gemahl und sein kleines Herzogtum lenkte. Ihr früher Tod im November 1597, kurz nach ihrem dreißigsten Geburtstag, war ein weiteres Glied in der langen Kette der Verluste, die Philipp zu erleiden hatte. Wie ihre ältere Schwester war auch sie ihm sehr nahe gestanden; als Philipp seine Tochter nach der Eheschließung in Saragossa auf dem Weg nach Italien bis Barcelona begleitet hatte, war den Anwesenden aufgefallen, wie liebreich er sich von ihr verabschiedete.

Auch der Kreis der Vertrauten des Königs war kleiner geworden, nachdem Pérez in Ungnade gefallen und nicht nur Eboli, sondern auch Granvelle und Alba gestorben waren. Der König hatte noch viele fähige Untergebene, von denen sich der Graf von Fuentes besonders hervortat, aber insgesamt war seine Verwaltung am Ende seiner Regierungszeit weitaus weniger dynamisch und selbständig als am Anfang. Während Alba und Don Juan d'Austria politische Züge vorgetragen und in Gang gesetzt hatten, waren Philipps spätere Diener lediglich auf Abwarten und Gehorchen eingestellt. Am Anfang der 1590er Jahre nannte Thomas Contarini als die beiden wichtigsten Männer bei Hof den Basken Juan Idiáquez und den Portugiesen Cristobal de Moura. »Sie stimmen darin überein, niemals etwas Folgenschweres vorzuschlagen, wenn es sich vermeiden läßt«, vermerkte der Botschafter, und sarkastisch setzte er hinzu: »Sie kommen gut miteinander aus.«[133] Das war zweifellos zutreffend. Eine farblose Einheitlichkeit war Mode geworden. In Kunst und Literatur war es allerdings anders, denn das große Zeitalter der klassischen spanischen Kultur hatte schon begonnen, Cervantes und Lope de Vega machten sich einen Namen, El Greco schuf seine gewaltigen Bildnisse, und der Escorial, Zentrum für Kunst und Wissenschaft, war erbaut. Aber im Bereich des politischen und militärischen Kampfes in Europa hatte die spanische Macht ihren Höhepunkt überschritten; der Ebbestrom setzte ein.

In den Niederlanden hatte der Rückgang einige Zeit vor Parmas Tod begonnen, als die spanischen Truppen in immer steigendem Maß von den Provinzen abgezogen und nach Frankreich geworfen wurden, um den Traum, der Infantin Isabella den Thron in Paris zu sichern, zu verwirklichen. Dazuhin wurden die in der Union von Utrecht zusammengeschlossenen nördlichen Provinzen immer stärker, und ihr Heerführer, Prinz Moritz von Nassau, brachte es in der Belagerungstechnik zu noch größerer Meisterschaft als Parma.

Auf diese gefährliche Herausforderung erfolgte vom Escorial nur zögernd eine Reaktion. Der König hatte das Interesse an den Niederlanden zwar nicht verloren – am Ende übergab er die loyalen Provinzen seiner Lieblingstochter –, aber als sich nach dem Mord an Heinrich III. in Frankreich andere Möglichkeiten auftaten, gab er diesen den Vorrang in seinem Denken. Während Parmas Kriegszügen in Frankreich blieb Graf Peter Mansfeld zurück, um die Provinzen gegen die feindlichen Angriffe aus dem Norden zu verteidigen. Mansfeld war schon Herzogin Margaretes Berater gewesen, und sowohl Parma als auch

Fuentes hielten ihn für senil. Ihm zur Seite stand der neunzigjährige Mondragon, ein noch älterer Veteran und Überlebender aus Albas Kriegen, der sich aber tapfer schlug und sogar einen Sieg über Prinz Moritz von Nassau errang. Die beiden Greise verfügten jedoch weder über Geld noch über Truppen, um mehr zu unternehmen als eine sehr begrenzte Gegenoffensive. »So viele Offiziere und so wenige Männer!« klagte Mansfeld über das einst gewaltige Heer, das Alba und Parma befehligt hatten. Dasselbe galt für die spanische Marine in den Provinzen; Admirale und Vizeadmirale gab es genug, aber kaum ein seetüchtiges Schiff. Die Zustände sind in der Korrespondenz belegt.

Die Vernachlässigung der Streitkräfte in den Niederlanden beruhte teilweise auf Geldmangel, teilweise auf Philipps neuerlichem Bemühen, unter kaiserlicher Vermittlung mit den Rebellen einen Kompromiß zu finden, auch zu schlechten Bedingungen, wenn nur seine Souveränität anerkannt und den Katholiken in den nördlichen Provinzen Religionsfreiheit zugestanden würde. Doch selbst diese bescheidenen Ziele ließen sich nicht erreichen, weil die abgefallenen Provinzen mit ihrem Handel zu großen Nutzen aus dem Krieg zogen und genau wußten, welch drückende finanzielle Last der Kampf für Spanien bedeutete. Zu seinem Glück konnte der König nicht wissen, daß der Krieg in den Niederlanden mit einer verhältnismäßig kurzen Unterbrechung noch fünfzig Jahre andauern würde.

Im Blick auf die Entspannungspolitik kann die Ernennung seines Neffen, des Erzherzogs Ernst von Österreich, zum Generalstatthalter in Brüssel als taktvolle Geste Philipps gegenüber Kaiser Rudolf und dem niederländischen Volk angesehen werden. Niemand hätte den Erzherzog beschuldigen können, er sei ein neuer Alba; er war ein prachtliebender Hypochonder, der zwar nach Aussage eines spanischen Beobachters »wie ein Engel lebte«, aber wegen seiner schlechten Gesundheit und seiner völligen Unfähigkeit in Kriegs- und Staatsführung für seinen Posten kaum geeignet war. Zudem klagten die Spanier, wenn Parma sich zu seiner Zeit auf Italiener gestützt habe, so umgebe sich Ernst jetzt mit Scharen von Deutschen. Trotzdem spornte der König den trägen Statthalter zu Taten an, als sei er Parma. »Wenngleich die Ereignisse in Frankreich zur derzeitigen Lage geführt haben«, schrieb er im Juni 1594, »ist es nicht weniger notwendig, dort einzugreifen, ja, wir müssen uns um so mehr bemühen, als die Gefahr für die Religion, die stets meine größte Sorge war, zugenommen hat.« Er fuhr fort, im Vertrauen auf Gott sei er entschlossen, nicht von der Verteidigung des Glaubens abzulassen; Ernst müsse daher nach Frankreich ziehen. Sein Ziel, den französischen Thron, erwähnte er in diesem Schreiben nicht.

Diese Konzentration auf Frankreich mußte in den Niederlanden katastrophale Folgen haben. Knapp zwei Monate, nachdem der Brief abgeschickt worden war, eroberte Prinz Moritz von Nassau die große Stadt Groningen im Nordosten der Provinzen. Damit brach die königliche Position zwischen Ems und Rhein zusammen. Gleichzeitig flammten bei den spanischen, italienischen und wallonischen Truppen im königstreuen Gebiet südlich der großen Flüsse Meutereien auf, so daß Parmas Rückeroberungen der Gefahr eines Vorstoßes der Aufständischen nach Brabant ausgesetzt waren.

Erzherzog Ernst starb nach nur wenig mehr als einjähriger Statthalterschaft. Die ganze Zeit seit Parmas Tod war jedoch in Brüssel ein Verwandter Albas von derselben Energie und Entschlossenheit zur Stelle gewesen: der Graf von Fuentes, dessen große Talente in der Kriegführung nicht gegen die nördlichen Aufständischen, sondern für den Kampf um den französischen Thron eingesetzt wurden – eine politische und militärische Sackgasse, die der Realist in Philipp als solche hätte erkennen müssen. »Ohne daß ein Wunder geschieht, besteht keinerlei Hoffnung, das Erwünschte zu erreichen«[134], hatte Parma dem König zu diesen hochfliegenden Plänen geschrieben, aber seine Worte waren wie vieles andere, das er in seinen späteren Jahren gesagt hatte, mißachtet worden. Vielleicht war es das Scheitern seiner Armada, das Philipp für Vernunftgründe so taub werden ließ; möglicherweise ersehnte er auch weiterhin »irgendeinen Trost« für jene Niederlage gegenüber England.

Deutlich zeigt sich sein Unvermögen, anderer Völker Bräuche und Ansichten zu verstehen, in den Instruktionen für die Sprecher, die seine Sache in Paris vertreten sollten. Mayenne hatte die französischen Generalstände einberufen, um über die Thronfolge zu entscheiden. Die zungenfertigen Behauptungen und die geistige Blindheit sprechen für sich:

»Anspruch auf die französische Krone, da der letzte König, Heinrich, ohne Nachkommen starb, hat ohne jeden Zweifel die Infantin Doña Isabella, rechtens ihrer Mutter, Königin Isabel, der ältesten Schwester des besagten Heinrich ...« Schon dies war anfechtbar, denn der »besagte Heinrich«, Heinrich III., war der dritte Sohn gewesen, und eine Tochter von Heinrich II., Margarete von Valois, war noch am Leben.

»Auf die Einwände, die dagegen erhoben werden könnten, da das salische Gesetz Frauen von der Thronfolge ausschließt, läßt sich leicht erwidern, daß, wie die Franzosen selbst zugeben, das salische Gesetz eine bloße Einbildung und Willkür ohne Grundlage oder Begründung ist.« Die Franzosen hatten nichts dergleichen zugegeben. »Da somit die Krone Frankreichs der Infantin rechtens ihrer Abstammung gehört, müssen wir jede Anstrengung unternehmen, um die Generalstände dazu zu bringen, daß sie sie zur *reine propriétaire* von Frankreich erklären. Wenn es ihnen schwerfällt, diese Wahrheit einzusehen, und sie es vorziehen, den Weg der Wahl zu beschreiten, sind sie verpflichtet, ihr wenigstens durch Wahl das zuteil werden zu lassen, was ihr durch Erbfolge zusteht, das heißt, sie zu ihrer Königin zu ernennen.

Sollte sich herausstellen, daß die Franzosen in ihrem derzeitigen elenden Zustand verharren wollen, statt die Infantin als ihre Königin anzuerkennen, wie es ihre Pflicht wäre, werden Wir uns einer Königswahl nicht widersetzen, falls sie jemanden wählen, der Seiner Majestät völlig genehm ist ... Ist dieser Punkt erreicht, so wäre es für sie am besten, die Wahl ganz Seiner Majestät zu überlassen ...«

Aus diesen selbstgefälligen Worten würde wohl niemand den Schluß ziehen, daß Philipp in Wirklichkeit um eine Gunst nachsuchte, daß er ein Bittsteller war, in dessen Interesse es lag, die Katholiken in Frankreich auf seiner Seite zu halten, da sonst das ganze französische Volk zu Heinrich von Navarra umschwenken konnte. Philipps Staatsdokumente waren jedoch kaum einmal völlig absurd, und in späteren Absätzen dieses Aide-mémoire erwog er die Möglichkeit, daß die Franzosen aller

Vernunft zum Trotz darauf beharrten, selbst ihren Herrscher zu wählen. In diesem Fall erklärte er sich bereit, die Kandidatur eines seiner österreichischen Neffen oder sogar des jungen Herzogs von Guise anzunehmen. Hätten er und seine Beauftragten soviel Fingerspitzengefühl besessen, von Anfang an Guise als Gemahl für die Infantin vorzuschlagen, so wäre es ihm vielleicht gelungen, Navarras ehrgeizige Pläne zu durchkreuzen und ihn für immer in den Schatten zu verbannen – ein folgenschwerer Gedanke für Europa und die Welt, denn dann hätte es keinen Ludwig XIV., keinen Ludwig XV., keinen Ludwig XVI. und vielleicht keine Französische Revolution von 1789 gegeben.

Als die Generalstände im Jahr 1593 zusammentraten, verhielten sich die spanischen Bevollmächtigten jedoch hochmütig, nörglerisch und unvernünftig. Philipp selbst hatte in einem Schreiben an die Abgeordneten den Ton angegeben: »Aus guten Gründen solltet Ihr Euer Eigenwohl in dieser Sache einsehen und Mir Befriedigung verschaffen, um damit all das anzuerkennen, was Ich von Eurem Königreich verdiene . . .«[135] Ständig betonte er in höchst taktloser Weise die Dienste, die er Frankreich geleistet hatte – und dies als Erzfeind und Sieger von Saint-Quentin! Selbst als der Augenblick kam, da die spanischen Abgesandten gefragt wurden, ob Philipp bereit sei, seine Tochter mit einem französischen Prinzen zu verheiraten, wurde die Gelegenheit nicht ergriffen, und erst, als es zu spät war, fiel der Name des Herzogs von Guise als des Mannes, den Philipp für diese Ehre ausersehen hatte. Es hieß das Schicksal versuchen, derart zu handeln im Angesicht eines so gewitzten Gegners wie Navarra, der aufmerksam beobachtete, daß Kriegsmüdigkeit und Nationalstolz die Katholiken in Frankreich dem Gedanken zutrieben, einen Kompromiß zu schließen, den Bürgerkrieg zu beenden und die Fremden aus dem Land zu werfen. Er hatte selbst seine Probleme – er war nur der Anführer einer Minderheit, und als ein Mann, der das Leben und sein Vaterland liebte, wollte er seine Tage nicht damit verbringen, mit hugenottischen Truppen in Blut und Elend durch ganz Frankreich zu ziehen – nicht, wenn es eine bessere Möglichkeit gab.

Im Frühjahr 1593 äußerte er – plötzlich erleuchtet – den Wunsch, im katholischen Glauben unterwiesen zu werden. In

seinen Absichten gestärkt durch eine Erklärung des Pariser Par-
laments, mit der ausländische Einmischung verurteilt wurde,
schwor er im Juli 1593 dem Calvinismus ab. Es war ein meister-
hafter Schachzug. Am 27. Februar 1594 ließ er sich in Chartres
als Heinrich IV. zum König krönen, und am 22. März 1594
rückte er mit seiner Vorhut kampflos in Paris ein. Als das spanische Kontingent mürrisch zur Porte Saint-Denis hinausmar-
schierte, grüßte er die Truppen höflich und rief ihnen sarkastisch
zu: »Empfehlt mich Eurem Herrn, aber kommt niemals zurück!«
Eineinhalb Jahre später wurde seine Konversion vom Papst für
gültig und genehm erklärt, und nach seiner offiziellen Kriegserklärung an das Nachbarland jenseits der Pyrenäen befanden sich
der Allerchristlichste und der Allerkatholischste König wieder
einmal im Kriegszustand.

Patt in den Niederlanden – diplomatische Niederlage in
Frankreich. An der dritten Front – England – erging es Philipp
noch schlechter.

Im Jahr 1589 drang Drake in die Tajomündung ein und
brannte einen Teil von Lissabon nieder – eine Vergeltungsaktion
für die Armada des vorhergehenden Jahres. Dann gaben die
Engländer eine Zeitlang Ruhe, doch im Sommer 1596 über-
raschte eine englisch-holländische Flotte unter dem Lord-Admiral Howard of Effingham den immer noch fast ungeschützten
Hafen von Cádiz, und der neue Günstling der Königin, der Earl
of Essex, stürmte mit einer Landtruppe die Stadt und konnte
sie vierzehn Tage halten. Und nicht genug mit dieser Demütigung: die *Flota*, eine der beiden jährlich verkehrenden Schatzflotten, die auf dem Weg nach Westindien hätte sein müssen,
befand sich zufällig noch im Hafen und wurde von den Eindring-
lingen zerstört. Mit einem solchen Glücksfall hatten die Engländer kaum rechnen können.

»Krieg mit der Welt, aber Frieden mit England«, war Albas
außenpolitisches Konzept gewesen, das jedoch nicht die Auffassung des spanischen Volkes und seines Königs traf. Die nationale Ehre war durch die Niederlagen im Karibischen Meer,
durch Drakes Überfälle auf spanische Häfen in den Jahren 1587
und 1589 und durch die verhängnisvollen Schlachten der Armada angetastet worden. Essex' Raubzug in Cádiz brachte das Faß

zum Überlaufen, denn damit war die Existenz all derer, die vom Amerikahandel lebten, und sogar die ganze spanische Volkswirtschaft bedroht. Der König betete, so lange zu leben, daß er die Beleidigung vergelten könne, und er sprach nicht nur für die Kirche und den Adel, sondern auch für die Masse seiner Untertanen, die sich in dem Glauben an die spanische Unbesieglichkeit wiegten und diesen Niederlagen fassungslos gegenüberstanden.

Heroische Anstrengungen wurden unternommen. Eine Armada, die noch mächtiger war als ihre berühmte Vorgängerin von 1588, wurde eiligst ausgerüstet und im Spätsommer 1596 gegen Irland entsandt, doch schon vor Finisterre wurde sie durch Stürme zerstreut. Eine dritte Flotte erlitt 1597 dasselbe Schicksal. Die Legende vom »protestantischen Wind« festigte sich.

Der Überfall auf Cádiz war nicht nur ein schwerer Schlag für das nationale Selbstgefühl, sondern auch ein Symptom für eine vielleicht unheilbare Krankheit gewesen und hatte als solches tiefe Wirkungen auf diejenigen, die am Krankenbett der spanischen Wirtschaft wachten.

In ganz Europa war diese Volkswirtschaft Anlaß zu staunender Bewunderung – ausgenommen bei ihren Geldgebern. Nach so vielen Jahrhunderten mit ihren Veränderungen des Geldwerts vermögen Zahlen heute nicht genügend Aufschluß zu geben, aber Spaniens Ressourcen und Einkünfte waren zweifellos viel größer als die irgendeines anderen europäischen Staates zu damaliger Zeit. Der König verfügte über Gelder von den Cortes Kastiliens und Aragons, von der sagenhaft reichen spanischen Kirche, von den Besitzungen in Italien, von den Niederlanden, den vermögendsten Provinzen in Europa, und schließlich von den mexikanischen und peruanischen Bergwerken.

Doch als Philipp den Thron bestieg, hatten die Ausgaben seines Vaters für die ständigen Kriege in Afrika, Italien und Deutschland eine Schuldenlast in doppelter Höhe der Einkünfte auflaufen lassen, und dazu kamen noch zweieinhalbmal so hohe Staatsschuldverschreibungen. Dies hatte 1557 zur ersten Zahlungseinstellung und der Einführung einer schwebenden Schuld zu fünf Prozent Zinsen geführt. Im Lauf der Regierungszeit begann der Geldzufluß aus dem Reich spärlicher zu werden. Neapel, Sizilien und Mailand forderten Zuschüsse, statt selbst

Barleistungen zu erbringen. Aragon rückte praktisch überhaupt nichts mehr heraus. Der Aufstand in den Niederlanden verwandelte die produktiven Provinzen in einen Abgrund, der Millionen Dukaten verschlang. Im Jahr 1575 hatten sich die Schulden der Krone an ihre Geldgeber verdoppelt und betrugen fast das Fünffache der Einkünfte aus allen Quellen zusammen; allein der Krieg in den Niederlanden kostete jährlich fast das Doppelte des *quinto* oder fünften Teils des Ertrags aus den amerikanischen Minen, der der Krone zustand. Im Gegensatz zu den sonst zurückgehenden Einkünften stiegen die Gewinne aus den Minen bis zu den 1590er Jahren auf das Vierfache, doch die Konsequenzen waren paradoxerweise unheilvoll, weil die Überflutung des primitiven Marktes mit Gold und Silber die Lebensmittel- und Rohstoffpreise in schwindelnde Höhen steigen ließ.

Niemand erkannte damals die Symptome einer Inflation, der man nur durch eine Einschränkung des Geldzuflusses hätte steuern können. Die spanische Volkswirtschaft wies viele systemeigene Nachteile auf, die sie besonders verletzlich machten. Die potentiell produktivsten Bereiche wurden mit Steuern belastet, denn die oberen Stufen der Gesellschaft hatten sich Steuerfreiheit erkauft. Die Kirche unterstützte nach wie vor die Krone mit Darlehen, aber die zahllosen Ordensleute in den Klöstern, die Granden auf ihren Gütern und die Arbeitslosen in den Städten waren in merkantiler Beziehung keine dynamische Kraft; die *Bandoleros*, die Schmuggler in der Sierra, trugen insgesamt mehr zur Beweglichkeit des Handels bei. Zu viele vererbte Vorrechte hielten das Land in den Fesseln überholter Verhaltensweisen und Vorstellungen, die in folgenschwerem Gegensatz zu den energischen kommerziellen Unternehmungen der Engländer und der aufständischen Niederländer in den Vereinigten Provinzen standen. Die königliche Regierung war gegenüber den Problemen der Zeit ebenso hilflos wie die Cortes. All ihre Maßnahmen fielen auf sie selbst zurück. Ein Preisstopp für Bedarfsgüter veranlaßte die Erzeuger, sich auf Luxusgüter umzustellen, die dann mit einer Aufwandssteuer belegt wurden, so daß es zu einer Depression und Warenknappheit im Inland kam. In dieser aufgewühlten Welt, in der

Spanien, wie ein Kritiker schrieb, »außerhalb der natürlichen Ordnung der Dinge« zu leben schien, war es kein Wunder, daß man als weiteres Gegenmittel die Exporte verbot und die Importe förderte und daß die Güter aus Amerika nicht bei den spanischen Händlern, sondern bei den Geldgebern in Deutschland und Genua landeten. Unterdessen stiegen auf Grund der ständigen Belastung durch den Krieg die Staatsausgaben unablässig weiter, und in einem Augenblick der Verzweiflung erklärte der König selbst seine Lage für hoffnungslos.

Die ausländischen Bankiers, die mit der Sicherheit ihrer veränderlichen Zinssätze in so vielen Stürmen durchgehalten hatten, begannen nach dem Überfall auf Cádiz im Jahr 1596 zu zweifeln, ob die spanische Volkswirtschaft noch längere Zeit aufrechterhalten werden könne, und Philipp stand deshalb zum dritten Mal vor einem Staatsbankrott.

Viele Ursachen sind in seiner ungeschickten Verwaltung und in der Überbeanspruchung des Landes zu suchen. Er selbst sah die Sache jedoch ganz anders an. In einem Dokument vom November 1596, mit dem er die Zahlungseinstellung erklärte und rechtfertigte, gab er als Grund für die Ausgaben seine Verpflichtung eines Verteidigers des Katholizismus gegen die Ketzerei an und maß einen großen Teil der Schuld den Bankiers und Kaufleuten bei, die »mit hohen Gebühren, Rabatten und Zinsen« die königlichen Einkünfte schmälerten, im Verein mit denjenigen, die sich in »ungute Praktiken mit Wechseln« einließen und »um Gewinn und Profit« dem Ackerbau und der Landwirtschaft absagten, »zum Schaden Gottes und des Königreiches«. Es war der Aufschrei eines Menschen, der den Kontakt zur Realität verloren hat.

»Die besagten Kaufleute, die bisher auf Wechsel jene Gelder gegeben haben, die zum Schutz Unseres königlichen Staates und zur Fortsetzung des aus diesen rechtmäßigen und besonderen Gründen geführten Krieges notwendig sind, weigern sich, dies weiterhin zu tun, und machen Schwierigkeiten bei ferneren Geschäften, da sie sehen, daß sie mittels der besagten Sicherheiten, Bürgschaften und Übertragungen alle königlichen Einkünfte in ihrer Hand und Gewalt haben.«

Der König fand in dieser Situation ein Hilfsmittel von überragender Einfachheit: Da er seine Schulden nicht bezahlen konnte, hob er sie (wenigstens vorläufig) dadurch auf, daß er seine Staatskasse von allen Belastungen »befreite«.

»Daher erklären Wir die Aufhebung sämtlicher Zessionen, die Wir in irgendeiner Form seit 1. September 1575 und 1. Dezember 1577 bis zum heutigen Tag den besagten Kaufleuten und Händlern für solche Wechsel oder andere Vorschüsse erteilt haben, seien es Steuern, Geschenke, Güter, Renten oder sonstige Besitztümer und Einkünfte. Und Wir befehlen, daß die Gelder aus solcherart verpfändetem Eigentum künftig in Unsere königliche Kasse für Unsere eigenen Obliegenheiten gezahlt werden, und erklären vom heutigen Tage an alle anders geleisteten Zahlungen für null und nichtig.«

Die spanischen Truppen und die Bürokratie gehorchten noch den Impulsen und Anweisungen des königlichen Willens, die ausländischen Bankiers und die bedrängte spanische Volkswirtschaft jedoch nicht mehr. Im Zusammenhang mit dem materiellen und moralischen Schaden, den die Engländer in Cádiz angerichtet hatten, führte dieser Versuch des Königs, sich seinen Zahlungsverpflichtungen zu entziehen, zum gänzlichen Versiegen des Kredits. Zwei Jahre lang segelten keine Konvois von den spanischen Häfen nach Amerika, und der Binnenhandel kam fast zum Erliegen. Es nützte nichts, diejenigen zu bedrohen, die den Sack zuhielten, in den der Reichtum der Nation vierzig Jahre lang abgewandert war. Ihr Zugriff ließ sich nicht wegwünschen, und schließlich kam der König doch so weit, daß er die Realitäten wenigstens teilweise erkannte.

Seine diktatorischen Maßnahmen zur Rettung der Staatsfinanzen wurden daher bald zurückgezogen. In den letzten beiden Jahren seines Lebens wandte er sich wieder der Quelle allen Übels zu und bemühte sich, mit den Niederlanden und Frankreich ins reine zu kommen.

Das französische Problem war einfacher, weil die spanischen Truppen unter der energischen Führung von Fuentes in der Picardie eine Reihe von Städten eingenommen hatten, darunter auch Calais und das nur 120 Kilometer von Paris entfernte Amiens. Amiens ging bald wieder verloren, aber der König von Frankreich hatte einen neuerlichen Beweis für die Kampfkraft der *tercios* erhalten und war daher einem Kompromiß eher zugänglich.

Mit dem Frieden von Vervins im Jahr 1598 gönnten die beiden Gegner einander eine Atempause zu ganz ähnlichen Bedingungen wie fast vierzig Jahre zuvor im Vertrag von Cateau-Cambrésis. Gebietsmäßig gewann Philipp nichts, im Gegenteil: Er räumte alle besetzten Städte und Festungen in Frankreich. Der glühende Katholik in ihm konnte sich aber damit trösten, daß er durch seine unerschütterliche Unterstützung der alten Religion zumindest einen hugenottischen Sieg in Frankreich verhindert und dazu beigetragen hatte, den Freidenker Heinrich von Navarra in den Schoß der Kirche zurückzuführen. Mit England Frieden zu schließen war immer noch nicht möglich. In den Niederlanden war eine allgemeine Regelung ausgeschlossen, da die Verhandlungen, die unter Vermittlung des Kaisers mit den Aufständischen geführt wurden, zusammengebrochen waren und Prinz Moritz von Nassau bei Turnhout eine spanische Streitmacht besiegt hatte. Eine militärische Lösung war nicht in Sicht, aber Philipp erwog einen politischen Schritt. Wenn die Infantin Isabella um die französische Krone betrogen worden war, blieb immer noch ein gewisser Ersatz in Brüssel und ein Gemahl in der Person von Kardinal Erzherzog Albrecht, des nützlichsten und zugänglichsten ihrer österreichischen Vettern, der als Vizekönig von Portugal seine Bewährungsprobe bestanden hatte.

Am Ende seines Lebens kam Philipp deshalb auf den Plan der politischen Trennung der Niederlande von Spanien zurück, den sein Vater, Kaiser Karl, schon zur Zeit der englischen Heirat mit Mary Tudor entwickelt hatte. Er wies mehrere offenkundige Vorzüge auf: Er verschaffte der Infantin eine angemessene Stellung, er sicherte ein gewisses Maß an österreichischer Unterstützung, und er weckte die Loyalität, die die Niederländer seit jeher den Statthalterinnen aus dem spanischen Königshaus erwiesen hatten. Einige Vorbehalte wurden ausgesprochen, und bestimmte Schlüsselpositionen wurden beibehalten. Es war den Provinzen nicht gestattet, mit Westindien Handel zu treiben. Falls die Ehe kinderlos bliebe, sollte die Bindung an Spanien wiederhergestellt werden. Obgleich die Aufständischen im Norden diesen theoretisch auch sie betreffenden Wechsel des Souveräns vollständig ignorierten, war es doch wenigstens der Ansatz einer Lösung.

Weit über dreißig Jahre lang war der Escorial die einzige Liebhaberei des Königs und seine vorherrschende Leidenschaft gewesen. Als er in Portugal mit den Problemen der Regierung über ein neues Reich kämpfte, fand er doch Zeit, sich mit der Gestaltung des Chorgestühls zu befassen, und als er im Sommer 1583 nach Spanien zurückkehrte, eilte er sofort an den Bauplatz, um den Fortschritt der Arbeiten zu besichtigen.

In den nächsten Jahren wurden fünfzig Altäre aufgerichtet, und als die sterblichen Überreste seiner Ahnen und Angehörigen von ihren weit verstreuten Ruhestätten in das Grabgewölbe verbracht worden waren und die Innenausstattung sich der Vollendung näherte, wurde die Kirche in großer Festbeleuchtung geweiht.

Der König hatte nur noch drei Lebensjahre vor sich. Zur Zeit seiner Ehe mit Anna von Österreich hatte er es sich zur Gewohnheit gemacht, an den großen christlichen Festen Weihnachten, Ostern, Pfingsten und Fronleichnam in der Prozession seiner Mönche durch die Kreuzgänge des Escorial zu ziehen. Am Ostersonntag speiste er mit ihnen, am Tag des heiligen Lukas wurden vor allen Altären Kerzen entzündet, und in einem schlichten Gewand, das so dunkel war wie die Kutten um ihn her, kniete der König zum Gebet nieder. Vielleicht hatte er seine Rolle im Escorial nie anders als die eines Gläubigen oder eines Büßers an einer heiligen Stätte gesehen. Im Lauf der Zeit bewohnte er fast nur noch einen kleinen, weißgetünchten Raum mit schmuckloser Decke und Steinfliesen, mit einem Bücherschrank und einem Schreibtisch, zwei Marmortischen, einigen Andachtsbüchern und Heiligenbildern, einem Altar, einem Kruzifix und einem Bett in einem Alkoven – ein demütiger Pilger auf dem Weg zu Gott.

Gelegentlich weilte der König in Madrid, doch in seinen letzten Lebensjahren wurde das spanische Weltreich hauptsächlich von diesem engen, nüchternen Zimmer aus regiert. Je älter er wurde, um so mehr bemühte er sich, alles zu überblicken und für alles selbst zu sorgen. Er las, diktierte und schrieb unablässig, ein Sklave seiner eigenen Methode. Unter dieser Belastung begann seine erstaunliche Kraft und Ausdauer zu schwinden. Sein Sehvermögen ließ nach, er litt an Gicht, Arthritis und einer gefährlichen Blutkrankheit. Eineinhalb Jahre vor seinem Tod brachen schwärende Wunden an seinen Händen und Füßen auf, die schlecht heilten. Seine Vorliebe für kirchliche Zeremonien war jedoch so stark wie eh und je, und im Frühjahr 1598 ließ er sich von seinem Krankenbett im Palast zu Madrid ans Fenster tragen, um zuzuschauen, wie eine Reihe riesiger Kisten mit Reliquien, die aus ganz Europa eingeholt worden waren, auf ihrem Weg zum Escorial in feierlichem Zug durch die Stadt getragen wurden.

Ungeachtet des Rats derer, die ihn von der Reise abhalten wollten, folgte er selbst im Sommer nach, weil er in seinem eigenen Hause sterben wollte, wie er sagte. Er mußte in einer Sänfte getragen werden, und die Gesellschaft brauchte sechs Tage für die Strecke, die man zu Pferde in sechs Stunden zurücklegen konnte. Bei der Ankunft im Escorial fühlte er sich jedoch frisch und kräftig genug, um an einer Prozession teilzunehmen und das Tedeum zu hören. Ein letztes Mal ließ er sich dann durch das ganze Bauwerk tragen und schaute die Schätze, die er in so langen Jahren gesammelt hatte: die Bäume und Blumen in den Gärten, die Kriegstrophäen von Saint-Quentin und Lepanto, die Altäre und Kruzifixe, die Visionen des Hieronymus Bosch, die Gemälde von Tizian aus der Zeit des Kaisers und seines eigenen triumphalen Regierungsantritts und insbesondere die Reliquien, denen er mit so großem Eifer eine würdige Stätte geschaffen hatte. Die Anstrengung und Gemütsbewegung verursachte ein heftiges Fieber, und Ende Juli 1598 begann ein qualvolles Siechtum.

Es dauerte dreiundfünfzig Tage. Die Anzeichen einer akuten Wassersucht zeigten sich. Eine Geschwulst am Knie wurde aufgestochen, doch zum Schrecken der Ärzte bildeten sich weitere Abszesse am ganzen Körper. Die leiseste Berührung verursachte dem König unerträgliche Schmerzen, die Verbände und Betttücher konnten nicht mehr gewechselt werden. Der elegante, verfeinerte Mann mußte einen körperlichen Verfall erleben, der in seiner Art so schrecklich war wie alle Folterqualen seiner Opfer. Sein ganzer Körper verfaulte zusehends, bis der Augenblick kam, in dem – nach Sepulvedas Worten – nichts mehr von ihm übrig war außer seinen Augen, seiner Zunge und seinem Geist.

Während seines ganzen Martyriums blieb Philipp bei voller Besinnung. Er zeigte sich gelassen und furchtlos; das Sterben war für ihn lediglich eine Reise, die länger dauerte als andere Reisen. Als sein Beichtvater ihm eröffnete, daß keine Hoffnung sei, nahm er die Nachricht mit Freude auf. Er gab letzte Anweisungen für wohltätige Stiftungen und für sein Begräbnis.

Sein Zinnsarg wurde ins Zimmer gebracht. Der äußere Holzsarg sollte aus Brettern von dem Schiff »Die sieben Wunden«, das gegen die Türken gekämpft hatte, gefügt werden – eine symbolische, aber seltsame Ruhestätte für einen Mann, der sich so selten aufs Meer hinausgewagt hatte. In diesen letzten Tagen beschäftigten sich seine Gedanken mit seiner Erlösung durch die Dienste der Kirche, aber auch mit der Zukunft des Reiches, das er seinen Kindern, Prinz Philipp und der Infantin Isabella, hinterließ. Er, der in seiner Jugend so viele Ratschläge erhalten hatte, gab sie nun weiter, als er seine bläßlichen Nachfolger ermahnte, einander zu lieben, gerecht zu regieren und den katholischen Glauben zu verteidigen. Zu de Moura sagte er über seinen Sohn: »O weh, Don Cristobal, ich fürchte, sie werden ihn beherrschen«, denn es blieb ihm nicht einmal das tröstliche Bewußtsein, daß sein Reich nach ihm von starker Hand regiert würde.

Am 1. September 1598 empfing er die letzte Ölung, beichtete und empfing die heilige Kommunion, doch das Ende ließ auf sich warten; sein zäher Wille und Geist überdauerten die körperliche Auflösung. Am 11. September 1598 wurden der Prinz und die Infantin zum letzten Mal ans Krankenlager gerufen. Der Vater empfahl seine Kinder der gegenseitigen Fürsorge und bat den Prinzen, seiner Schwester »große Liebe und Achtung« zu erweisen, »weil sie mein Spiegel und das Licht meiner Augen war«. Zwei Tage später, in den frühen Morgenstunden des 13. September 1598, starb er. Sein letzter Blick fiel auf das Kruzifix, das auch sein Vater vierzig Jahre zuvor auf seinem Sterbelager in San Jerónimo de Yuste vor Augen gehabt hatte und das er für seine eigene Sterbestunde sorgsam im Escorial aufbewahrt hatte.

In seinem Bericht vom gleichen Tag schrieb der venezianische Botschafter Francesco Soranza: »Der König ist tot. Seine Majestät verschied im Escorial heute früh bei Tagesanbruch nach Empfang der kirchlichen Sakramente mit allen Anzeichen der Ergebenheit, Frömmigkeit und Glaubensstärke.

Wenngleich ein Wechsel im allgemeinen begrüßt wird, zeigen doch Adlige und gemeine Leute, Reiche und Arme allüberall großen Schmerz.

Der König lebte einundsiebzig Jahre, drei Monate und vierundzwanzig Tage, er regierte zweiundvierzig Jahre, zehn Monate und sechzehn Tage. Er war ein Herrscher, der mehr mit Gold als mit Stahl, mehr mit seinem Verstand als mit seinen Armen kämpfte. Mit Stillsitzen, Unterhandeln und Diplomatie hat er mehr erreicht als sein Vater mit Streitkräften und Krieg. Er war einer der reichsten Fürsten, die die Welt jemals gesehen hat, aber er hat die Einkünfte des Reiches und der Krone mit ungefähr einer Million Schulden belastet hinterlassen ... Er war tief religiös und liebte den Frieden und die Stille. Er legte große Ruhe an den Tag und blieb gelassen in Glück und Unglück gleichermaßen ...

Bei großen Anlässen, in der Kriegsführung, in der Unterstützung des Bürgerkrieges in Frankreich, bei der Pracht seiner Bauwerke scheute er keine Kosten; er war kein kleinlicher Rechner, sondern gab sein Gold ohne Bedenken aus; doch in kleinen Dingen, in der Führung seines Hofstaats, bei seinen Geschenken und Belohnungen war er geiziger, als seiner Position anstand ... Er hielt seine Wünsche im Zaum und bewies unerschütterlichen Gleichmut. Er stellte sich beleidigt und gab vor, Beleidigungen nicht wahrzunehmen, aber er ließ sich nie die Gelegenheit entgehen, sich dafür zu rächen. Er haßte Eitelkeit und gestattete deshalb nie, daß seine Lebensgeschichte geschrieben wurde. Niemand sah ihn jemals zornig, er war stets geduldig, phlegmatisch, mäßig, melancholisch. Kurz: Er hat ein glorreiches Andenken seines königlichen Namens hinterlassen, das nicht nur seinen Nachkommen und Nachfolgern, sondern auch Fremden als Beispiel dienen mag.«[136]

Diesen Nachruf hätte der Verstorbene gebilligt. Römische *gravitas* war stets sein Stil gewesen. Seine Glaubenstreue war gewürdigt. Die Anklage der Verschwendungssucht oder des Geizes hätte ihn kaum berührt, denn er hatte nach bestem Wissen stets im Interesse seines Landes gehandelt. Trifft dieses Bild des Venezianers aber auch das Wesen des Königs zu seinen Lebzeiten?

Insgesamt waren Soranzas Worte zweifellos als bewundernder Tribut gedacht. Man spürt in ihnen die Hochachtung vor Philipps Geduld und Ausdauer, die seine Zeitgenossen so stark beeindruckte, auch seine Feinde und diejenigen, die unter ihm gelitten hatten. Egmont hatte auf dem Weg zum Schafott für ihn gebetet; Alba hatte die königliche Ungnade ohne Murren ertragen; selbst Königin Elisabeth von England bewahrte in ihrem Boudoir ein Porträt ihres einstigen Freiers auf.

Die andere Seite der Medaille ist die schwelende Glut seines Grolls gegen alle, die sich ihm widerspenstig zeigten. Von Natur aus war er nicht grausam, aber er war fähig, zur Verteidigung des Reiches Gottes auf Erden und zur Rettung der Seelen, wie er sie verstand, die ungeheuerlichsten Grausamkeiten zu begehen. Die Morde an Montigny und Escovedo und der Auftrag für Alba, die Ketzerei in den Niederlanden mit dem Schwert auszurotten, waren Verbrechen, welchen Maßstab man auch anlegen mag. Daß Philipp sie für gerechtfertigt hielt, zeigt sich in seinen Worten auf dem Sterbebett, er habe niemals irgend jemandem mit Wissen Unrecht getan. Es war keine Heuchelei; er glaubte es mit jeder Faser seines Wesens.

Selbst seinen Apologeten fiel es schwer, die Quadratur des Kreises zu vollbringen und die merkwürdige Mischung von Freundlichkeit und Rachsucht in seinem Charakter zu erklären. Vielleicht ist die Enge des Blicks der Schlüssel zum Verständnis, das hervorragende Merkmal und Kennzeichen. Er war in einer geistigen Zwangsjacke aufgewachsen und besaß nichts von der Skepsis seines Gegenspielers Navarra. Er eiferte für eine Sache, er war stets päpstlicher als der Papst, dabei aber katholisch in einem besonderen, kastilischen Sinn, der mit dem Ruhm seiner Familie und seines Landes verbunden war. Weltweiten Problemen gegenüber blieb er provinziell. Selbst Aragon war für ihn fremdes Land. Nur widerwillig begab er sich auf Reisen. Je älter er wurde, um so mehr engte sich sein Leben ein, bis es sich schließlich ganz in jenem kahlen Raum im Escorial abspielte.

Das Erstaunliche ist, daß er mit solchen wesensmäßigen Beschränkungen so vieles vollbrachte. Er war ein Mensch mit begrenzten Fähigkeiten. Seine ausgedehnte Korrespondenz über fast jeden Gegenstand unter der Sonne entzündet kaum einen Bruchteil des Feuers und der Originalität, die Königin Elisabeth entfaltete, wenn sie einen Botschafter zehn Minuten lang abkanzelte. Vergeblich sucht man in seinen Briefen nach einem Funken von Humor. Er verfügte über geniale Staatsdiener und behandelte sie schlecht. Den Reichtum aus Westindien verwendete er unproduktiv. Unter seiner Regierung wurde kaum etwas zur Verbesserung der Straßen und schiffbaren Flüsse Spaniens getan. Infolge des Abwanderns der Bauern in die Städte war das Land bei seinem Tode ärmer als bei seiner Geburt. Der große schöpferische Aufschwung der Künste, der die zwei folgenden Regierungszeiten kennzeichnete, geht nur in bescheidenem Maß auf seine Förderung zurück. Er war ein treuer Sohn der Kirche und stellte sich gegen ihre größte Macht, die Jesuiten.

Philipps Charakter war von Nüchternheit und Pedanterie geprägt, aber er besaß bewundernswerte Seelenstärke. Furchtbare Schicksalsschläge ertrug er klaglos. Er verzweifelte nie, außer vielleicht zeitweilig wegen des Zustandes der Staatsfinanzen. Angesichts politischer, gesellschaftlicher und militärischer Schwierigkeiten, die ebenso groß, wenn nicht noch größer waren als die Probleme, die seinen Vater erdrückt hatten, zog er doch niemals die Abdankung in Betracht. Spanien hatte zwar die sieben nördlichen Provinzen der Niederlande verloren, aber Philipp errang seinem Land Portugal und das große portugiesische Reich in Brasilien und im Osten. Unter seiner Herrschaft stieg das Ansehen des spanischen Volkes auf einen nie wieder erreichten Höhepunkt. Er war ein fehlbarer Mensch und mußte – ein weltlicher Papst – den Mantel der Unfehlbarkeit tragen. Und als an seinem Lebensende alle äußerliche Pracht von ihm abfiel und er hilflos und gepeinigt in seinem eigenen Schmutz lag, bewies er die Größe eines mutigen, standhaften Mannes.

Quellenhinweise

Die Zitate stammen aus folgenden Quellenwerken, Arbeiten und Schriften (Abkürzungen in Klammern):

Bertrand, L.: Philippe II à l'Escorial, Paris 1929 (Bertrand).

Brandi, Karl: Kaiser Karl V. Lizenzausgabe, Frankfurt/M. 6. Aufl. 1976 (Brandi).

Calendar of Letters, Despatches and State Papers relating to the negociations between England and Spain. Public Record Office bzw. Longman, London 1862–1914 (CSP).

Dhanys, M.: Les quatre femmes de Philippe II, Paris 1933 (Dhanys).

Flanagan, L. N. S.: The Wreck of the Girona. Sonderdruck aus »Ireland of the Welcomes«, Januar/ Februar 1973 (Flanagan).

Ferdinandy, Michael de: Philipp II. Größe und Niedergang der spanischen Weltmacht, Wiesbaden 1977.

Freer, M. W.: Elizabeth of Valois, London 1857 (Freer).

Gachard, L. P.: Don Carlos et Philippe II, Brüssel 1867.

Ders. (Hg.): Correspondance de Guillaume le Taciturne, Bd. 1–6, Brüssel 1847.

Ders. (Hg.): Correspondance de Philippe II sur les affaires des Pays-Bas (Teil I), Brüssel 1848–1879 (CPB).

Ders. (Hg.): Relations des ambassadeurs vénitiens sur Charles-Quint et Philippe II, Brüssel 1855 (RAV).

Grierson, Edward: The Fatal Inheritance. Philip II and the Spanish Netherlands, New York, 1969.

Groen van Prinsterer, G. (Hg.): Archives et Correspondances Inédites de la Maison d'Orange-Nassau (Groen).

Lefèvre, J. (Hg.): Correspondance de Philippe II sur les affaires des Pays-Bas (Teil II), Brüssel 1940 (CPB).

Levesque, Dom Prosper: Mémoires de Granvelle (Levesque).

Marañón, G.: Antonio Pérez. Ins Englische übersetzt von C. D. Ley, London 1954 (Marañón).

Mariéjol, J. H.: Master of the Armada, London 1933 (Mariéjol).

Mattingly, G.: Die Armada. Aus dem Amerikanischen ins Deutsche übersetzt von Curt Meyer-Clason, München 1960 (Mattingly).
Maxwell, Sir W. Stirling: Don John of Austria, London 1883 (Maxwell).
Motley, J. L.: Der Abfall der Niederlande und die Entstehung des holländischen Freistaats, Dresden 1858–1861 (Motley).
Philipp II. von Spanien in Briefen an seine Töchter. Nach der französischen Ausgabe von L. P. Gachard übersetzt und mit einer Einführung versehen von Paul Graf Thun-Hohenstein, München 1947 (Briefe an die Töchter).
Prescott, W. H.: History of the Reign of Philip II, London 1855 (Prescott).
Weiss (Hg.): Papiers d'Etat de Granvelle (Weiss).

Quellen

Albèri, Eugenio: Le relazioni degli ambasciatori veneti al Senato durante il secolo decimosesto. 1. Ser.: Vol. 1–6. Florenz 1839–62.
Brantôme: Œuvres complètes de Pierre de Bourdeille, Sieur de. Edition revue et augmentée d'après les manuscrits de la Bibliothèque royale, avec notices littéraires par J.-A.-C. Buchon. Paris 1838.
Brantôme: Œuvres complètes de Pierre de Bourdeille publiées d'après les manuscrits, avec variantes et fragments inédits, pour la Société de l'histoire de France, par Ludovic Lalanne. Paris 1864–82.
Cabrera de Córdoba: Luis, Felipe Segundo, rey de Espana. Madrid 1876–77.
Colección de documentos inéditos para la Historia de España: publicada por Martín Fernández Navarrete [u. a.] Madrid 1842–96.
El Monje Anónimo de Yuste: Historia breve y sumaria de cómo el Emperador Don Carlos V, nuestro señor, trató de venirse a recojer al monasterio de Sant Hieronimo de Yuste . . . y de las cosas que acaecieron en su vida y muerte. In: Alboraya, Domingo de G. Maria de, Historia del Monasterio de Yuste. Madrid 1906.
Felipe II: Felipe II. Epistolario, sobre asuntos de mar. Recopilado por Fernández Asís. Madrid 1943.
Felipe II: Testamento y codicilo del Rey Don Felipe II. Madrid 1882.
Fourquevaulx (Raymond de Beccarie de Pavie): Dépêches de M. de Fourquevaux, ambassadeur du roi Charles IX en Espagne, 1565–72, publiées par M. l'abbé Douais. Paris 1896–1904.
Frías, Pedro de: Crónica d'el-rei Dom António. Estudo e leitura de Mário Alberto Nunes Costa. Coimbra 1955.
Gachard, Louis Prosper: Carlos V y Felipe II a través de sus contemporáneos. Traducción y prólogo por Ciriaco Pérez Bustamante. Madrid 1944.

295

Hurtado de Mendoza, Diego: Guerra de Granada hecha por el Rei de España. Barcelona 1842, Madrid 1970.

March, José M.: Niñez y juventud de Felipe II. Documentos inéditos, Bd 1–2. Madrid 1941–42.

Saint-Simon, Louis de Rouvroy, Duc de: Mémoires. Texte établi et annoté par Gonzague Truc. Paris 1956–1961.

Sandoval, Prudencio de: Historia de la vida y hechos del Emperador Carlos V. Edición y estudio preliminar de Carlos Seco Serrano. Madrid 1955.

Sigüenza, José de: Historia de la Orden de San Jerónimo. Segunda edición publicada con un elogio de Fr. José de Sigüenza por J. Catalina Garcia. Madrid 1907–09.

Anmerkungen

1   Brandi, S. 404, 407.
2   Vgl. Prescott, Bd. 1, S. 15.
3   Brandi, S. 486 ff.
4   RAV (Suriano), S. 123.
5   CSP (spanisch), 2. April 1553.
6   CSP (spanisch), 29. Juli 1553.
7   CSP (spanisch), 22. August 1553.
8   CSP (spanisch), 20. September 1553.
9   CSP (spanisch), 20. September 1553.
10 CSP (spanisch), 20. Oktober 1553.
11 CSP (spanisch), 15. Oktober 1553.
12 CSP (spanisch), 1. April 1554.
13 CSP (spanisch), 6. Januar 1554.
14 CSP (spanisch), 9. April 1554.
15 CSP (spanisch), Anmerkungen von Simon Renard, Juni 1554.
16 CSP (spanisch), 26. Juli 1554.
17 CSP (spanisch), 17. August 1554.
18 CSP (spanisch), 12. August 1554.
19 CSP (spanisch), 17. August 1554.
20 CSP (spanisch), November 1554.
21 CSP (spanisch), 12. März 1555.
22 CSP (spanisch), 8. Juni 1555.
23 CSP (spanisch), 1. August 1555.
24 RAV (Badovaro), S. 36.
25 RAV (Suriano), S. 125.
26 CSP (spanisch), 6. April 1556.
27 CSP (spanisch), Mai 1556.
28 CSP (spanisch), 15. Juli 1556.
29 CSP (spanisch), 21. November 1558.
30 CSP (spanisch), 14. Dezember 1558.
31 CSP (spanisch), 11. April 1559.

32 Vgl. Motley, Bd. 1, S. 204.
33 RAV (Suriano), S. 130.
34 RAV (Tiepolo), S. 154.
35 Motley ,Bd. 1, S. 286.
36 CPB, Bd. 1, S. 230.
37 Weiss, Bd. 6, S. 562.
38 CPB, Bd. 1, S. 207.
39 CPB, Bd. 1, S. 284.
40 Gachard, Correspondance de Guillaume le Taciturne, Bd. 2, S. 45.
41 Levesque, Bd. 2, S. 53.
42 Gachard, Correspondance de Guillaume le Taciturne, Bd. 2, S. 67.
43 Groen, Bd. 1, S. 426.
44 Gachard, Correspondance de Guillaume le Taciturne, Bd. 2, S. 106.
45 Zit. in Motley, Bd. 1, S. 519 f.
46 CPB, 27. November 1566.
47 CPB, 11. April 1567.
48 Vgl. Gachard, Don Carlos et Philippe II, S. 327.
49 RAV (Badovaro), S. 63 ff.
50 Vgl. Gachard, Don Carlos et Philippe II, S. 137.
51 RAV (Tiepolo), S. 151.
52 Vgl. Freer, Bd. 2, S. 217.
53 Vgl. Gachard, Don Carlos et Philippe II, S. 364.
54 Vgl. Freer, Bd. 1, S. 253.
55 CSP (spanisch), Januar 1560.
56 CSP (spanisch), 25. März 1561.
57 CSP (spanisch), 17. März 1561.
58 CSP (spanisch), 3. April 1562.
59 CSP (spanisch), Februar 1569.
60 CSP (spanisch), 23. Mai 1569.
61 Vgl. Maxwell, Bd. 1, S. 183.
62 Vgl. Maxwell, Bd. 1, S. 238.
63 Vgl. Maxwell, Bd. 1, S. 82.
64 Vgl. Maxwell, Bd. 1, S. 450.
65 Vgl. Maxwell, Bd. 1, S. 461.
66 CPB, 8. Januar 1573.
67 CPB, 18. März 1573.
68 RAV (anonym), S. 182.
69 Vgl. Marañón, S. 12.
70 Vgl. Marañón, S. 17.
71 Vgl. Marañón, S. 19.
72 Vgl. Maxwell, Bd. 1, S. 190.
73 CPB, 22. Dezember 1576.
74 CPB, 6. Januar 1577.

75   CPB, 10. Januar 1577.
76   CPB, 26. November 1576.
77   CPB, 31. Januar 1577.
78   CPB, 3. Februar 1577.
79   CPB, 16. März 1577.
80   CPB, 22. Juni 1577.
81   Vgl. Mariéjol, S. 225.
82   Vgl. Maxwell, Bd. 2, S. 331.
83   RAV (anonym), S. 183.
84   Vgl. Bertrand, S. 73.
85   Briefe an die Töchter, 3. April 1581.
86   Briefe an die Töchter, 3. Januar 1583.
87   Briefe an die Töchter, 8. November 1582.
88   Briefe an die Töchter, 1. Oktober 1582.
89   Briefe an die Töchter, 1. März 1581.
90   Briefe an die Töchter, 15. Januar 1582.
91   Briefe an die Töchter, 19. März 1582.
92   Briefe an die Töchter, 16. April 1582.
93   Briefe an die Töchter, 10. Juli 1581.
94   Briefe an die Töchter, 5. März 1582.
95   Briefe an die Töchter, 7. Mai 1582.
96   Briefe an die Töchter, 23. Oktober 1581.
97   Briefe an die Töchter, 15. Januar 1582.
98   Briefe an die Töchter, 1. Oktober 1582.
99   Vgl. Dhanys, S. 231.
100 CPB, 15. August 1583.
101 CPB, 12. September 1583.
102 CPB, 4. September 1587.
103 CSP (spanisch), 1. April 1588.
104 CSP (spanisch), 1. April 1588.
105 CSP (spanisch), 5. April 1588.
106 CSP (spanisch), Mai 1588.
107 CSP (spanisch), 22. Juni 1588.
108 CSP (spanisch), 24. Juni 1588.
109 CPB, 25. Oktober 1587.
110 CSP (spanisch), 30. Juli 1588.
111 Mattingly, S. 284 f.
112 CSP (spanisch), 6. August 1588.
113 CSP (spanisch), 7. August 1588.
114 CSP (spanisch), 21. August 1588.
115 CSP (spanisch), 21. August 1588.
116 Vgl. Flanagan.
117 CPB, 3. September 1588.
118 Mattingly, S. 408.
119 CPB, 26. November 1589.
120 CPB, 24. Juni 1590.

121 CPB, 4. August 1591.
122 CPB, 6. Dezember 1592.
123 Vgl. Marañón, S. 196.
124 Vgl. Mariéjol, S. 303.
125 Vgl. Marañón, S. 202.
126 RAV (Contarini), S. 219.
127 Vgl. Marañón, S. 238.
128 Vgl. Marañón, S. 254.
129 Vgl. Marañón, S. 277.
130 RAV (Contarini), S. 220.
131 RAV (Vendramino), S. 230.
132 RAV (Vendramino), S. 233.
133 RAV (Contarini), S. 216.
134 Vgl. Mariéjol, S. 330.
135 Vgl. Mariéjol, S. 331.
136 CSP (venezianisch), 13. September 1598.

Die spanischen Niederlande im 16. Jahrhundert

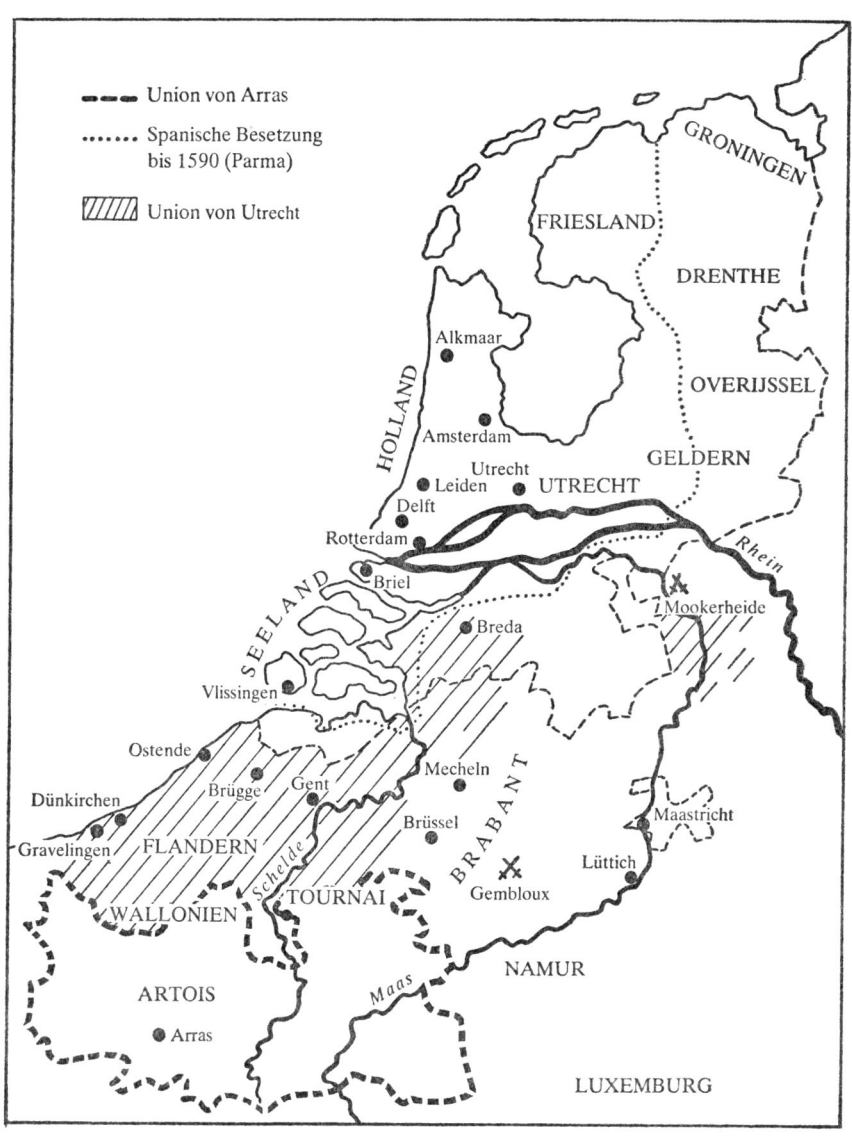

Union von Arras

Spanische Besetzung bis 1590 (Parma)

Union von Utrecht

GRONINGEN

FRIESLAND

DRENTHE

OVERIJSSEL

GELDERN

HOLLAND

Alkmaar

Amsterdam

Utrecht

Leiden UTRECHT

Delft

Rotterdam

Briel

Rhein

Mookerheide

SEELAND

Breda

Vlissingen

Ostende

Mecheln

BRABANT

Dünkirchen

Brügge Gent

Brüssel

Maastricht

Gravelingen

FLANDERN

Schelde

Lüttich

WALLONIEN

TOURNAI

Gembloux

ARTOIS

Maas

NAMUR

Arras

LUXEMBURG

ASTURIEN

GALICIEN

León •

LEON

BASK.
PROV.

NAVARRA

Pyrenäen

KATALONIEN

• Burgos

ALT KASTILIEN
• Valladolid

Saragossa

Barcelona •

Segovia

Sierra
Guadarrama

ARA–
GONIEN

PORTUGAL

Sierra de Gredos

• Escorial
• Madrid

Toledo

• Aranjuez

ESTRE–
MADURA

NEU KASTILIEN

VALENCIA
• Valencia

Lissabon

Sierra Morena

MURCIA

ANDALUSIEN

• Sevilla

• Granada

Sierra Nevada

Spanien und Portugal

Zeittafel

1527	Beginn des zweiten Krieges zwischen Karl V. und Franz I. Bündnis Papst Clemens' VII. mit Venedig und mit Frankreich.
	Belagerung und Einnahme Roms (Sacco di Roma) durch die Kaiserlichen.
	21. Mai: in Valladolid wird Philipp als Sohn Karls V. und der Isabella von Portugal geboren.
1528	Das Haus Welser erhält Konzessionen in Venezuela.
1529	Damenfrieden von Cambrai zwischen Karl V. und Franz I. durch Vermittlung von Karls V. Tante Margarethe von Österreich und Luise von Savoyen, Mutter Franz' I.
	Vergebliche Belagerung Wiens durch Sultan Süleiman II.
1530	Kaiserkrönung Karls V. in Bologna. Belehnung von Malta an den Johanniterorden.
	Reichstag zu Augsburg (Confessio Augustana).
1531	Tod Zwinglis.
	Karl V. läßt seinen Bruder Ferdinand in Köln zum römischen König wählen und in Aachen krönen. Protest des Kurfürsten von Sachsen.
	Aufbruch Pizarros zur Eroberung des Inkareiches von Panama aus.
1532	Religionsfriede von Nürnberg. Karl V. reist nach Spanien.
	Beginn der Besiedelung Brasiliens.
	Einfall Süleimans II. in Ungarn.
1533	Einzug der Spanier in Cuzco, der Hauptstadt des Inkareiches.
1534	Gründung der Gesellschaft Jesu durch Ignatius von Loyola.
1534	Jacques Cartier in Kanada; er erkundet den St. Lorenzgolf und befährt den St. Lorenzstrom.
1535	Pizarro gründet Lima, Hauptstadt von Peru.
	Karls V. erfolgreiche Belagerung von Tunis.
1536	Beginn des dritten Krieges zwischen Karl V. und Franz I. Die mit Franz I. verbündeten Türken plündern die Küste von Italien.
	Die Spanier in Kolumbien (Bogotà) und Argentinien; erste Gründung von Buenos Aires.
1538	Die Spanier erreichen Bolivien.
	Waffenstillstand von Nizza zwischen Karl V. und Franz I.
1541	Karls V. fehlgeschlagene Belagerung von Algier.
	Ermordung Francisco Pizarros durch den Sohn des von ihm ermordeten Konquistadors Almagro.
1542	Orellana befährt von Peru aus den Amazonas und erreicht dessen Mündung.
	Spanien erläßt Indianerschutzgesetze auf Betreiben von Las Casas, der Bischof von Chialpa (Mexiko) wird.
	Beginn des vierten Krieges zwischen Karl V. und Franz I.

1544	Friedensschluß von Crespy. Der Herzog von Orléans soll eine Tochter Karls V. heiraten und Mailand erhalten. Er stirbt jedoch bereits im Jahr 1545.
1545	Mailand verbleibt im Besitz des Kaisers, der seinen Sohn Philipp damit belehnt.
	8. Juli: Geburt des Don Carlos in Valladolid.
	Beginn des Konzils von Trient.
1546	Luther stirbt am 18. Februar in Eisleben.
1547	Schlacht bei Mühlberg am 24. April. Karl besiegt Johann Friedrich, den Kurfürsten von Sachsen, nimmt ihn gefangen und gibt die Kurwürde an die Albertinische Linie des Hauses Sachsen.
1548	Gonzalo Pizarro, Bruder des Eroberers, wird in Lima enthauptet.
	Reichstag zu Augsburg.
1552	Feldzug Karls V. gegen Heinrich II. von Frankreich, der als Verbündeter des Herzogs Moritz von Sachsen Metz, Toul und Verdun besetzt hält. Vergebliche Belagerung von Metz.
1553	Tod Heinrichs VIII. von England. Maria Tudor (»die Katholische«) heiratet Philipp II. von Spanien im Jahr 1554.
	Richard Chancellor entdeckt den Seeweg nach Rußland über das Weiße Meer und schafft damit die Handelsverbindung zu Westeuropa.
	In Rußland herrscht (bis 1584) Iwan IV., »der Schreckliche«.
1554	Jakobs V. von Schottland († 1542) Witwe, Maria von Guise, wird Regentin in Schottland (bis 1560).
1555	Villegaignon erreicht die Bucht von Rio de Janeiro.
	Augsburger Religionsfriede.
1556	Abdankung Karls V. in Brüssel. Philipp erhält Spanien, dazu Neapel, Mailand, die Freigrafschaft Burgund und die Niederlande sowie die Kolonien.
	Tod des Ignatius von Loyola.
1557	Sieg der Spanier mit Hilfe der Engländer bei St. Quentin über Heinrich II.
	Erster spanischer Staatsbankrott.
	Sebastian wird König von Portugal.
1558	Tod Karls V. in San Juste.
1558	Ende der Ehe Philipps II. durch den Tod von Mary Tudor. Elisabeth I. Königin von England.
	Graf Egmont schlägt die Franzosen bei Gravelingen. Franz von Guise nimmt Calais, letzte Besitzung der Engländer auf dem Kontinent.
1559	Philipp II. heiratet Isabel von Valois, Tochter Heinrichs II. von Frankreich.
1559	Tod Heinrichs II. an einer Turnierwunde.
	Frieden zu Cateau-Cambrésis. Calais bleibt bei Frankreich.

1564	Maximilian II. wird Kaiser.
1565	Erfolgreiche Verteidigung von Malta gegen die Türken durch La Valette.
1566	Bittschrift in Brüssel an die Statthalterin der Niederlande, Margarethe von Parma.
1567	An einer Fleckfieberepidemie sterben in Südamerika 2 Millionen Indios. Entsendung des Herzogs von Alba nach den Niederlanden.
1568	Beginn des Freiheitskampfes der Niederlande. Blutige Verfolgung der Aufständischen in den Niederlanden durch Alba. Hinrichtung der Grafen Egmont und Hoorne. Versuch eines Einfalls in die Niederlande durch den geflüchteten Wilhelm von Oranien. 18. Januar: Verhaftung des Don Carlos. Tod am 24. Juli in Madrid.
1568	Tod der Isabel von Valois am 3. Oktober.
1569	Weltkarte des Mercator in neuartiger Projektion.
1570	Philipp II. heiratet Anna von Österreich.
1571	Seesieg Don Juan d'Austrias und der Venezianer bei Lepanto über die Türken.
1572	24. August: die Bartholomäusnacht in Frankreich.
1573	Die Eroberung der Philippinen gelangt zum Abschluß. Alba wird aus den Niederlanden zurückberufen.
1574	Sieg seines Nachfolgers Luis de Requesens auf Mookerheide, Belagerung von Leiden, Plünderung von Antwerpen, Maastricht und Gent. Erneuter Staatsbankrott in Madrid.
1576	Pazifikation von Gent. Don Juan d'Austria wird nach den Niederlanden entsandt.
1577	Francis Drake bricht zu seiner Weltumsegelung (bis 1580) auf.
1578	Alexander Farnese, Herzog von Parma, wird Statthalter in den Niederlanden. Die sieben nördlichen Provinzen (Holland, Seeland, Utrecht, Geldern, Overijssel, Groningen und Friesland) schließen die Utrechter Union. Der portugiesische Herrscher, Sebastian, fällt bei Alcacer Kebir (Nordafrika). Durch seinen Tod kommt Portugals Thron an Spanien.
1579	Verhaftung des Antonio Pérez.
1580	Personalunion der Krone Spaniens mit Portugal. Bau des Escorial.
1581	23. Januar: Die Sieben Provinzen sagen sich von Spanien los.
1582	Einführung des Gregorianischen Kalenders.
1584	Ermordung Wilhelms von Oranien in Delft.
1585	Siedlungsversuch von Walter Raleigh in Nordkarolina. Er bringt die Kartoffel nach Irland, die von dort aus nach Europa gelangt.

1585	Einnahme von Antwerpen durch Alexander Farnese.
	Erste Besiedlung von Virginia.
1588	Ausfahrt und Vernichtung der Armada.
1589	Gegenangriff der englischen Flotte auf La Coruña. Verteidigung von Lissabon durch Erzherzog Albrecht von Österreich.
	Heinrich IV. wird König von Frankreich.
	Belagerung von Paris durch Heinrich IV. von Frankreich.
1590	Einnahme von Breda durch Moritz von Oranien.
	Verfolgung der Moriscos in Spanien.
	Flucht des Antonio Pérez aus der Haft.
1592	Die Franzosen landen in Kanada.
1598	Edikt von Nantes (Religionsfreiheit für die Protestanten) in Frankreich durch Heinrich IV.
	13. September: Tod Philipps II. Sein Nachfolger wird der Sohn aus der Ehe mit Anna von Österreich.
1598/ 1621	Philipp III.

Verzeichnis der Bildtafeln

Gemälde von Sánchez Coello, Prado, Madrid.

31 Gichtstuhl Philipps II.
Konstruktionszeichnung. Biblioteca National, Madrid. Photo
MAS, Barcelona.

Namenregister

Philipp II. — Stammtafel

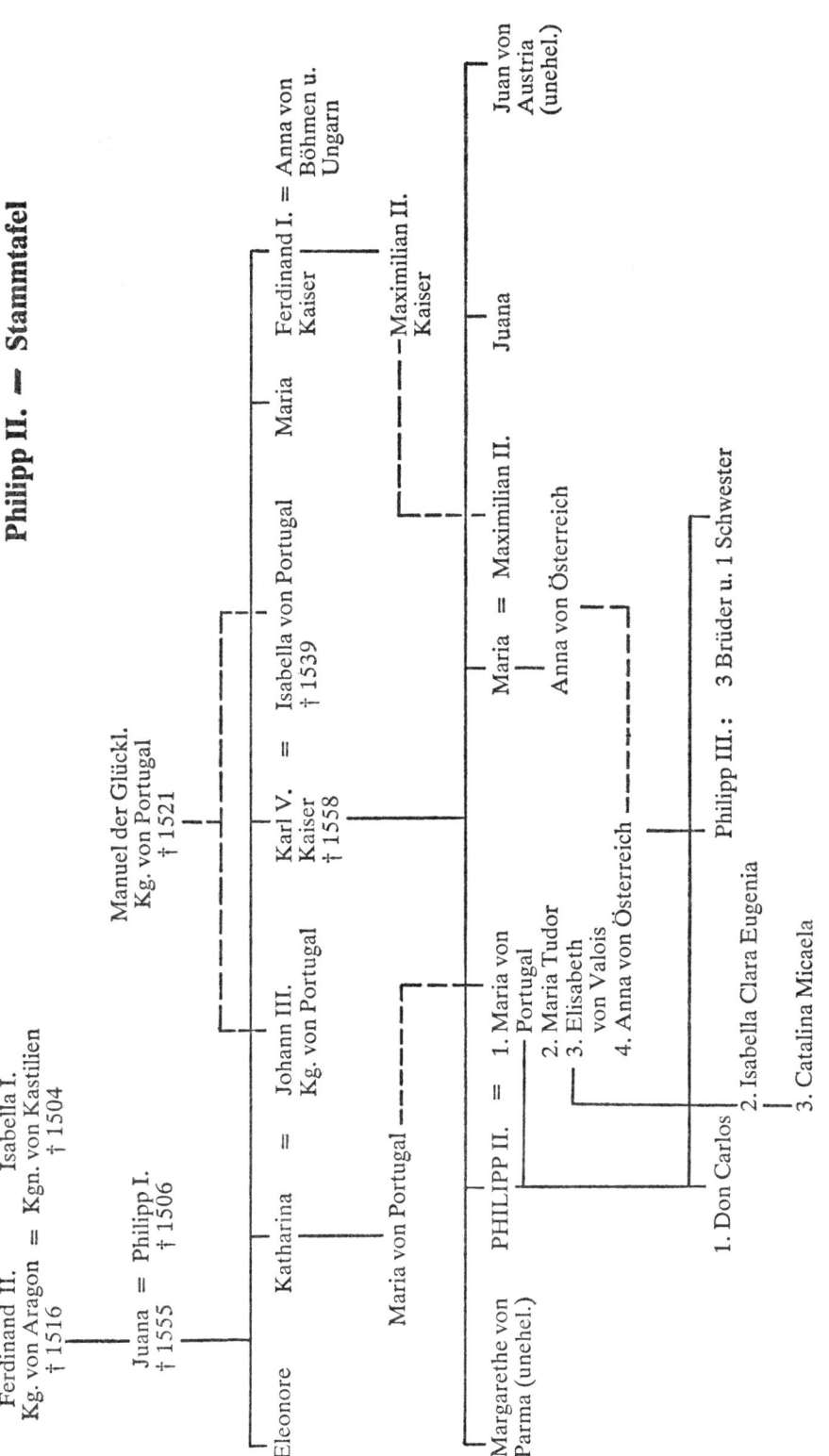

CIP-Kurztitelaufnahme der Deutschen Bibliothek

Grierson, Edward:
[Sammlung ‹dt.›]
Philipp II. [der Zweite] : König zweier Welten.
– Frankfurt [Main] : Societäts-Verlag, 1978.
  Orig.-Ausg. gesondert u. d. T.: Grierson, Edward:
  King of two worlds u. Grierson, Edward: The fatal inheritance.
  ISBN 3-7973-0323-8